KB230621

근대 이후

# 한국과 일본의
# 학제 변천 과정
## 비교 연구

고려대학교 교육문제연구소 연구총서 01

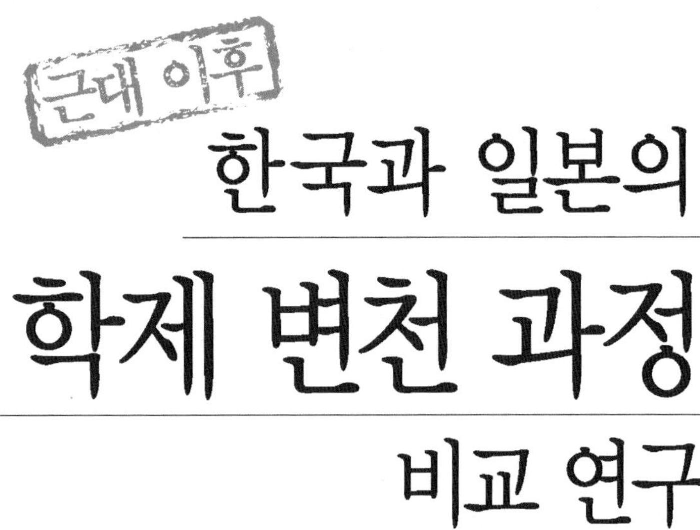


# 한국과 일본의 학제 변천 과정 비교 연구

윤 종 혁 지음

KSI 한국학술정보㈜

　　본 연구소에서는 교육문제연구기관으로서 교육학 연구자들의 연구활동을 지원하여 개인의 연구를 통한 연구총서, 외국의 주요이론을 소개하는 번역총서, 한국교육을 이해하는 데 도움이 되는 한국교육학 총서를 발간하였다.

고려대학교 교육문제연구소

# 서 문

    최근 교육개혁과 관련된 최대 이슈는 공교육을 활성화시키는 것이라고 할 수 있다. 특히 공교육 활성화는 학교제도, 즉 학제를 정상적으로 운영하는 것에서 비롯한다. 그러므로 학제는 국가 교육의 핵심을 이루는 제도로서, 학제개편 등의 교육개혁구상은 바로 교육과 사회 전반에 막대한 영향을 미치게 된다.

    졸자는 이런 시각에서 학제개혁을 보고, 한국과 일본 양국이 지난 100년 동안 엄청난 교육적 변화와 성장을 겪어온 것에 대해 주목하였다. 한국과 일본의 학제개혁은 양국의 교육·문화적 유사성과 함께 식민지 지배·피지배 관계에서 형성된 차별성 등 독특한 논리 구성을 가지고 있다. 그런 한편으로 한국과 일본은 1945년 이후 미국식 교육개혁을 통해 6-3-3-4제 중심의 단선형 학제로 구축되었다는 공통된 특성도 있다.

    그런 측면에서 이 책은 과거 100년 동안 한일 양국이 학제 개혁을 통해 국가 공교육을 완성하는데 어느 정도 기여했는가를 점검하였다. 양국은 학제개혁을 통해 교육체제의 성장은 물론 사회 경제적인 큰 변화를 불러일으켰다. 그래서 이 책을 집필하는 과정을 통해 비록 단편적이고 추상적이기는 하지만, 한국교육과 구별되는 일본교육의 특성을 학제 측면에서 강조하면서도 양국의 개혁이 지닌 공통 과제에 대해서도 고민하였다.

    이 책은 한일 양국의 교육체제를 학제 중심으로 비교·검토한 서막이라고 할 것이다. 그 말은 오래 전부터 졸자 자신이 집필하고 싶었던 우리 공교육의 정체성 탐구역정을 학제개혁 연구를 핑계 삼아 완성했다는 것을 의미한다. 이 책의 집필을 계기로 해서 졸자는 이와 관련된 후속 연구를 생각하고 있다. 그만큼 이 책은 졸자가 생각하기에도 여러 가지로 아쉬움이 남는 졸작이라고 할 수 있다.

이 책의 부족한 부분은 전적으로 졸자의 책임이라고 할 것이다. 그만큼 졸자는 밥벌이 삼아 해왔던 우리 교육 발전을 위한 정책 연구에 집중하느라고 교육사 연구에 많은 여백을 가지고 있다. 그런 한계로 인해서 이 책의 제Ⅱ장은 전체적으로 1994년도에 받은 졸자의 박사학위논문을 재구성하여 수정·보완하였음을 밝힌다. 제Ⅲ장 제2절과 제Ⅳ장 제2절, 제3절도 졸자가 참여·집필한 기 발행 논문 중의 핵심 내용을 중심으로 하여 이 책의 취지에 부합하는 방향으로 대폭 수정·보완하였음을 미리 밝힌다.

이 책이 나오는 데에 여러 분들이 많은 배려와 후원을 해 주었다. 우선, 책을 낼 수 있도록 배려해 준 고려대학교 교육문제연구소 소장님이신 한용진 교수님, 고려대학교 신현석 교수님께 감사드린다. 그리고 무엇보다도 고마움을 전하고 싶은 분은 궂은 일 마다않고 게으른 졸자를 끝까지 배려하고 격려해주신 고려대학교 교육고려대학교 교육문제연구소 정동화 박사님이라고 할 것이다. 정 박사님의 인내와 열성이 없었더라면 이 책은 세상에 나올 수 없었다. 또한 학문의 어려운 길을 이끌어주신 졸자의 은사 차석기 선생님, 김정환 선생님, 유인종 선생님, 안기성 선생님께도 깊은 감사의 말씀을 드린다. 아울러서 어려운 출판 환경에서도 이 책을 다듬느라 애쓰신 한국학술정보(주)에 대한 고마운 마음은 이루 말할 수 없다.

끝으로 졸자의 박사학위 수여를 알지 못하고 눈 감으신 아버지, 벌써 10년째 병으로 모든 기억을 잃고 투병하시는 어머니께 이 책을 바치고 싶다. 물론 사랑하는 나의 아내, 학문적 동지 최경옥과 사랑하는 딸 수현이는 말할 것도 없다.

2008년 2월
우면골 연구실에서 윤종혁

## Ⅴ 미래 학제에 대한 구상 / 329

# [ I ] 서 론

## 1. 연구 목적 및 필요성

학제는 국가교육의 핵심을 이루는 학교교육에 관한 제도이다. 따라서 학제의 중요성만큼이나 그 제도를 개편하는 것에 있어서도 여러 측면을 고려해야 할 것이다. 그것은 학제 개편을 통해서 교육을 변화시키는 것이 사회 전반에 절대적인 영향을 미칠 수 있으며, 국가적 수준에서도 새로운 문명사적인 의미를 포함하고 있기 때문이다. 그런 상황에서 볼 때, 시대 상황에 따라 수시로 학제 개편을 포함하는 교육적인 변화를 요구하는 것은 당연한 현상이라고 할 수 있을 것이다.

원래 학제는 학교 단계(school level)와 학교계통별(school stream) 학교의 교육목표, 교육내용, 교육대상, 취학연령, 수학연한, 학교 간의 접속과 분화 관계 및 연계 등을 의미한다. 학교단계는 학습자의 발달단계, 교육목적, 사회적 적절성 등에 따라 여러 학교유형의 종적·수평적 결합관계를 포함하고 있다. 이는 바로 초등교육, 중등교육, 고등교육, 성인사회교육 등의 방식으로 해석할 수 있다. 다른 한편, 학교계통은 교육목표 또는 취학대상 등에 따른 학교 간의 종적·수직적 결합관계를 의미한다. 즉 보통교육, 직업교육, 교원교육, 특수교육 등을 학교계통으로 분류할 수 있다(김영철 외, 2006: 15-16).

한국과 일본은 1945년 이후 미국식 교육개혁을 통해 6-3-3-4제 중심의 단선형 학제로 구축되었다는 공통점이 있다. 즉 그 이전에는 학교 계통 및 단계가 차별화된 방식으로 이루어지는 복선형 학제였다는 것을 의미하기도 한다. 1945년 이후 한국과 일본 양국은 모두 지금까지 교육 상황이 엄청나게 변화하였고 교육체제 외적 상황도 크게 변화하였음에도 불구하고, 이러한 근간 학제가 크게 변화한 것은 없었다. 이는 최근 새로운 교육적인 변화 속에서 학제 개편을 포함한 새로운 교육체제를 구상하는 등 미래 지식기반사회의 전개와 정보화 및 세계화 추세 등에 부합하는 교육개혁을 요구하고 있는 중요한 요인이 되고 있다.

본 저서는 그런 측면에서 과거 100년 동안 중요한 교육적인 변화로서의 학교 단계를 주로 하면서도 학교 계통과 결합된 학제 연구를 하고자 한다. 특히 학제 개편과 발전 과정이 국가 공교육을 완성하는 데 어느 정도 기여했는가를 점검하는 것을 가장 중요한 연구 목적으로 한다. 특히, 비슷한 교육 발전 과정을 겪으면서도 식민 종주국과 피식민지국가로 대립·공존하였던 한국과 일본 양국의 학제 변화를 보는 것이야말로 교육사적으로도 큰 의미가 있다고 할 수 있다. 지난 100년 동안 양국의 학제 개편은 그 시대의 사회 변화와 함께 하면서, 동시에 사회 경제적인 큰 변화를 불러일으킨 개혁의 모체였다는 점에서도 중요하다고 볼 수 있다. 특히 본 연구는 향후 새로운 학제 구상을 모색하는 정부 차원에서도 과거 학제 개편 노력과 경험 사례를 축적하여 반면교사로 삼는 1차 자료로서 활용될 수 있다고 본다.

# 2. 연구 문제 및 연구 의의

이 저술의 목적은 우리나라 학제의 문제를 일본의 그것과 비교·분석하여 종합적으로 진단하는 것에 있다. 특히, 이를 통해 세계화 시대와 지식기반사회에 적합한 학교교육제도 발전방안을 수립하고, 학제 개편을 위한 구체적인 시행방안을 수립하기 위한 참고·지침 자료로 활용할 수 있도록 한다. 이를 위해 학제 연구의 기초적인 작업으로서 학제의 개념과 범위를 설정한 후, 한국과 일본의 학제 변천과정을 분석하고, 당시 학제에 대한 세계적인 추세에 대비하여 학제의 주요 특성을 분석·평가하고자 한다. 그리고 현재 한국과 일본에서 시행하고 있는 현행 학제를 진단하고, 미래사회 변화를 전망하여, 미래사회에 적합한 학제 발전방향을 모색하고, 이에 따라 구체적 학제 발전방안을 수립하고자 한다.

그런 목적에 따라 본 연구가 추구하는 연구문제는 다음과 같이 제기할 수 있다.

첫째, 현행 한일 양국의 학제를 수립한 기초는 어디에 있으며, 그 변천 과정에서 빚어진 교육적·교육외적 갈등과 통합은 어떤 배경에서 수립되었는가?

둘째, 지난 100년간 이루어진 한국과 일본 양국의 학제는 어떤 방식으로 변천되었고, 해당 국가에서 어떤 교육적 역할을 하였는가?

셋째, 한일 양국의 학제 변화는 시대적인 추세에 따른 식민지주의와 동화주의, 민족주의, 자본주의적 근대화 등의 측면에서 적합한 내용과 형식을 갖추었는가? 그리고 당시 교육인구, 교육여건, 교육과정 등의 교육체제에 적합한 방식으로 작동한 것으로 볼 수 있는가?

넷째, 향후 미래 사회의 변화와 교육 체제의 상황 변화 등을 전망할 때 한일 양국의 학제는 어떤 식으로 변화해야 하는가? 또 미래사회에 적합한 학제 발전방향과 발전방안은 어떻게 구체화할 수 있는가?

# Ⅱ 새로운 자본주의 질서와 한일 양국의 근대적 교육체제 — 개국과 개항

## 1. 일본의 근대교육이 갖는 의미

최근 일본 교육에 대하여 세계 각국, 특히 바로 이웃에 있는 우리나라를 포함해서 많은 나라들이 깊은 관심을 보이고 있다. 이처럼 일본의 교육에 대해서 많은 관심을 보이는 것은 무엇보다도 일본의 교육 자체가 일본의 경제적인 성공에 대한 부산물이라고 생각하는 관점에서 비롯하는 경우가 많다. 한 예를 들면, 1960년대 이후 일본을 연구하는 서구의 사상가, 교육학자들은 1868년 메이지(明治) 정변이 성공한 이후로 일본의 급속한 산업화를 설명하는 중요한 요인의 하나로서 공교육의 체제 완성을 거론하는 경우가 많다. 일본 교육에 대한 이러한 관심은 서구 사회, 특히 무역역조·역사시비 등 여러 가지 사안에서 갈등을 겪고 있는 현재 우리의 시점에서도 아주 분명한 논제로 등장하고 있다.

보통 일본의 교육을 논하는 서구사상가들은 일본 경제의 성공 비결을 양질의 노동력에서 찾고 있으며, 그러한 노동력은 잘 정비된 학교교육제도에서 비롯된 것이라고 생각한다. 즉 일본경제가 세계적으로 성공하고 있는 것도 교육 자체가 성공한 데에 기인한다고 생각하는 것이다. 1970년대에 시작한 수학·과학의 국제학력조사(TIMMS)(소위 「학력 올림피아드」)에서 일본 학생들이 항상 상위권의 성적에 드는 것이 이를 입증하는 사례라는 점이다. 그러나 이와 같이 경제적인 성공 사례로서 일본 교육이 성공하고 있다고 주장하는 것은 여러 가지 측면에서 곤란한 상황을 낳을 수가 있다. 그것은 일본 교육에 대한 일면적인 이해에 불과한 것이며, 어떤 측면에서 보면 일본 교육에 대한 과대평가와 과소평가가 복합적으로 얽혀 있는 것을 입증하기 때문이다.

현재 세계의 고도산업사회국가들은 교육 측면에 있어서도 여러 가지 곤란한 문제에 직면하고 있다. 이는 일본의 경우도 예외가 아니어서 서구 산업국가들의 교육체제가 겪고 있는 여러 가지 문제점을 동시에 안고 있다. 일본 교육의 성공만을 강조하게 되면, 세계 각국이 고도산업사회에서 겪고 있는 것과 마찬가지로 일본이 겪고 있는 공통된 교육문제를 간과할 가능성이 있다. 흔히 말하는 "일본교육의 독자성, 특수성"을 강조하는 연구에서 흔히 범할 수 있는 오류가 여기에서 새로운 문제로 등장할 수가 있다.

흔히 "남의 떡이 커 보인다"는 속담이 있다. 일본 교육이 지니는 동양적인 특수성이 그간 전통적인 교육연구에서 동양식 자본주의 교육, 즉 '위로부터의 교육 근대화' 논리의 전형적인 사례로서 논의되고 있다. 즉 "교육의 일본화"가 서구 교육사상가들의 관점에서 주목의 대상이 되고 있다는 사실이다. 그러나 바로 그 "교육의 일본화"라는 독자적인 교육영역 속에서 일본 교육이 실패하고 있는 성공의 이면, 어두운 그림자를 파악할 수 있어야 한다.

근대교육 140년을 맞이하는 오늘의 일본교육에 있어서 고도산업사회를 지향하는 교육의 역할과 반대로 교육의 부작용으로 인한 일본사회의 풍요로움이 흔들리고 있는 위기현상을 느낄 수 있다. 학교 현장에서 벌어지고 있는 '이지메(학생 따돌림)', '학교 등교기피 현상', '학급 붕괴' 등은 일본 교육의 위기를 내용적으로 잘 보여 주는 것이라고 할 수 있다. 이는 지난 1990년대 초반 이후 10년 이상의 심각한 경제 침체 현상에 대하여 교육에 책임을 묻고 있는 일본 국민들의 심정에서도 잘 드러나고 있다. 현재 이런 교육적인 위기의식을 극복하고자 일본교육계는 새로운 자유화·개성화 교육에 바탕을 두고 있는 새로운 학제개혁 움직임이 일고 있다. 일본은 현재 교육의 평등을 실현하는 것 이상으로 국제 경쟁력을 갖춘 인재 양성 측면에 관심을 모으고 있는 실정이다. 그런 측면에서 학제 개혁은 더 이상 미룰 수 없는 당면 과제가 되었으며, 새로운 이미지의 교육 방식으로서의 '6년제 중등일관교육' 등 중등후기교육(고등학교 교육)에 집중적으로 이와 관련된 개혁 조치가 추진되고 있다. 지금까지 일본 교육의 문제와 현상 이면에 감추어져 왔던 일본 교육의 '진실'을 이해하는 과정에서 중등교육의 개혁은 이런 문제해결의 지름길이라고 본다.


## 2. 일본의 근대교육과 새로운 학제


### 1) 일본 근대화의 시대적 배경


대체로 근대라는 개념은 봉건적인 사회구성과 상대적으로 대비하는 진보적인 측면에 대한 총칭으로 이해할 수가 있다. 그것은 일반역사학계에서 말하는 시기구분법의 기본조건을 만족시키는 요인으로서 거론하기도 한다. 즉 고대－중세－근대라는 3시대 구분법에 기초하여 중세 봉건체제를 붕괴시킨 부르조아 계급의 자본주의적인 세계관을 긍정적으로 반영하는 것에 주목한다. 물론 어원적인 의미에서 "얼마 지나가지 않은 가까운 시대"[1]라는 정의에 주목한다면 극히 한정된 내용에 관계할 수도 있다.

---

1) 이희승 편, 『국어대사전』, 서울: 민중서림, 1961.

그러나 근대라는 개념 자체가 근대화(modernization)라는 과정적인 측면의 어의(語義)와 결합할 때 그 관계사항은 분명하게 보여줄 수가 있다. 일반적으로 고전적인 서구사회에서 자본의 본원적인 축적과정과 시장경제의 창출, 합리주의·인간주의·자유주의 등의 사상체계, 교육에 대한 자연권적인 원리 등의 특징적인 요소들이 근대사회의 주요한 내용을 이루고 있다고 전제한다. 근대가 가지는 시간적인 개념은 공간적인 의미의 사회와 결합할 때 분명한 전제조건을 갖게 되며, 이것은 곧 근대로 되어가는 과정이라는 상황 속에서 자기 자신에 대해 규정짓는다.[2] 동시에 주체적인 자기개혁과정과 결합한 역사의 발전과정 속에서 합법칙적인 근대화의 이론적인 체계도 입증할 수가 있다.

여기에서 일본이 중국 중심의 세계관에서 자본주의적인 세계질서 속으로 재편되는 과정을 근대화라는 개념으로 생각할 수가 있다. 근대라는 시간적 배경이 역사적인 상황과 맥락 속에서 근대화라는 과정을 추진하면서 이에 필요한 배분요소로서 정치 경제 등의 물적인 영역과 교육 문화 사상 등의 정신구조를 결합하는 전체상을 만들어낸다. 그것은 일본이 새로이 자본주의의 물적인 토대와 인위적으로 결합하는 동아시아의 독특한 사회구조를 완성함으로써 이루어진다. 즉 국가가 주도하는 근대화의 추진 대책으로써 서구식 발전 논리와 사상을 근간 요소로 하

---

2) **근대로 되어가는 과정**이란 표현은 근대화론을 주창하는 대부분의 학자가 발전사관적인 논리를 내세우는 측면에 주의하여 연구자가 생각한 개념이다. 그것은 1950년대 이후 미·소 냉전체제 속에서 마르크스주의 사관에 대응하는 세계발전론으로서 미국학자들이 연구한 일본의 근대화과정에 대한 평가에서 비롯한다. 일본연구와 관련하여 세계체제론 속에서의 비서구형 국가발전의 모델은 최근 NIES 등 동아시아 신흥공업국의 발전모델에 대한 연구로까지 정착한다. 인간주체의 자기혁신과정보다는 객관적인 사회구성체의 물량적인 변화와 발전과정을 중시함으로써 근대자본주의 발전단계 이후의 사회주의 사회의 정착이라는 마르크스주의 사관을 부정한다(富永健一, 『日本の近代化と社會変動』(東京: 講談社, 1990), 3-13頁). 사회유기체론의 기본골격을 갖추고 세계체제의 질서를 강조하는 근대화론은 자본주의적인 발전론과 동의어이며, 객관적인 사회 발전의 요소로서 교육과 결합한 비서구국가의 특수형 정치경제발전론(교육자원형 국가개발론)에 주목한다.

여 근대 자본주의 이념을 제도적으로 실천하는 의미이기도 하다.

서구자본주의국가가 추진했던 문명론적인 사유방식은 당시 세계사의 발전논리를 근대화 혹은 서구화라는 사상개념으로 정리하려는 것이라고 할 수 있다. 특히 서구사상이 지니는 프로테스탄티즘적인 윤리의식은 중국을 비롯한 한국·일본 등 유교적인 질서의식에 커다란 반향을 불러일으켰다. 그것은 기존의 전통적 세계관, 즉 중국 중심의 동양주의적 사유방식과 갈등을 일으키면서도 일정 수준의 결합을 모색하는 탈구조화된 전망을 보이고 있었다. 그 당시의 동양사회에 있어서 서구열강의 자본주의적인 문명론은 자칭 세계사의 매개자 역할을 주도하고, 조정자의 위치를 차지하면서 동양적인 사유방식에 정면으로 도전하고 있었다. 그로 인해서 일본 역시 기존의 절대봉건적인 지배체제는 이의 대응구조에 주력하게 되었다. 바로 이 대응구조가 근대화를 추진해 가는 과정에 있어서 국민적인 통합기능과 전반적인 체제안정 기능, 그리고 서구자본주의적인 문명을 발전적으로 수용해내는 내면화 기능을 강조하는 관점이라고 볼 수가 있다.3) 여기에서 근대화와 관계하는 국가체제의 변화과정, 즉 서구식 근대화의 역사적인 과제를 생각할 수 있다.

대체로 근대 일본의 문명개화는 서구식 자본주의의 전형적인 산물이라고 말하고 있다. 그러나 그와 같은 관점에서 볼 때 근대화를 추진하던 당시의 일본 사회의 100여 년 전 상황은 서구자본주의 문명이 주도하는 이식 문명사로 한정해야 할 것이다. 즉 서구식 문명을 수용함으로써 동아시아 지역을 자본주의적인 사회구성으로 재편하고, 새로운 사회 체제를 발전시킬 수 있다는 논리가 될 것이다. 그러나 그것은 자체의 전통적인 사회구조가 가지는 가치지향적인 요소를 배제한 단순논리라고 할 수밖에 없다. 그와 같은 오류에도 불구하고, 서구식 모델의 유

---

3) 사회체제가 상호관계하는 유기적인 질서관, 안정적인 통합기능을 강조할 때, 사회의 전체구조는 정적(靜的)인 실험역학과 자체의 순환구조만이 두드러질 수 있다. 그래서 서구문명이라는 이질적인 요소가 동양체제에 적응하는 방식도 역사가의 평가에서는 점진적·개량적인 과정으로서 해석할 수가 있다.

교자본주의 혹은 문명개화론이라는 개념에 대해서 편견을 지닌 채 자의적으로 해석하는 경향이 있었다. 본 연구가 제시하고자 하는 동양식 근대화, 특히 일본의 문명개화는 이 전제에서 출발하는 논리를 극복하고 그와 구별되는 새로운 해결방식을 지향하고자 한다. 즉 동양식 근대화에 있어서는 전통적인 사유양식이 지니는 체제유지의 촉매제 역할로써 자본주의적 근대화를 위한 부국강병주의를 전제한다는 사실을 이해해야 할 것이다. 바로 이 관점이 일본의 근대화 과정에서 나타나는 보편적인 문명개화인 것이다(윤종혁, 1999).

그러나 일본의 근대화 과정은 세계주의적 관점의 보편적인 변화 추세와 완전하게 대응한다고 볼 수가 없다. 예컨대 일본의 근대화 과정은 전통적인 바쿠한(幕藩)체제를 무너뜨리고 메이지정부가 주도하는 왕정복고식의 절대주의 체제로 전환하는 것을 골자로 하고 있다. 당시 일본의 절대주의 체제는 자본주의적인 토대가 취약한 과정에서 국가가 강제적 혹은 인위적으로 주도하는 방식으로 근대화를 추진해 나갔다. 즉 일본의 절대주의체제는 정치적 지도집단이 관장하는 권위주의적 대응체제로서 왕정복고적 개혁 성격이 강한 사회 구성과 사상을 설정한다. 그것은 곧 국가가 주도하는 군국주의적인 침략정책 속에서 교육상의 도덕의식을 확보하려는 것이다.[4]

일본의 근대화 과정은 사실상 19세기 중엽까지 약 250년간 지속된 도쿠카와(德川)봉건막부체제의 사회 변화와 교육·사상의 근대화 과정

---

4) 국학(國學)과 유학(儒學) 등 일본의 전통사상에서 부국강병을 이루기 위한 과정으로 정한론(征韓論) 등을 주장했다는 점이 전형적인 사례라고 할 수 있다. 그와 동시에 서양의 기술문명과 동양의 전통도덕을 결합하는 화혼양재(和魂洋才)의 논리조차도 대외침략론으로서의 팽창주의적인 사상을 내포하고 있다. 예를 들면 요시다 쇼인(吉田松陰), 요코이 쇼난(横井小楠) 등의 화혼양재론적인 논리가 그러하다. 그런데 이와 같은 화혼양재의 대외팽창주의적 논리를 간과하며 그 희생양으로서의 조선침략론을 희석시킨 채 일본 근대화의 발전기반으로 평가하는 것은 재고해야 할 것이다. <예를 들면, 정순우, "근대교육 도입기에 있어서의 교육정책", 한국교육학회 교육사연구회편, 「한국 현대교육의 재평가」, 서울: 집문당, 1993>.

을 세계사적인 맥락 속에서 파악함으로써 이해할 수 있다. 이를 통해서 일본의 근대화론과 관련된 특수한 역사·사회적인 조건을 사회와 사상의 근대화 자체가 지니는 보편적·원리적인 문제점을 검토하는 계기로 하며, 일본의 근대화가 지니는 새로운 방향과 전망에 대해서 제시할 수 있다고 본다.

## 2) 문명개화와 새로운 학제 수립

### (1) 전통주의와 근대주의, 근대적 학제

사실상 일본의 근대화는 도쿠카와 봉건막부체제 말기 이후 1868년 메이지(明治)정변을 거친 왕정제 이행기에 형성된 것이라고 할 수 있다. 이 시기 근대 사상은 봉건제와 왕정제 간의 모순, 그리고 개국과 쇄국을 둘러싼 논쟁 속에서 형성된 것이라고 할 수 있었다. 이 시기 일본은 지식인 계층을 중심으로 국가적·민족적인 대내외 위기의식을 반영하는 "전기적 내셔널리즘"의 풍조가 발흥하고 있었다.[5] 이는 지식인 계층의 유교적인 교양과 진보적인 무사계급의 양학 중시 풍조가 결합하여 능력에 따라 인재를 개발하는 공론주의(公論主義)에 바탕한 존왕양이(尊王攘夷) 및 부국강병(富國強兵) 중심 사상으로 표현된 것이었다.

19세기 이전부터 일본의 지식인 중에서 서양 문명이 지니고 있는 장점을 바탕으로 해서 봉건 막부사회를 개혁할 수 있는 요소들에 대해 논의하는 분위기가 형성되고 있었다. 이른바 일본 내에서 근대화 형성의 제1세대 지식인으로 불리고 있는 와타나베 가잔(渡辺崋山), 다카노

---

[5] "전기적(前期的) 내셔널리즘"은 일본의 근대화, 특히 교육근대화 등을 주제로 하는 연구문헌 속에서 자주 등장하는 개념으로 자본주의적 근대화를 실현하는 맹아로서 근대 이전의 진보적인 국가의식 및 경향 등을 총괄하는 의미를 포함하고 있다.

초에이(高野長英), 시마즈 나리아키라(島津齊彬) 등이 이런 흐름의 중심세력을 이루고 있었다. 이들은 당시 봉건적인 도쿠카와 막부체제를 개혁하고 근대화를 추진할 수 있는 원동력이 부국강병책에 있다고 판단하고, 실학의 융성 및 인민무육(人民撫育) 등을 위하여 서양 문명을 적극적으로 수용하는 개국 정책을 추진하였다. 그러나 이들 제1세대 지식인들은 도쿠카와 막부정권의 탄압으로 인해서 자신의 개혁 논리를 제대로 추진하지 못하고 실패하고 말았다(古田光: 1968, 18-35). 이 뒤를 이어서 막부 체제 속에서 부국강병 원칙을 통하여 강력한 국가주의 체제를 추진하고자 하는 새로운 세력들이 등장하였다. 이들 제2세대 지식인들은 대부분 군사 부문의 개혁에 관심을 보이는 무사 출신 집단으로서 사쿠마 쇼잔(佐久間象山), 요코이 쇼난(橫井小楠), 마키 이즈미노카미(眞木和泉守) 등이 대표적이었다. 이들은 외세 배척을 중심 사상으로 하는 양이론(攘夷論)에서 서구 문명을 적극적으로 수용하고자 하는 개국론(開國論)으로 전향하고 있었다. 그래서 일본의 전통적인 유교 사상에 대한 재해석을 통해서 서양의 사상·문화와의 접합을 모색하고, 이를 통해서 일본 사회의 근대화를 추진하고자 하는 절충적·과도적인 성격의 개혁을 지향하고 있었다(古田光: 1968, 18-35). 이들 제2세대 지식인들의 개국에 대한 논의는 이후 요시다 쇼인(吉田松陰), 하시모토 사나이(橋本左內) 등 국수주의적 정한론자(征韓論者)[6]들에게 계승되어 메이지정변 발발 원인으로 작용하였다.

　대체로 일본의 근대화 과정은 메이지 정변을 계기로 해서 자본주의적 발전 단계로 나아가는 것으로 보고 있다. 이와 관련하여 일본 연구를 주로 하는 서양의 학자들은 일본의 메이지 정변 등을 비서구 지역에

---

6) 요시다 쇼인 등의 정한론(征韓論)은 주로 대내적인 위기를 방어적인 측면에서 개혁할 것을 구상하는 것이 아니라, 국가 안정을 위한 대외적 '위험요소'인 조선 등에 대해 공세적인 침략 전쟁으로 위기를 극복하자는 논의를 담고 있다. 바로 이 정한론을 배경으로 해서 이후 메이지정부의 권력 투쟁의 쟁점으로 작용하고 있으며, 대외 침략의 이론적·합리적인 근거를 마련하게 된다.

서 근대화에 성공한 유일한 모델로 긍정적인 평가를 하고 있다. 파싱
(H.Passin)은 이 문제와 관련하여 다음과 같이 설명하고 있다(H.Passin,
1965: 1-3).

> "……우리는 지금 근대화를 추진하면서 개발 도상 중에 있는 비서구
> 제국에 커다란 관심을 보이고 있다. 그리고 일본이야말로 그중에서도 근
> 대화를 처음으로 계획하고 또 성공했던 유일한 국가이다.……이 성공 사
> 례 그 자체가 오늘날의 신흥국에 대해서 '근대화 달성'이 가능했다는 것
> 을 보여 주었기 때문이다……"

파싱의 이 견해는 대체로 일본이 제3세계 혹은 동아시아의 여타 국
가들의 근대화 과정의 발전 모델로 되고 있음을 표현한 것이라고 할
수 있다. 이는 파싱만의 견해가 아니라 대체로 1960년대 서양의 연구
자들은 일본의 근대화에 대해 긍정적으로 인식하고 있었다. 대체로 교
육사적인 측면에서 일본 근대화의 중요한 추진력으로 보고 있는 것은
고도한 교육수준이었다. 근대화 과정에서 교육의 역할은 대체로 환경에
대해 비종교적인 태도를 확산시키는 것이며, 과학적인 사고를 지향하면
서 서구문명과 관련된 정보를 취득하는 독서능력을 보급하는 것에 있다
고 할 수 있다.[7] 따라서 지적인 차원의 근대화는 교육에 대한 양적·질
적인 변화 정도에 달려 있다고 할 수 있다. 즉 지적 차원의 근대화는
지적으로 검증할 수 있는 지식을 조직적으로 축적하며, 개인에 관계된
가치가 증가하고, 개인의 직업적·사회적·지적인 훈련에 관심을 집중
하는 경향이라고 할 수 있다.

대체로 일본의 근대화는 부국강병이라는 국가적인 요청에 기초하여
구미의 선진문화를 섭취·수용하는 방향으로 추진하였다. 그래서 부국
강병에 직접 이용할 수 있는 법제, 산업, 군사 등의 분야에 중점을 두
고, 서양 문화의 기간이라고 할 수 있는 근대 합리주의 정신에 대해서

---

7) 唐澤富太郎編, 「日本の近代化と敎育」(東京: 第一法規社, 1976), 13-15頁.

는 의식적으로 회피하였다. 이를테면 도쿠카와 봉건막부체제 속에서 근대화를 지향하고자 하였던 사쿠마 쇼잔(佐久間象山)의 '동양도덕(東洋道德)·서양예술(西洋芸術)'이라는 개념, 요시다 쇼인(吉田松陰)이 주장하는 '화혼양재'(和魂洋才) 등의 개념은 일본주의적 전통 속의 근대성을 표현하는 것이었다.8) 일본의 근대화가 지니는 외형적·형식적인 측면은 법제·산업·사회 등의 측면에서 근대 국가의 체제를 정비하는 것이라고 할 수 있었다. 그러나 일본적인 정신세계 속에서 근대 합리주의 정신, 개인에 대한 자각, 인격·기본적인 인권 존중 등 근대 서양사상은 1870년대 메이지 정변 이후 수입되면서도 별로 큰 작용을 하지 못하였다.9) 그런 측면에서 일본의 근대화 과제를 해결하는 핵심적인 요소는 외형적인 근대화와 대조적으로 지체되어 있었던 의식 측면의 근대화를 끌어올리기 위한 과정이라고 할 수 있었다.

## (2) 새로운 학제 반포와 문명개화론·국수주의 사상의 대립

1868년 메이지 정변 이후 학제를 제정·반포할 시기까지는 대략 실학주의·지식주의에 바탕한 양학사상과 인륜의 중핵으로서의 존왕주의적인 유학사상이 쟁점으로 되고 있었다. 이는 문명개화의 조건 속에서 군신관계의 일원적인 질서체제에 대한 공적인 충성심을 강조하는 황도주의와 상호 모순된 관계를 형성하는 천부인권·사민평등 이념의 계몽주의·자유민권사상이 대두한 것에서 비롯하였다. 그러나 앞에서 본 바와 같이 전반적으로 국학 이념을 강조하는 전통적인 사상 흐름이 계몽

---

8) '동양도덕 서양예술'은 동양사상의 장점이라고 할 수 있는 도덕성(도덕정신)과 서양문명의 우수성을 대표하는 '과학기술'을 조화롭게 수용하는 방식을 의미한다. 이 개념을 구체적으로 표현·계승한 것이 일본의 도덕을 기본으로 하여 서양의 과학·기술을 수용한다는 '화혼양재'인 것이며, 한국의 '동도서기'(東道西器)와 중국의 '중체서용'(中体西用)과 일맥상통하는 근대화의 기본 개념이라고 할 수 있다.

9) 唐澤富太郎編, 前揭書, 1976, 45-55頁.

사상가들을 압도하는 물리적·심리적인 기제로 작용하기 시작하였다. 이와 함께 1870년대 후반에 들어서면 황도주의 사상이 전통유학과 존왕사상을 합체시켜 강력한 신민(臣民)을 형성할 수 있는 이데올로기로 등장하였다. 이는 서구사상이 지니고 있는 자유주의적인 인간관을 부정하고 관료주의적인 군대조직의 사상과 상호 보완되는 성격을 가진 것이었다. 일본의 봉건막부체제를 붕괴시킨 신흥무사계층의 전통적인 황도사상이 체계화된 것이라고도 할 수 있었다.

사실상 1880년대에 들어서면 문명개화론이 지니고 있는 실학적 지식주의의 관은 유교적인 인간형성의 원리 및 덕교(德敎) 사상으로 인해서 그 정체성을 위협받는 위기에까지 직면하였다. 이는 민중의 덕성 함양을 위한 수신교육을 강조하고 이에 대한 법적인 지위를 보장하는 '개정교육령'(1880년 12월)과 '소학교교칙강령'(1881년 5월)을 제정하는 것으로부터 비롯하였다. 그런데 이미 '개정교육령' 등을 선포·시행하기 이전에 이와 관련하여 황도주의 사상을 고수하는 몇 가지 논문들의 주장이 결정적으로 작용하고 있었다. 1878년에 발표한 「교학대지」(敎學大旨)는 봉건적 유교주의, 즉 황도주의의 관점에서 실학주의 사상을 비판한 대표적인 사례라고 할 수 있었다.

> "……그 (실학주의의-인용자 주) 유폐(流弊)는 인의충효를 뒤로 하고 양풍(洋風)으로 취하는 데에 있다.……교학(敎學)의 요는 조종(祖宗)의 훈전(訓典)에 기초하여, 오로지 인의충효를 분명히 하고 도덕의 학은 공자를 주로 하여 성실품행을 존중한다……"10)

메이지 정변 이후 일본 정부의 근대화는 자본주의화의 원리에 입각한 부국강병, 문명개화 등의 슬로건을 내세우고 있었다. 그러나 이 슬로건들은 앞의 인용에서 보는 바와 같이 당시 봉건적 후진성을 지니고 있던 일본 사회의 기존 제도적인 틀에서 탈피하여 구미자본주의 열강

---

10) 國民精神文化硏究所編, 「敎育勅語渙發關係資料集」第1卷, 1972, 3頁.

들의 기계기술·문물제도·문화사상을 수용하기 위한 근대화 수용논리를 전제로 하고 있었다. 특히, 메이지정부가 추진하고 있었던 부국강병 정책은 후진적인 산업사회가 지니고 있었던 한계점을 극복하고, 그 나름대로의 인프라 구조 속에서 후발 산업사회가 추진하는 원시적인 자본 축적, 식산흥업의 터전을 구축하는 것이기도 하였다. 그래서 당시 문명개화론자들은 전통적인 유교주의적 존왕론의 형식 체계와 서구사상이 지니고 있는 문명개화 사상의 내용 체계를 융합·절충하는 방향으로 황도주의 사상을 완성하고자 하였다.

학제를 반포할 당시 이를 주도한 개혁사상가들은 신분제의 불평등을 부정하는 실학적 지식주의의 관점에서 출발하였다. 그들은 "연습(沿襲)의 습폐(習弊)인 사장기장(詞章記章), 공리허담의 교학을 배격하고, 일용상행(日用常行)의 언어서산(言語書算)을 비롯하여 실용적인 학문을 중시"하고자 하였다.11) 1880년에 제정한 개정교육령도 인의충효의 존왕주의적인 유교윤리를 인격 형성의 중점으로 두고, 이에 바탕하여 덕교 사상을 육성할 수 있는 교칙(敎則)을 제정하는 기반이 되었다. 1880년 12월 당시 문부경(문부대신-연구자 주) 후쿠오카 다카치카(福岡孝悌)는 훈시를 통해 수신을 중시하고 존왕애국의 지기(志氣)를 양성하는 방침을 구체화하기도 하였다.12)

이는 덕교(德敎)사상을 국가사상의 기본 방침으로 삼고자 한 모토다 나가자네(元田永孚)가 존왕 유교주의를 국가 정신의 기본 교육으로 상정하는 것에서 잘 드러나고 있다. 그는 「교학대지」에서 다음과 같이 주장하였다.

> "……열국의 모욕을 받지 않고 의연하게 국가가 설 수 있는 것은 궁극적으로 지향하고 있었던 바이다. 이것은 신윤일계(神胤一系) 만고불역(萬古不易)으로써 우주 내에 초월하여 있는 황실을 섬기는 것으로 통한다.……"13)

---

11) 敎育史編纂會編, 「明治以降敎育制度發達史」(第2卷), 龍吟社, 1964, 276頁.
12) 敎育史編纂會編, 前揭書, 230頁.

모토다는 교육과 정치를 구별하여, 과학은 순수하게 기술적·중립적·비정치적이라는 관점에서 천황제 중심의 유교윤리를 확립하고자 하였다. 그는 「국교론」(國敎論)을 통해서 여타 종교에 대한 배척적인 태도를 분명하게 드러내고, 천황제로 절대 귀일해야 함을 주장하였다. 이는 1880년 이후 니시무라 시게키(西村茂樹)의 '일본도덕론'으로 계승되어 봉건적인 도덕성을 기초로 하는 존왕주의적 수신 교과서를 편찬하는 계기로 작용하였다. 당시 일본 교육은 충효사상을 육성하는 과정이 비합리적·정서적·심리적 측면으로 이루어지고 있으며, 국민에게 전통적·봉건적인 가부장적인 충성을 강요하고 있었다. 이런 측면에서 당시 일본의 교육사상은 정신적으로 협애하고 배타적인 국가주의로 연결되어 '의사 가족주의'(사이비 가족주의 – 연구자 주)적인 국가 교육에 흡수되는 신민 양성 이데올로기를 지향하고 있었다.[14]

그런데 당시 국가주의 사상은 자유민권사상의 진보적인 이념성과 국학·신도사상이 관철하는 보수적 성향이 복합적으로 작용하고 있었다. 문명개화와 관련된 자유민권사상은 1874년 「민선의원설립건백서」를 통해 메이지 신정부의 유사 전제주의적인 속성을 비판하는 것에서 시작하였다. 이는 당초 상류 지식인·무사 계층의 자유주의적인 풍토를 반영하는 형식으로 출발하였지만, 이후 대중민권운동으로 발전하면서 사민평등, 천부인권론, 국민주권 등의 개념을 확산시키는 계기를 마련하였다. 이와 같은 자유민권사상은 메이로쿠샤(明六社) 중심의 계몽사상을 근거로 하여 이타가키 다이스케(板垣退助), 나카에 조민(中江兆民), 우에키 에모리(植木枝盛) 등이 주도하였다.

한편 이와 같은 자유주의적인 문명개화론에 대처하기 위한 수구적 체제론자들의 사상관은 1878년의 「교학대지」(敎學大旨)에서 잘 나타나고 있다. 교학대지는 모토다 나가자네(元田永孚)가 칙령 형식으로 기초

---

13) 海後宗臣編, 「元田永孚」(東京: 文敎書院, 1955), 28頁.

14) 丸山眞男, "日本におけるナショナリズム", 「現代政治の思想と行動」(東京: 未來社, 1992), 162頁.

적인 틀을 마련하여 오상오륜 중심의 유교주의 교육을 강화한 것이었다. 교학대지를 계기로 해서 자유민권사상을 비판하기 위한 보수반동사상이 등장하게 되었다. 이런 사례는 미국식 자유주의 교육정책을 수용하고자 한 다나카 후지마로(田中不二麿)의 '자유교육령'(1879년 9월)에 대한 개정 논쟁에서 첨예하게 드러나고 있었다. 자유교육령은 구미 사정에 능통한 다나카 후지마로가 미국인 머리(Murry)의 의견을 참조하여 작성한 것으로, 학구제·독학제 등의 폐지를 골자로 하는 지방분권적 경향을 중시하는 것이었다.[15] 그러나 자유교육령은 학교 설치와 관련된 문제, 저열한 교육내용을 갖춘 사립소학교의 격증, 취학률 문제 등으로 보수적 관점의 교육계로부터 강력한 비판을 받기 시작하였다.

## (3) 근대적 학제와 문명개화론적 교육사상

일본의 근대화는 내재적인 계기가 아니라, 세계자본주의체제에 편입하는 외압을 통한 국제적인 계기가 훨씬 중요한 요소라는 지적이 일반적이라고 할 수 있다. 그런데 근대화의 외발적인 계기가 갖게 되는 파행과 곡절을 우려한 것은 이미 메이지 시대 지식인들도 상당히 인식하고 있었다. 물질문명과 서구중심의 사고방식이 일본의 근대화와 근대교육구조를 압도하여 내부적인 중심－종속체제를 형성하는 것을 나쓰메 소세키(夏目漱石)는 다음과 같이 말하고 있다.

> "……지난날 우리(일본－인용자 주)는 삼한(三韓)·중국(中國)풍의 외국 문화를 수입한 적이 있었는데, 그 이후는 비교적 오랫동안 내발적인 개화를 진행하였다……그러나 어느 순간부터인가 일본의 개화는 급격하게 곡절(曲折)하였다. 그리고 내발적으로 진행해온 과정이 갑자기 자기 본연의 능력을 상실하고 무리해서라도 외부로부터의 압력에 따라야만 했

---

15) 教育史編纂會編, 「明治以降教育制度發達史」(第2卷), 龍吟社, 1964, 150－
  165頁.

다……결국 일본은 경쟁 등으로 초조해야만 하는……야만시대를 맞이해야
만 했다……"16)


나쓰메가 보는 관점에서 서구의 근대화는 내적인 자기 필연성을 가
지고 있지만, 일본의 근대화는 외압 그 자체가 일본의 전통구조와 올
바르게 결합하지 못한 채 모순과 파행만을 자초했다는 것이다.

국제적 계기론자(외발론자)는 근대적 학제를 위한 교육구조 혹은 공
교육체제를 서구사상에서 수용하는 과정 자체가 일본근대교육의 독자
적이며 주체적인 대응과정이었다고 주장한다.17) 그런 측면에서 반식민
지(半植民地)의 위기를 탈피하기 위하여 메이지정부의 국민의식교화에
호응하는 일련의 개혁정책을 수립한다. 전통적인 막번 체제 속에 이미
봉건적인 외형과 근대화라는 내용을 공유하고 있는 관점은 일본을 세
계자본주의체제에 편성시키는 필연적인 과정으로 해석해야 할 것이다.
일본 사회가 제국주의적인 세계재편의 과정에 주체적으로 대응하는 과
정을 강조하는 이면에는 시바하라 등의 국제적 계기론자가 부분적으로
수용한 제국주의적인 변화가 합리적으로 설명될 가능성이 크다. 즉 국
제사회에서의 적자생존(適者生存), 우승열패(優勝劣敗)의 법칙을 전면
적으로 긍정하는 신사회진화론(新社會進化論)의 교육원리임이 분명할
것이다.

근대적 학제론이 가지는 긍정적이고도 주체적인 계기가 강조됨으로

---

16) 夏目瀬石, "現代日本の開化" (1901.和歌山講演), 「瀬石全集」第14卷, 東京:
　　 岩波書店, 1979, 272－279頁.
17) 국제적 계기론자는 도쿠가와(德川)막부체제와 화이관(華夷觀)을 부정하는
　　 오규 소라이(生狙徠), 모토오리 노리나가(本居宣長)등 국학(國學)사상과
　　 메이지정부와의 개명적인 연계성을 강조한다. 즉 국제체제의 위기의식 속
　　 에서 전통사상과 서양의 실용주의사상이 결합하는 과정은 일본교육체제의
　　 주체적인 대응자세를 보여주는 것이라고 설명한다. 이와 같은 연구경향은
　　 다음의 문헌이 대표하고 있다 <唐澤富太郎, 「日本の近代化と敎育」, 1976;
　　 牧野吉五郎, 「日本近代敎育史硏究序說」, 靑森: 津輕書房, 1987; 井上久雄
　　 編, 「明治維新敎育史」, 東京: 吉川弘文館, 1984; 三川輝紀, 「近代天皇制と
　　 敎育」, 1987; 天野郁夫, 「學歷の社會史」, 東京: 新潮社, 1992>

써, 일본의 자본주의 문명이 가졌던 이데올로기적 교화, 사회의 전반적인 가치에 대한 통제정책 등 일본의 팽창주의적인 국가사상을 약화시킬 수는 없다. 오히려 일본의 근대적 학제 자체가 서구열강에 의해서 강제적으로 추진하는 외압상태였다는 측면에서 일본의 근대화가 가지는 불구 상태가 올바르게 지적되어야 한다. 바로 그러한 상태에서 상대적으로 인접한 문화권에 대한 대응자세는 왜곡과 오류로 일관하는 불구적인 조건 속에서 나왔다고 볼 수 있다.

일본의 근대적 학제는 중세적인 막부봉건체제를 해제하고 왕정복고에 바탕한 메이지 절대주의체제 속에서 기본적인 틀을 마련하게 된다. 그것은 교육·군대·산업·교통 등의 측면에서 국민적인 관계성과 근대적인 제도들을 정착시키는 것을 의미한다. 대체로 봉건적인 계급 제 관계를 폐지하고 중앙집권적 구조체제를 강화하는 과정 속에서 메이지 정부는 자신의 위치와 입장을 확정한다. 이와 같은 과정이 교육적인 의미로 변화할 때 두 가지 측면의 교육상을 반영할 수가 있다. 그 하나는 메이지 정치집단이 자기 자신들의 지배체제를 확립하여 나가는 과정에 있어서 지배엘리트의 세계관을 국민적인 교화수단으로 확립해 가는 "문명일원주의"의 교육론이라고 할 수가 있다. 다른 하나는 메이지정부가 지닌 근대국가를 건설하는 과정의 수준이 검증받을 수 있는 근거로서 대외침략주의, 식민지 경영이라는 대외적 상관관계를 평가하며 국가가 주도하는 교육구조라고 할 수 있다.[18]

일본의 근대적 학제와 관계하는 사회 구조와 그 사상은 국가가 어느 정도의 수준과 역할을 향유하는가의 문제에 연결된다. 그것은 일본의 근대 자본주의 체제가 지니는 다양한 구조를 재평가하는 관점이기도 할

---

18) 일본의 문명론, 즉 서구식 공교육구조를 채택하는 기본요소가 국민적인 통합과정과 직결된다고 할 수 있다. 그래서 국민적인 교육덕목으로 인의충효(仁義忠孝)와 애국(愛國)이라는 정신적인 규율체제를 강조한다. 그것이 체제외적인 전환 작용으로서 팽창을 통한 자본주의적인 근대화, 서구식 문명화 등의 공교육체제를 구축하는 것이다. 교육이 지닌 입신출세의 수단적 방식이 국가 간의 관계로 확대했다는 관점이기도 한 것이다.

것이다. 메이지정부의 절대주의 체제를 근대화 이념의 보편성 속에서
찾는다는 관점은 곧 문명개화 사상을 사회사상의 총체적인 구조 속에서
파악하는 의미이기도 할 것이다. 이런 측면에서 일본의 근대적 학제개
혁이 지니는 전체적인 개념 구조는 표면상의 용어·정식 이외에 서구로
부터 수입한 사상을 수용하는 측면에서도 주목해야 할 것이다. 그것은
표면상 서로 모순하고 착종하는 일본 근대 자본주의 문명개화론을 국가
주도의 사회개혁론으로서 총체적인 구조로 파악하는 계기가 될 것이다.


## 3) 메이지 정변 이후의 복선형 학제 개혁

### (1) 초·중등학제의 성립

　일본의 근대교육 140년을 간단하게 설명하는 것은 쉬운 일이 아니다.
이와 관련하여 일본교육을 간략하게 설명하기 위하여 이른바 “2R－2C－
2E”를 제시하는 경우도 있다(天野郁夫, 1996: 27－44). 이것은 일본교육의
발전개념을 상징적으로 표현해 주고 있는 대립어로서 ‘왕정복고’와 패전
이후의 ‘교육개혁’을 나타내는 2R(Restoration－Reform), 일본교육의 국가
적인 ‘통제’와 개인적인 ‘출세경쟁’을 대표적으로 보여주는 2C(Control－
Competition), 교육에 대한 국가 수준의 집행 ‘효율성’과 교육기회의 ‘평
등’과의 관계를 함축하는 2E(Efficiency－Equality)라고 할 수 있다.
　2R은 1868년 메이지정변(明治維新)을 통해서 하급 무사집단과 유학
자들이 중심이 되어 단행하는 왕정복고(Restoration)와 제2차 세계대전
패전 이후의 학제개혁(Reform)을 의미하고 있다. 일본 교육의 기본적인
성격은 1860년대 말과 1940년대 후반에 일어났던 두 가지의 변혁 조치
로서 대표한다고 볼 수 있다(天野郁夫, 1996). 최초의 R, 메이지정변은
1868년에 일어난 신흥무사 계층이 주도한 정변으로서 일종의 왕정복고

(Restoration)라고 할 수 있다. 그것은 정치·사회만이 아니라 교육에 있어서도 혁명적인 대사건이었다. 물론 도쿠카와 바쿠후(德川幕府)봉건 체제에서도 일본의 교육수준은 결코 서구세계에 뒤떨어지는 것이 아니었다. 이미 봉건체제 아래에서도 일반 서민들의 문자보급률은 남자의 경우 40%에 달하고 있었으며, 전체 인구의 5-6%를 차지하고 있던 지배계급으로서의 무사계급의 자제들도 14, 15세까지는 체계적인 교육을 받고 있었다. 다만, 봉건 체제 속에서 교육을 주관하던 학교는 단일한 국가통제 체제 속에 통합된 것도 아니고, 교육 내용도 중국의 고전 학문(漢學)이 주류를 이루고 있었다.

메이지 신정부는 전통적인 교육을 완전히 폐기하고 서구적인 신학교 제도를 준비하였다. 이때 시작한 교육의 혁명적인 변화는 학교교육제도 만이 아니라 학교건축, 교구, 교과서, 교과과정까지도 완전히 구미식의 제도를 모방한 것에서도 잘 알 수 있다. 중국의 고전학은 모든 단계의 학교 교과과정에서 배제하고 교수용어도 소학교부터 영어를 사용하는 것을 진지하게 검토할 정도였다. 물론 이에 대한 문화적·사회적인 반동도 만만치 않아서 1880년대에 들어서면 교육의 '서양화'에 반대하는 유교주의 교육이 부활하기도 하였다. 그러나 교육내용에 있어서는 전통을 부활시키는 것은 일부분에 지나지 않았고, 정부는 급속한 근대화, 공업화를 추진하는 원동력으로서 교육이 가장 중요하다는 데에 주목하였다. 19세기 말에 이르러서는 서양적인 학교교육제도가 일본교육에 뿌리를 내리면서 일본의 교육제도는 완전히 인문계와 실업계를 분리하는 복선형 학제까지 완성할 수 있었다(윤종혁, 1997).


(2) 근대식 고등교육 학제 개혁


일본 최초의 근대식 대학으로서 도쿄대학이 창립된 것은 1877년이었다. 이 당시 유럽은 이미 중등학교의 졸업자격시험으로 대학입시를 대체하는 시기라고 할 수 있으며, 졸업자격을 획득한 학생들이 자동적으로 대학입학자격을 갖게 되는 체제를 유지하고 있었다. 그러나 당시 일본의 교육관계자들은 유럽식 대학교육제도를 수용하면서도 중등학교 졸업자격을 대학입학자격으로 동일시하는 제도에 대해서 그리 관심을 가지지 않았다. 그래서 졸업자격시험 제도 그 자체를 채용하지 않았던 것이다.

당시 일본의 고등교육은 18, 19세기 미국이 유럽에서 고등교육을 수용하는 방식과 비슷한 경험을 했던 시기라고 할 수 있었다. 일본은 중등 수준의 교육과 대학 교육 모두 백지상태에서 새롭게 만들어야만 했다. 우선 1877년에 대학을 창립하고 대학에서 전문교육을 시작하려고 하였다. 그러나 중등 단계의 학교가 당시까지도 정비되어 있지 않았기 때문에 전문교육을 받을 수 있는 기초학력을 가진 학생이 좀처럼 드물었다. 그런 까닭에 대학에서 자체적으로 입학시험을 실시하여 학력을 판정하고 입학자를 결정해야 했다. 그러나 입학시험으로 선발하여 입학을 시켜도 기초학력이 충분하지 않은 자들이 많아서 중도 탈락 혹은 유급제도로 인하여 초창기에는 입학자의 10% 혹은 20% 정도만이 졸업하는 실정이었다(廣瀬八洲夫, 1971).

1880년대 중반부터는 중등학교의 수준도 안정되었기 때문에 일정 수준을 달성한 학교의 졸업생들은 무시험으로 입학시킬 수 있는 방식으로 변화하였다. 결국 일본도 중등학교를 졸업만 하면 대학에 진학할 수 있는 시대가 있었다. 그러나 일본의 대학은 창립 당시부터 인간형성을 중시하는 미국식 고등교육 모형이 아니라, 전문교육을 중심으로 하는 유럽식, 특히 독일식 고등교육 모형을 원용하고 있었다. 당시 대학에서 내세운 주요한 교육목표는 국가 관료의 양성, 혹은 국가 발전에 기여할 수 있는 전문직 종사자 양성에 있었다. 그런 의미에서 일본의 대학은 미국의 고등교육 기관 중에서 전문대학원(Professional School)에 상당하는 전문교육기관으로서 출발하였다(윤종혁, 1998).

1886년 모리 아리노리(森有礼)는 도쿄대학을 제국대학(帝國大學)으로 개칭하였는데, 그가 목표로 했던 것은 미국의 대학보다 수준이 높고 유럽의 대학에 뒤지지 않는 대학을 만드는 것이었다. 이와 같이 고급 수준의 대학을 지향했기 때문에 중등학교의 졸업자는 졸업학력만으로 대학의 전문교육에 접근할 수 있는 프랑스어, 영어, 혹은 독일어 중에서 최소 2개 국어의 어학력을 가져야만 학문에 정진할 수 있었다. 그래서 중학교만으로는 할 수 없는 외국어 습득을 위하여 고급 수준의 보통교육으로서 대학 예비문(大學予備門)을 만들었다. 이 예비문은 곧 대학 예과(大學予科)로 되고, 구제(旧制)고등학교로 변화하였다. 대학 예비문, 그리고 구제고등학교는 주로 외국어 학습을 시행하였는데, 어떤 때는 전체 교육과정의 2 / 3가 외국어 교육과정으로 이루어지기도 하였다. 그래서 대학 예과의 특성을 지니는 고등학교를 졸업하면 자동적으로 대학에 졸업할 자격을 가질 수 있었다. 이런 측면에서 구제 고등학교는 독일의 김나지움 혹은 프랑스의 리세 콜제쥬를 모델로 만든 것이라고 할 수 있다(天野郁夫, 1996: 71－74).

그러나 유럽의 전통적인 중등학교를 모델로 해서 고등학교를 제시한 것이기는 하지만, 그 내용 측면에 있어서는 커다란 차이를 보이고 있었다. 유럽의 중등학교가 학문세계에서만 활용하고 이미 사어(死語)가 된 그리스어, 라틴어 등의 고전어 교육을 중심으로 하고 있는 데 비해서, 일본은 근대언어인 영어, 독·불어 등을 중심으로 새로운 학문을 배우려고 하였다. 결국 독일의 폐쇄적인 학교풍토와는 달리, 일본은 높은 학력과 지적 능력을 가진 사람들에게 문호를 개방하는 학교로서의 성격을 가지고 있었다. 가정 배경에 관계없이 본인 스스로 면학 정진하여 고등학교에 입학하면 그 뒤로는 제국대학까지 진학할 수 있는 입신출세주의 풍토를 정착시키고 있었다. 이런 측면에서 제2차 세계대전 패전 이전까지 일본의 고등교육은 대학입시가 아니라 고등학교 입학시험이 최대의 난관으로 되고 있었다(윤종혁, 1998).

(3) 학제개혁이 미친 영향 — "피앙출서(被仰出書)"의 특성

대체로 존왕양이 사상은 유교적인 명분론에 입각한 심정적인 행위로

평가하면서도 일본이라는 국체의 절대성을 상징하는 과정으로 인식하기도 한다. 그래서 1868년의 메이지유신(明治維新)정권은 곧바로 왕정복고(王政復古)라는 일본의 절대가치를 실현한 것이라고 할 수 있다. 그와 같은 존왕양이사상은 통일국가의 군주에 대한 존중을 통하여 구심적(求心的) 의미로서의 국민적인 통일을 지향하는 대내적인 의식과 국가적인 통일성을 강화하기 위한 대외적인 국방개념이 결합한 통일체라고 간주한다.[19] 그 결과 양이(攘夷)를 실현하기 위하여 대외적인 진출, 즉 조선과 중국을 일본에 복속시켜 천황체제의 계층질서에 편입시키는 정한론(征韓論) 등의 아시아주의가 그의 이론적인 기반을 확충해간다.

새로이 성립한 메이지정부는 서양문명의 장점을 수용하는 교육의 조직화, 기술혁신을 통한 근대적 학제를 추진한다. 그와 같은 서구문명이 가지는 장점을 교육적으로 수용하는 중심구조가 바로 유신정부가 추진하는 학제개혁(學制改革, 1872)이었다.[20] 이 학제개혁의 중심역할을 하는 양학자(洋學者)들이 학제의 초안으로서 "피앙출서(被仰出書-오오제이다사레노쇼)"라는 교육안을 제시한다.

물론 "피앙출서"에서 말하는 학교는 근대식의 학문을 배우는 장소 혹은 교육기관으로서의 의미라고 할 수 있다. 그것은 인간이 자신의 힘으로 스스로의 운명을 조종하며 자연을 지배하는 무기로서 학교를 인식하는 교육관이라고 할 수 있다.[21] 즉 각자의 개성·재능에 따라서 입신(立身)·치산(治産)·창업(昌業)의 근본이 되는 학력(學力)을 키우

---

19) 宮地正仁外編, 「日本近代史1-維新變革と近代日本」(東京: 岩波書店, 1993), PP.7-12.

20) 학제(學制)의 반포(頒布, 1872.8.3)는 메이지정부가 지조개정(地租改正)·징병제·폐번치현 조치와 함께 실시한 중앙집권적인 정책구상이었다. 이 학제의 구상은 초대 문부경(文部卿) 오키 다카토(大木喬任)를 중심으로 미쓰쿠리 린쇼(箕作麟祥)등 양학자들이 작성한 초안에 기초하고 있다 <柿沼肇, 「近代日本の敎育史」(東京: 敎育史料出版會, 1990), 40-44頁>. 대체로 이 학제의 특징은 프랑스의 나폴레옹학제를 모방하는 대-중-소학구제에 있다고 할 수 있다.

21) 中內敏夫, 「近代日本敎育思想史」(東京: 國土社, 1973), 123-125頁.

는 것이 교육의 목적이라는 극히 실용적이며 자유주의적인 근대실학교
육사상을 반영한다고 볼 수가 있다.

그런데 학제를 반포하면서 입법 취지의 측면에서 문부성은 태정관
(太政官)에 보내는 문서를 별도로 작성하고 있다. 그 속에서 문부성은
국민에게 취학을 독촉해야하는 이유를 다음과 같이 말하고 있다.

> "……국가가 부국강병(富國强兵)하게 되기 위해서는 세계의 문명과 인
> 간의 재예(才藝)가 크게 진장(進長)하여야 한다. 따라서 문명이 문명답게
> 되기 위해서는 일반인민이 문명화해야 한다……"22)

그러므로 메이지정부가 학제를 제정했던 것은 국민 개개인의 입신
(立身)적인 기반으로서가 아니라 국가의 부국강병을 도모하기 위해서라
고 볼 수가 있다. 구체적으로 취학을 장려하는 지방당국의 포고령에서
그 내용이 잘 나타나고 있다.

> "……이제 자주자유의 권리를 가지고 우리(日本)가 전력을 다해 국위를
> 해외에 빛내야 할 시기가 왔다. 그래서 각자가 분기(奮起)하여 지식(智
> 識)을 확충하고 황국(皇國)을 위해서도 자신을 위해서도 면려해야 한다.
> 뭐니 뭐니 해도 지식(智識)을 개발하는 학문만한 것은 없다. 그래서 지
> 난해에 대·중·소학교를 창건하는 제(制)가 있었고……"23)

국민의 부강, 융성을 위하여 국민에 대한 교육이 절대적이라는 인식
이 메이지정부의 기본이념인 것이다. 메이지정부의 교육시책은 양학자
를 중심으로 하는 계몽사상가들이 서구교육사상을 수입·번안하는 과정
에 바탕을 두고 있다. 즉 근대주의적인 교육전통으로서의 계몽주의·자

---

22) "太政官に出す伺文", 「日本近代敎育百年史」第一卷(東京: 敎育硏究振興會, 1974),
    69-70頁.
23) 國民精神文化研究所編, 「日本敎育史資料書」第5集, 東京: 北海出版社, 1934,
    "愛知縣「就學諭言」", 88-89頁.

유주의사상이 천황제(天皇制) 이념을 바탕으로 하는 국가부강(國家富國)의 정책에 활용되는 것이다.

그러나 학제(學制)가 반포되었다고 해서 일반국민이 새로운 학교교육을 지각했던 것이 아니며, 근대공교육제도를 발전시키기 위한 일본의 사회경제적인 조건이 성숙했던 것도 아니다. 오히려 자본주의적인 사회경제구조를 실현하기 위하여 국가가 강제적으로 의무교육을 추진해야 하는 전도된 모순과정을 가지고 있다.[24] 그런 의미에서 학제의 반포는 일본 자체의 상황에서 비현실적인 서구자본주의국가의 여러 가지 교육제도와 사상, 기술을 수용하여 국가부강을 실현하려는 정치적인 현실을 반영한다고 볼 수가 있다. 학제에서 보여지는 "국가의 부국강병과 관계하는 개인적인 입신주의(立身主義)"라는 개념이 이후에 일본근대교육의 국가주의적인 목표와 방향성에 동시적으로 적용하는 좌표축이라고 할 수 있다. 그것은 근대주의적 사고양식으로서의 양학(洋學)을 수용하는 과정이 일본의 국민적인 생활양식과 사유구조를 비판하기 위한 내재적인 욕망과 정책구조적인 체제로써 수용하는 과정과 동일한 맥락이었다는 사실을 의미한다.


## 3. 한국의 근대교육과 학제 성립


### 1) 한국 근대화의 시대적 배경

---

24) 이와 같은 관점의 교육정책을 후쿠자와 유키치도 동일한 방식으로 지적한다 <福澤諭吉, "貧富智愚の說", 「福澤諭吉全集」第12卷, 東京: 岩波書店, 1960, 66頁> 그는 "……교육을 성하게 하여 富源을 개발하는 것은 사물의 因果를 전도하는 것……"(1889)이라고 주장한다.

이와 관련하여 개항을 전후한 한국의 근대교육사상은 어떠한 양상으로써 전개해 나갔는지 비교해 보기로 한다. 한국의 근대교육구조를 규정해 왔다고 볼 수 있는 유교적 세계관, 특히 유학의 규범적인 체제 속에서 인재를 선발·등용하는 학력주의사회는 일본의 바쿠후(幕藩)봉건체제와 근본적으로 다른 사회특질을 보여준다. 즉 교육을 통한 지위지향적인 가치를 강화시키며, 유교교양을 중심으로 하는 문치주의(文治主義)적인 성향이 교육에 대한 신뢰성과 문화적인 연대감을 강화시키는 관점을 지닌다.25) 유교적인 세계관이 지닌 근본적인 구조로서의 교육논리가 대체로 봉건정부가 지배하는 한국사회의 전근대적인 사유구조를 형성한다고 볼 수가 있다.

사상적인 사유체제의 인식론적인 견해 차이와 실재론의 차이에서 주리론(主理論)과 주기론(主氣論)으로 대표하는 서로 다른 유학적인 관점이 나온다. 특히 주리론으로 대표하는 대의명분(大義名分)과 소중화적(小中華的) 세계관은 주체와 객체를 절대적으로 분리하는 한국 중심의 문화구조를 형성한다. 그들이 지니는 정통성리학적 관점의 존왕양이(尊王攘夷) 사상은 진보적인 사상체계의 소중화론 혹은 독자적인 한국사회양식을 형성하는데 큰 역할을 한다. 이것은 개항을 전후하여 정한론(征韓論)으로 대표하는 일본의 침략논리에 정면으로 대응하는 위정척사(衛正斥邪) 사상의 기본적인 토대를 이루고 있다. 위정척사사상이 포함하고 있는 사유양식은 봉건적인 도덕규범이 지니고 있는 덕목에 대하여 절대적인 신뢰성을 두고 있다는 점에 있다. 그것은 곧 조선의 봉건체제를 유지해 온 교육덕목이면서 동시에 근대적 학제를 추진해 나가는 과정에서도 결코 없어서는 안 될 본체를 분명히 했다는 점에 주목하게끔 해 준다.26)

---

25) 강창동, "한국학력주의의 사회사적 연구", 고려대학교 대학원 박사학위논문, 1993. pp.65－76; 이와 비슷한 경향으로 정순우는 전통적인 가족주의적 세계관이 한국교육에서 차지하는 근대성을 밝히고자 하였다 <정순우, "한국가족주의에 관한 교육사적 이해", 1991>.

    원래부터 성리학의 이 일원론(理一元論的)인 사유체계는 주기론의 형이하(形而下)에 대한 관심을 배격하며, 이(理)의 본일적인 정태와 순화방식에 관심을 집중한다. 그것은 현실의 실재방식에 있어서도 파사현정(破邪顯正)이라는 분명한 원리원칙을 제시하며 봉건체제의 정치체제 운용원리에 민감하게 반응한다.27) 소중화의 명분적인 의리(義理) 사상과 유교적인 군신충의(君臣忠義) 관념을 강조한 이항로(李恒老)가 이를 대표한다고 볼 수 있다.

    "……선생(이항로-인용자주)이 문인(門人)들에게 이르기를 서양이 도(道)를 문란케 함이 가장 근심할 일이다. 천지지간에 일맥의 양기(陽氣)가 우리 조선에 있으니 만약 이것마저도 깨어진다면 천심(天心)이 이를 참을 것인가? 우리는 천지를 위해 입신(立身)하여 이 도(道)를 밝히기를 불을 끄듯이 급급(汲汲)히 서두르지 않으면 안 된다. 국가의 존망은 이차적인 것이다……"28)

    이와 같은 이항로의 국가 관념은 분명히 현실적인 동태파악이 아니

---

26) 위정척사론자들이 고수하는 유교적인 덕목은 봉건정부의 체제 내에서의 개량적인 교육론, 즉 한본서말(韓本西末)의 한국정신을 강조하는 것이기도 하였다. 그들의 유교윤리는 봉건정부의 군신관계를 중심으로 하는 교육의 근대화과정과 부분적으로 일치한다고 볼 수가 있는 것이다. 이의 대표적인 사례가 1895년 명성황후시해사건을 계기로 봉기한 위정척사론자들의 의병전쟁이라고 할 수 있다 <강재언, "반일의병운동의 역사적 전개", 「한국근대사연구」(서울: 한밭출판사, 1982), 229-346쪽; 糟谷憲一, "甲午改革後の民族運動と崔益鉉", 旗田巍先生古稀記念會編, 「朝鮮歷史論集(下)」, (東京: 龍溪書舍, 1979),. 229-266頁>.

27) 박종근은 위정척사론이 개항전후 봉건정부의 위기관리능력에 가장 민감하게 대처하는 "시대정신"을 가지고 있다고 평가한다 <박종근, "조선근대에 있어서 민족운동의 전개", 요시노 마고토(吉野誠)외편, 「갑신갑오개혁기의 근대변혁과 민족운동」(서울: 청아출판사, 1983), 301-304쪽>. 한편 일본인 사가 도마 세이타(藤間生大)도 비슷한 관점에서 대원군 집권기의 척사론은 개국론보다도 훨씬 현실적이며 주체적인 측면에서 대중 논리의 가능성이 있었다고 평가할 수 있다<藤間生大, 「近代東アジア世界の形成」(東京: 春秋社, 1977), 272-275頁>

28) 李恒老, 「華西集」, 雅言, 卷之12, 堯舜 第36.

라고 할 수 있다. 그에게 있어서 조선이라는 국체(國體)는 중화적인 도(道)의 길을 명확히 하고 사학(邪學)·사단(邪端)을 실제적·관념적 차원의 양면에서 극복할 때에 분명해 질 수 있다. 그는 동양도덕·동양문명의 정통성리학적인 세계관을 중시하는 교육체제를 준비하는 과정으로서 다음과 같이 말하고 있다.

"……이(理)는 하나이며 둘이 아니고, 물(物)에 명(命)하지만 물(物)로부터 명(命)을 받지 아니하며, 주(主)가 되며 객(客)이 되지 아니한다. 더구나 기(氣)는 둘이지 하나가 아니며, 물(物)로부터 명(命)을 받지만 물(物)에게 명(命)하는 것이 아니며, 객(客)이 되지 주(主)가 되지 못한다……"29)

이항로를 비롯한 주리론 관점의 척사론자들은 유교적 도덕주의라는 동양적인 관념론을 교육개념으로 구상하고 있다. 그것은 현실의 실제생활에 반영하는 근대성을 갖는 것이 아니라 19세기 봉건체제의 정신적·물질적인 위기의식을 반영하는 각성 교육관이라고 할 수 있다.30) 그래서 척사론자는 국가체제의 정비와 근대적 학제의 개혁적인 정비를 다음과 같은 관점에서 진단하고 있다.

"……중국이 중국답고 인류가 인류다워서 천하만고를 다스리는 것은 삼통(三統)이 있기 때문이니 군통(君統), 사통(師統), 부통(父統)이 그것이다……이에 순종하면 우선 사람이 되고 중화(中華)의 사람이 되니 죽더라도 영광스럽고, 그것을 어기면 오랑캐가 되고 짐승이 되어 산 것이 죽는 것만 못하다……진실로 사람마다 이 의리를 강론하고 집집마다 이 의리를 강론하여 군신(君臣)과 부자(父子), 화이(華夷)와 인수(人獸)의 구별을 알게 한

---

29) 李恒老,「華西集」, 앞의 책, 雅言卷之1, 形而第1
30) 주리론(主理論)적인 관점에서 보는 이주기객(理主氣客)의 입장이 특별하게 강조하는 교육내용을 체득하기는 쉽지가 않다. 현실의 서구세력이 지닌 물적(物的) 조건이 우리의 정신세계와 일치하지 않는 위기의식을 스스로 자각하는 내재적 방법론으로서 본 연구는 각성교육(覺醒教育)이라는 개념을 연장하였다.

다면 이 또한 맹자(孟子)가 말한 성인(聖人)의 무리가 아니겠는가?……"31)

이는 전형적으로 보이는 유교적인 도덕강목에 대한 정신주의, 금욕주의적인 교육을 요청하는 것이다. 이런 측면에서 위정척사론의 교육논리는 미국의 허친스(Hutchins) 등이 구상한 항존주의적(恒存主義的)인 사고방식과 비슷하게 반과학주의, 비물질주의의 특성을 가진다고 볼 수도 있다. 이와 같은 동양의 항존주의는 봉건도덕을 교육내용의 핵심으로 제시한다는 관점에서 비민주적이며 계급차별적인 복고주의 형식을 지니고 있는 것은 사실이다. 그러나 교육의 정치화라는 관점으로서 안으로 스스로를 다스리고 외세의 무뢰함을 배격한다는 "내수외양(內修外攘)"의 원칙은 민족적인 위기를 각성한다는 관점에서도 극히 평가해야 할 부분이라고 할 수 있다.

위정척사론은 국내외의 이단사상(異端思想)과 현실적인 대립을 하고 있었다는 측면에서 교육의 정치화라는 성격이 분명하게 보인다. 특히 이(理)를 정학(正學), 기(氣)를 서학(西學)으로 생각하는 사유방식으로 다음의 관점을 보면 실재적인 명분론(名分論)을 인식할 수가 있다.

> "……이(理)가 주(主)를 이루고 기(氣)는 역(役)이 되며, 이(理)가 순(純)하고 기(氣)가 정(正)하면 만사가 잘 다스려지고 천하는 편안하다. 기(氣)가 주를 이루고 이(理)가 가려지면 만사는 흐트러지고 천하가 위태로워진다……"32)

이러한 논리는 형이상(形而上)의 도(道)를 지키기 위하여 이단사상(異端思想)에 대하여 극단적인 대결상태를 초래할 수밖에 없으며, 형이하(形而下)의 기(器), 즉 과학문명을 양이(洋夷)에게 배울 수 없다는 관념을 낳는다. 그것은 현실적으로 조선봉건사회의 기강을 위협하는 서교(西敎)로서의 천주교, 서기(西器)로서의 양화(洋貨), 즉 서양상품에 대

---

31) 崔益鉉, "抱川鄕約誓告文", 「勉菴集」, 서울: 민족문화추진회, 1977.
32) 李恒老, 「華西集」, 雅言卷之1, 臨川第2.

하여 배격해야 할 현실과제를 가지게 된다. 즉 개항과 관련하여 서구식 근대화라는 과정 자체가 정신, 물질의 양면에서 우리의 민족적인 생존방식을 위협한다는 것이다. 그래서 이항로는 국왕이 양화 배척에 진력할 것을 다음과 같이 진언하였다.

> "……무릇 양물(洋物)이 들어옴에는 그 품목이 심히 많으나 요컨대 모두가 기기음교(奇技淫巧)인 것으로 민생일용(民生日用)에 무익할 뿐만 아니라 아주 큰 화가 되는 것이다……하물며 그들의 물건은 손에 의해 생산된 것으로 일계(日計)에 유여(有餘)한 것이오, 우리 물건은 토지에서 생산된 것으로 세계(歲計)에 부족한 것이다. 부족한 것으로서 유여(有餘)한 것과 교역을 한다면 우리가 어찌 곤란해지지 않겠는가. 일계(日計)로서 세계(歲計)에 접한다면 그들이 어찌 넉넉하지 않을 것인가. 그리하여 (그들은) 자신의 이익 때문에 무상(無常)으로 출입하거나 민간(民間)에 잡거(雜居)하여 우리 민족을 바뀌게 하였고, 혹은 연해(沿海)에 출몰하여 지읍(地邑)을 노략질하는 적(敵)으로 이제는 국가의 중대한 재난으로 되었다…… "33)

그는 봉건도덕질서의 혼란이라는 도덕적 규범주의 차원에서 양화(洋貨)를 배격하는 것만은 아니다. 오히려 현실적으로 서구경제구조와 산업양식이 빚어내는 자본주의적인 침략성을 폭로하는 것이다. 이와 같은 사상을 새로운 양이(洋夷)로서의 일본을 인식하는 논리로 확장시켜나간다. 최익현도 1876년에 무력침략의 과정으로서 재개한 대일수호조약의 문제점을 왜와 양이의 일체감에서 찾고 있다.

위정척사론자들은 일본이 서양화하고 있다는 사실을 전제로 하면서, 일본과의 수교는 그에 그치지 않고 서구와의 통교를 가져오며 조선의 금수화(禽獸化)를 가져올 것이라는 사실을 경고한다. 위정적사본자는

---

33) 「日省錄」47冊, 고종3년(1866)10月3日條, "護軍李恒老陳疏時事條", "……夫洋物之來 其目甚多 要皆奇技淫巧而民生日用 不惟無益 爲禍滋大……況彼之爲物生於手 而日計有餘 我之爲物産於地 而歲計不足 以不足交有餘 我胡以不困 以日計接歲 彼胡以不贍以生生自用 往來無常 或雜處民間 移易民俗 或出汲海沿 焚掠城邑 至於今日 爲國家之膏皇矣……"

이와 같은 양이(洋夷) 사상과 함께 체제의 위기를 회복하기 위한 교육적 의미의 내수양민책(內修養民策)을 전개한다. 그것은 사상을 이해하는 관점에서 볼 때 교육적인 차원의 해결책이라기보다는 정치적인 차원의 해결책이라고 볼 수가 있다. 이항로는 다음과 같이 말하고 있다.

> "……최근에 양천(洋賤)이 창궐하고 있는 것은 우리 백성이 그들에게 내응하고 있기 때문이다. 백성들이 내응하는 것은 민심이 이반했기 때문이다. 이반한 것은 생업이 도탄에 빠졌기 때문이다. 생업이 파탄한 것은 권력이 가혹하게 수탈했기 때문이다……"[34]

즉 민생을 파탄으로 몰고 가는 가혹한 패도정치를 배격하고, 불법수탈의 시정을 기본으로 하는 민생안정이 군관민의 일체화를 이루며 구미의 침략에 대처할 수 있게 해야 한다는 것이다. 그리고 이와 같이 내수외양책을 추진하기 위해서는 正學으로서 성리학을 진흥시키고, 대의명분의 도덕규범을 확립해야 한다는 결론에 도달한다.[35] 정학(正學)의 확립이라는 정신주의적인 풍조가 일본을 선두로 하는 서구열강의 자본주의적인 침략의혹을 명확히 파악했다는 점은 교육적인 평가의 문제라고 할 수가 있다. 반면에 유교도덕의 체제의존적인 전화과정은 교육이 지녀야 할 사회문화의 전수기능이 경색 전도하는 오류를 범했다

---

34) 李恒老,「華西先生文集」권3, 疏箚. "……近日洋賊猖獗 苟求其故則實由於我民之內應 我民之內應由於民心之怨叛 民心之怨叛由於恒産之罄竭 恒産之罄竭由於聚斂之不息……"

35) 박종근, 앞의 논문, 304쪽; 신용하, "구한말 지식인의 수구의식과 개화의식", 한국정신문화연구원 편, 「한국의 사회와 문화」제5집, 1985, 6−7쪽; 한우근, "개항당시의 위기의식과 개화사상", 한국사 연구회편, 「한국사 연구」제2집, 1968, 114−119쪽; 마부치 사다토시(馬淵貞利), "근대조선에 있어서 변혁주체·저항주체의 형성과 전개", 요시노 마고도(吉野誠)외편, 앞의 책, 115쪽; 최재현, "19세기 사회운도의 전략집단", 한국정신문화연구원편, 「조선후기의 체제위기와 사회운동−한국의 사회와 문화」제10집, 1989, 118−120쪽; 이구상, "면암 최익현의 실천적 義理理想과 교육",「한국교육의 성찰」, 청파 이학철 교수 정년퇴직기념논총, 1991.76−79쪽. 등의 논문이 공통적으로 이 점을 지적하고 있다.

는 측면에서 분명히 봉건적인 한계성을 지닌 것이었다.

즉 위정척사론이 지닌 최대의 약점이 봉건적인 교육기능에 대해서 맹신하고 있는 점이라고 할 수 있다. 그것은 역사에 대한 발전전망을 고대 중국사회에 두고 있는 유교주의적인 교육이념을 반영한 것이라고 할 수 있다. 군신관계에 기초한 유교적인 왕도관(王道觀)은 봉건사회의 민(民)이 지니는 평등이념을 본질적으로 희석시키는 관점이라고 할 수 있다. 그런 의미에서 볼 때 위정척사론의 뚜렷한 민족의식이 봉건적인 계급한계로 인해서 근대공교육구조의 역할을 담당하지 못한 과정은 분명하게 인식해야 할 것이다. 그러면서도 근대적 학제를 추진해나가는 과정 속에서 개항과 관련한 자본주의 문명에 대하여 주체적으로 대응하지 못한 한계성을 바로 위정척사사상의 오류로 진단하고 있다. 그래서 일본에 비해서도 객관적으로 서양문명에 대한 연구가 뒤늦어진 원인도 정통성리학이 추구하는 대의명분론과 무리한 양이론(攘夷論)에 있다고 보는 듯하다.

그래서 서양의 물질문명이 가져오는 자본주의적 침략과 폐단에 대하여 전통유교사상으로 대처한다는 도덕적 윤리주의원칙은 극히 중요하다고 할 것이다. 또한 이항로·기정진 등에게서 보이는 주리객기(主理客氣) 원칙의 이(理) 우월론은 동양식 통합주의 혹은 원리주의의 교육방법론을 대표한다고 볼 수 있다. 이와 같은 교육원칙은 유교적 기반의 개화사상가(동도서기론 혹은 동교서법론)를 통해서 조선봉건정부가 주체로 나서는 근대공교육개혁에 동일한 맥락으로 관철한다고 볼 수 있다. 결국 봉건적인 체제 속에서 추진하는 자체 내의 공교육구조, 혹은 위로부터의 근대화과정은 민족주의적인 각성을 하지 못하면, 그나마 있던 대중적인 기반마저도 흔들릴 가능성을 안은 채 출발했던 것이다. 한국에 있어서 근대적 학제를 위한 동방형 절대주의 체제는 이와 같은 대외적 위기의식과 대내적 사상모순 속에서 한 장을 내걸게 된다.

## 2) 한국 근대 학제성립과 개화교육사상

### (1) 서구주의 관점과 근대 교육

19세기에 이르기까지 한국의 유교적인 봉건체제 속에서 서학(西學), 북학(北學), 다산학(茶山學) 등의 개신유학(改新儒學) 계열은 성리학 일존주의(一尊主義)의 명분론에 밀려 정통사상의 입장을 이룬 것이 아니었다. 사실상 정주(程朱)의 성리학 이외에는 사문난적(斯文亂賊)으로 규탄하는 조선의 유교사상체제가 지닌 경직성이 서학·서교를 탄압하는 계기를 낳았다. 또한 이의 여파로서 개신유학의 전반적인 개혁논리가 현실정치체제 속에 수용되기에는 많은 난관을 낳은 것이 사실이다.36) 그러나 조선조 정통유학사상과 그 질서체제 속에서도 근대화에 관련한 현실적인 개혁론과 교육구조론이 방기된 것은 결코 아니었다. 이에 대해서 개항 전후의 사상관계를 새롭게 검토하는 다음의 방식은 주목할만한 점이 있다고 생각한다.

　　"……이제까지의 연구에 의하면 — 오길보, 강재언 등의 논문, 저서는 모두 김옥균 등이 실학자 박규수로부터 배웠고, 오경석이 실학자 김정희와 접촉한 사실로부터 실학과 개화사상의 연결을 주장해왔다……그러나 일면에 있어서 실학과 개화사상은 어느 지점에서 단절했던가 하는 것을

---

36) 서교(西敎)·서학(西學) 등이 구별하는 기준점을 가지지 못한 채 척사(斥邪)의 대상으로 되었던 점이 근대화로 나아가는 과정에 있어서 일본·중국에 비해 늦어진 원인이라고 지적하는 경향이 강하다 <강재언, 「조선의 서학사」, 12 – 14쪽; 이원순, 「조선서학사 연구」(서울: 일지사, 1986), 17 – 18쪽>. 그러나 이와 같은 주장이 일반적으로 객관적인 비교기준으로 본다고 하는 점이 있기는 하지만, 그것은 서구식 문명의 수용기준으로 동양삼국을 평가하는 오류로 전화할 가능성이 농후하다. 그런 의미에서도 한국의 유교세계관이 인식하는 서학의 내용과 형식문제, 일본의 전통세계관이 가지는 양학에 대한 실용주의적 평가는 동일한 기준으로 비교할 수는 없다고 본다. 즉 근대화는 전통과 외래문화의 적절한 포합성을 전제로 하는 관점에서 재점검하는 내용을 포괄해야 할 것이다.

검토할 필요가 있고, 또 그렇게 할 수 있다고 생각한다. 조선근대사상의 획기적인 발전시기를 알기 위해서도 이와 같이 양자의 단절적인 계기를 알 필요가 있다. **그 하나**는 1866년의 **민족적인 앙양**이고, **다른 하나는** 오경석 등 **중인계층의 상공인(商工人)적인 감각, 중인계층으로서의 의식과 의욕이다**······37)(진하게 – 인용자)

이와 같은 역사관에서 가장 전형적으로 보여주는 유형은 역사의 주체와 실재성(reality)을 강조하고, 민족주의 혹은 민 중심의 역사관을 지향하는 과정이라고 할 것이다.38) 실제로 이러한 시각에서 도마 세이타(藤間生大)는 시바하라 다쿠지(芝原拓自) 등이 주장한 외압에 대한 주체적 대응론, 즉 제국주의적 전화론을 비판·극복하고자 한다. 도마 세이타는 19세기 중반 동아시아 삼국의 근대화론과 공교육구조는 서구식 근대화를 수용하는 기준으로서 절대평가할 수는 없다고 단언한다.39) 그것은 후진제국주의, 봉건제국주의를 형성할 수밖에 없는 동아시아의 팽창주의·군국주의에 대한 올바른 인식이라고 할 수 있다. 그런 의미에서 그는 실학사상과 개화사상의 단선적 계승론에 대신하여 새로운 연구방법론을 모색하고자 한다. 즉 그러한 면에서 개화사상의 전반적인 영역이 사회적 계층구조의 반영 성과라는 측면을 주목하는 것이다. 이는 사상사의 연구영역을 역사적 사실에 근거하는 보편성의 논리로 제시한다고 할 수 있다.

본 연구는 이 논리가 지닌 단선적인 의미를 새롭게 재해석하는 여지

---

37) 藤間生大, 「近代東アジア世界の形成」(東京: 春秋社, 1977), 274頁.
38) 이 근거로서 제시할 수 있는 논리는 근대공교육이 지니는 한국적인 특수성으로서 "민족의식의 앙양"이라는 측면이다. 그것은 공교육사상의 규범적인 항목으로서 대외적 독립성의 척도 혹은 대외적 독자영역으로 평가할 수 있는 개념이기 때문이다.
39) 그는 이러한 논리에 기반하여 임오군란 당시의 한·청·일 삼국은 동일한 경제구조를 형성했다는 점에 주목한다 <藤間生大, 「壬午軍亂と近代東アジアの 世界の成立」, 東京: 春秋社, 1987 참조>. 이와 같은 주장은 곧 日本의 대외침략주의가 자신의 체제유지를 위한 생존수단이었음을 입증하는 것이라고 할 것이다.

가 있다고 본다. 즉 일본의 근대공교육에 대한 구상과 달리 한국의 민족의식은 공교육의 핵심적인 역할을 하고 있다고 본다. 한국의 봉건체제가 내외적인 위기상황에서 체제 내의 변화과정보다 우위에 두는 민족적인 단결심을 담아냈기 때문이다. 쇄국(鎖國)정책의 논리가 편향적이지 않은 채 국민적 일체감을 확인하는 과정이라고도 할 수 있다. 그런 면에서 위정척사론은 국민통합을 위한 교화과정의 중핵적인 교육내용을 이론화했다고 할 수 있다. 그것은 한국의 공교육사상과 그 체제가 지향하는 특수조건을 만족시킬 수 있는 최소요건인 것이다. 중세적인 교육구조가 서구문명과 결합하는 과정에 있어서 작용·반작용의 논리는 이런 관점에서 문제제기가 될 것이라고 본다.

일본의 근대화 과정에 있어서 국가가 주도하는 통합적인 교육구조가 한국에서는 다른 양상으로 보인다. 한국의 봉건정부는 자체 내에서 권력구조의 변화와 함께 자본주의적 발전양식을 동시에 수용하고자 한다. 그러나 전통적인 유교사상의 해체과정에서 나타난 자주적인 근대화과정은 다양한 교육·문화상을 전개한다. 그것이 앞에서 설명한 주리론적 존왕론(尊王論), 즉 위정척사론과 혁신적인 유교사상, 즉 개화사상의 갈등·대립의 모순구조를 동시에 수용하는 과정이라고 해석할 수가 있다. 그러나 이 사상체계의 대립적인 분극화과정은 자체 속에서도 다양한 전망과 사유구조를 담고 있다고 할 수 있다. 그래서 유교 중심의 전통적인 교육체제가 분해·해체해가는 과정도 다양한 의미로 해석해야 하리라고 본다.

일본과 비교해보는 한국의 근대공교육사상은 이와 같이 자본주의적 발전이라는 궁극적인 목표설정에서 동일한 가치를 가진다고 볼 수 있다. 그러나 한국의 근대화과정은 체제유지를 위한 국민의 통합이데올로기와 개혁적인 사회구조가 동일한 규범체계를 가질 수가 없었다. 즉 봉건정부가 추진하는 체제내의 개혁논리는 교육구조에 있어서도 제한적으로 반영하고 있을 뿐이었다. 조선정부가 추진하는 공교육구조를 전면적이며 과단성 있는 개혁으로 파악하기보다는 대외적인 위기정세 속

에서 교육구조를 재편하는 복고적인 과정으로도 볼 수 있다. 그것은
전통적인 사유양식과 서구의 사유체제가 서로 병립하고 있었던 한국사
회 특유의 공교육사상을 규명해내는 계기이기도 할 것이다.

## (2) 근대적 학제 형성의 배경으로서의 서구 문명

한국의 봉건정부가 추진한 대외개국의 과정은 당시 사회구조에 새로
운 세계관을 형성하는 계기가 되었다. 이미 1870년대 자본주의적인 세
계질서를 준비하는 과정은 대일개국을 둘러싼 위정척사론자와 개국론
자 간의 논쟁에서 증폭하고 있었다.[40] 앞에서 언급한 바와 같이 그 대
립구조는 체제의 기본적인 규범체계와 사유양식을 유지하기 위한 목적
이 일치하고 있었다. 조선조 봉건체제의 기존질서를 변화시키기 위한
교육구조는 아래로부터의 변혁과정을 요구할 수밖에 없었다. 그러나 개
국을 전후한 대내외적인 사회체제와 그 구조에 대한 모순관계는 국가
가 주도하는 민족적인 위기의식에 희석될 수밖에 없었다. 즉 국가가
주도하는 민족적인 대결구조와 유교적 교육체제가 자본주의적 근대화
의 특정영역을 제한하고 있었다.[41]

---

40) 여기에서 개국론을 곧바로 개화론 혹은 진보적인 사상체계라고 확언할 수는
   없다. 이제까지의 연구경향은 북학파의 사유체계를 계승한 박규수 등 진보적
   인 사상가를 개국론자라고 부르는 것이 일반적이었다. 그러나 개국에 대한
   당시의 정리정략적인 편견 등을 생각해 볼 때 개국론과 개화론은 엄격하게
   분리되어야 한다고 생각한다. 그런 관점에서 박규수의 개국론은 새로운 방향
   성을 제시하는 한국식 자본주의 근대화의 원형이라고 평가할 수는 있지만,
   그의 사상이 개화파(김옥균, 박영효 등)에게 직접적으로 계승한다는 논리도
   단선적인 추론이라고 해야 할 것이다. <예를 들면, 강만길, "동도서기론의
   재음미", 「한국민족운동사론」(서울: 한길사, 1985), 155－169쪽; 허종호 외,
   "조선에 있어서 부르조아 혁명운동", 조선사회과학원 편, 「역사과학 논문집」
   제1호, 1970; 原田環, "朴珪壽の對日開國論", 京都大學 人文研究所 編, 「人
   文學報」 第46號, 1979. 등의 논문이 이와 같은 견해를 보여주고 있다.> 오
   히려 박규수 이후의 대일개국론에 대한 입장을 수구적 입장의 민씨일파와
   척족세력, 재야유림(주기론적 유학파), 그리고 실학사상을 계승하는 개화파
   등으로 세분하는 논리로 조명해야 할 것이다.

한국의 근대화과정은 서양자본주의국가들과의 민족주의적인 대립구조와 함께 자체가 지닌 봉건적인 제 관계를 개선하려는 자본주의적 근대화의 이중과제를 안고 있었다. 이미 16세기 후반 이후 서구문명이 가진 장단점을 모색하는 오랜 역사가 19세기 중반까지 축적되어왔다. 그것이 한편으로는 왕권강화를 위한 국민통합정책, 다른 한편으로는 봉건사회의 경제구조를 능가하기 위한 근대화의 추진정책으로 나아갔다. 이것은 교육적인 측면에 있어서 유교적인 사유체계에 바탕하여 서구문명에 대한 가치지향성을 향유하는 과정이기도 하였다. 이제 개국 혹은 대일개항을 전후하여 유교적 명분론에 바탕하여 서구사상을 취급하는 방식이 봉건적 사회체제의 변화와 함께 근대공교육의 보편적인 목적성마저 이질화시키는 계기가 되었다고 할 수 있다.[42]

이와 같은 사유체계로 인해서 근대화에 수반하는 공교육구조는 여러 가지의 사상적인 모색을 하고 있었다. 1876년 일본과의 수호조약은 새로운 문명에 대한 평가를 독자적으로 시행하는 기회가 되었다. 사실상 조선정부는 일본과의 수교를 봉건사회에 이루어진 교섭상태를 연장한 것이라고 인식하였다. 그래서 메이지정부가 수행한 학제의 반포 등 신교육의 구상이 한국의 문명관과 일치한다고 보기는 어려웠다.

일본의 문명, 즉 자본주의적인 교육체제를 검토하는 사유체계가 일

---

41) 본 연구의 견해와 비슷한 주장을 하는 글로서 다음을 참조할 것; 오길보, "개화파의 형성과 그의 초기 활동", 사회과학원 역사연구소편, 「김옥균」 (서울: 역사비평사, 1990), 76−133쪽; 김영숙, "1880년대 개화파들의 정치활동에 대하여", 「력사과학」 1959년 4호; 권오영, "동도서기론의 구조와 그 전개", 「한국사시민강좌」 제7집, 서울: 일조각, 1990.

42) 개국 혹은 개항을 개화사상과 동일시하는 논리가 근대화의 추진과정에 있어서 서구문명 우월주의라는 또 다른 오류를 낳을 수가 있다. 오히려 민족의 자주성을 공교육이념의 한 가지 양상으로서 제시할 때 국민통합을 위한 교화에서 전통적 사유체계가 차지하는 역할도 크다고 할 수 있다. <이에 대해서는 신용하, "19세기 개화파의 자주적 근대화 사상의 구조", 한국정신문화 연구원 편, 「한국사학」 제6집, 1985; 정순우, "근대교육 도입기에 있어서의 교육정책", 한국교육학회 교육사 연구회 편, 「한국 현대교육의 재평가」(서울: 집문당, 1993), 435−455쪽. 등을 참조할 것>

본보다도 구조화한 논리를 유지하였다는 측면에서 그러하였다. 1876년 한국의 공식사절단으로서 일본을 방문한 김기수는 일본교육의 인상을 다음과 같이 술회하였다.

> "……그 이른바 학교에서 교육하는 법은 사대부자제들과 평민 중의 준수한 자는 7,8세부터 글을 배우고 글자를 익히도록 지도한다. 처음에는 일본문자를 가르치고 차츰 한자를 가르친다. 16세가 되면 다시 경전을 읽히지 않고, 크게는 천문, 지리, 흉지(胸肢)의 학(수학-인용자 주) 작게는 농기(農器), 군기(軍器), 도형(圖形)의 설(說)을 눈으로 보고 손으로 헤아리는 등 잠시도 멈추지 아니한다. 여자에 이르기까지 학교가 있어 크게는 천(天), 지(地), 병(兵), 농(農), 작게는 시문(詩文), 서화(書畵)까지 모두 한 가지 이상의 기예를 전공한다……"[43]

그는 메이지정부가 주도하는 일본교육이 기존의 봉건교육체제와 다른 조직이라는 점에 주목한 듯하다. 우선 학교제도와 교육내용에서 유교적인 사상체계 이외에 실무적인 학문, 병학(兵學)이 들어간다는 과정이 기존의 봉건교화와 형식상 구별되었기 때문이다. 그리고 현실적인 교육목적을 객관적으로 파악하고 있다는 인식은 김기수의 다음과 같은 견해에서 잘 드러나고 있다.

> "……천하각국의 사람들이 영사관으로 와서 머물게 되므로, 그 사람들을 고용하여 그 기술을 배운다……그들을 후대하면서 자신을 낮추는 것이지만, 이는 그 시술을 모두 배워서 그 기계를 예리하게 하기 위한 것이다……또한 각국에 사람을 보내어 배우지 못한 기술을 모두 배워서 곳곳마다 화륜선, 화륜차를 만든다……이는 군신상하(君臣上下)가 부지런하게 이(利)를 위하고 부국강병으로 급선무를 삼았는데, 대개 그 정령(政令)이 위앙(衛央)(상앙-인용자 주)의 유법(遺法)에 나온 것 같다……"[44]

---

43) 김기수, 「日東記遊」 券 4, "還朝", 부산대 韓日文化研究所, 1962, 276쪽.
44) 김기수, 앞의 책, 276쪽.

사실상 김기수 등의 교육구조에 대한 관심은 국가의 부국강병을 도모하기 위한 문명론적인 측면에 있다고 할 수 있다.[45] 그것은 어떠한 형태의 교육이든지 간에 국가가 관장하는 근대화과정에 유용한 내용이었던 것이다. 서구문명의 섭취는 이러한 교육적 관심 속에서 수행할 수 있다고 보았다. 당시 한국의 교육체제는 동양고대의 이상적인 유교이념에 바탕하고 있다는 점에서 일본교육과 사상적인 틀에서 본질적인 차이가 있었다. 이 관점이 김기수 등의 사절단으로서는 한국교육의 장점으로서 생각할 수 있는 영역이었다. 김기수는 일본의 문부대신 구키 류이치(九鬼隆一)와 다음과 같은 대화를 나눈 적이 있다.

> "구기 류이치가 나에게 묻기를 '귀국의 학문은 주자만을 존상하는가, 혹은 달리 숭상하는 바가 있는가?'라 하였다. 나(김기수 - 인용자주)는 다음과 같이 대답하였다. '우리나라의 국학은 오백 년 동안 주자만 있을 뿐이다. 주자를 어기는 자는 난적으로써 이를 처단하며, 과거에 응하는 문자까지도 불씨나 노자의 말을 사용하면 귀양 보내 이를 용서하지 않는다. 국법이 매우 엄하므로 상하와 귀천이 모두 주자만 존상할 뿐이다……'[46]

이는 근대화의 지평을 넓히는 과정에서 한국의 공교육구조가 근본적으로 유교적인 사유양식을 벗어날 수 없다는 논리였다. 즉 자본주의적인 발전을 위하여 부국강병과 식산흥업의 공교육목표도 중요하지만, 유교적인 전형과 사유양식에 바탕한 공교육체제가 우선과제라는 것이다. 이런 측면에서 당시의 한국공교육체제는 '유교자본주의'라는 개념으로 이해할 수도 있을 것이다.[47] 그것은 일본의 메이지정부와 달리 독자적

---

45) 김기수의 이와 같은 보고서가 바탕이 되어서, 한국의 공교육체제도 근대화에 필요한 유학생 혹은 기술연수생을 중국과 일본에 파견한 것 같다. 즉 한국의 공교육구조는 부국강병적인 근대화를 위하여 산업기술교육에 필요한 인재육성과업을 중점적으로 제기한다. <이와 관련하여, 이원호, 「韓國技術敎育史」(서울: 문음사, 1991), 제 4장, 5장을 참조할 것>

46) 김기수, 「日東記遊」 券 2, "問答", 141쪽.

47) 김기수 이외에 제 2차 사절단으로 일본에 갔던 김홍집도 공교육구조에 대

인 동양식 이상사회를 자본주의적 근대화의 목표로 설정한 한국봉건정부의 특징이라고 할 수 있다. 서양의 기술문명과 정신문화를 구별하는 논리적인 특성은 곧 동양정신주의(한국사상론)와 서양문명주의(근대화론)라는 이중의 사상구조 속에서 공존하게 된다.[48] 이것이 한국의 공교육사상과 결합한 민족주의적 전통을 근대적인 모델특성으로 전화시키는 계기이기도 한 것이었다.

이와 같이 박규수의 동교서법론적인 실학적 세계관, 일본을 다녀온 수신사의 기록, 보고서 등은 조선봉건정부를 포함한 전체 사상계에 논란을 불러일으켰다. 그러나 위정척사론의 강력한 반발 속에서도 봉건정부는 일정 정도의 개혁을 검토하게 된다. 특히 박규수 문하의 개화파 집단과 그 주변의 재야유생, 중인세력 등이 이와 같은 근대화의 과정에 직, 간접적으로 참여하였다. 이들의 사상체계는 대체로 북학파의 영향을 받은 개화파와 성리학의 주기론적 사상체계를 계승한 개화파의 두 가지 부류를 상정할 수가 있다.[49] 전자는 김옥균, 박영효 등 갑신정

---

하여 비교적 좋은 평가를 하고 있었다. <「修信史記錄」(서울: 국사편찬위원회, 1974), 153쪽을 참조할 것.> 그들은 교육을 통하여 국가의 실정에 맞는 산업기술교육을 시켜야 한다는 소감을 피력하고 있었다. 비록 유교적인 정서가 공교육전반에 흐르고 있지만, 그와 같은 체제 속에서 부국강병의 과제를 달성하고자하는 교육적인 의의와 역할은 긍정적으로 재구성할 수가 있다. 이런 측면에서 동양적인 전제군주형 논리로서 유교자본주의는 긍정적 측면과 부정적 측면을 공유하여 일정한 비판대에 서 있다고 볼 수 있다.

48) 한국의 근대화과정은 봉건체제의 개량적인 변화를 모색한다는 한정영역 속에 있다. 그래서 부르조아적 시민사회를 구상하는 자본주의적 원형이 근본적인 과제라고 하기는 어렵다. 오히려 유교적 세계관과 구별된 서양문명에 대한 평가를 가지며, 전체집단의 총체성으로서 대외적인 민족주의(예를 들면, 두 차례의 양요 등)가 봉건체제내 공교육의 근대적인 특성으로 확정될 가능성이 크다. 그래서 서양의 정신세계로서 기독교 등에 대한 탄압체계를 강화하면서도, 서양의 물질문명은 동양적 세계관으로써 합리화하는 독특한 구조를 성립시킨 것이다.

49) 본 연구가 두 집단을 모두 개화파로 명명한 근거는 두 가지 측면에서 상정할 수가 있다. 그것은 위정척사파와 대립하는 관점에 있어서 온건, 급진 양성을 공유하고 있다는 점을 들 수가 있다. <이와 같은 관점은 강재언, 「한국의 근대사상」, 서울: 한길사, 1985; 하원호, "개화운동의 역사적 변화",

변의 추진세력을 중심으로 유홍기, 오경석, 이동인 등의 중인집단이 결합한 형태이다. 후자는 김윤식, 신기선 등 주기론적 성리학 계열을 계승하여 서양의 물질문명을 긍정적으로 결합한 사상체계이다. 이 양자는 한국의 근대화와 근대공교육의 실질적인 내용을 형성해 준 매개체라고 할 수도 있다. 그러나 유교적인 사유체계와 그것이 가지는 전통성과 결합하는 원리적 차원에 따라서 본질적인 공교육 구상에 차이를 보여주고 있다.

특히 한국의 근대공교육구조에 있어서 체제를 그대로 유지해야 한다는 관점은 일본의 메이지정부와 크게 구별되는 점이기도 하였다. 실제로 왕정복고를 주도한 일본메이지정부의 지도력은 곧 부국강병을 위한 공교육체제에 권위적인 역할을 부여하였다. 그러나 한국봉건정부가 자체 내에서 권위적인 역할을 하기 위한 유교적인 명분론은 근대화의 문명체계에 있어서 취약하기만 하였다. 그래서 위로부터의 개혁론을 제기한 갑신정변이 무력화하면서 유교적인 명분론과 근대국가가 결합하는 교육구조가 우세하게 되었다. 바로 거기에서 동양적인 이상사회 혹은 정신세계와 서양의 기술문명을 논리적으로 결합하는 또 하나의 계기를 발견한다.

### (3) 동도서기 관점의 근대화와 근대 학제 구상

한국의 봉건적인 교육체제를 근대화의 지렛대로 이용하는 논리는 두 가지의 측면에서 설명할 수가 있다. 즉 봉건적인 유교양식을 논리적으

한국근현대사회연구회, 「한국근대의 개화사상과 개화운동」, 1991 등에서도 주장하고 있다.> 또 근대화를 추진하기 위한 과제에 대해서 유교적인 소양과 성장배경을 가지고 있다는 공통점으로 개화라는 개념을 전제한다. <유영익, "갑오경장 이전의 유길준", 한림대학교, 『논문집 — 인문, 사회과학편』 제4집, 1986; 신용하. "오경석의 개화사상과 개화운동", 「역사학보」제 107집. 1985> 이와 비슷한 방식으로 개화파의 분화는 실학적 세계관과 성리학적 세계관이라는 두 가지 과정이 서구문명과 결합하는 구조라고 볼 수 있다.

로 계승하는 유교관념이 강하게 작용하는 요소, 그리고 갑신정변으로 대표하는 급진적이며 체제이질적인 개혁론이 취약해진 반대급부적인 요소의 두 가지라고 할 수 있다.[50] 전자의 측면에서 근대화를 바라보는 방식은 동도서기론이라는 용어로서 생각해 볼 수가 있다.[51] 그것은 유교적인 세계관에 기초하여 중국 혹은 서양의 기술문명이 지니는 형이하(形而下)의 측면, 즉 기(器)의 교육적인 수용에 관심을 보인다고 하겠다. 또 박규수와 김기수의 논리가 지니는 양면성이 그대로 근대공교육의 사상적인 토대로 정착했다고 할 수 있다. 신기선의 다음과 같은 관점이 이를 잘 말해주고 있다.

> "……대개 동양사람들은 형이상(形而上)에 밝기 때문에 그 도가 천하에 홀로 우뚝 솟고, 서양사람들은 형이하에 밝기 때문에 그 기는 천하에 대적할 자가 없다……진실로 우리의 道를 잘 실행 한다면 서양의 기를 행하기가 쉬울 것이다. 이처럼 도와 기는 서로 필요하며 떨어질 수 없는 것이다……"[52]

---

49) 봉건적인 전통사유양식은 조선성리학의 주기론적인 관점을 계승하는 맥락으로서 조선조의 실학사상과 분리하는 경향이 있다. <예를 들면, 배종호, "湖洛學派의 人物性同異論", 한국철학회편, 「한국철학연구(中)」, 서울: 동명사, 1982; 권오영, "신기선의 동도서기론 연구", 「청계사학」 제 1집, 1984 등의 글이 이 배경을 다루고 있다.> 그 과정 속에서 道器論을 원용하며 서양문명을 낙관적으로 평가하는 경향을 지니고 있다. 이는 동양의 정신세계 혹은 도덕적인 관념이 충실하기만 하다면 서양의 기술문명을 적극 수용할 수 있다는 논리를 전개할 수도 있다. 갑신정변을 추진한 세력이 서양의 정신문명까지도 수용한다는 관점과 비교할 때 온건개화파라고 할 수도 있다. 그러면서도 교육내용으로서 인의충효 등의 동양적 세계관을 강조함으로써 체제 친화적인 속성도 가지고 있다는 점에 주목해야 할 것이다.

50) 여기에서 동도서기라는 개념은 동양의 전통적인 사유양식과 서양의 기술문명이 결합할 수 있다는 발상이다. 그런 측면에서 당시 비슷한 논리체계의 和魂洋才(일본), 中體西用(중국)를 연상할 수가 있다. 그러나 성리학의 주기론에 바탕하고 있는 측면을 이해하지 못하면 현실적인 점진주의만을 부각시키는 오류에 빠질 가능성이 있다. 즉 박규수의 문하(門下)라는 조건 속에서 김옥균, 박영효와 김윤식 등을 온건, 급진이라는 이분법으로 속단하기는 어렵다고 할 수 있다. 대체로 한우근, 강재언, 윤건차 등의 주장이 이와 같은 맥락을 간과하고 있는 것 같다.

52) 申箕善, "待講院文學 東陽申箕善序", 安宗洙編, 「農政新編」, 1881.

즉 신기선은 논리적으로 볼 때 본체와 현상이 서로 분리될 수가 없으며, 그런 의미에서 동양의 도덕규범을 기초로 하여 서양의 과학기술을 수용해야 한다는 입장을 지니고 있었다. 그런데 바로 이와 같은 관점의 근대화논리가 봉건적인 존왕론의 명분을 갖추려는 조선정부에게 가장 부합하는 개혁론이었다. 즉 서양의 기(器)로서의 과학기술문명이 지니는 장점을 능동적으로 소화시키기 위한 공교육체제가 필요하였다. 그래서 그와 같은 제한영역 속에서 우리 고유의 도덕, 정신문화를 지키고 서양의 과학기술을 수용하는 논리를 제시한 것이었다.[53]

이와 비슷한 논리체계가 김윤식의 개혁론에서 보여지고 있다. 그는 갑신정변을 추진한 개화파와 구별하여 성리학의 도기론(道器論)을 현실적으로 수용하고 있다.[54] 그의 성리학적 개혁론은 다음과 같은 사상에서 시작하고 있다.

> "……형이상을 도라고 하고 형이하를 기라고 한다. 그런데 도는 형상이 없이 기 속에 포함되어 있으므로, 도를 구하고자 하는 자가 기를 버린다면 장차 어떻게 도를 구할 것인가? 그러므로 君子의 학문은 體와 用을 서로 의지하고 도와 기를 함께 익혀야 한다……."[55]

---

53) 그와 같은 관점은 동도서기는 논리가 우리의 사상, 세계관을 중심축으로 하고 있다는 전제조건을 가진다. 실제로 동도서기라는 개념을 사용한 본 연구의 경우 <한우근, "개항 당시의 위기의식과 개화사상", 「한국사연구」 제 2집, 1968.> 도 이와 같은 착상을 했던 것 같다. 그래서 동교서법(東敎西法), 한혼양재(韓魂洋才), 한본서말(韓本西末), 한체서용(韓體西用) 등의 다른 개념을 활용하여도 보편적인 체계는 성립할 수 있다고 본다.

54) 김윤식, 신기선 등은 주기론적 성리학 계보로서 兪莘煥과 홍직필, 임헌회 등의 문하생이라고 할 수 있다. 그래서 주기론적 사고 속에서 理와 氣 혹은 道와 器가 서로 분리할 수 없다는 인식론을 가지고 있었다. 이것이 박규수의 동교서법적인 개화론과 일치한 것이고 이 과정에서 동도서기적인 사유양식을 완성했다고 볼 수 있다. <이와 같은 관점은 권오영, 앞의 글, 1984; 정재걸, "동도서기론 연구(1)", 「교육사학연구」 제 4집, 1992 등에서도 주장하고 있다.>

55) 김윤식, 「續陰晴史」 券 5, "焉陽行遣日記".

위정척사론의 사유체계와 달리 김윤식, 신기선 등은 도의 구성이 완전하면 기(器)를 적응시킬 수 있다는 논리를 강조하였다. 그래서 이를 확장시켜 나가면 서양의 기마저도 수용시킬 수 있으며, 그런 관점에서 서양의 기술문명을 수용할 수 있는 공교육구조를 구상하였다. 김윤식이 중국으로 파견한 영선사의 기술유학 교육은 대표적인 사례라고 할 수 있다.[56] 그는 임오군란을 수습하는 과정에서 조선정부의 근대화를 구상하는 계기를 마련하였다. 1882년 8월 5일 김윤식이 작성한 고종의 교서는 이와 같은 방침을 확정한 것이었다.

> "……논자들은 또 서양과 수호(修好)를 하면 장차 사교(邪敎)에 전염한다고 말한다. 이것은……수호는 수호대로 행하고 금교(禁敎)는 금교대로 할 수 있으며, 조약을 맺어 통상을 하는 것은 다만 公法에 따를 뿐이다. 처음부터 內地에서 사교를 전하는 것을 허락하지 않으면, 백성들은 본래 공자, 맹자의 가르침에 익숙하고 오래도록 예의풍속에 젖어 있으니 어찌 하루아침에 正을 버리고 邪를 따를 것인가……또 기계를 제조할 때에 조금이라도 서양의 法을 본받았으면 사교에 젖어있다고 하지만 이것도 지나친 생각이다. 저들(서양－인용자주)의 敎는 사악해서 음탕한 소리나 치장한 여자를 멀리하듯이 해야 한다. 그러나 저들의 器는 이로운 것으로서 진실로 이용후생을 할 수 있다면 농업, 양잠, 의약, 병기, 선박, 수레 등의 제도는 무엇을 꺼리겠는가. 그 敎는 배척하지만 그 器는 본받아야 하는 것이 진실로 거스르지 않는 것이다……"[57]

---

56) 김윤식은 이미 박규수의 문하에서 「해국도지」, 「이언(易言)」 등의 서양문명 소개서를 탐독하였다. 그래서 세계정세에 대하여 깊이 이해하고 있었고, 서구열강의 도전에 대응하기 위한 국방기술의 습득을 중시하였다. <「고종실록」 권 18, 고종 18년(1881) 11월 4일 條> 이는 한국의 근대화과정이 곧 군사기술 등 과학문명에 필요한 인재양성교육에서 태동하고 있음을 암시한다. 그것이 서구형의 공교육구조와 본질적으로 다른 원리를 함유하게 된 배경이라고 할 수 있다.

57) 「고종실록」 권 5, 고종 19년(1882) 8월 5일조; 김윤식, 綸音布諭 "曉諭國內大小民人" 「雲養集」 권 5.

　국왕의 권위를 이용한 김윤식의 개혁교서는 조선의 공교육구조가 가진 사상체계를 낙관하는 전제에서 시작하고 있다. 즉 성리학적인 세계관에 바탕하여 서양의 기술문명을 수용하는 교육체제가 확장되어야 한다는 것이다. 그래서 서양에 대한 인식에 있어서도 서양의 종교와 기술문명을 엄격히 구분하는 유교식 자본주의, 즉 동방형 근대화의 교육체제를 제시했다고 볼 수 있다. 또 체제 내의 정치, 교육적 통합구조를 봉건적인 규범체제 속에서 정립해낼 수 있다는 점진주의적인 개혁론을 생각한 것이라고 할 수 있다.

　이와 같이 고종의 개혁교서로 발표한 내용은 국내의 사상계에 커다란 반향을 불러일으켰다. 동도서기론적인 교육원칙은 이제 전반적인 사상, 문화영역에까지 유교적 세계관의 전향적인 사고방식을 제공하였다. 그것이 비록 봉건적인 사유체계에 바탕하여 제한적인 성격을 갖는다고 할 수 있다. 그러나 사회의 전체적인 교육체제를 확대시키는 근대적인 특징을 무시할 수는 없을 것이다. 이와 같은 논리의 자본주의적 근대화체제는 유교중심의 봉건사회를 개량하는 최선의 논리로써 상정한 것이었다. 곽기락(郭基洛)의 다음과 같은 상소가 이를 잘 말해주고 있다.

　　"……일본이 서양과 수교하고 양복(洋服)을 입으며 양학(洋學)을 배우는 것은 우리가 금지해야 할 것이 아니다. 우리가 交好해야 할 대상은 일본 뿐이다……이제 급히 서둘러야 할 과제는 안으로 정치를 바르게 하여 자강정책을 세우는 것이며, 밖으로 환란이 없도록 하기 위하여 기계, 농법, 임업에 관한 서적은 국민에게 이익이 된다면 이를 선택해서 사용해야 한다. 그 사람으로 인해서 좋은 법까지 배척할 필요는 없다……"[58]

　곽기락은 위정척사론자들의 입장과 달리 왜양분리(倭洋分離)의 입장에서 일본의 근대적인 문명체계에 관심을 기울였다. 그래서 일본의 메이지정부가 수행한 문명론적인 교육구조를 우리로서도 긍정적으로 수

---

58) 「承政院日記」, 고종 18년(1881) 6월 18일條, "前사헌부掌令 郭基洛의 상소문".

용해야 한다는 관점으로까지 나아갔다. 이와 같이 정치적인 개혁과 외부세력의 침략에 대비하는 자강적인 국방기술을 주장하는 논리가 위정척사론이 우세한 당시에 있어서 아주 주목할 만한 사실이라고 할 수 있다. 그것은 봉건적인 유교윤리질서와 함께 서양의 과학기술 등 실학적인 공교육구조를 세움으로써 국가의 부국강병과 자본주의적인 근대화의 이론적인 원리 중 하나를 이루었다고 할 수 있다(윤종혁, 1999).

중국, 일본에 대한 문명시찰과 체제 속에서의 공교육체제에 대한 개혁구상은 고종의 교서가 발표된 이후 점차 체계화하였다. 고종의 체제개혁에 대한 논리는 곧바로 주기론적 기호학파 유생들의 적극적인 지지를 받게 되었다. 즉 이국응, 지석영, 박기종 등을 중심으로 서양의 기술문명을 받아들여야 한다는 내용의 상소가 계속 나오게 되었다. 그것은 곧 새로운 교육체제로서 자본주의적인 근대화를 수행하는 것이 국가정책의 대세로 정착하는 계기가 된 것이라고 할 수 있다. 그러면서도 동도(東道), 즉 유교적인 지배질서와 사유양식은 결코 등한시해서는 안된다는 관점도 일관해서 흐르고 있었다. 그러한 논리는 윤선학(尹善學)의 다음과 같은 상소에서 잘 나타나고 있다.

"……서법(西法)이 나옴으로써 그 기계가 지니는 정밀함과 부국(富國)의 방법에 대해서는 주를 일으킨 여상이나 촉을 다스린 제갈량이라 할지라도 그 사이에 관여하여 논의할 수 없을 정도이다. 군신, 부자, 부부, 붕우, 장유의 윤리는 하늘로부터 얻어서 본성에 부여한 것인데, 천지간에 통하고 만고에 이르도록 변하지 않는 이치로서 위에 있어서 道가 된 것이다. 수레, 배, 군사, 농업, 기계는 백성에게 편하고 나라에 이로운 것으로서 밖으로 드러나 器가 된 것이다. 내가 변화시키려고 하는 것은 器일 뿐이고 道가 아니다……"59)

---

59) 「승정원일기」, 高宗 19年(1882) 12月 22日條.
"……西法出而其於器械之精, 富國之術, 則雖有與周之呂尙, 治蜀之諸葛, 不復與論於基間矣. 君臣父子夫婦朋友長幼之倫, 此得於天而賦於性, 通天地恒萬古所不變之理, 而在於上而爲道也, 舟車軍農器械之便民利國者, 形於外而爲國也, 臣之欲變者, 是器也, 非道也……"

윤선학은 김윤식, 신기선 등 관료파 유림과 주기론계의 재야유생이 제시하는 근대화론의 중심축을 분명하게 세웠다고 할 수 있다. 즉 한국의 봉건정부가 지닌 유교적 권위체계를 고수하면서 서구식 근대화를 수행하기 위한 교육이념과 내용을 제시했던 것이다. 그것이 한국공교육구조를 민족적인 대의명분론(즉 소중화론적 유교도덕질서)과 서구식 부국강병주의와의 결합상태로 이끌어내고자 하는 첫 단계라고 할 수 있다.

그러나 동도서기의 논리 속에서 근대화를 모색하는 과정은 완전한 서구식 자본주의국가도 아니고 완전한 봉건질서체제도 아니라고 할 수 있다. 그것은 현재의 체제가 가진 기존의 질서의식을 지키려고 했다는 점에서 공교육의 복고적인 성향을 지킨다고 볼 수도 있다. 그러나 일본의 메이지정부 혹은 그 이전의 도쿠가와막부체제가 겪었던 “문명열등병(文明劣等病)”이라는 개념이 조선정부에서는 상대적으로 미약했다는 입장에서 진보적인 성향을 지킨다고 볼 수도 있다. 동도서기론적인 관점에서 조선정부가 근대식 공교육구조를 착안할 수 있었던 것은 위의 두 가지 요인 때문이라고 할 수 있다. 그것은 한국의 근대화, 근대공교육의 요소가 일본과 비교해서 뒤떨어진 것이 아니라는 사실을 입증해주는 것이다. 1853년 페리의 내항을 근대화의 기점으로 삼는 것이 일본근대화의 역사적 현실이라고 할 수 있다. 그러나 동일한 시기에 한국은 서양문명에 굴복하지 않고 단결한 민족의식으로 서양의 침략정책을 극복할 수 있었다. 이것이 일본의 문명론과 구별하는 한국의 근대화, 근대공교육구조에서 상정할 수 있는 기본적인 특징이라고 할 수 있다(윤종혁, 1999).

한국의 문명주의, 자본주의적인 근대화가 일본과 다른 점은 봉건적인 체제를 고수한 상태에서 공교육구조를 구상한다는 점이다. 그와 같은 논리로 인해서 기존의 도덕질서를 강조하면서 서양의 과학기술이 가지는 우수성을 수용하기 위한 교육체제를 구상했다고 할 수 있다. 그러한 측면에서 볼 때 일본의 메이지유신, 즉 왕정복고의 조치도 비슷한 경향을 나타냈다고 할 수 있다. 그러나 일본의 메이지정부가 천황제라는 상징적 이데올로기에 기초했다는 점에서 한국의 봉건적 절대체제와 구별된다. 오히려 한국의 봉건체제가 상정한 공교육구조는 국왕의 직접적인 통제와 강력한 국가권위 속에서 위로부터의 효율성을 부각시켰다. 이와 같은 논리적 과제가 이후 한국공교육구조가 지녀야 할 개혁과 체제유지기능이라는 이원성을 보인다고 할 수 있다. 즉 갑신정변으로 대표하는 위로부터의 급진개혁과 갑오농민정쟁으로 대표하는 아래로부터의 체제변화에 대한 공교육적인 요구가 모두 이질적인 요소로서 경계시된 이유도 여기에 있다고 할 수가 있다. 여기에서 한국의 근대공교육체제가 지니는 국민교화의 기능을 생각해 볼 수 있는 계기를 가진다고 할 수 있다. 그것은 일본의 메이지정부가 가졌던 국가주도의 공교육구조와 크게 구별하는 내용으로서 포괄하는 문제이기도 할 것이다.


# 4. 동아시아 질서 속에서의 학제 구상


## 1) 일본의 학제 중심 개혁과 국가주의 교육

### (1) 학제 반포와 새로운 교육체제

학제의 서문 '피앙출서'(被仰出書)에서 말하는 학교는 근대식의 학문을 배우는 장소 혹은 교육기관으로서의 의미라고 할 수 있다. 그것은 인간이 자신의 힘으로 스스로의 운명을 조정하며 자연을 지배하는 무기로서 학교를 인식하는 교육관이라고 할 수 있다.[60] 즉 각자의 개성·재능에 따라서 입신(立身)·치산(治産)·창업(昌業)의 근본이 되는 학력

---

60) 中內敏夫, 「近代日本敎育思想史」(東京: 國土社, 1973), 123－125頁.

(學力)을 키우는 것이 교육의 목적이라는 극히 실용적이며 자유주의적인 근대실학교육사상을 반영한다고 할 수 있다.

1872년 당시 학제를 반포할 때 '학제서문'(學制序文)의 성격을 가지고 있었던 "피앙출서"는 국가주의 관점을 고수하고 있었던 계몽주의 교육사상가 후쿠자와 유키치(福澤諭吉)의 초기 저서들, 특히 「학문의 권장」 등의 영향을 받고 있었다. 당시 일본의 교육정책을 추진하는 과정에서 후쿠자와 유키치의 교육적인 영향력은 거의 결정적이라고 할 수 있었다. "문부성(文部省)은 다케바시(竹橋)에 있고, 문부향(文部鄕)은 미타(三田)에 있다"고 하는 말까지 나올 정도로, 후쿠자와 유키치의 교육론과 교육철학은 일본 메이지정부의 초기 교육정책에 절대적으로 반영되고 있었다.61) 후쿠자와는 「학문의 권장」에서 다음과 같이 주장하고 있다.

"……교육이라는 것은 인간을 가르치고 길러내는 뜻으로서……인간세계를 점차 좋은 방향으로 이끌어 나가려고 하는 취지가 있다면 누구든지 차별없이 교육의 문에 들어서게 해야 한다. 어떠한 재자달인(才子達人)도 다른 사람에게 배우지 않고 스스로 해냈다는 얘기를 들어본 적이 없다. 교육은 전국 일반에 보급해야만 하는 것이다……"62)

이 주장은 모든 아동이 배워야 한다는 사상, 즉 인권 사상에 기초한 교육권·학습권을 주장한 것은 아니지만, 교육기회의 평등화를 촉진한 탈봉건적인 근대화의 원리라고 할 수 있었다.63) 후쿠자와의 교육사상은 '개학(皆學)의 원리'에 입각하여 학문을 폐하는 경우, "생도가 얼마간 실(實)의 이익을 얻고 생애에 유익하도록 하는 일상생활의 실용성을

---

61) 國民敎育獎勵會編, 「敎育50年史」(東京: 民友社, 1918), 28頁. 이 표현은 문부성이 별도로 일반 국민에 대한 교육정책 및 교육개혁을 실시하고 있지만, 사실상 그 교육정책들은 미타에서 게이오기주쿠(慶応義塾)를 설립하여 교육사업에 진력하는 후쿠자와의 조언으로 추진되고 있음을 표현하는 것이었다.

62) 福澤諭吉, "學問のすすめ"(1872), 「福澤諭吉全集」第4卷(東京: 岩波出版, 1981), 465頁.

63) 川瀨八洲夫, 「近代敎育思想史」(東京: 垣內出版社, 1971), 118頁.

배려"[64]한다는 측면을 지니고 있었다. 따라서 후쿠자와는 「학문의 권장」에서 일본의 권위를 높이고 일본국민을 부유하게 하며 일본의 지덕(智德)을 닦고 명예를 드높이기 위한 교육활동, 즉 실용성 및 공리성에 기초한 교육·학문을 주장하였다.

그런데 메이지 신정부는 학제를 반포하는 입법취지의 측면에서 태정관에 보내는 별도의 공문, 그리고 취학을 장려하는 지방당국의 포고령 속에서 국민취학을 강제하는 이유를 다음과 같이 주장하였다.

"……국가가 부국강병하기 위해서는 세계의 문명과 인간의 재예가 크게 진장(進長)하여야 한다. 따라서 문명이 문명답게 되기 위해서는 일반 인민이 문명화해야 한다……"[65]

"……이제 자주자유의 권리를 가지고 우리(일본-인용자 주)가 전력을 다해 국위(國威)를 해외에 빛내야 할 시기가 왔다. 그래서 각자가 분기(奮起)하여 지식을 확충하고 황국(皇國)을 위해서도 자기 자신을 위해서도 면려(勉勵)해야 한다. 뭐니 뭐니 해도 지식을 개발하는 데에 학문만한 것은 없다. 그래서 지난해에 대·중·소학교를 창건하는 제(制)가 있었고……"[66]

이는 "피앙출서"를 통해 선포하였던 교육이념과 달리 국가가 주도하는 강제적인 교육에 대한 합리성을 포괄하고 있었다. 사실상 메이지 신정부가 학제를 제정한 것은 국민 개개인의 입신적인 기반을 확립하기 위한 것이라기보다는 국가의 부국강병을 도모하기 위해서라고 할 수 있었다. 즉 국가의 부강·융성을 위하여 국민에 대해 교육해야 한다는 것을 기본 전제로 하고 있었다. 이는 1877년 11월 교육령을 제정하여 국민교육을 확고하게 추진하려고 하는 계획을 세우는 과정에서 더욱 잘 드

---

64) 福澤諭吉, 前揭書, 527頁.
65) 日本文部省, "太政官に出す伺文", 「日本近代敎育百年史」 第1卷(東京: 敎育硏究振興會, 1974), 69-70頁.
66) 日本愛知縣, "愛知縣'就學諭言'", 國民精神文化硏究所編, 「日本敎育史資料書」 第5卷(東京: 北海出版社, 1934), 88-89頁.

러나고 있다. 당시 국민강제취학을 위한 문교 정책으로서 교육령을 제정하는데 중요한 역할을 담당한 모토다 나가자네는 다음과 같이 말하였다.

> "……최근 오로지 지식·재예만을 숭상하고 문명개화의 말(末)에 매달려서 품행을 훼손하고 풍속을 손상시키는 자가 적지 않다.……헛되이 양풍(洋風)으로 경쟁하는 시류에 휘말려서……이제부터는 조종(祖宗)의 훈전(訓典)에 기초하여 인의충효(仁義忠孝)를 분명히 하고, 도덕의 학(學)은 공자를 주로 하며……교학(敎學)의 요지는 인의충효를 분명히 하여 지식·재예를 닦도록 해야 한다……"67)

이는 당시 일본의 국민교육이 서양지식 중심의 계몽주의적이고 자유주의적인 풍조를 기르는 것이 아니라, 국가 융성을 위한 교육 원칙 아래 서구식 공교육 사상과 동양적 전통의 유교주의 교육내용을 결합하는 것이라고 할 수 있었다. 즉 일본은 교육근대화를 위하여 서구식 문명개화, 자유주의적이고 계몽주의적인 교육사상을 수용하면서도 일본전통의 유교주의 혹은 국학사상에 기반한 국민정신을 중시하는 교육풍조를 그대로 계승하고 있었다. 그러나 이는 메이지 정변 이후 공고하게 기반을 다지고 있는 복고왕정제 체제를 강화하기 위한 수단으로서 교육을 활용하는 과정 그 자체라고 볼 수 있었다.

결국 "피앙출서"는 근대식 학제를 반포하기 위하여 관료적인 방식으로 구성한 관제 이념이라고 할 수 있으며, 지식주의·통제주의 측면을 강조하는 근대화·통일화의 논리라고 할 수 있었다.68) 당시 메이지 신정부는 근대적 성향의 강력한 통일국가를 형성하기 위하여 막부 봉건제를 폐지하고, 근대적인 관료조직과 '천황제'(天皇制)로 대변하는 통일적인 상징체계를 모색하고 있었다. 그런 측면을 반영하여 "피앙출서"는 형식적으로 국가 수준을 벗어나서 실학적 공리주의, 지식주의적인 교육

---

67) 元田永孚, "敎學大旨", 唐澤富太郎編, 前揭書, 1976, 96頁.
68) 井上久雄, 「學制論考」(東京: 風間書房, 1973), 161頁.

을 개인 차원의 탈봉건적 원리에 기초하고자 하였다. 즉 입신출세와 치산흥업(治産興業)의 이념에 치중하여 강제취학 원리에 바탕한 학교라는 국가적인 관료기구를 활성화한 것이라고 할 수 있었다.

## (2) 학제반포 이후 서구식 교육의 수용

1872년 학제를 반포할 당시 개혁 서문에 해당하는 "피앙출서" 속에서 국가를 위한 교육이라는 전제를 포함하고 있지 않았다. 그러나 학제는 폐번치현(廢藩置縣), 징병제, 지조개정 등 메이지정부의 근대적인 개혁과 일치된 맥락을 포함하고 있었다. 이미 학제를 반포하기 이전에 당시 문부대신 오키 다카토(大木喬任)는 "학제 제정에 관한 상신(上申)"에서 인간의 지식·재예가 발전하는 것은 국가의 부강안녕과 연결되어 있음을 주장한 바 있다.[69] 즉 "피앙출서"에 자구로 표현하고 있지는 않지만, 근본적인 이념·사상은 국가의 부국강병 원리를 관철하고 있는 것이다. 근대식 학제를 반포하기 위하여 관료적인 방식으로 구성한 관제 이념이라고 할 수 있으며, 지식주의·통제주의 측면을 강조하는 근대화·통일화의 논리라고 할 수 있었다.[70] 결국 근대화를 수행하기 위한 권학의 방편으로 비정치성에 기반한 민중 이념을 내세우고 있지만, 메이지 신정부는 비정치성을 강조하는 차원에서 국가의 부국강병을 위한 논리라고 하는 정치성을 강조하고 있었음을 알 수 있다. 즉 당시 사회적인 분위기를 그대로 반영하는 리얼리즘 철학의 역설적인 모습을 무상교육의 공교육 원칙과 괴리되는 개인의 효용성을 강조하는 과대한 교육부담으로 대표하고 있었다.

한편 당시 일본의 공교육 사상은 교육적 인간성에 있어서 계몽사상과 연결시키려는 움직임을 통해서 새로운 근대성을 찾으려는 움직임이 있었다. 이 계몽사상은 원래 18세기 중엽 이래 서구 자연과학의 발달, 그

---

69) 日本文部省, "太政官に出す伺文", 前揭書, 1974, 69-70頁.
70) 井上久雄, 「學制論考」(東京: 風間書房, 1973), 161頁.

에 기초한 합리주의·과학주의 세계관, 볼테르, 루소 등 백과전서파를 중심으로 하는 합리주의·이성주의 정신에 바탕하고 있었다. 그런데 당시 일본의 계몽기는 메이지 정변 이후 10년간, 즉 서남전쟁(西南戰爭)[71] 등 내전을 겪으면서 군비 확장 정책 등 일본의 후진성을 극복하기 위한 위로부터의 통제·지도·개혁을 주요 이념으로 제시하는 시기이기도 하였다. 이 시기 문화정책의 중점 방향으로서 정부는 후쿠자와주의적인 이념을 반영하는 교육정책을 추진하고자 하였다. 이는 봉건적인 사유 체제를 극복하기 위한 교육에 대한 사민평등·지식주의·권학주의 등 다소간 진보적인 측면을 반영한 것이기도 하였다.

1872년 학제반포는 후쿠자와 유키치를 비롯한 진보적 측면의 교육사상가들의 영향이 컸다고 할 수 있다. 그러나 학제 반포가 개명적인 사상에 입각한 개혁 정책이기는 하였지만, 여전히 봉건적인 잔재와 개혁사상 간의 모순이 교육조직, 제도, 교육내용, 교육방법 등의 측면에서 드러나고 있었다. 이의 대표적인 사례가 민중교화 운동으로서의 "대교선포(大敎宣布)" 운동, 그리고 관제적인 지적 엘리트들의 계몽 활동인 "메이로쿠샤(明六社)" 운동이었다고 할 수 있다. 1873년 창설된 메이로쿠샤는 유교적인 사유 양식의 전환, 과학적·실증적 방법의 존중, 문명개화를 창도하기 위하여 프랑스의 몽테뉴(Montesquieu), 기조(Guizot), 영국의 벤담(J. Bantham), 존 스튜어트 밀(J. S. Mill), 스펜서(Spencer) 등의 계몽사상을 도입·수용하였다.[72]

메이로쿠샤는 처음 발족 당시에 니시무라 시게키(西村茂樹), 쓰다 마

---

71) 1877년 사쓰마(薩摩: 지금의 가고시마(鹿兒島)현)·조슈(長州: 지금의 야마쿠치(山口)현) 중심의 번벌들이 메이지 중신들과 벌인 내전. 이 전쟁에서 사쓰마 지방의 영주 사이고 다카모리(西鄕隆盛) 등은 정한론(征韓論) 등 급진적인 기치를 내세우고 반란을 일으켰지만 정부군에 진압당했다. 그러나 역설적인 사실은 사이고 등 반란군의 정치적인 명분이 이후 일본 메이지정부의 국책으로서 이후 조선 등 동아시아 지역에 대한 침략정책을 수용하는 계기로 작용하였다.
72) 松本三之介,「近代日本の政治と人間」(東京: 岩波書店, 1972), 44頁.

미치(津田眞道), 니시 아마네(西周), 나카무라 마사나오(中村正直), 가토 히로유키(加藤弘之), 미쓰쿠리 슈헤이(箕作秋坪), 후쿠자와 유키치(福澤諭吉), 스기 고지(杉亨二), 미쓰쿠리 린쇼(箕作麟祥), 모리 아리노리(森有礼) 등 10명의 정회원이 활동하고 있었다. 이 메이로쿠샤의 회원들은 당시 일본 사회의 하급 사족(士族) 출신으로서 대부분 도쿠카와(德川) 봉건막부시대의 서양문화를 연구하는 외교기관이었던 반쇼시라베쇼(蕃書調所)의 교수 경력을 지니고 있었다. 이들은 한학(漢學)의 소양을 토대로 해서 경험주의·합리주의 정신에 입각한 난학(蘭學) 등 서양학문에 접근한 "일본의 백과전서파"라고 할 수 있었다.[73] 그런 측면에서 이들은 거의 정부 관권에 속하는 관제적인 사상가 집단으로서 메이지 절대주의 정권의 고급관료와 공적·사적으로 밀접하게 연결되어 있었다.

이들은 일본의 국어 사용문제, 학자의 직분론, 문명개화론, 정치·경제·종교·법률, 사회문제, 교육론, 부인론, 사상, 자연과학, 풍속 등 전반적인 분야에 걸친 문제제기를 하였다. 메이로쿠샤가 출판하는 잡지 서문에서 이들은 다음과 같이 말하였다.

> "……우리나라(일본-인용자 주)에서 학술 문예의 회사(단체-인용자 주)를 결성하는 것은 오늘부터이다. 더구나, 사(社)의 제현(諸賢)들은 모두 천하의 명사이다. 천고불마(千古不磨)의 설은 반드시 이 회사에서 일어나는 것이다. 아무쪼록 여러 선생의 탁식고론(卓識高論)으로서 우몽(愚蒙)의 눈을 깨이고 천하의 모범을 세워서 여러 사람의 바람이 헛되지 않기를 기원한다.……"[74]

그러나 실상 메이로쿠샤 회원들의 계몽활동은 민중에 대한 우민관, 차별적인 인간관을 근저로 하고 있는 경향이 농후하였다. 이는 봉건적인 구체제를 이성과 정의의 원칙에서 단죄하고 있을 뿐이며, 인간적인 여러

---

73) 宮川透, 「近代日本思想の構造」(東京: 東京大學出版會, 1986), 445頁.
74) "明六社雜誌解題", 「明治文化全集－第18卷雜誌編」(東京: 日本評論社, 1928), 1頁.

원리를 분명하게 규정하는 성향이 보이지 않는다는 측면에서 확인할 수 있다. 당시 출간한 계몽활동에 관계된 논문, 즉 가토 스케이치(加藤祐一)의 「문명개화」(1873–4년), 요코가와 슈토(橫河秋濤)의 「개화의 입구」(1873–4년), 오가와 나스하루(小川爲治)의 「개화문답」(1874년), 오카베 게이고로(岡部啓五郎)의 「문명개화평림」(1875년), 마쓰다 도시아시(松田敏足)의 「개화전사문답(開化田舍問答)」(1878년) 등은 이러한 성향을 잘 보여 주고 있었다. 어떤 측면에서 보면 메이지 천황제가 지니고 있는 전제 권력에 대해 어용강화(御用講話)의 역할을 담당하고 있었다.[75] 달리 말하면, 계몽사상을 수용하고 이를 통한 교육근대화를 상정하면서도 사실상 참다운 의미의 계몽정신이 부재한 것이라고 할 수 있었다.

　이런 사고방식은 메이로쿠샤를 설립할 당시의 취지문에서 잘 나타나고 있다. 당시 메이로쿠샤를 설립하게 된 취지에 대해 "메이로쿠도우샤시키(明六同社識)"에서 다음과 같이 주장하고 있다.

　　"……요즈음 우리들은 어떤 이유로 줄곧 사리를 강구하고 혹은 이국의 견문에 대해 토론하느냐고 질문을 받는다면, 한편으로 학업을 연마하고 다른 한편으로 정신을 상쾌하게 하려는 데 있다고 대답한다. 그러나 서로 대담·토론하고 필기한 내용을 모아 책으로 묶어 동호인에게만 배포하는 것은 그 책을 별 소용없는 자질구레한 소책자로 만드는 것에 불과하다. 그렇지만 우리나라(일본 – 인용자 주) 사람들을 위하여 지식을 개발하는데 도움이 된 것은 극히 다행한 일이라고 할 수 있다.……"[76]

　또 다른 글에서 니시무라 시게키(西村茂樹)는 다음과 같은 주장을 하였다.

　　"……우리나라(일본 – 인용자 주)의 학자는 서로 고립된 채 왕래하지 않은 관계로 참으로 세상에 이익이 되는 바가 극히 적다. 나는 우리나라의

---

75) 服部之總, 「服部之總著作集第6卷 – 明治の思想」(東京: 理論社, 1968), 171頁.
76) "明六同社識", 「明治文化全集第5卷 – 雜誌編」(東京: 日本評論社, 1928), 44頁.

학자도 저 나라(미국-인용자 주)의 학자와 같이 서로 결사를 이루어 집회(集會)·강구(講究)하기를 바란다. 또한 우리나라는 근년에 국민의 도덕이 쇠퇴하여 그칠 바를 알지 못하니, 이를 구제하기 위해서는 노학사(老學士)를 두는 것밖에 달리 방도가 없다. 그래서 이제 하나의 사(社)를 결성하여 한편으로는 학문의 고진(高進)을 도모하고, 다른 한편으로는 도덕의 모범을 세우려고 한다……"[77]

니시무라 시게키는 일본 사회의 국민도덕이 쇠퇴한 것은 학자들의 학문적인 교류가 성행하지 못하여 국민교육에 대한 일원적인 체제가 성립하지 못한 것에서 기인한다고 보았다. 더구나 니시무라 등 메이로쿠샤 활동가들은 서구사상으로 인해 일본의 전통적인 도덕사상이 붕괴하고 있는 현상에 대해 우려를 나타내고 있었다. 이에 대한 근본적인 해결책을 상정하기 보다는 우민관, 계급 차별적인 인간관에 바탕한 대안을 내세우게 되었다. 유교적인 전통을 고수하고 있는 '노학사'가 바로 이러한 측면에서 출현하게 된 것이었다. 이런 사상적인 기반으로 인해서 메이로쿠샤의 기관지「메이로쿠잣시(明六雜誌)」도 1875년 참방률(讒謗律)·신문조령의 발포에 따라서 국가체제에 협력하는 의미로 자진 폐간할 정도였다.

후쿠자와 유키치(福澤諭吉)는 "출판을 중지하는 의안(議案)"에서 메이로쿠잣시를 폐간하는 것이 "절개를 꺾어 율령에 굴복하는가, 아니면 자유자재로 필치를 발휘하여 정부의 죄인으로 될 것인가" 하는 관점에서 문제제기를 하였다. 그러면서도 그는 "굴종할 수도 없고 자유롭게 할 수도 없는 상황"에서 "잡지의 출판을 중지하는 일책(一策)만 있을 뿐"이라고 모호한 결론을 내렸다.[78] 이와 같이 니시무라, 후쿠자와 등 당시 메이로쿠샤에서 활동하고 있던 계몽사상가들은 대체로 계몽사상의 우민관에 바탕하여 봉건적인 신분의식을 고수하는 방향으로 나아가고 있었다. 이는 메이지 계몽사상이 본질적으로 국가주의적인 공리관에

---

77) 日本弘道會編,「泊翁西村茂樹伝(上)」, 弘道會, 1926, 370頁.
78) 福澤諭吉, "出版を中止する議案",「明治文化全集第5卷－雜誌編」, 1928, 125－126頁.

기초하고 있음을 증명하는 것이라고 할 수 있다.


## (3) 근대 공교육체제 형성과 문명개화사상


후쿠자와(福澤諭吉)는 「학문의 권장」 제4편 "학자의 직분을 논함"이라는 글에서 학자의 직분이 국가 독립을 위한 정무를 우선해야 한다는 주장을 하였다. 그러기 위해서는 문명개화의 주체가 양학자를 중심으로 형성되어야 하며, 정부가 주도하는 위로부터의 문명개화가 되어서는 안된다고 보았다. 후쿠자와의 이 논리는 후기로 가면 약간씩 변화하여 국권 중심의 독립론을 주장하게 되는데, 당시로서는 '리버럴리즘적인 태도'라고 많은 비판을 받았다. 또한 이는 천부인권·사민평등·대의권 등의 문제에 대해 원리적으로 찬동하면서도 실천적·방법론적 단계에서는 오히려 비개화적이고 우민관에 바탕한 논리라는 비판도 받았다.

이 글에 대한 반론은 「메이로쿠잣시(明六雜誌)」 제2호에 게재된 여러 회원들의 반론에서 잘 드러나고 있다. 가토 히로유키(加藤弘之)의 "후쿠자와 선생의 논리에 답함", 모리 아리노리(森有礼)의 "학자직분론에 대한 평", 쓰다 마미치(津田眞道)의 "학자직분론에 대한 평", 니시 아마네(西周)의 "비학자직분론" 등이 대표적이라고 할 수 있다. 그중 가토 히로유키는 "후쿠자와 선생의 논리에 답함"에서 다음과 같이 주장하였다.


> "……선생(후쿠자와 – 인용자 주)의 논은 리버럴하다. 리버럴이라는 것이 결코 불가한 것이 아니며, 구주 각국이 발전한 것도 이 공에 있는 것이다. 그러나 리버럴론이 지나치면 국권이 쇠약할 수 밖에 없으며, 국권이 쇠약해지면 국가도 역시 세워질 수가 없다.……국무(國務)도 민사(民事)도 모두 긴요한 것이기 때문에, 양학자인 자는 그 재학(才學)에 따라서 혹은 관무(官務)에 종사하는 자가 있고 혹은 사업(私業)에 종사하는 자가 있는 등 편협되지 않아야 한다……"79)

---

79) 加藤弘之, "福澤先生の論へ返事す", 「明治文化全集第5卷 – 雜誌編」, 1928,

가토는 후쿠자와가 주장하는 직분론에 대해 국가가 중심이 되어 학자들의 역할을 조정해야 할 것이라고 주장하였다. 이는 국가의 부국강병을 목표로 하는 국권지상주의적인 논리를 전제로 하는 것으로서, 메이로쿠샤 회원들의 다른 반론도 이와 비슷한 양상을 보여 주고 있었다.

이러한 사상적인 흐름, 즉 리버럴리즘을 집중적으로 견제하는 국권중심의 국가주의 사상은 교육정책을 추진하는 과정에서도 그대로 반영되었다. 1872년 8월에 반포한 "학제"는 구미의 교육 제도, 특히 프랑스의 학구제(學區制) 및 독학제(督學制) 등에 기반하는 학제를 모방·수용하였다. 이 당시 일본의 학제는 학교 계통을 대학·중학·소학 등 3단계 체제로 구분하여, 전국적으로 8개 대학, 256개 중학, 53,760개의 소학교를 설치할 계획을 세웠다.[80] 이 학구제는 동시에 교육행정체제로서의 독학제(督學制)를 겸비하는 것이기도 하였다. 학제는 또한 학교 계획의 우선 순위로서 소학교와 사범학교에 중점을 두고서 일반 남녀가 모두 교육을 받을 수 있도록 조치하였다.[81] 소학교의 경우는 학제 제21장에서 "소학교는 초급 교육으로서 일반 인민이 반드시 배워야만 한다"고 규정하여 소학교 육성에 주력하는 정책을 추진하였다.[82]

그런데 이러한 방식으로 추진한 학제는 학구제와 독학제를 성립시킨 것 이외에는 계획대로 추진되지 못하였다. 그러나 학제 조치를 통해서 메이지정부는 개인의 입신·치산·창업(立身治産昌業)을 교육 목적으로 하는 고도의 중앙집권적인 교육행정체제를 구축하고, 위계적인 조직을 통해서 부국강병의 국가 목적을 실현할 수 있었다. 이와 함께 봉건적인 막부체제를 붕괴시키고 메이지 정변으로 등장한 유신정부를 정당화하기 위한 통일된 교육사상이 필요하였다. 학제는 이러한 배경에서 천황제

---

156−157頁.

80) 文部省, 「學制二編」, 文部省布達第13号, 1872年 8月.; 文部省, 「學制追加」, 1873年 3月.; 文部省, 「學制二編追加」, 1873年 4月.

81) 教育史編纂會編, 「明治以降教育制度發達史」第1卷(東京: 龍吟社, 1964), 342−344.

82) 教育史編纂會編, 前揭書, 1964, 282頁.

를 복원시키는 과정으로 공적인 충성심과 사적인 경건심을 일원화하려는 존왕주의적 국민의식을 고양하는 것에도 목적을 두고 있었다.[83] 사실상 메이지 신정부를 수립한 이래 무사 계급의 존왕주의적 충성심을 민중 기반으로까지 확산시키는 과정이 절대적으로 필요하였으며, 교육을 통해서 이러한 국민의식을 형성할 수 있다는 신조를 바탕으로 하고 있었다.

당시 정부는 문명개화, 부국강병을 통하여 정책적으로 급진적인 근대화를 추진하고자 하였다. 당시 세계를 주도하고 있던 서구열강에 적극적으로 대응하는 차원에서도 교육 정책을 포함하는 구화주의(歐化主義)적인 흐름이 문명개화론의 주류를 형성하게 되었다. 이는 메이지 신체제를 강고한 중앙집권체제로 형성하여, 천황제 이데올로기를 확립시킬 수 있는 이론적·실제적인 교두보를 확보한 것이었다.[84] '학제'의 구화주의·개화주의 사상은 학제 전문에 해당하는 「피앙출서」에서 평등주의, 보편주의, 실학주의, 지식주의, 개인주의적인 관점으로 잘 드러나고 있었다. 이는 1868년 메이지정변 이후 계속적으로 진행되고 있었던 국학(國學)·신도(神道)·유학(儒學)·양학(洋學) 등 여러 사상들의 논쟁 속에서 응집된 결과라고도 할 수 있었다.

그러나 1870년대 후반 이후 '학제' 반포와 관련된 실학주의·지식주의·개인주의 등에 바탕한 개화사상은 "지식·예능만을 숭상"하고 "문명개화의 말(末)을 쫓아서 품행을 파기하고 풍속을 해치는 것"으로 배격되기 시작하였다. 이를 계기로 해서 "군신부자의 대의"를 중시하는 존왕주의적인 유교사상을 중핵으로 하는 덕교(德敎)사상이 등장하였다.[85] 당시의 덕교 사상은 유교론적인 존왕주의에 기초하여 학제를 제정할 당시의 평등주의·보편주의·실학주의·지식주의를 불완전하나마 반영하는 것이었다. 그런데 유교적 명분론의 존왕주의는 고대 사회의

---

83) 石田雄, 「近代日本政治構造の研究」(東京: 未來社, 1971), 13頁.
84) 色川大吉, "天皇制イデオロギーと民衆意識", 「歷史學研究」第341号(東京: 靑木書店, 1967), 4頁.
85) 石田雄, 前揭書, 26－27頁.

권위를 계승하는 왕실, 즉 군신관계를 최고의 상징으로 표현하는 것이었다. 결국 중세, 혹은 근세 봉건사회를 관철하는 사상이 새롭게 인간을 움직이는 존왕론으로 부활한 것이라고 할 수 있었다.[86] 메이지정변 이후 천황제 이데올로기를 국가주의 사상의 중심으로 확립하고자 하였던 왕정복고 사상은 야노 하루미치(矢野玄道), 다마마쓰 미사오(玉松操), 히라타 가네타네(平田鐵胤), 가메이 고레카네(龜井茲監) 등 국학자들이 중심을 이루고 있었다. 이들은 1868년 메이지정변 이후 교육정책을 수립하는 과정에서 황학(皇學), 즉 국학과 유학사상을 접목하는 학문을 육성하기 위하여 황학소를 설치하고자 하였다. 황학소를 설치하기 위한 규칙, 즉 "학정지사(學政之事)"에서 히라타 등은 다음과 같이 주장하였다.

> "……조(詔)의 성지(聖旨)를 능히 밝혀서 국체를 받들고 인재를 키우는 데에 길을 마련하여 훗날 국가의 큰 대목으로 사용해야 할 것이다. 밤낮으로 각고면려함은 물론이며 황도(皇道)를 받들어 모시고, 공자의 가르침·외국의 방책에도 힘닿는 데까지 널리 갈고 닦아야 할 것이다. 가까이는 인간으로서 배워야 할 강상윤리(綱常倫理)를 밝게 하여 수신치국(修身治國)의 요무(要務)를 정찰(精察)하며, 멀리는 신성하고도 심오한 신(神)의 현묘(玄妙)를 닦아야 한다. 대궐의 예기(礼記)는 매달 초하루와 보름날 나태함없이 받들어 모셔야 하며, 문무의 도는 실용·실효에 주로 힘써야 한다.……내외본말의 분(分)을 서로 의논하여 오직 입지(立志)의 한 가지만을 전하고, 학술은 고명정대하게 하여 사리당략을 없이해야 한다. 학문의 방향은 하쿠라 도로(羽倉東麿), 오카베 마부치(岡部眞淵), 모토오리 노부나가(本居宣長), 히라타 아쓰타네(平田篤胤) 등을 대종(大宗)으로 하고, 그 밖의 제가말서(諸家末書)를 널리 참작하도록 한다……"[87]

이들은 황학소를 설립하는 정신을 선대 국학자들의 정신에서 수용할

---

86) 遠山茂樹, 「明治維新」(東京: 岩波書店, 1965), 64頁.; 松島榮一, "幕末明治維新における國學の思想史的意義", 「近代思想の形成」(東京: お茶の水書店, 1972), 75-77頁.

87) 敎育史編纂會編, 前揭書, 1964, 101-102頁.

수 있을 것으로 보고 있다. 바로 이러한 황도주의(皇道主義)를 바탕으로 하여 삼강오륜 등 유교주의 윤리를 분명하게 하고, 수신치국에 바탕한 교육이념을 설정하고자 하였다. 황학소는 이후 교토대학(京都大學)의 설립 명분으로 폐지되었지만, 교토대학을 설립하기 위하여 발표한 "대학설립을 위한 달(達)"(1869. 6. 15.)에서도 비슷한 주장을 제기하였다.

> "……대학의 목적은 신전(神典)·국전(國典)으로 국체를 갖추며, 동시에 한적(漢籍)을 강명(講明)함으로써 실학·실용을 이루도록 한다.……대체로 신전·국전의 요지는 황도(皇道)를 존중하고 국체를 확립하는 데 있다. 즉 황국(皇國)의 목적을 학자의 선무(先務)로 해야 하며, 한사(漢士)의 효제이륜(孝悌彝倫)의 교(敎)와 치국평천하(治國平天下)의 도, 서양의 격물궁리(格物窮理), 개화일신(開化日新)의 학이 모두 이 도에 있는 바, 학교가 이를 의당 강구·채택해야 한다.……"[88]

결국 당시 국학 이념을 기초로 하는 교육사상가들은 황도주의적 관점의 전통 사상을 중심으로 한학(유학) 및 서양학문을 수용하고자 하였다. 더구나 1872년 이후 구화주의 교육을 전개하는 것과 함께 황도사상·유학사상과의 결합을 모색하는 것도 필요하게 되었다. 메이지 신정부는 문명개화 정책과 함께 국민통합을 위한 황도주의적인 이데올로기를 주입하는 교육정책을 추진하는 것에 중점을 두었다. 황도주의 이데올로기는 1870년대 중반 이후 일본의 공교육 이념 속에서 조직적으로 현실화하게 되었다. 특히 니시무라 시게키(西村茂樹), 모토다 나가자네(元田永孚), 나이토 치소(內藤耻叟) 등의 교육사상은 민중교화사상의 계보를 형성하는 대표적인 황도주의 이데올로기라고 할 수 있었다. 니시무라 시게키는 「일본 도덕론」에서 황도주의적 유교주의를 국가주의와 융합시키는 과정을 다음과 같이 주장하였다.

---

88) 敎育史編纂會編, 上揭書, 117頁.

> "……충효를 중히 하고 신명(神明)을 공경할 것, 황실을 존위하고 국위
> 를 소중히 할 것, 국법·국익을 지킬 것, 학문에 정려하고 신체를 강건
> 히 할 것, 가업에 힘쓰고 절검할 것……"[89]

니시무라 등의 사상 속에서 드러나는 교육론은 사실상 일본의 전통
적인 유교주의를 천황제 이데올로기와 결합한 것이라고 할 수 있다.
그것은 기존 봉건체제의 낡은 전통을 서구사상의 계몽주의적 특성과
결합함으로써 오히려 유교적 세계관에 바탕한 우민관을 형성하는 것에
기초한 것이라고 할 수 있다. 그런 측면에서 일본의 전통적인 유교주
의 사상은 서구사상을 외면상 드러내지 않으면서도 그 사상의 이념성
을 천황제 이데올로기로 융합하는 것이었다.

## (4) 학제 개혁 속의 덕육체제

1868년 메이지 정변 이후 학제를 제정·반포할 시기까지는 대략 실
학주의·지식주의에 바탕한 양학사상과 인륜의 중핵으로서의 존왕주의
적인 유학사상이 쟁점으로 되고 있었다. 이는 문명개화의 조건 속에서
군신관계의 일원적인 질서체제에 대한 공적인 충성심을 강조하는 황도
주의와 상호 모순된 관계를 형성하는 천부인권·사민평등 이념의 계몽
주의·자유민권사상이 대두한 것에서 비롯하였다. 그러나 앞에서 본 바
와 같이 전반적으로 국학 이념을 강조하는 전통적인 사상 흐름이 계몽
사상가들을 압도하는 물리적·심리적인 기제로 작용하기 시작하였다.
이와 함께 1870년대 후반에 들어서면 황도주의 교육사상이 전통유학과
존왕사상을 합제시켜 강력한 신민(臣民)을 형성할 수 있는 교육 이데
올로기로 등장하였다. 이는 서구사상이 지니고 있는 자유주의적인 인간
관을 부정하고 관료주의적인 군대조직의 사상과 상호 보완되는 성격을
가진 것이었다. 일본의 봉건막부체제를 붕괴시킨 신흥무사계층의 전통

---

89) 敎育史編纂會編, 前揭書, 183頁.

적인 황도사상이 체계화된 것이라고도 할 수 있었다.

사실상 1880년대에 들어서면 문명개화론이 지니고 있는 실학적 지식주의의 교육관은 유교적인 인간형성의 원리 및 덕교(德敎) 사상으로 인해서 그 정체성을 위협받는 위기에까지 직면하였다. 이는 민중의 덕성 함양을 위한 수신교육을 강조하고 이에 대한 법적인 지위를 보장하는 '개정교육령'(1880년 12월)과 '소학교교칙강령'(1881년 5월)을 제정하는 것으로부터 비롯하였다. 그런데 이미 '개정교육령' 등을 선포·시행하기 이전에 이와 관련하여 황도주의 사상을 고수하는 몇 가지 논문들의 주장이 결정적으로 작용하고 있었다. 1878년에 발표한 「교학대지」(敎學大旨)는 봉건적 유교주의, 즉 황도주의의 관점에서 실학주의 사상을 비판한 대표적인 사례라고 할 수 있었다.

> "……그 (실학주의의 - 인용자 주) 유폐(流弊)는 인의충효를 뒤로 하고 양풍(洋風)으로 취하는 데에 있다.……교학(敎學)의 요는 조종(祖宗)의 훈전(訓典)에 기초하여, 오로지 인의충효를 분명히 하고 도덕의 학은 공자를 주로 하여 성실품행을 존중한다……"[90]

메이지 정변 이후 일본 정부의 근대화는 자본주의화의 원리에 입각한 부국강병, 문명개화 등의 슬로건을 내세우고 있었다. 그러나 이 슬로건들은 앞의 인용에서 보는 바와 같이 당시 봉건적 후진성을 지니고 있던 일본 사회의 기존 제도적인 틀에서 탈피하여 구미자본주의 열강들의 기계기술·문물제도·문화사상을 수용하기 위한 근대화 수용논리를 전제로 하고 있었다. 특히, 메이지정부가 추진하고 있었던 부국강병 정책은 후진적인 산업사회가 지니고 있었던 한계점을 극복하고, 그 나름대로의 인프라 구조 속에서 후발 산업사회가 추진하는 원시적인 자본 축적, 식산흥업의 터전을 구축하는 것이기도 하였다. 그래서 당시 교육사상가들은 전통적인 유교주의적 존왕론의 형식 체계와 서구사상

---

90) 國民精神文化研究所編, 「敎育勅語渙發關係資料集」第1卷, 1972, 3頁.

이 지니고 있는 문명개화 사상의 내용 체계를 융합·절충하는 방향으로 황도주의 사상을 완성하고자 하였다.

학제를 반포할 당시 이를 주도한 개혁사상가들은 신분제의 불평등을 부정하는 실학적 지식주의의 관점에서 출발하였다. 그들은 "연습(沿襲)의 습폐(習弊)인 사장기장(詞章記章), 공리허담의 교학을 배격하고, 일용상행(日用常行)의 언어서산(言語書算)을 비롯하여 실용적인 학문을 중시"하고자 하였다.[91] 1880년에 제정한 개정교육령도 인의충효의 존왕주의적인 유교윤리를 인격 형성의 중점으로 두고, 이에 바탕하여 덕교 사상을 육성할 수 있는 교칙(敎則)을 제정하는 기반이 되었다. 1880년 12월 당시 문부경(문부대신－연구자 주) 후쿠오카 다카치카(福岡孝悌)는 훈시를 통해 수신을 중시하고 존왕애국의 지기(志氣)를 양성하는 교육방침을 구체화하기도 하였다.[92]

이는 덕교(德敎)사상을 국가 교육의 기본 방침으로 삼고자 한 모토다 나가자네(元田永孚)가 존왕 유교주의를 교육의 기본으로 상정하는 것에서 잘 드러나고 있다. 그는 「교학대지」에서 다음과 같이 주장하였다.

> "……열국의 모욕을 받지 않고 의연하게 국가가 설 수 있는 것은 궁극적으로 지향하고 있었던 바이다. 이것은 신윤일계(神胤一系) 만고불역(萬古不易)으로써 우주 내에 초월하여 있는 황실을 섬기는 것으로 통한다.……"[93]

모토다는 교육과 정치를 구별하여, 과학은 순수하게 기술적·중립적·비정치적이라는 관점에서 천황제 중심의 유교윤리를 확립하고자 하였다. 그는 국교론「國敎論」을 통해서 여타 종교에 대한 배척적인 태도를 분명하게 드러내고, 천황제로 절대 귀일해야 함을 주장하였다. 이는 1880년 이후 니시무라 시게키(西村茂樹)의 '일본도덕론'으로 계승되어 봉건적인 도덕

---

91) 敎育史編纂會編, 前揭書, 276頁.
92) 敎育史編纂會編, 「明治以降敎育制度發達史」(第2卷), 龍吟社, 1964, 230頁.
93) 海後宗臣編, 「元田永孚」(東京: 文敎書院, 1955), 28頁.

성을 기초로 하는 존왕주의적 수신 교과서를 편찬하는 계기로 작용하였다. 당시 일본 교육은 충효사상을 육성하는 과정이 비합리적·정서적·심리적 측면으로 이루어지고 있으며, 국민에게 전통적·봉건적인 가부장적인 충성을 강요하고 있었다. 이런 측면에서 당시 일본의 교육사상은 정신적으로 협애하고 배타적인 국가주의로 연결되어 '의사 가족주의'(사이비 가족주의-연구자 주)적인 국가 교육에 흡수되는 신민 양성 이데올로기를 지향하고 있었다.[94]

그런데 당시 국가주의 교육사상은 자유민권사상의 진보적인 이념성과 국학·신도사상이 관철하는 보수적 성향이 복합적으로 작용하고 있었다. 교육근대화와 관련된 자유민권사상은 1874년 「민선의원설립건백서」를 통해 메이지 신정부의 유사 전제주의적인 속성을 비판하는 것에서 시작하였다. 이는 당초 상류 지식인·무사 계층의 자유주의적인 풍토를 반영하는 형식으로 출발하였지만, 이후 대중민권운동으로 발전하면서 사민평등, 천부인권론, 국민주권 등의 개념을 확산시키는 계기를 마련하였다. 이와 같은 자유민권사상은 메이로쿠샤(明六社) 중심의 계몽사상을 근거로 하여 이타가키 다이스케(板垣退助), 나카에 조민(中江兆民), 우에키 에모리(植木枝盛) 등이 주도하였다.

한편 이와 같은 자유주의적인 교육론에 대처하기 위한 수구적 체제론자들의 교육관은 1878년의 「교학대지」(敎學大旨)에서 잘 나타나고 있다. 교학대지는 모토다 나가자네(元田永孚)가 칙령 형식으로 기초적인 틀을 마련하여 오상오륜 중심의 유교주의 교육을 강화한 것이었다. 교학대지를 계기로 해서 자유민권사상을 비판하기 위한 보수반동사상이 등장하게 되었다.

---

94) 丸山眞男, “日本におけるナショナリズム”, 「現代政治の思想と行動」(東京: 未來社, 1992), 162頁.

### (5) 일본의 유아교육과 학제 구상

일본에서 처음으로 유치원이 탄생했던 것은 1876년의 일이다. 프뢰벨이 처음 유치원을 만든 것이 1840년인데, 그로부터 꼭 36년 후에 아시아 최초의 유치원이 생긴 것이다. 이 최초의 유치원은 도쿄여자사범학교(후의 오차노미즈(お茶の水)여자대학) 부속 유치원이었다. 당시 도쿄여자사범은 현재 오차노미즈 역 앞의 도쿄의과치과대학이 있는 장소이고, 유치원은 그 부지의 북서쪽 구석에 있었다. 유치원 교육의 대상 연령은 만 3세 이상 취학까지 연령 별로 각 1개 학급씩 총 3개 학급으로 구성되었다. 입학 정원은 약 510명이었고, 하루 보육 시간을 4시간으로 하였다. 말하자면, 오늘날 유치원의 기본적인 형태가 만들어진 것이라고 할 수 있다. 유치원 건물은 건평 225평으로서 양식 목조 건축물로서 정원과 연결된 통로는 베란다까지 갖추고 있었다.

메이지정부는 여러 선진 외국의 문화·기술을 수용·추격하기 위해 교육을 중시하였으며, 유치원은 소학교에 입학하기 전 단계의 교육시설로서 아주 중요하다는 것을 인식하였다. 도쿄여자사범의 부속 유치원은 그런 모범 시설로서 시작한 것이다. 당시 부속 유치원의 목적은 첫째, 유아의 천부적인 지각을 개발하는 것으로서 지능 개발을 중시하였다. 둘째, 이를 위해 프뢰벨이 고안한 은물 교구를 활용한 교육이 필요하다고 보았다. 이 은물을 외국에서 적극 수용한 사람이 부속 유치원의 초대 원장인 세키 신조(關信三)였다. 그는 외국의 유치원 교육이론을 번역하여 은물 교육에 대한 지도법으로서 「유치원교육법의 20가지 유희」라고 하는 책자도 간행하였다.

당시 보육 시간은 오전 10시부터 오후 2시까지 4시간 정도였는데, 오전과 오후에 각각 1회 20~30분 정도씩 은물을 사용한 교육을 실시하였다. 원아들은 오전 10시까지 등원하면 전원 유희실에 모여서 아침 조회를 한다. 그것이 끝나면 보육실에서 각 학급별로 도덕 교육이나 동화 말하기 등을 하고, 10분 정도 바깥나들이도 한다. 오전 11시부터 다시 보육실에서 은물 교육을 하고, 그 이후에 유희실에서 공동 유희를 한 후에 점심 식사를 한다. 점심 식사 이후에는 교실 밖에서 자유 놀이를 하고, 그 뒤 보육실에서 오후 은물 교육을 20~30분 정도 한 후에 유치원을 마치도록 한다. 이상이 대체적인 하루 일과라고 할 수 있는데, 이 중에서 은물 교육의 영향이 상당히 크다는 점을 알 수 있다. 이와 같은 도쿄여자사범학교 부속 유치원의 보육의 성공 사례는 각지에 유치원을 만드는데 큰 영향을 미치게 되었다.

일본 유치원은 도쿄여자사범학교 부속 유치원을 모델로 하여 전국으로 확대되었으며, 각지에 있는 사범학교 부속 유치원이 활발하게 보급되었다. 그러나 그것은 일반국민에게 중류계급 이상의 자녀가 통원하는 인상을 깊이 심어주는 한계도 지니고 있었다. 더구나 보급 초기의 유치원은 은물 교구를 사용하여 아동의 지능 개발을 위한 '지식학교'라는 성격이 강한 것이었다.

그런 과정에서 문부성 측은 부모가 일을 해야만 살 수 있는 빈민 계층의 자녀가 입원할 수 있는 간이한 형태의 유치원을 설치할 것을 권장하였다. 이 유치원은 교육내용도 은물 중심으로 하기보다는 일본 아동의 전통놀이를 중심으로 하는 보육으로 변하기 시작하였다. 1901년 다키 렌타로(瀧廉太郎)가 편집한 「유치원 창가」는 당시 변화하기 시작하는 보육 내용을 상징적으로 보여주는 사건이었다. 이후 다키 렌타로의 활동을 후원하던 히가시 모토키치(東基吉)는 「유치원 보육법」이라는 책을 만들어 보급하였다. 이 책은 은물의 필요성을 인정하면서도 교실 밖에서 아동이 마음대로 놀 수 있는 것도 중요하다는 것을 강조하였다. 즉 조약돌, 모래, 떨어진 꽃잎, 낙엽 등도 '천연 자연의 은물'이라고 말하고, 산보, 공놀이, 곤충채집, 모래쌓기, 귀신놀이, 술래잡기 등의 '운동 활동 중심의 유희'도 추천·장려하면서 모든 자연이 진정한 보육실이 되어야 한다고 주장하였다.

이 사상을 계승한 와다 미노루(和田實)와 나카무라 고로쿠(中村五六)는 「유아교육법」이라는 공저를 발행하여 히가시 모토키치의 입장을 더욱 견고하게 다져 놓았다. 더구나 다이쇼(大正) 시대인 1910년대에 들어서면 유치원 건물이 없는 자연 속에서 유치원을 만드는 운동, 즉 교실 없는 유치원 운동이 일어났다. 이 운동은 언론인 출신 하시쓰메 료이치(橋詰良一)가 병환으로 자택에서 요양하던 중에 아동 생활을 관찰하면서 얻은 발상에서 출발하였다. 이 운동은 이후 전국 각지로 전파되어 버스 혹은 전차를 이용한 유치원 운동으로까지 발전하였다. 「일본의 신학교(新學校)」를 썼던 오바라 구니요시(小原國芳)는 이 책 속에서 교실 없는 유치원을 "이 유치원이야말로 진정으로 프뢰벨의 교육이념이 스며들어 있다"고 극찬하였다.[95]

## 2) 한국의 근대식 학제와 식민지 위기의식

### (1) 학제 개혁에 대한 평가 쟁점

한국교육의 근대성 혹은 근대화와 상호작용하는 교육구조로서 공교육의 발전계기와 관련된 논쟁은 오랫동안 민족의 주체성이 결여된 타율적·외발적인 요인으로 설명해왔다. 물론 그것은 식민지지배 속에서 일제의 관변사가들이 논증하고 주장하는 한국교육의 근본적인 후진성·정체성을 해결하지 못하는 과정에서 비롯하고 있다. 이미 도쿠가와 막부체제 당시 국학자(國學者)들이 주장하던 진구(神功)황후의 신라정벌설·임라일본부설 등이 19세기 중반 메이지정부의 지도계층을 중심으로 정한론·일선동조론 등으로 발전한다.[96] 이와 같은 논리체계는 일본제국

---

95) 小原國芳, 「日本の新學校」, 玉川學園出版部, 1930, 570頁.

96) 도쿠가와체제에 있어서 국학사상의 일본주의적인 발상은 이미 중국의 주자학적 세계관에 대한 부정을 포함하는 "대륙진출론"이라고 할 수 있다. 이러한 관점이 막부체제 말기의 존왕양이론자 요시다 쇼인(吉田松陰)과 그 뒤를 잇는 사이고 다카모리(西鄕隆盛), 오쿠보 도시미치(大久保利通) 등의 征韓論, 오쿠마 시게노부(大 重信)등의 야마토주의로 계승된다. 이

주의체제가 가지고 있는 대륙 "진출"이라는 목표와 부합하는 자기합리화를 추구한다. 이제 독자적인 교육·문화체계를 추구해 온 한국의 존재는 통합적·일체적인 것이 아니라 단순히 물리적·지리적인 변경으로 전락한 것이다.[97] 그것은 개항 이전의 조선조 봉건체제가 주체적인 발전능력을 결여한 "정체된 사회"로 강조된 것이다. 이와 같은 관점이 이른바 '조선사회정체론'이며, 조선의 교육구조가 가지는 독자성과 역사적인 특수성을 부정하는 "일제의 관변교육사"인 것이다.

조선사회정체론을 체계적으로 논증하는 과정에 첫 발을 내디딘 것은 경제사가인 후쿠다 도쿠조(福田德三)였다. 그는 한국경제가 촌락단위경제에 머무르고 있는 원인이 정치·경제적 봉건제도가 없었기 때문이라고 파악한다.[98] 토지와 인간관계에서 서구전형의 봉건장원제가 부재한 까닭에 산업자본주의의 도시경제가 부진한 것이라고 주장한다.[99] 이와 같이 전형적인 서구식경제론으로서 한국사에 적용한다는 정치성과 비논리성이 강한 방법론과 과학이라는 합리적인 과정이 결합하여 와다 이치로(和田一郎), 구로마사 이와오(黑正岩), 시카타 히로시(四方博) 등을 통하여 식민지사관의 전형성을 창출해낸다. 특히 시카타는 개항 이전 조선이 엄격하고도 폐쇄적인 신분체제로 인해서 대규모 생산을 담

---

논의는 모두 임라일본부의 부흥이라는 슬로건에 공통하는 야마토(大和)-夷族 간의 대립이라는 관계성을 강조한다.

97) 渡部學, "韓國敎育私學への序說", 「韓」第一卷八號, 1972, 頁.53-54.

98) 후쿠다는 독일의 역사학자 쉬몰러의 경제발전단계설(자족적인 촌락경제-도시경제-국민경제)을 받아들여 이의 보편적인 원칙을 한국사회에 적용하였다. 그는 1902년 당시의 한국경제는 도시경제로까지 나아가지 못한 촌락경제단계에 있었다고 주장하였다 <福田德三, "韓國の經濟組織と經濟單位", 「內外論叢」, 1903·1904>

99) 후쿠다는 이 글을 쓰는 과정에서 정체된 한국사회를 근대국민경제로 발전시키기 위해서는 한국정부가 친러정책보다 일본의 문화·문명을 통해서 자본제적인 조작을 해야 한다고 주장한다. 그것은 노골적인 식민지주의정책을 주장한 것이며 일본제국주의의 한반도에 대한 침략을 합리화하기 위한 학문의 방편이라고 할 것이다. 그런데 이와 같은 후쿠다식의 논리를 문명사관·진화론적 사관이라는 측면에서 수용하는 당시의 신문논설도 있다<吳世昌, "對照的의 觀點", 「大韓協會會報」 제1권제5호, 隆熙2년(1908)7월25일, 頁.1>

당할 기업과 계급이 부재하며 자본축적과정도 결여한 중세 이전의 사회단계라고 주장한다.[100] 이와 같은 관점이 사상에 있어서도 고착적이며 종속적이고 후진적인 유학주의의 세계관을 뒷받침한다고 본다.

그래서 봉건사회가 결여한 한국사회는 교육의 자본주의적인 발전이 1905년 일본의 문명사관 등을 이식함으로써 가능하게 되었다고 주장한다. 즉 1905년 조선통감부의 구체적인 교육정책을 통해서 구시대와 신시대를 구분할 수 있는 계기가 마련되었고, 이러한 시각에서 볼 때 구시대의 교육은 간단하고 단조로워서 발달의 흔적을 볼 수 없다는 것이다.[101] 이와 같은 교육상의 정체성에 대한 논의는 시데하라 히로시(幣原坦)의 「조선교육론」(1918), 다카하시 도루(高橋亨)의 「朝鮮の敎育制度略史」 등으로 계승한다. 다카하시가 관찰한 한국교육의 정체성에 대한 다음과 같은 평가는 일제관변교육자의 입장을 대표한다고 할 것이다.

> "……朝鮮의 교육제도는 극히 간단하고 단조로워서……조금도 변화의 자취를 찾을 수가 없으며 발달의 흔적조차 인정할 수가 없다……그 교육이 일천년동안 우리나라(日本 — 인용자 주) 헤이안시대(平安朝)의 학제를 그대로 보존하여왔음은 자못 경이롭기만 하다…… "[102]

---

100) 四方薄, "朝鮮の於ける近代資本主義の成立過程 — 基本的考察", 「朝鮮社會經濟史研究」, 京城帝大法文學會, 1993; 黑正岩, "朝鮮經濟史の研究", 「經濟史論考」, 1923.

101) 다카하시 도루(高橋亨)의 이와 같은 주장은 1980년대 후반의 한국교육사학계의 본 연구와 동일한 결론이라고 할 수 있다. 물론 다카하시는 식민지교육정책을 담당하는 과정 속에서 효율적인 교육관리라는 목적의식이 있었다. 반면에 한국의 연구자는 근대화를 위한 자주적인 논의가 진행했으면서도 결국 식민지체제 속에서 근대공교육을 성립시키는 파행성을 낳았다고 주장한다. 이와 관련된 본 연구의 논점은 제Ⅲ장에서 설명하기로 한다 <高橋亨, 「朝鮮の敎育制度略史」, 朝鮮總督府 學務局, 1920.; 강순원, "우리나라 근대교육의 사회적 조건", 김신일 외, 「한국교육의 현단계」(서울: 교육과학사, 1989), PP.64 — 99.; 김신일 외, 「한국교육의 정치경제학」(서울: 한길사, 1990), PP.69 — 81>

102) 高橋亨, 위의 책, P.1., 그런데 이와 같은 경향은 오다 쇼고(小田省吾), 다카하시 하마기치에게도 비슷한 관점으로 계승된다 <小田省吾, "朝鮮敎育制度史", 「朝鮮史講座(分類史)」, 朝鮮史學會, 1925.; 高橋濱吉, 「朝鮮

이와 같이 후쿠다가 주장한 봉건제가 결여한 정체론은 한국사회의 근대적인 발전과정 자체를 극단적으로 부정하는 논리체계라고 할 수 있다. 그와 같은 정체론은 1930년대에 들어서면서 서구사회의 동양지배를 합리화하는 사회구성체론의 준거틀에서의 "아시아적 생산양식론"과 결합한다.103) 그와 같은 입장에서 모리야 가쓰미(森谷克己)는 동양사회의 전제적·관료주의적 국가체제를 설명하며 그것이 곧 동양적인 정체성이라고 주장한다.104) 스즈키 다케오(鈴木武雄)도 비슷한 관점에서 한국경제가 아시아적 봉건제라는 폐쇄적이며 정체된 사회구성체라고 주장한다.105) 이와 같은 시각 속에서 한국의 자생적인 근대화는 상

---

教育史考」, 帝國地方行政學會朝鮮本部, 1927>

103) 1930년대 소련을 중심으로 일본, 중국 등에서 벌어진 아시아적 생산양식
　　　논쟁은 원시공동체단계의 농업공동체가 지리적 범주의 아시아적 특징인가
　　　혹은 인류사적 범주(보편적인 범주)로서의 아시아적 특징인가의 문제에서
　　　시작한다. 동양사회의 정체성을 주장하는 입장은 후자의 측면에서 계급사
　　　회에 남아있는 그 잔재의 정도를 평가한다. 반면에 동양사회의 특수성을
　　　강조하는 입장은 전자의 측면에서 동양사회의 독자적인 발전양식을 설명
　　　하는 방식으로서 동양사회가 서구식봉건제를 거치지 않고 자본주의로 이
　　　행한다고 하는 방식의 두 가지 유형이 있다. <本田喜代治,「アジア的生産
　　　様式の問題」, 東京: 岩波書店, 1936(1966); 鹽澤君夫, 「アジア的生産樣式
　　　論」, 東京: 御茶の水書房, 1970; 최종식, 「아시아적 생산양식논쟁」, 서울:
　　　한마당, 1979>
104) 그런데 모리야(森谷)는 이와 같은 동양적인 정체성으로 인해서 대부분의
　　　동양권 사회가 식민지 혹은 반식민지로 전락한 것이라고 본다. 이를 해결
　　　하는 과제는 예외적인 존재로서의 일본을 중심으로 대동아공영권을 구성
　　　하여 구미제국주의와 대항해야 한다는 상대적인 정체론, 식민주의적 침략
　　　론을 제창한다<森谷克己, 「アジア的生産樣式論」, 東京: 育生社, 1937>
105) 鈴木武雄, 「朝鮮の經濟」, 東京: 日本評論社, 1942. 그런데 동양사회정체
　　　론의 입장에서 한국사회의 후진성을 강조한 이 논리는 본래 서구제국주
　　　의열강의 동양지배를 합리화·정당화시키는 식민지주의이론이었다. 이와
　　　같은 식민지주의 관점에서 서구사관이 왜곡시킨 동양사회관을 선험적으
　　　로 받아들인 것은 모리야 등의 관변사가 이외에 강좌파 마르크스주의사
　　　가도 마찬가지였다. 핫도리 시소(服部之總), 하니고로(羽仁五郎)등은 일
　　　본의 군국주의적 침략정책을 반대하며 식민지민족해방 등을 긍정적으로
　　　평가하면서도 동양사회의 근대화를 향한 내재적인 계기를 파악하지 못하
　　　였다<羽仁五郎, "東洋における資本主義の形成", 歷史學硏究會編, 「史學

정할 수가 없고 다만 일본의 문명이식이라는 과정—식민지주의 교육문
화—을 통해서 자본주의적인 발전을 이룰 수 있다는 것이다. 사회사상의
전반적인 관점과 일치하는 정체사회로서 한국의 교육·문화가 사색당쟁
의 학벌주의·계급주의에 바탕한 동양적 봉건사회의 전형을 보여 준다
는 것이다.106) 그러나 이들은 일본제국주의의 식민지주의적인 동화교육
을 위하여 한국교육이 가지는 근대적인 특징을 왜곡하며 문화적인 사대
성과 교육상의 정체성을 강조하는 식민지교육미학론을 구상했을 뿐이다.

## (2) 개화기 학제개혁에 대한 식민지사관적 쟁점

그런데 일제가 이와 같이 조선의 정체성을 강조하며 조선교육의 타
율성을 강조하는 궤변에 대해서 한국의 민족주의 교육계는 반론을 제
기하고 있다. 물론 근대화를 통한 자본주의적 발전을 논의하기에 앞서
서 현실적으로 국가가 시민지사회로 전락한 원인의 규명에서 근대화의
내재적인 가능성을 검토한다. 박은식은 국망(國亡)과 관련하여 다음과
같이 말하고 있다.

---

雜誌」43編2·3·6·8號, 1932.; 服部之總, "社會構成としてのアジアイ的
生産樣式", 「全集」21卷, 東京: 福村出版, 1975.: 김세연, "칼 마르크스의
비서구사회관연구", 「마르크스의 비서구사회관」, 서울: 한울사, 1985; 姜
晋哲, "일제관학자가 본 한국사의 정체성과 그 이론", 「한국사학」제7집,
1986.>

106) 한국사회의 정체론적인 분석에 입각하여 상부구조의 정체성을 반영한 것
이 교육·문화에 있어서 이학(理學)지상주의를 낳았다고 본다. 화이론적인
사대성, 문벌 위주의 동족부락관계 등을 주제로 하는 교육연구가 강조되
었다. 이시이 히사오(石井壽夫), 젠쇼 에이스케(善生永助)등이 이와 관련
하여 한국교육사의 관학을 사대주의적 당쟁문화로 매도하고, 서원·향약
등의; 논촌사회규범·교육구조에 대해서 유교문화의 폐단이며 당쟁의 후
방기지로 결론짓는 방법론을 제시하였다<善生永助, 「朝鮮の聚落(後篇)」,
朝鮮總督府, 1935; 石井壽夫, "後期李朝黨爭史に就いての一考察", 「社會
經濟史學」第10卷6·7號, 1940>.

"······(병자호란 - 인용자주) 이후부터 나라는 외환이 없어서 국민들은 兵이 무엇인지도 모르고 안일한 생활과 나태함이 습성화하였다. 허문(虛文)만을 숭상하고 술정(戌正)만을 폐하므로써 국력은 더욱 쇠하여졌다······ 당쟁이 극심해서 선비의 기상이 꺾였으며, 외척이 권세를 잡아서 정치에 부패가 심했고 국고가 빌 정도로 국민의 생산이 조락·부패하였다. 세상의 풍습이 점점 더럽혀져서 인심은 거기에 빠져들고 국가의 형세는 날로 쇠퇴해갔다.······"107)

그와 같은 이유로 해서 근대화는 지체할 수밖에 없었지만, 박은식은 자체적으로 근대화를 이룰 수 있는 계기로서 개화파의 갑신정변을 상정하고 있다.108) 그는 서구문명이 인민의 부강과 관계하는 교육정신에서 비롯하였다109)고 생각하여 교육을 통한 국민의 실력양상이 구국의 길이라고 주장한다.110) 신채호도 비슷한 관점에서 유가의 사대주의를 배격한 애국주의적 관점에서 근대화를 이끄는 신교육을 강조한다.111) 그러나 이들 민족주의 교육사가는 근대화와 관계하는 교육체계에 있어서 밖으로부터 주어진 근대주의를 완전하게 극복하지는 못하고 있는 듯하다.112) 오히려 문명사관의 입장에서 조선시대의 당쟁이 가지는 부

---

107) 朴殷植, "歷史之大槪", <韓國痛史>, 「박은식全書」(上)(서울: 단국대 동양학 연구소, 1975), p.60. "······自後國無外患民不見兵安逸旣久怠惰成習崇獎虛文廢弛戎政以致積弱之甚······黨戰愈劇士氣摧殘戚里竊柄政, 以賂成國庫空虛民産凋弊世風汚下人陋溺國家之勢日趨於圻······"

108) 박은식은 「한국독립운동지혈사」의 제2장에서 개화적인 정책추진과 관련하여 개화파가 일으킨 갑신정변을 갑신독립당이 수행한 혁명이라고 주장한다 <박은식, 「한국독립운동지혈사」, "제2장, 甲申獨立黨之革命失敗"박은식全書(上), 1975, PP.439 - 454>

109) 박은식, "興學說", 「謙谷文稿」, 박은식全書(中), PP.396 - 398.

110) 박은식, "敎育이 不興하면 生存을 不得", "文弱之弊는 必襄其國", 「박은식전서(下)」, 1975, PP.86 - 88, 93 - 96.

111) 신채호, "新敎育(情育)과愛國", 「한국의 근대사상」(서울: 삼성출판사, 1990), PP.465 - 468.

112) 이 단계에서 박은식, 신채호 등이 파악하는 근대화에 관한 역사관, 교육관은 서구의 문명사관 혹은 사회진화론적인 관점을 수용하고 있다. 그런 의미에서 이들 민족주의 운동가들의 연구방법론이 조선사회의 전체역사

정적인 인식을 극복하고 중화적 세계관을 한국유학문화와 전통교육의 내재적인 발단으로 주장하는 안확의 논리가 주목할 만하다.[113]

한편 1930년대에 들어서면서 근대화의 타율성·정체성을 강조하는 일제의 관변식민지논리에 맞서서 조선문화·조선교육·조선학 등을 통하여 민족의 주체성과 근대화의 내재적인 가능성을 논증하려는 움직임이 활발해진다. 한국의 사상·문화 속에서 고유성을 추출해내고 세계사적인 보편성을 추구하려는 움직임이 조선조 실학의 근대성, 민간교육과 관련하는 전근대사회와 근대사회의 교육적인 전통계승의 문제에 촛점이 맞추어진다.[114] 그러나 식민지관변논리에 맞서서 한국사회경제의 근대화에 대한 정통성을 논증하려는 민족주의사학·마르크스주의 사학은 교육사의 근대적 계기에 대해서는 거의 설명하지 못했다.[115] 그것은 결

체계를 비판하는 과정은 후쿠다 도쿠조의 "봉건제 결여론"과 일맥상통할 우려가 있다. <근대사 연구회편, 「한국중세사회 해체기의 제문제」(서울: 한울사, 1987), PP.13－52; 박찬승, "한말 자강운동론의 각계열과 그 성격", 한국사 연구회편, 「한국사연구」제68호, 1990. PP.81－140>

113) 안확은 평등한 民選으로 조직하는 가치체로서의 촌회가 민중의 정치적인 성장이라고 평가한다. 이것은 조선시대 자치체가 발달하는 과정으로서의 진보적 단계로서 당파정치를 해석하는 관점을 가지고 있다. <안확, 「조선문명사」, 東書館, 1923>. 그런데 이와 같은 안확의 관점을 서당운영이라는 자치적인 민중교육의 측면으로 연구하는 경향이 최근 주목을 받고 있으며, 다른 한편으로 그의 관점이 국수적 애국주의에 기반한 문명지상론적인 한계가 있다고 지적하는 경향도 있다<정순우, "18세기 서당연구", 한국정신문화연구원 박사학위논문, 1985; 鄭鐘, "조선후기 정치사연구의 과제－당징사 연구를 중심으로", 「한국근대사회경제사연구」, 魚山劉元東 박사화갑기념논총, 正音文化社, 1985.>

114) 그런 의미에서 당시는 주로 다산(茶山)사상을 중심으로 하는 연구가 정인보, 문일평, 안재홍등 비타협적 민족주의 운동노선을 중심으로 이루어졌다. 사료의 대부분을 일제가 통제한 상황 속에서 동아·조선일보 등을 통하여 관련연구를 진행하였다. 이와 같은 연구성과가 해방 이후 이만규의 실학과 관계하는 근대화의 내재적인 움직임을 파악하는 기반이 되었으리라고 생각한다.

115) 정인보, 문일평 등의 민족주의사가와 백남운, 전석담, 이청원 등의 마르트스주의사가는 일제관변가들의 조선사회정체론에 대해서 사회경제적 구성론의 독자적인 연구방식으로 반박하였다. <이영호, "조선시기 토지소유관계 연구현황", 「한국중세사회해체기의 제문제」(서울: 한울사, 1987), PP.59－104>.

국 일제의 식민지동화정책에 대한 아무런 대응체제도 없이 한국교육의 근대화를 설명하지 못한 연구체제로 고착된 것을 의미한다.

그런데 해방이 되고 나서 한국근대화의 새로운 방향성으로서 교육구조의 접목과 함께 근대교육의 역할을 강조한 것이 바로 이만규의 「조선교육사」(1947)라고 할 수 있다. 이만규가 교육사를 서술하는 독자성은 사회경제사관에 기반하면서도 한국사회가 제시해온 근대적 발전과정을 세계사적인 보편성과 한국자체의 특수성을 결합하는 교육사관에 있다고 할 수 있다.[116] 그는 한국교육의 내재적인 발전계기가 단순히 서양문화의 모방적인 수용과정에 있었던 것이 아니라 조선후기의 서양학을 독창적으로 소화해낸 학문체계에 있었다고 주장한다. 그가 보는 근대공교육과 근대화의 발전동력은 서양학을 소화시킨 실학정신에 근거한 근대적인 교육사상, 그리고 국가체계의 교육개혁 등에서 전반적으로 실현할 수 있었다는 점이라고 할 수 있다.

그러나 미군정 체제와 한국전쟁을 겪은 이후 한국교육사의 연구동향은 그와 같은 역사적인 실재가 현실의 경험적인 내용구성을 압도하는 과정으로 변화하기 시작한다. 한국교육의 자생적인 역사발전논리는 선

---

　　그러나 그들은 상부구조의 이념적인 준거로서 제시하는 일반국민의 생활현장으로서의 교육·문화·사회사를 점검하지는 못했다. 그것은 공식화된 논리체계와 달리 현실적으로 벌어지는 봉건제가 결여한 사회구성에 대한 설명을 하지 못한 점, 그리고 교육의 내용을 구성하는 생활의 근대적인 발전개념을 해명하지 못한 점에 그 원인이 있다고 할 것이다. 이와 같은 전체의 사회구조와 결합하지 못한 교육론은 주변영역으로서 식민지 정체사관의 관학사(官學史) 서술방식을 답습하게 되었고 교육사 연구방법론의 파행적인 기반이 되었다고 할 수 있다.

116) 그러나 이만규의 교육사적인 관점이 문제의식을 가진 것은 사실이지만 사회구성체의 충실한 교육구조를 해명한 것은 아니다. 그가 지닌 결정적인 한계점은 교육구조와 애용에 대해서 전문적인 설명력과 해석력이 부족하다는 사실이다. 그럼에도 불구하고 현재 한국교육사에 있어서 그의 저서만큼 탁월한 교육통사는 없다고 지적한 혹자의 칭찬어린 혹평은 여러 측면을 생각하게 해 준다. <이와 관련하여 정순목, "한국교육사 인식의 제문제", 한국교육사연구회편, 「한국교육사연구의 제방향」(서울: 집문당, 1982), PP.8-28; 「조선교육사」(上·下), 서울: 거름사, 1988. 등을 참조할 것>

험적인 결론에 이끌리면서 역사의 진보와 발전의 계기로서 근대교육의 자생력을 상실한다.[117] 이만규로 대표하는 진보적인 교육사관과 근대화의 내재적인 계기론이 외압을 통한 발전교육론의 시각으로 전환하는 것이다. 근대적인 체제로 들어서는 19세기 중반 서양선교사들의 신교육 혹은 실용주의적 문명론 등이 근대교육의 공적인 기반을 이룬다는 논리가 대두하는 것이다.[118] 그래서 오천석 등은 배재학당으로 비롯하는 선교계학교의 근대적인 공헌을 설명하면서 일본의 타율적인 공교육 논리를 부정한다. 이와 같은 선교주의 교육에 대한 긍정적인 평가가 근대공교육의 외발적 계기와 타율성을 새롭게 확인하는 결과가 된다.[119] 이와 같은 관점을 동일한 맥락에서 해석하고 평가하는 근대화의 정체성이론에 바탕한 외발적인 계기를 만들어준 것이라고 할 수 있다.

---

117) 한국의 학문분야 전반적인 양상과 마찬가지로 교육사학계는 대체로 동서 냉전이데올로기, 권위주의적인 정치체제, 식민지잔재의 미청산, 남북한의 분단대립 등으로 특징짓는 한국사회의 특수성에 규정된다. 그것은 이만규의 교육학방법론이 단절되는 계기이며 한국교육의 문제의식이 정치적으로 희석화된 또 하나의 근거이기도 하다.

118) 한국적인 사회현상을 반영하는 또 하나의 실제로서 미군정체제로 시작하는 미국문화의 영향과 식민지유산에 대한 감정적인 대응방식을 들 수가 있다. 그래서 미국인 선교사 등 서구문명의 직접적인 수용활동을 근대교육의 중심적인 역할로 전제하면서 그 과정으로서 일제의 타율적인 근대화 논리를 대체하는 문제제기를 한다. 이의 대표적인 입장이 오천석의 「한국신교육사」(서울: 현대교육도서출판사, 1964)라고 할 수 있다.

119) 오천석은 배재학당이 지니는 근대교육의 특징을 규범적 당위성으로의 교육사상적 측면과 교육운영의 측면에서 찾고 있다. 그와 같은 현실의 변화량으로서 평가하는 논리는 근대화 과정에서 근거한 비논리적인 체계라고 할 수 있다. 그것은 동시에 이만규가 포착했던 자생적 근대화의 계기조차 왜곡시킬 소지를 다분히 안고 있었다. 일제가 강요하는 타율적인 공교육체제에 반대급부로 작용하는 방식은 오히려 한국교육의 주체적인 성장역량을 간과하는 약체 구조를 만들었다고 할 수 있다. 교육현상이 전체사회 속에서 가지는 구조적인 상관관계가 무시된 채 단순논리의 집결체라는 주변과학적 특징을 심화시켰다고 할 수 있다. <이와 관련하여 구체적인 문제제기는 정재걸, "한국근대교육의 기점에 관한 연구", 서울대 교육사학회편, 「교육사학연구」제2·3집, 1990; 정재걸, "한국교육사연구의 방법론적 반성과 대안", 「한국교육」제14권2호, 1987.9월 등을 참조할 것.>

# 교육의 근대화와 민족주의
## - 식민지 교육질서와 국가

# 1. 제국주의 일본의 근대 학제 개혁

## 1) 군국주의적 팽창을 위한 교육적 배경

교육은 인간이 충실하게 살아가는 삶 그 자체에 대해서 긍정적으로 보살피고 북돋아주는 매개체라고 할 수 있다. 반면에 교육 그 자체가 인간의 사유와 사회적인 구성관계를 왜곡시키고 인위적으로 현혹하는 악역을 담당할 수도 있다. 이러한 교육의 본질적인 이중성이 우리 주변에 벌어지는 역사적인 상황에서 지금까지 줄곧 이어져 왔다. 그중에서도 우리 역사의 한 시기를 심하게 훼절시켰던 일본의 식민지주의 교육정책은 그 정책이 근간으로 삼는 교육에 대한 관점을 근본적으로 변화시킨 것이었다. 그것은 식민지 지역의 교육당사자로서의 우리에게 "역코페르니쿠스적인 반동"이라는 전환점을 마련한 것이었다. 동시에 일본 자체의 교육사상은 이러한 악령들을 충실하게 지켜주는 수호신으로서 천황제에 바탕한 내셔널리즘, 외부세계에 대한 표현으로 말하면 제국주의적인 관점에 충실한 교육을 뒷받침하고 있었다.

미국 등 연합국 측 진영과의 태평양전쟁에서 패망하기 전까지 이어진 일본의 교육사상은 신화적인 사유방식과 전체주의적인 사회구성이 결합한 미증유의 파시즘 교육체제를 구성하고 있었다. 그것은 메이지 유신 이후 일본의 서구화 정책과 전통적인 일본주의 사상이 묘하게 결합하는 왜곡된 교육체제였다. 바로 그처럼 "이상한 파시즘" 교육체제로서 주변의 국가들을 침략하고 일본 자체의 국민정신과 사회구성체까지 몰락시켰던 교육사상의 특징들은 객관적으로 검토해야 할 과제라고 본다. 본 연구는 이런 상황과 과제를 기본으로 해서 침략전쟁 이전의 일본 교육의 사상적인 근원과 그것의 파시즘적인 학제 재편성에 대해서 연구하고자 한다.


## 2) 일본형 파시즘의 대두와 학제개편

### (1) 일본형 파시즘의 교육적 원형

파시즘 이데올로기는 대체로 사상적인 비체계성과 단편성으로 특징지을 수 있다. 그것은 전체 국가기구의 파시즘적인 지배와 통제활동에 대해서 전체국민이 획일적으로 복종할 수 있는 교육기제를 원하고 있다. 그러나 그것이 지닌 정치사회화를 위한 정치적인 통제기능은 반혁명과 전쟁에 대한 동원 체제, 그것의 전제조건으로서 국민을 강제로 동질화시키려는 교육조치를 모색하는 데 있다고 할 수 있다. 또한 파시즘 이데올로기는 그것이 가지는 다양한 사상표현과 관념형태의 밑바탕에 흐르고 있는 '일정한 정신적인 경향과 발상양식'을 갖추고 있다. 즉 자민족 지상주의적인 경향, "자연적인 우월자"에 대한 선호경향(인종차별주의), 대중의 잠재적인 창조력과 자발적인 사고력에 대한 불신과 멸시경향, 여성의 사회활동능력에 대한 불신경향, 지성과 논리보다는 본능, 의사, 직관, 육체적인 에너지를 중시하는 점, 진보관념에 대한 냉소적인 태도, 전쟁에 대한 찬미 등의 특징을 지니고 있다.120) 그리고 이와 더불어 파시즘 운동과 체제가 지닌 위기적인 성격과 결합한 니힐리즘적인 성격을 들 수가 있다. 이것은 고도하면서도 위기에 몰린 자본주의적인 체제가 지닌 모순으로 인해서 필연적으로 자포자기한 상태의 전쟁 혹은 반혁명으로 나아가는 계기를 형성시키는 요소로 발전한다.

그런데 일본의 파시즘 체제는 위의 이데올로기적인 특징 이외에 일본 나름의 독특한 파시즘적인 이데올로기를 갖추고 있다. 그것은 첫째 천황제가 지닌 독자적인 구조에 관련한 문제이다. 일본 파시즘은「천황」혹은「국체」라고 칭하는 내외 양면의 절대적이며 지배적인 상징을 정점으로 구성되었다.121) 둘째 다른 파시즘 체제에 비해서 일본의 파시즘 체제는 군부가 차지하는 비중과 역할이 상대적으로 높은 군부파시즘체제의 원형을 이루고 있다는 점이다. 셋째 일본의 파시즘체제는 초발적인 대중운동이 주는 위협심을 오히려 역이용하여 군부와 '혁신'관료가 점차적으로 국가기구의 기능을 변화시키는 "위로부터의 파시즘"이라는 성격을 지니고 있다.122)

---

120) 久保義三,「日本ファシズム進行と教育」,『現代敎育學5 - 日本近代敎育史』(東京: 岩波書店, 1962), pp.226 - 229.

121) 그러나 천황제권력이 실질적인 권위를 지니고 전쟁에 대한 책임까지 질 수 있었는지에 대해서는 여전히 많은 논쟁이 남아 있다고 할 수 있다. 특히 일본의 천황제권력이 지니는 특징에 대해서 전후의 연구에서 '천황제 파시즘'을 주장한 시가 요시오(志賀義雄)와 '군사적·봉건적 제국주의'를 주장한 가미야마 시게오(神山茂夫) 간의 <志賀·神山論爭>은 대표적인 사례라고 할 수 있다. 이에 대해서는 고야마 히로타케(小山弘健)가 편한 다음의 책을 참조할 것; 小山弘健 編,『日本資本主義論爭史』, 東京: 靑木文庫, 1953.

122) 일본 파시즘이 지니고 있는 이데올로기적인 특징에 대해서 마루야마 마사오(丸山眞男)는 세계사적인 공통성과 함께 일본적인 특성으로서 가족주의적인 경향, 농본주의 사상, 대아시아주의에 기초한 아시아 민족해방이념(대동아 공영권) 등을 들고 있다. <丸山眞男,「日本フアシズムの思想と運動」,『現代政治の思想と行動』(東京: 未來社, 1956), pp.36 - 78.>. 마루야마의 주장에 대해서 하시카와 분조(橋川文三)는 본질적인 의문을 제기하고 있고,

1930년대 이후 국내외적인 정세변화와 천황제 권력을 위협하는 여러 정황을 이용하여 군부집단은 '국민정신'을 강권적으로 통합하는 과정을 마련하게 된다. 일본의 천황제 파시즘을 완성시키는 계기는 여러 가지 측면에서 찾아 볼 수가 있다. 대내외적인 위기상황을 돌파하는 방식으로서 경제적·법률적인 측면에서는 「국가총동원법」(1938. 4. 1.)을 제정하고, 정치구조적으로는 소위 신체제운동으로 대표하는 우익적인 국수주의 체제를 확립시킨 일이라고 할 수 있다.[123] 이 단계에서는 국내체제의 정비를 통해서 대외침략전쟁을 효율적으로 진행할 수 있는 체제를 구성할 수 있는 바탕을 마련하는 과정에 주력하였다. 이 단계의 사회사상과 교육정책에 있어서는 사회주의와 자유주의적인 사상 경향은 물론 국가사회주의라는 보수주의 사상마저도 불온시하는 사상의 편향현상을 초래하였다. 그래서 일본의 사회문화를 지배하는 과정으로서 '일본주의'라는 국수주의 교육사상과 천황제를 상징하는 황<皇>성<聖> 신<神> 등의 신비주의적이고도 비합리주의적인 사상과 교육·교화가 국민의 일상생활을 지배하게 되었다. 이와 같은 파국적인 전개과정은 천황제 신화와 가족주의 국가관에 입각한 교화문서를 바탕으로 강제적인 공교육체제를 구상하는 과정으로 확립되었다[124].

1936년 일본은 국내체제와 식민지에 걸친 수탈과 횡령구조를 천황제 국가권력의 경제기구 속에 장치함으로써 국가 체제를 통일적으로 보강·정비할 수 있는 국가독점자본주의로 이행하는 과정에 있었다. 이노우에 하루마루(井上晴丸)·우사미 세이지로(宇佐美誠次郎)의 분석에 따르면, 전전 일본 경제는 농업의 위기를 수반하여 자본주의의 전반적인 위기격화 현상이 발생했다고 보았다.[125] 일본의 전시경제와 국가독점자본주의 사이의 문제

---

하타 구니히코(秦郁彦)는 반자본주의인 경향으로서 감성적이며 추상적인 파시즘 이데올로기의 허구성을 지적하고 있다<橋川文三, 「昭和超國家主義の諸相」, 『近代日本政治思想の諸相』, 東京: 未來社, 1967.; 秦郁彦, 『軍ファシズム運動史』, 東京: 河出書房新社, 1962. 등을 참조할 것>.

123) 高橋三郎, 「終末期の國民思想」, 『近代日本政治思想史 Ⅱ』, pp.416-418.

124) 藤田省三, 『天皇制國家の支配原理』(東京: 未來社, 1966), pp.147.

는 산업성의 고도화를 추구하면서도 전쟁경제와 반봉건적인 기본구조 간의 상극으로 인한 모순구조라고 할 수 있다.

대체로 동양사회에서도 자본주의적인 근대화를 성공적으로 이루었다고 평가한 과정은 일본의 근대화, 즉 메이지유신의 개혁사례에서 판단할 수가 있다[126]. 1930년대 강좌파와 노농파 간의 일본자본주의 논쟁은 당시의 사회적인 배경을 가장 적절하게 설명한 전형이라고 할 수 있다[127]. 1920년대와 1930년대에 부하린(N. Bukharin)과 같은 코민테른

---

125) 井上晴丸・宇佐美誠次郎, 『危機としての日本資本主義の構造』, 東京: 岩波書店, 1951. 가 이런 설을 대표적으로 주장하고 있다. 그 외 모리야 부미오(守屋典郎), 『日本資本主義 發達史』, 東京: 靑木書店, 1969.; 안도 요시오(安藤良雄), 『現代日本經濟史入門』, 東京: 日本新評論社, 1969.; 마루야마 마사오(丸山眞男), 『現代日本の思想と行動』, 東京: 未來社, 1957.; 후지타 쇼조(藤田省三), 『天皇制國家の支配原理』, 東京: 未來社, 1966. 등도 같은 입장을 따르고 있다.

126) 永田道雄, 「明治初期の教育」, 『明治維新』, 1986.; 桑原武夫, 「明治維新と日本の近代化」, 『明治維新』, 東京大學出版會, 1986.; 唐澤富太郎, 「日本における近代化の特質と教育」, 『日本の近代化と教育』, 東京: 第一法規社, 1970.; 坂元忠芳, 「天皇制教育體制成立期の愚民教育思想と構造」, 『講座 日本の教育』第2卷, 東京: 新日本出版社, 1975.; 安川壽之輔, 「學校教育と富國強兵」, 『岩波講座 - 日本歷史・近代2』, 東京: 岩波書店, 1976. 등에서 이에 대해 설명하고 있다.

127) 실제로 1920년대 후반부터 1930년대 전반에 이르기까지 일본자본주의의 실체와 식민지문제, 천황제권력 등에 대한 성격을 규명하고자 하는 논쟁이 마르크스주의자들을 중심으로 벌어졌다. 이 논쟁은 당시 마르크스주의 경제학자들 간의 논쟁에서 시작했지만, 이후 일본 사회가 지닌 군국주의적인 문제에 대해서 오쓰카 히사오(大塚久雄), 니시다 기타로(西田幾多郎), 무타이 리사쿠(務臺理作), 미키 기요시(三木清) 등 비마르크스주의적인 지식인들까지 가세하는 대규모적인 지식인운동의 일환이기도 하였다. 그래서 실제로 이들의 논쟁은 정부당국의 강력한 탄압을 받고 있었음에도 불구하고 당시 일본의 사회경제적인 성격과 배경을 이해하는 데 결정적인 영향을 미치고 있었다. 대체로 코민테른의 지지를 받으면서 천황제파시즘 권력의 타도를 1차적인 목표로 하는 강좌파와 현단계 일본사회의 부르조아 중심 체제를 논의하면서 사회주의 혁명을 지향하는 노농파 간의 논쟁이 핵심이라고 할 수 있다. 논쟁의 양측 학자들이 일본의 정치적・경제적인 발달사에 대한 풍부하고도 새로운 자료를 가지고 그들의 입장을 옹호함에 따라, 그들은 일본 최초의 실질적인 사회과학자들이 되었다. 강좌파의 대

지도자들은 일본공산당에게 조언하는 경우에 메이지유신 이후 일본자본주의의 괄목할 만한 성장에도 불구하고, 현 단계는 부르조아 민주주의를 실현시키기 위한 단계일 뿐이라고 주장하였다. 이에 대해서 노농파의 학자들은 대체로 높은 수준의 금융자본, 제1차 세계대전 이래 트러스트화의 급속한 증대, 그리고 강력한 제국주의 정책의 추진 등 이 모든 것들이 선진자본주의로서의 일본의 지위를 가리킨다고 주장하였다. 강좌파, 소위 봉건파 학자들은 이와 반대로 정치적인 상부구조에서 반봉건적인 유제 ─ 예를 들면, 천황제·추밀원·그리고 지배적인 국체이데올로기─가 남아 있음으로 인해서 아직 부르조아 민주주의조차도 달성하지 못했다고 주장하였다. 이 시기에 이러한 논쟁으로 인해서 일본의 마르크스주의자들은 일본역사의 단계구분, '아시아적인 생산양식' 개념, 일본에서 산업자본주의의 발달 기원, 그리고 일본의 정치경제에서 천황제의 성격이나 역할에 대한 개념을 중시하게 되었다.

1931년 일본은 천황제 이념과 아시아연대주의 등의 군국주의 체제에 바탕하여 만주사변을 일으키고 중국의 동북지방을 점령하였다. 이를 계기로 해서 일본은 국제적으로 고립된 관계에 빠지고, 중국과 장기적인 전쟁의 소용돌이에 빠지는 결과를 초래하였다. 그러나 일본 국내에서는 전쟁의 확대에 반대하는 소리가 거의 들리지 않았다. 일본 마르크스주의와 관계가 깊었던 코민테른은 만주에서의 전쟁의 위험성에 대해서 일찍부터 주목하고 있었고, 일본에 관한 테제 속에서 일본 공산당원들에게 침략전쟁의 반대시위를 벌이도록 지시하였다. 그러나 천황제 타도 등 일반 국민의 정서에 맞지 않는 전술적인 실책과 함께 만주침략의 성공 등으로 인해서 일본 내의 좌우익 민족배외주의자 등의 기회주의적인 선동이 진보운동을 방해하고 있었다. 이를 바탕으로 일본 국민들은 전쟁의

---

표자는 노로 에이타로(野呂榮太郎), 핫토리 시소(服部之總), 하니 고로(羽仁五郎) 등이라고 할 수 있으며, 노농파의 대표자는 이노마타 쓰나오(猪俣津南雄), 야마카와 히도시(山川均), 아라하타 간손(荒畑寒村) 등이라고 할 수 있다.

열병 속에서 자신을 상실하는 대중 메커니즘의 희생양으로 변하고 있었던 것이다. 만주 점령 등이 기정사실로 확정되면서 중국에 대한 세력권의 확보는 이제 일반국민들에게 일본의 활로를 개척하는 교두보로서 인정될 수밖에 없는 분위기로 변하고 있었다.[128] 그리고 사회운동이나 자유주의 사조에 대한 탄압이 강화되기 시작한 것도 이즈음의 일이었다.

한편 육군 내부에서는 이즈음 국가의 개조문제를 둘러싸고 황도파(皇道派)와 통제파(統制派) 사이에 권력투쟁이 심각해지고 있었다. 황도파는 기타 잇키(北一輝)의 사상적인 영향을 받아서 직접적인 행동을 통하여 천황의 친정체제를 노리고 있었다. 반면에 통제파는 재벌·관료세력과 제휴하여 합법적인 차원에서 국가의 개조를 지향하고 있었다. 그러나 이 두 가지 흐름은 군부가 중심이 되어 국가를 만들고, 파쇼적인 체제 – 초국가주의적인 체제 – 를 지향한다는 점에서 공통점을 지니고 있었다.[129] 또한 그것은 군부가 열성적으로 정계에 진출하고 있다는 것을 보여주고 있으며, 양 세력 간의 경쟁과 테러행위는 일본군부의 폭력적인 행위범주를 점점 확장하는 계기로 등장하였다.

국내적으로 천황제에 기초한 군부파쇼체제를 안정적으로 확정시키기 위한 방편이 대외적으로는 중일전쟁, 태평양전쟁 등 연속적인 대외 팽창주의 정책으로 실현되어갔다. 중일전쟁을 계기로 해서 일본 국내의 정치·경제·사회·문화·교육 등 모든 측면에서 전시체제를 총력적으로 준비해 나갔다. 전쟁이라는 것은 국민과 국력을 총동원함으로서만 완수할 수 있는 것으로 인식하고, 실제로 그와 같은 체제를 만드는 것이 국가가 해야 할 이상으로 상정하였다. 1937년 9월부터 국민정신총동원운동을 시작하여 진충보국「盡忠報國」·견인지구「堅忍持久」 등의 구호를 중심으로 해서 거국일치 정신을 강조하였다. 또한 경제적으로도 군수공업동원법의 적용법 등을 제정하여 군수 우선의 통제경제를 실시하였으며, 1938년에는 국가총동원법을 공포하여 의회의 승인 없이 정부가 독자

---

128) 小田康德, 『日本近代史の探究』(東京: 世界思想史, 1993), pp.50−51.
129) 鶴見俊輔, 「大アジア」, 『戰時期日本の精神史』(東京: 岩波書店, 1991), pp.71−83.

적으로 인력·물자를 동원할 수 있도록 했다[130]. 그래서 노무·물자·자금·시설·사업·보도 등 모든 면에서 많은 통제 칙령을 제정할 수 있는 근거를 마련하게 되었다. 이 당시 사회주의 사상이나 자유주의 사상에 대한 압박은 한층 강화되어, 노동운동이나 농민운동계 등도 국가정책에 대한 협력을 스스로 모색하고 있었다. 일본은 이제 완전한 전체주의 국가로 전화해 가고 있었다. 더구나 전쟁이 점점 확대되어 나가면서 전쟁 수행을 위해 모든 생산력과 인력 동원을 위한 전시체제로 완성되어 나갔다.

## (2) 궁중가신집단의 정치교육적인 관점

1930년대 중반을 지나면서 만주사변, 중일전쟁 등으로 실권을 장악한 군부세력은 고도의 국방국가체제를 지향하였다. 그래서 국외의 식민지 통치를 더욱 강화하는 것은 물론이고, 국내의 진보혁명세력과 자유주의적인 입헌주의 지지자들까지도 압살하는 전체주의·군국주의적인 경향이 노골적으로 진행되었다.

1938년 국가총동원법이 성립한 이후에 경제통제의 강화, 치안유지법 등의 수단을 통한 국민탄압정책은 국제적으로 고립되고 있던 일본정부에 효율적으로 작용하는 과정이 아니었다. 국민적인 불안감과 국가체제의 위기를 전환시키기 위하여 1940년에는 이탈리아, 독일과 삼국동맹을 체결하기도 하였다. 이 당시의 제2차 고노에 후미마로(近衞文麿)내각은 태평양전쟁과 파시즘체제를 성립시킴으로써 역사의 왜곡을 초래한 원초적인 정권이라고 할 수 있다. 그의 신체제운동은 군에 대한 견제와 함께 강력한 국민조직을 수립시키려고 했던 대정익찬회의 결성(1940)에서 분명하게 보여지고 있었다. 그러나 그의 국민교육개혁을 지향하는 신체제운동은 막강한 군부의 실권과 정치적인 딜레탕티즘으로 인해서 완전히 실패하고 말았다[131].

---

130) 鶴見俊輔, 「戰時下の日常生活」, 『戰時期日本の精神史』, pp.191-211.
131) 藤原彰, 「宮中グループの政治的形態」, 橋川文三·松本三之介 編, 『近代

궁중가신집단에 대해서 오카 요시다케(岡義武)는 『木戶幸一 日記(기도 고이치 닛키)』(해제)에서 이렇게 설명하고 있다. "천황을 비롯하여 원로인 사이온지 김모치(西園寺公望), 궁내부 및 궁내부의 비서실장, 궁정장관과 같은 천황의 측근, 약간의 중신 집단 및 이들과 공적 혹은 사적으로 친분관계를 맺은 사람들을 가신집단이라고 부른다."[132] 이 집단은 태평양 전쟁 이전의 일본교육사상과 정치사상에 있어서 법제와 국가기구상의 권한을 넘어선 정치집단으로서 군부와 정당집단에 필적하는 역할을 수행하였다. 이 역할에 대해서 『기도 고이치 닛키』의 해제에서는 다음과 같이 설명하고 있다.

> "······쇼와5년(1930)에서 동 20년(1945)에 이르는 (기도)씨의 일기에서 근간을 이루고 있는 것은 궁중가신집단에 속하는 사람들이 군부 파시즘 체제의 거대한 중압에 맞서서 대항하고, 동시에 이를 견제하면서도 우리 일본이 만주사변과 중일전쟁을 거쳐서 태평양전쟁으로 돌입하여 가는 것을 막을 수 없었던 기록이다. 또한 태평양전쟁 당시 패색이 뚜렷할 즈음에 국체호지「國體護持」라는 구호를 내걸고 본토결전에 돌입하려고 하는 군부를 궁중가신집단에 속하는 사람들이 집요하게 저지하여 우리 일본을 평화에로 이끈 기록이다······"[133]

즉 교육사상에 있어서도 궁중가신집단에 대한 평가는 군부에 대항하는 정치세력이라는 점을 중시하여 제2차 세계대전 패전 이후 일본교육체제와 교육사상의 민주화에 나름대로 기여한 점에 주목하고 있다. 이는 패전 이전의 상황에서 천황제 권력이 지니는 절대적인 권력의 정점으로서 종전 결정과 연합국에 대한 투항결의가 군부에 대한 궁중가신집단의 논리적이고 심리적인 우위를 입증한 사례라는 점에서 분명하게 보여지고 있다.

그러나 궁중가신집단과 군부집단은 근본적으로 동일한 속성을 지니

---

日本政治思想史Ⅱ』(東京: 有斐閣, 1970), pp.373-377.
132) 『木戶幸一日記』(東京: 東京大學出版會, 1966), p.10.
133) 前揭書, p.42.

고 있다고 할 수 있다. 예를 들면, 고노에 후미마로가 군부의 세력확장에 대해서 견제를 하면서도 근본적으로 영미 중심의 세계체제 구성에 반대한 경우가 그것이다. 즉 중일전쟁 이후 일본의 대외팽창주의에 동의하면서 군부의 견해와 동일하게 대동아 공영권을 주장한 것이 그 사례가 될 것이다. 다만, 소위 '천황대권' 이라는 명분을 이용하여 군부에 대한 정치적인 세력경쟁을 벌이는 과정 자체가 그들 양자 간의 차이를 보이는 것처럼 착각을 불러일으킬 수가 있었다.

가신집단의 실질적인 중심축은 고노에 후미마로, 기도 고이치, 하라다 구마오(原田熊雄), 아리마 요리야스(有馬賴寧) 등 11인회의 구성원들이었다. 이들은 몇 가지 공통적인 특성을 지니고 있었다. 첫째는 '혁신귀족'이라고 부르는 보수우익성향의 급진논리를 가지고 있다는 점이다. 일본의 부국강병 체제에 대한 급진개혁을 전쟁과 침략, 파시즘 체제의 건설에서 찾았다는 점에서 그들은 모순된 논리를 안고 있었다. 둘째는 특권계층으로서 국민들의 정치적인 교화와 통합정책에 대한 무책임성을 지적할 수가 있다. 이들은 유럽의 파시즘이나 나치즘과 달리 점진적인 교화정책을 통해서 천황 중심의 총력전 국가로 이행하는 과정의 주체들이라고 할 수 있다.[134]

이들 집단은 민주주의 일반에 대한 자기의 부정적인 충동심에서 늘상 궁극적으로는 기존의 국가기구, 특히 일부 군부세력에 의존하는 자세를 보이고 있었다. 그래서 국내적으로는 천황 앞에 경건한 신하로서 위치하고 있으며, 국제적으로는 세계 부정을 시도하는 무원칙하게 공격적인 니힐리스트의 성향을 보이고 있었다. 이 과정에서 천황제 국가는 자연의 심정에서 발로하는 절대주의적인 순종을 가질 것을 요구하는 단위체제이며 동시에 전체체제라고 할 수 있었다. 당시의 천황제에 있어서는 '아래로부터 위를 향한' 욕망의 '정직한' 고백이 천황을 정점으로 하는 '위로부터 아래를 향한' 온정어린 '하사품'으로 연결되었다. 그

---

134) 藤原彰, 「戰爭指導者の精神構造」, 『近代日本政治思想史Ⅱ』, pp.391－398.

러나 실질적으로 최대의 비도덕성과 형식적으로 최고의 도덕성이 묘하게 상호조화 함으로써 비도덕적인 도덕국가를 지향하게 된 것이다.

### (3) 파시즘 체제의 급진적 교육사상과 학제개편

일본의 파시즘 체제는 세계자본주의적인 위기를 천황중심주의와 국가주의적인 심정에 입각하여 이를 '일본민족 흥망의 기로에 선 위기'라고 규정하면서 선동하는 비합리적인 교화정책에 바탕하고 있다. 그러한 국가주의교육과 국가선동정책을 이론적으로 주도한 세력이 바로 1918년의 노장회(老壯會)와 그에 뒤이은 1919년의 유존사(猶存社)의 구성원에서 비롯한다고 볼 수 있다. 이 과정은 오카와 슈메이(大川周明), 기타 잇키(北一輝), 미쓰카와 가메타로(滿川龜太郎) 등이 중심을 이루고 있고, 그 뒤를 이어서 가노코기 노부히로(鹿子木員信), 시미즈 고노스케(淸水行之助), 이와타 도미오(岩田富美夫), 야스오카 마사히로(安岡正篤), 니시다 미쓰구(西田稅) 등이 사상과 이론을 펼쳐 나갔다.

이들이 자신의 세계관을 전개하고 그에 알맞은 교육목표를 세우기 위해서 구상한 일본의 전망은 이러하였다. 그들은 기관지 『함성』에서 다음과 같이 말하고 있다.

"······우리 일본민족은 인류해방전쟁의 선풍적인 소용돌이 속에 들어가야만 한다. 그러므로 일본국가는 세계혁명적인 사상을 이루어야 한다. 일본국가가 이와 같이 사상적으로 충실하면서도 전투적인 조직을 만들고자 하는 것은 바로 이 절대목적을 위해서 신이 만드는 사업이다. 국가는 윤리적인 제도라고 말한 마르틴 루터의 이상은 이제 일본민족에 의해서 실현되려고 한다. 눈앞에 보이는 국내외의 험난하고 위급한 상황은 국가조직을 근본적으로 개조하는 사업과 국민정신을 창조적으로 (개혁하는) 혁명적인 사업을 피할 수가 없다. 그러나 우리는 일본 자신을 위한 개조 혹은 혁명만으로서 만족하려는 것은 아니다. 참으로 우리는 인류해방전쟁의 대사도로서 일본민족의 운명을 믿고 있기 때문에, 우선 일본의 해방에 착수하려고 한다.……"135)

이 글에서 마르크스주의적인 체취가 느껴지는 것도 흥미롭지만, 실상은 기타 잇키의 국가사회주의에 입각한 군사적인 침략 혹은 대외 팽창주의의 교육사상을 느끼게 한다. 이런 사상에 입각하여 국민총동원체제에 바탕을 둔 국민교화정책이 출현하게 된다. 대표적인 이론가들로 곤도 세이쿄(權藤成卿), 야스오카 마사히로(安岡正篤), 오카와 슈메이(大川周明), 기타 잇기(北一輝)등 4명의 사상에서 일본파시즘 사상의 기원을 찾아볼 수가 있다.

곤도 세이쿄는 일본 고래의 사회적·정치적인 이념으로서 자연이치「自然而治」, 군민동치「君民同治」라는 두 가지 원리에 입각한 농본주의적인 자치론을 주장하고 있다. 그가 보기에 민의 근본은 농민에 있고, 이 농촌 사회를 바탕으로 해서 관료주의와 국권주의를 배격한다는 논리를 펼치고 있다.136) 그러나 그의 사상에는 일본의 전통 공동체주의에 바탕한 아나키즘적이며 낭만적인 요소가 포함되어 있었다. 바로 그 점이 일본의 국가개조를 계획하는 파시즘적 이데올로기로 원용되어 강도 높은 낭만성과 비합리성의 대표적인 논리를 보여주는 것이라고 할 수 있다. 이 외에도 야스오카 마사히로는 중국과 동양의 고전사상에서 보여지는 왕도사상을 착안하여 천황의 위치가 천명에 달려 있다는 이상론을 주창하였다. 이 논리는 앞의 곤도의 농본주의적인 입장과 완전히 대조적이면서도 일본주의적인 전형을 보여주는 논리라고 할 수 있다. 야스오카는 왕도야말로 전제적이며 폭압적인 패도사상과 대립하는 정치이념으로 '천자의 덕' 혹은 '군주의 덕'으로 갖추게 되는 도라고 주장한다. 여기에서 보는 중국적인 이념인 왕도가 일본에서는 일본정신으로서의 독자적인 혁명론인 <긴키카구메이>(錦旗革命)137), 즉 유신혁명(維新革命)으

---

135) 松本清張, 『昭和史發掘』(東京: 文藝春秋, 1968), pp.157－158.
136) 權藤成卿,「成俗の漸化と立制の起源」, 『中央公論』, 1932年 6月.을 참조할 것.
137) 긴키카구메이(錦旗革命)에서 錦旗는 빨간 바탕의 비단에 해와 달을 그린

로 종합·통일되고 있다. 야스오카는 이에 대해서 다음과 같이 말하고 있다.

"……국가에 있어서 혁명도 본래 천자의 덕이어야만 한다. 국가가 멸망의 위기에 처해 있을 때, 새로운 국면을 타개하는 것이 늘상 천황이 내리는 위엄으로서 행해지는 국가가 진정한 도의국가이다. 그것은 오로지 일본에서만 보여질 수가 있다. 일본에 있어서 혁명이라는 것은 위정자가 보필의 임무를 게을리 할 때, 하늘의 견책을 받는 것이다. 그러므로 그 혁명은 금기(錦旗)를 받들면서 이루어진다. 이에 반해서 금기(錦旗)에 화살을 쏘고 감히 대역무도한 행동을 하는 듯한 혁명은 단연코 폭동반란이지 진정한 혁명은 아니다.……"[138]

야스오카의 사상에서는 혁명이라는 개념을 사용하면서도 급진적인 행동주의의 노선과는 거리가 멀다. 오히려 미온적이면서도 추상적인 윤리성으로 인해서 관료적인 엘리트주의에 바탕하는 책임회피성 일본주의 논리라고 할 수 있다.

한편 오카와 슈메이의 기본적인 사고방식은 세계문명과 비교하는 <일본정신> 혹은 <일본인의 민족의식>의 특이성과 우월성을 해명하려고 하였다. 그는 화혼양재적 논리의 일본주의에 바탕하여 동서문명의 비교론 혹은 동서문화의 절충론을 주장하였다. 이와 같은 혁신, 즉 '자국의 선을 가지고 자국의 악을 물리치는' 자기 회복을 완수하는 것이 <국민적인 생명>, <일본정신>을 체현하는 지름길이라고 생각한 것이다. 그가 생각한 일본주의 교육의 궁극적인 목적은 '동서문명의 통일' 속에서 이루어질 수 있다고 보았다. 그는 다음과 같이 말하고 있다.

---

깃발로서 조정 혹은 천황가를 상징한다. 그러므로 긴키카구메이는 중국의 왕도사상에서 표현하는 역성혁명을 일본적인 사상으로 대체한 것이라고 할 수 있다.

138) 安岡正篤, 「日本の國體」(1924.), 『大正思想全集』(東京: 明治書林, 1961), p.229.

"……이제까지의 세계사의 경과를 보면, 동서문명의 접촉 또는 동서문명의 통일이라는 것은 거의 예외 없이 아니 오히려 전부가 예외 없이 전쟁을 통해서만 실현되어 왔다.……동서간의 싸움이라는 것은 개념상으로 볼 때, 아시아 전체가 연맹하고 (다른 한편으로) 유럽 전체가 연맹하여 싸운다는 의미는 결코 아니다. 현실적으로는 유럽을 대표하는 한 나라와 아시아를 대표하는 한 나라가 서로 동서진영을 대표하는 전사로 선발되어 새로운 세계의 실현을 위하여 양자 간에 싸워야만 하는 것이다. 하늘은 참으로 이와 같은 (아시아를 대표하는) 전사로서 일본을 고르고 있다고 생각한다. 삼천 년의 오랜 세월 동안 이를 위해서 준비해온 것이 아닌가 생각한다……"139)

그가 주장하는 동서문화의 통일이라는 것은 적극적인 의미의 호전론, 군국주의의 이념을 노골적으로 드러내고 있는 것이다. 이는 1850년대 막부정권 말기 이후 일본사상사의 주류적인 체계를 형성하고 있던 <동서문화 종합론>의 극단점을 보여주고 있으며, 이후 보여지는 팔굉일우<八宏一宇>론의 본질적인 측면을 보여주는 사실이라고 할 수 있다.

한편 일본 파시즘 이데올로기의 대표적인 논리는 기타 잇키의 국가사회주의사상에서 잘 보여진다고 할 수 있다. 그가 보는 역사인식에서는 유신정부 이후의 천황권력 역시 국가기관을 대표하는 최고기관으로서 국가의 특권을 이루는 한 부분이며, "미노베(美濃部達吉) 박사가 주장하는 넓은 의미의 국민"140)이라는 식으로 천황기관설을 주장하고 있다. 기타는 『일본개조법안대강』에서 다음과 같이 주장하고 있다.

"……지금 대일본제국은 내우외환에 도달하는 유사 이래 미증유의 국난에 처해 있다. 국민의 대다수는 생활의 불안을 우려하여 하나같이 유럽 여러 나라의 파멸해가는 흔적을 답습하고 있으며, 정권, 군권, 재권을 사유하는

---

139) 大川周明, 「日本二千六百年史」(1935), 『現代日本思想大系 6 - アジア主義』(東京: 筑摩書房, 1963), pp.259-260.
140) 『北一輝著作集』第1卷(東京: みすず書房, 1955), p.371.

자들은 지금 무사안일하며 황황히 불의를 저지르려고 한다.……전 일본국민
은 마음을 냉정하게 해서……어찌되었건 대일본제국을 개조해야만 하는 큰
줄기를 확립하고, 거국적으로 한사람의 반대도 없이 국론을 정해서 전일본
국민의 대동단결을 통해서 마침내 천황대권의 발동을 주청하며, 천황을 받
들어서 하루라도 빨리 국가개조를 위한 근본을 완결시켜야 한다.……"141)

이를 위해서 기타 잇키는 국가개조를 위한 수단으로 천황을 통하여 국
가권력의 상층부, 특권계급을 철폐해야 한다고 주장한다. 그래서 구체적
으로 "천황은 전 일본국민과 함께 국가개조를 위한 근본을 정하기 위해
서 천황대권을 발동하여 삼 년간 헌법을 정지하고 양원을 해산하여 전국
에 계엄령을 포고하는" 군사쿠데타 식의 통치방식을 제시한다. 기타 잇키
의 이 사상은 정치적으로 군부가 주도하는 군국주의 이데올로기를 확립
시켰으며, 천황대권에 바탕한 초국가주의 교육 및 교화정책을 발전시키는
계기가 되었다.142) 이와 같이 일본의 파시즘 이데올로기는 일본의 전통적
인 국수주의와 유교주의, 마르크스주의를 변절시킨 국가사회주의 등의 사
상을 바탕으로 천황제 권력을 절대화시키는 방향으로 발전해 나갔다.

## 3) 전시총력전 체제와 학제개편 구상

### (1) 전시총력전 체제의 교육이념

1935년에 미노베 다쓰키치(美濃部達吉)가 관련된 '천황기관설 사건'

---

141) 北一輝, 上揭書, p.371.
142) 실제로 기타 잇키의 국가사회주의론이 지니고 있는 비합리적이고 국수주
　　　의적인 논리를 받아들인 청년장교들이 1936년 2·26실패 쿠데타를 일으
　　　킨 계기가 되었다. 기타 잇키와 청년장교들은 처형되었지만, 그 이후 군
　　　부 실세들은 이들의 사상을 거꾸로 계승하여 1940년대 전시총동원체제의
　　　사상적인 무기로 삼는 아이러니를 보여 주었다. <古田光 編, 『近代日本
　　　社會思想史Ⅱ』(東京: 有斐閣, 1971), pp.159－164 .>.

이 일어났다.[143] 미노베가 공인하고 있던 헌법학설에 대해서 제국의회 내의 국수주의자, 우익단체, 재향군인회, 군부를 중심으로 조직적인 국체명징(國體明徵)운동을 벌였던 것이다. 이 압력에 밀려서 정부는 두 차례에 걸친 성명을 내고, 천황기관설을 '국체의 본의'에 어긋나는 것으로서 삼제(芟除)하고 '국체관념'을 명징하도록 전력을 다할 것을 표명하였다. 국체명징이라는 정부 성명을 실행하기 위하여 문부성은 같은 해 11월에 문부대신의 자문기관으로서 교학쇄신평의회(敎學刷新評議會)를 설치하였다.[144] 평의회는 육해군 관계자, 교육·학술 관계자, 내무·사법·문부성 관계자 등 57명의 위원으로 구성되었는데, 정부는 이 평의회에 "우리나라 교학(敎學)의 현상에 귀감으로 삼아서 교육의 쇄신과 진흥을 도모할 방책은 무엇인지"에 대하여 자문을 구하였다. 다음해인 1936년 10월에 제출한 답신에는 국체의 기본이 "만세일계의 천황천조의 신칙(神勅)을 받들어서 영원히 이것을 다스리게끔 해주는" 점에 있다는 사실을 알려 주었다. 그리고 "우리나라(일본-논자 주)에 있어서는 제사와 정치와 교학이라는 것이 근본적으로는 일체불가분의 관계로서 서로 떼어질 수 없다는 것을 핵심으로 한다"고 제정교일치의 방침을 제시하였다[145]. 그래서 각급학교단계에서 경신숭조(敬神崇祖)의 정신을 철저히 하기 위한 시설을 세워서 학교를 "국체에 바탕한 수련시설"로 만들고자 하였다.

---

143) 천황기관설 사건은 미노베 다쓰키치(美濃部達吉)와 우에스기 신키치(上杉愼吉) 간의 천황권력의 正體性에 관련한 논쟁에서 비롯된 사건이다. 우에스기는 호즈미 야쓰카(穗積八束)의 군주주의 사상에 영향을 받아서 천황의 절대주권을 강조하는 천황주권설을 제시한다. 이에 대해서 미노베는 천황 역시 국가권력 중의 한 기관이라는 자유주의적인 관점의 천황기관설을 주장한다. 1935년 귀족원의 연설에서 우익인사인 기쿠치 다케오(菊池武夫)의 천황기관설에 대한 배격논리를 중심으로 파시즘 체제의 논리를 확고히 다지게 되는 계기가 된 사건이었다.
144) 掛川トミ子, 「‘天皇機關說’ 事件」, 『近代日本政治思想史Ⅱ』(東京: 有斐閣, 1970), pp.318-324.
145) 尾形裕康, 『日本敎育通史』, pp.282-285.

　문부성은 정통적인 국체관념을 확립하기 위하여 교학쇄신평의회의 심의작업과 함께 『국체의 본의』라는 책의 편찬작업을 진행하였다. 이 책은 천황을 "황조황종의 뜻한 바대로 우리나라(일본-논자 주)를 통치하시는 현어신(現御神) 혹은 현인신(現人神)"이라고 표현한다. 천황은 아마테라스 오미카미(天照大神)를 비롯한 조상신들을 제사지내는 것을 통해서 신들과 천황 자신을 일치시키고 그 정신과 그들이 남긴 유훈을 체득하여 정치와 교육을 실행한다는 것이다.146) 이것이 바로 제정교일치다. 그래서 신민된 자로서 국민의 의무는 "천황의 큰 뜻을 받들어 모시고 오직 신의 뜻 그대로의 천업을 보좌하고 이어받는 것", 즉 신으로부터 받아들인 천황의 국가통치사업을 도와주는 것이라고 주장한다. 더구나 국민이 천황을 받드는 충(忠)이라는 것은 서양적인 의무로서 힘에 복종하는 것이 아니라 일본인으로서의 '그치기 어려운 자연스러운 정신의 발로' 라고 한다. 또한 일본은 신이 만든 신국(神國)이며 천황은 그 신의 자손이기 때문에 신을 공경하고 조상을 존숭하는 것(敬神崇祖)은 곧바로 천황에 대한 충성이라는 것이다147). 천황과 국민, 국가와 국민을 설명하는 데 있어서, 서양의 근대사상에 기초한 합리주의적인 해석은 철저하게 배격하고 신화에 기초한 천황관이나 천황에 대한 신앙심이 전면에 등장하는 것이다. 『국체의 본의』는 1937년에 발간하여 6년 동안 전국의 학교와 사회교육단체에 220만부 이상을 배포하였다.148)

　쇼와공황 이후 점점 심각해지기 시작하는 국가체제의 위기를 극복하고 국민의식을 확실하게 규제하기 위하여 천황제이념과 교육이념을 재편성하려고 하였다. 문부성·교학쇄신평의회는 이에 대해서 현인신, 즉 천황에 대한 신앙을 기본으로 해서 국민의식을 규제하려고 하였다. 파시즘이 진행되는 과정에서 서양근대사상의 영향력은 점점 사라지고, 일본교육은 천황신앙을 중핵으로 하는 재편성·쇄신과정으로 나아갔다.

---

146) 松本三之介, 『天皇制國家の政治思想』(東京:未來社, 1969), pp.254-263.
147) 松本三之介, 『天皇制國家と政治思想』, pp.187-188.
148) 鶴見俊輔, 『戰時期日本の精神史』, pp.191-192.

## (2) 국방국가체제를 위한 학제개편

'국방국가체제'라는 말이 공공연하게 정부의 공식문서에 등장하게 된 것은 1940년 7월의 제2차 고노에 후미마로(近衛文麿) 내각의 각의에서 결정한 『기본국책요강』이라고 할 수 있다. 거기에는 다음과 같이 말하고 있다.

> "······일본·만주·지나를 하나의 테두리로 해서 대동아를 포용하여 자급자족의 공영권을 확보하고, 그 권내에 있는 자원을 바탕으로 국방경제의 자주성을 확보하며, 관민협력의 기조 속에 중요한 산업을 중심으로 해서 종합계획경제를 수립한다. 이를 통해서 긴급한 시국정세에 대처하며 국방국가체제를 완성시키는 데에 힘을 쏟아서 군비를 충실히 하고 국민생활의 안정과 국민경제의 항구적인 번영을 이루어야 한다.······"149)

그런데 여기에서 쓰이고 있는 '국방' 혹은 '국방국가'라는 말은 패전 이전 일본의 쇼와 파시즘체제를 거쳐서 가장 많이 보이는 주술적인 개념이라고 할 수 있다. 국방국가체제에서는 사상이 명확하게 표현되지 않은 상황에서 의회민주주의와 자유교육을 부정한다는 공통점을 가지고 있다. 그와 동시에 이 국방국가사상에는 광신적인 우익관념사상에서 계급협조적인 사회주의사상에 이르기까지 현상에 불만이 있는 모든 경향이 잠재하고 있다. 그러나 이 국방국가의 사상은 현실상황을 반영하는 체제의 논리에 불과하다는 일시적인 충동심리에 바탕하고 있다. 이 사상에 비판적으로 대응하는 반체제사상, 예를 들면 마르크스주의와 같은 급진과격사상까지도 이론과 실천에서의 괴리현상을 드러내고 실천과의 결합과정에서 역부족의 결과를 초래하는 상황적인 논리로 동화하고 만다. 실제로 일본의 사상계와 지식인 사회는 천황제 파시즘의 강

---

149)  日本內閣閣議, 「基本國策要綱」(1940年 7月), 『近代日本思想史講座4』(東京: 筑摩書房, 1959), p.326.에서 재인용.

압적인 탄압 체제 속에서 전향의 논리를 펼치지 않으면 거의 존재할 수 없는 사상의 암흑시대를 맞이하고 있었다. 이것은 역으로 말하면 천황제로 대표하는 파시즘의 논리를 옹호할 수 있는 사상을 제외하고는 존재할 수 없다는 것을 의미하는 것이었다.

1930년대 이후 10여년을 일본 파시즘 혹은 천황제 파시즘이라고 규정하는 범주에 대한 논쟁이 지속하였다. 거기에서 일단 공통적으로 지적하고 있는 것은 유럽의 파시즘에서 보이는 아래로부터의 파시즘 혁명과 달리 전통적인 보수세력이 엉겁결에 반동화하는 과정의 파시즘 유형을 보여주고 있다.[150] 1930년대를 전후해서 일본의 정치세력, 군부집단, 일부 정상재벌 등을 중심으로 천황제권력에 기초한 국가개조운동이 활발하게 일어났다. 이 국가혁신을 위한 소위 쇼와이신(昭和維新)의 장기적인 시나리오는 만주침략, 식민지경략 등 대외적인 팽창을 통한 대내 위기정세를 극복하는 과정에 두고 있었다. 우가키 가즈시게(宇垣一成), 오카와 슈메이(大川周明), 나가타 데쓰잔(永田鐵山) 등은 시기상조론의 관점에서 쿠데타를 멀리하면서도 국가팽창을 위한 침략전쟁과 군부 중심의 체제를 구상하고 나섰다. 1931년 3월 사건[151]과 만주사변을 계기로 해서 세계 최후의 전쟁을 준비한다는 구상까지 나오게 되었다. 이 논리의 대표자 이시하라 간지(石原莞爾)는 만주·몽고를 침략의 발판으로 삼아 일본의 안정을 희구해야 한다는 대륙침략론을 배경으로 하는 군국주의 교육체제를 구상하였다. 군부 내의 쿠데타 계획을 중심

---

150) "엉겁결"에 반동적인 파시즘으로 전화하고 있다는 말은 마루야마 마사오(丸山眞男), 후지타 쇼조(藤田省三) 등의 글에서 일본 파시즘을 평가할 때 즐겨 쓰는 용어이다.

151) 오카와 슈메이, 우가키 가즈시게 등을 중심으로 천황제를 정점으로 한 군부독재체제를 수립하려는 움직임을 말한다. 그러나 이 사건은 시기상조론과 국수주의자들의 견제로 인해서 실패하고 말았지만, 이후 군부의 적극적인 대외팽창주의, 침략주의 정책을 부추기면서 전시체제로 전환하는 계기로 작용하였다. <古屋哲夫, 「日本フアシズム論」, 井上淸編, 『日本歷史20-近代7』(東京: 岩波書店, 1976), pp.80-126.; 木坂順一郎, 「大政翼贊會の成立」, 井上淸編, 上揭書, pp.269-314. 등을 참조할 것>.

으로 하는 천황제 군부파시즘논리는 이노우에 닛쇼(井上日召), 니시다 미쓰구(西田稅), 다치바나 고사부로(橘孝三郎), 기타 잇키(北一輝) 등으로 대표하는 우익국가주의자들의 강경논리와 완전히 부합하고 있었다.

그런데 실제로 일본을 주도하는 정치경제적인 측면의 실세들은 사회발전의 논리구조에 대해서 심각한 우려를 표명하고 있었다. 1927년 「임시산업관리국」을 설치하는 것과 관련하여 상공심의회가 주관하는 견해에는 다음과 같은 내용이 있다.

> "……우리나라(일본-논자 주)에서 근대산업이 발달하게 된 것은 메이지유신 이후라고 할 수 있는데, 햇수를 따져서 반세기에 불과하다고는 해도 이를 구미선진국과 비교할 필요가 있다. 예를 들면 중요한 자원의 공급이 안정되어 있지 않으며, 중요공업부문에서도 아직 국내에 기반을 잡은 것이 드물며, 공업기술 혹은 경영조직과 방법이 대체로 유치한 수준이라고 할 수 있다. 상거래의 계통조직도 너무 복잡해서 이러한 현상들은 종종 국민경제에 악영향을 미침으로써 결국 세계 시장경제의 경쟁 대열에서 낙오자로 이탈하기조차 한다.……"152)

이 문장에서 보이는 것처럼 당시 일본의 정세는 구미선진국의 대열에서 뒤처져 있는 후진국의 위기의식을 느끼고 있다는 점이다. 후진국 일본이 근대화하는 조건에 있어서 민족주의를 통한 국체 혹은 사회의 통합의식은 정치적인 논리가 경제통합을 선도한다는 사이비 자본주의의 구조를 확대시키는 것이라고 할 수 있다. 각각의 계층이 담당하는 참여도를 높임으로써 일본적인 구조의 자본주의 발전을 지향하고, 자유경제의 원리에 대신하는 사회 협조와 계층 조화의 논리를 바탕으로 산업합리화 정책을 주도하고 있었다.

이러한 사회적인 배경을 바탕으로 1930년대 중반에는 군부세력과 별개로 정치개혁과 천황제 권력을 강화하기 위한 신관료들의 '혁신운동'

---

152)  田澤義鋪, 『農村更生と靑年敎育』(東京: 日本評論社, 1933), pp.81-82.

이 벌어지고 있었다. 이들 신관료층을 중심으로 산업합리화와 정치의 파쇼적인 개혁을 주장하는 측면에서 정치운동가 중심으로 진행된 독일이나 이탈리아의 파쇼체제와는 구별된다고 할 수 있다. 신관료의 혁신운동을 지지하는 사상단체로서 국유회「國維會」가 있는데, 이 조직의 구성원들은 대체로 보수우익계 인사들이지만 사상의 관점과 출신 배경이 애매모호한 특성을 지니고 있다. 국유회 그 자체는 발기인의 면면을 보아도 관료와 군부계층 간의 교류의 장으로서 '행정 생디칼리즘'의 성격을 보여준 것이었다.[153] 이들의 주장을 대회 취지문에서 보면 다음과 같다.

"……메이지 시대에 놀랄 만한 긴장 속에서 국민적으로 약진했던 과정에서 파생한 반동적인 역풍이 이제는 쉽게 고쳐지지 않는다. 또한 이전 시대에 급속도로 발전해 왔던 문화가 정치 경제 교육 등 여러 측면에서 파탄에 직면하고 있다.……국제신의는 추호도 믿어서는 안 되며, 경제적인 공황과 정치적인 동요 등 세계적인 암운은 이제 세상을 더욱 어둡게 만들고 있다. 지금에 와서는 단연코 재래의 인습을 배척하지 않으면 마침내 수습할 수 없는 재앙을 만나고 만다. 우리는 이런 정세를 결코 좌시할 수 없으며, 스스로 몸을 바쳐서 지공혈성(至公血誠)의 동지와 함께 공산주의 인터내셔널의 횡행을 방관하지 않으며, 배타적인 쇼비니즘의 발호를 묵과하지 않는다. (그래서) **일본정신에 입각**하여 안으로 정교(政教)의 유신을 도모하고 밖으로 선린의 의(誼)를 닦아서 진정한 개체로서의 국제쇼와(國際昭和)를 실현시키려고 한다……"(진하게 ― 논자)[154]

---

153) 행정 생디칼리즘의 특징을 가지고 있다는 것은 대표적인 인물들의 사회적인 지위 혹은 직업분포가 아주 다양하다는 측면에서 잘 드러나고 있다. 즉 귀족원 의원인 오카베 나가카게(岡部長景), 내무성 위생국장 오시마 다쓰지로(大島辰次郎), 협조회 상무이사 요시다 시게로(吉田茂), 내무성 경보국장 마쓰모토 마나부(松本學), 귀족원 의장 고노에 후미마로(近衛文麿), 도쿄부 지사 고사카 마사야스(香坂昌康), 귀족원 의원 사카이 다다마사(酒井忠正), 히로시마현 지사 유자와 미치오(湯澤三千男), 주러시아 대사 히로타 고키(廣田弘毅), 육군대신 아라키 사다오(荒木貞夫), 농림대신 고토 후미오(後藤文夫) 등이 대표적인 인사들이다.
154) 田澤義鋪, 前揭書, p.110.

이들은 이에 대한 행동강령으로서 널리 인재를 구하고 국가의 정교를 흥하게 하며, 산업경제의 발전을 기대하였다. 이러한 과정에 참여하는 성원들이 다소 모호하기는 해도 그들을 묶어주는 매개체가 있었으니 그것이 바로 일본정신이라는 것이었다.

## (3) 일본정신의 국방교육과 학제개혁

이들 국유회 성원 중에서 마쓰모토 마나부, 요시다 시게루, 오시마 다쓰지로, 고토 후미오 등에게 지대한 영향을 미친 것은 야스오카 마사히로(安岡正篤)의 '일본정신'이었다. 그는 『일본정신의 연구』 혹은 『일본정신 통의』 등의 책에서 현대자본주의 문명이 생활을 발전시킨 것은 사실이지만, 인간이 기계화하고 개체화함으로써 인격이 파탄하고 있다고 비판한다. 그는 다음과 같이 말하고 있다.

> "……근대도시가 발달함으로 인해서 새로운 경제조직에 따라 빈부의 격차를 더욱 크게 하고 농촌을 침식하여 순박한 인간생활을 파탄시켰다. 그리고 도시에 사는 사람들은 강렬한 물질적인 자극과 기계를 통한 노역, 생활의 압박 등으로 말미암아 자연에서 유현한 정신생활의 여유를 박탈당했다. 군중 심리 속에서 개인적인 반성을 잃어버리고 단순히 물질적인 욕망과 피로와 분쟁이 생활 속에 점점 깊이 파고들었던 것이다……"[155]

이와 같은 시대비판은 제1차세계대전 이후 나름대로 자본주의 문명에 편입하고 있는 일본사회의 정세를 어느 정도 반영하는 것이었다. 국유회 인사들은 야스오카가 말하는 현대문명의 병폐를 극복하기 위한 '일본정신의 부흥'을 주창하는 것에 대해서 공감하고 있었다. 그 경우에 그들 사이에는 야스오카가 지적하는 것처럼 자본주의 체제가 불러

---

155) 安岡正篤, 「日本精神通義」, 加藤周一 編, 『近代日本思想史講座4－知識人の生成と役割』(東京: 筑摩書房, 1959), p.25.에서 재인용.

일으킨 「소외」현상을 아주 간단한 도식으로 이해하고자 하였다. 즉 도시는 물질문명으로 대표하는 서양문명을 상징한다고 보고 있으며, 농촌은 정신문명으로 대표하는 일본문명, 혹은 동양문명을 상징한다고 도식화할 수 있다는 것이었다. 그러나 야스오카는 단순한 자본주의자이거나 완고하게 서양문명을 배격하는 차원이 아니라 다이쇼(大正)기의 교양주의가 지니는 낭만적인 이상주의와 인격적인 구도주의를 유교적이면서도 국학적인 요소와 결합하고자 하였다. 그것은 서양의 개념적인 사유에 치중하여 혼연하면서도 구체적인 생활경험을 벗어났던 현대인에게 "우리의 생존 그 자체의 의의, 인격의 가치, 진리의 체험 등 인간에게 있어서 지존지귀한 문제"를 다시 회복하는 것이다.[156) 그를 위해서는 "개념적인 사유에 서 있는 주관과 객관의 대립을 극복하고, 혼일한 순수경험이 분화하여 주체와 객체의 대립이 되어 사유와 의지가 발전하는 실재의 진수를 파악해야 한다"는 것이다. "분화를 통해서 통일을 이루고 인위를 대신하여 자연의 생명을 감득"해야 한다는 것이다. 이것이 야스오카에게 있어서는 동양사상의 정수로 파악되는 것이며, 동양사상은 이런 통일적인 입장에 서기 위하여 생활에 충실한 인격의 통일을 이루어야 한다는 것이다.

야스오카는 이러한 인격의 통일을 이룰 수 있는 주체로서 인격함양의 도를 닦는 사(士)를 거론하고 있다. 그와 비슷하게 일본 신칸트학파의 대표자인 니시다 기타로(西田幾多郞) 역시 "서로 어울릴 수 없는 지식적인 확신과 실천적인 요구를 가지는 것에 만족할 수 없고, 자기의 사상을 통일하여 자가(自家)의 안심과 일치시킨다"[157)는 지식인들의 국가관을 확증하고 있었다. 이는 모두 서양사상이 지니는 실재와 관련한 인식론을 바탕으로 해서 동양적인 유학사상과 노장사상을 결합시키는 변형된 국가사상으로 발전하게 되었다. 이들 사상가들은 교육사상을

---

156) 安康正篤, 「日本精神の研究」, 古田光・大河內一男 編, 『近代日本社會思想史Ⅱ』(東京: 有斐閣, 1971), p.197.에서 재인용.
157) 西田幾多郞, 「善の研究」(1911), 『哲學論文集 4』(東京: 岩波書店, 1965), p.437.

통해서 인격활동으로서의 인간의 가장 심오한 영성(靈性)을 발현시키고 함양해야 한다고 보았다. 야스오카 등에게 있어서 사(士)라는 존재는 자유아(自由我)로서 "작게는 일신(一身)을 닦는 일부터 크게는 천하를 평치(平治)하는데 이르기까지 현실적으로 놀라운 이상실현을 추구하는 사람"이라고 전제한다. 이와 같은 그의 근본사상은 마찬가지로 문화에 대한 의지를 설명하고 자아의 자유를 주장하면서도, 거기에 유교적인 현실주의를 도입하여 "그 유례가 없이 장엄한 이상도 가장 확실하게는 현실에 입각해 있어야 할" 필요가 있다고 설명한다.

그러나 이 현실주의 사상은 반드시 있어야 할 현실로서 '국가' 혹은 '일본민족'을 선험적으로 긍정하고 전제하는 현실주의라고 할 수 있다. 다이쇼 시대의 교양주의 사상이 암묵적으로 국가를 전제로 해서 문화를 대치하고 이것을 인격화했다고 한다면, 야스오카의 현실주의는 암묵적으로 국가를 전제로 해서 '국가'를 그대로 인격화시켰다고 할 수 있다. 그의 사상은 "개인의 자유가 그 자율에 있는 것처럼 국가의 자유가 그것의 독립에 있다"는 국가주의적인 관점으로 변화해 갔다. 이 관점에서 보면 국가는 커다란 인격적인 존재이고, 국가는 절대자유의 의지를 가지고 있으면서 이에 알맞은 책임과 도덕적인 이상을 가지는 지상 최대의 신성한 존재라고 할 것이다.

1930년대의 일본이 겪고 있는 대내외적인 위기상황 속에서 야스오카는 일본주의적인 교육사상이 나아가야 할 길을 다음과 같이 주장하고 있다.

"……다시 눈을 돌려 아시아의 우방들을 보라. 지나, 인도, 페르샤를 불문하고 아시아의 도처마다……침략주의적인 백인국가로 인해서 박해를 받고……노예국가로 전락하여 신이 주신 저의와 자유의 빛이 차단되고 있다. 그러나 천운은 헛되지 않아서 아시아의 동포가 다시 일어나서 이 장엄한 인격과 자유를 회복해야만 할 것이다. 단순한 인간생활을 벗어나서 인격생활을 구체적으로 실현해야 할 것이다. 아시아에 대한 일본민족의 책임은 참으로 막중한 것이다……"158)

그래서 야스오카는 일본민족이야말로 인격생활을 실현할 의무가 있으며, 그 결과 국가의 자기개조를 가져올 수 있다고 보았다. 나아가서는 백인국가에게 핍박받고 있는 아시아제국을 해방시키는 전쟁은 인격생활의 보편성을 가져오는 것이라고 침략주의 정책을 합리화하였다. 그의 인격생활론은 이처럼 아시아 각국에 대한 침략주의를 정당화하는 이론으로 정립하였으며, 이를 이어 일본 파시즘 체제의 관변학자들이 중심이 된 대동아공영권 혹은 아시아주의라는 군국주의 교육체제의 기반을 형성하게 되었다.

## 4) 전시총력전 체제와 학제연한 단축구상

### (1) 대동아공영권 구성과 협동주의 교육론

대동아신질서 수립을 구상하는 일본 파시즘 체제의 아시아주의, 즉 대외 침략주의 사상의 논리적인 준거틀은 대동아 협동주의의 형태를 보여주고 있다. 예컨대 극단적인 일본 지상주의에 입각한 신질서론으로서 가노코기 가즈노부(鹿子木員信)가 주장하는 대아시아주의라고 할 수 있다. 그의 주장은 중국과 일본은 결코 대적할 원수가 아니며 서로 제휴하고 격려해야 할 형제적인 관계라는 것이다. 더구나 그런 형제적인 관계는 천황의 조국정신(肇國精神)을 근본으로 하고 있는 것[159]으로서 신성불가침의 원칙이라는 망상까지 드러내고 있다. 이는 대아시아주의의 침략성을 노골적으로 보여주는 증거라고 할 수 있다.

바로 이러한 과정을 배경으로 1933년을 전후한 시점에서 자유주의적이거나 마르크스주의적인 지식인들이 탄압을 받는 사태가 벌어졌다. 군

---

158) 安岡篤廣, 前揭論文, p.200.
159) 鹿子木員信, 「東亞協同體論の理念」(1938), 『天皇制國家の政治思想』, p.256. 에서 재인용.

부 파시즘체제는 치안유지법을 바탕으로 해서 마르크스주의적인 작가 고바야시 다키지(小林多喜二)에 대한 학살사건을 일으켰다. 같은 해 6월에는 사노 마나부(佐野學), 나베야마 사다치카(鍋山貞親) 등 여러 명의 공산당 간부가 옥중에서 전향을 성명함으로써 이른바 '전향시대'의 막을 열게 되었다. 또한 이해 5월에 「교토대학 다키카와(京大瀧川)사건」을 계기로 해서 공산주의자 이외에도 자유주의자들에 대한 탄압을 벌이기 시작하였다. 이 다키카와 사건의 배후에는 광신적 일본주의자인 미노다 교키(蓑田胸喜)등 「원리일본사」 회원들의 마녀사냥적인 고발활동이 있었으며, 더구나 이들을 조종하는 군부·관료 파시즘의 배후관리가 있었다. 만주사변이 발발한 이후 군부 파시즘 세력은 소위 '고도국방국가체제'를 확립하기 위해서 국가·일본·천황을 절대화하는 일본주의 사상을 고취하고, 국체명징(國體明徵)의 구호 속에서 그 이외의 모든 사상을 탄압하고자 하였다.160)

그런데 일본 내에서 진보적인 지식인운동은 일본주의에 입각한 군부 파시즘 체제의 탄압 앞에 두 가지 선택의 길을 가야만 했다. 즉 반파시즘·반제국주의적인 투쟁활동에서 민족적인 연대감을 형성하는 순교자의 모습을 보여 주거나, 그렇지 않으면 천황제 집권 논리의 연장선상에서 가해지는 탄압에 견디지 못하고 배교자 혹은 전향자의 노선으로 전환하는 모습으로 나아갔다. 전향의 논리는 자유주의자뿐만 아니라 천황제 지배와 침략전쟁을 격렬하게 비판하며 이에 저항했던 마르크스주의자들 사이에서도 많은 전향자가 등장하였다. 당시의 대표적인 전향자 사노 마나부, 나베야마 사다치카 등은 자신들의 전향에 대한 변을 다음과 같이 설명하고 있다.

"……(1) 현재 공산당은 노동자계급의 일상생활이나 투쟁에서 벗어나서 '급진 소부르조아지'의 기관으로 전락하고 있으며, 또한 코민테른도 국제

---

160)  久野收, 「超國家主義の一原型」, 『近代日本思想史講座4』(東京: 筑摩書房, 1959), pp.129－138.

주의라는 명목 속에 실질상 '소련방 일국의 기관'으로 전락하고 있다. (2) 신세계 전쟁의 주요 내용은 '세계 자본주의와 아시아 여러 민족 간의 투쟁'이며, '일본이 중국의 군벌, 그리고 미국 자본에 대해서 벌이는 전쟁'은 진보적인 전쟁이므로, 노동자계급은 전쟁에 '적극적으로 참가'해야 하며 코민테른의 '아니키스트적인 패전주의'는 잘못된 것이다. (3) '일본의 군주제'는 '민족적인 통일'을 표현하며, '아래로부터의 인민적인 국가권력을 성립시키는 것을 강력하게 보장'해 줄 수 있다. 그러므로 공산당은 '대중이 군주제에 대해서 가지는 자연적인 감정을 있는 그대로 파악'하고, 종래의 '반군주투쟁'이 지니는 오류를 인정해야만 한다. (4) 이상과 같은 이유에서 우리는 일본공산당이 자신의 '비민족적인 강령'을 포기하고 코민테른을 이탈해서 '일본을 중심으로 하는 일국사회주의'의 실현에 노력해야 할 것을 주장한다.……"161)

이들 사노, 나베야마 등의 전향 성명은 단순히 개인으로서의 전향 성명만이 아니라 공산당간부의 입장에서 일본공산당 그 자체의 전향의 필요성을 주장하고 있다. 그 기초가 궤변적인 논리임에도 불구하고, 일본의 지식인 혹은 학생운동의 중심으로서 반체제 성향의 대표격이었던 일본 공산당이 흔들리고 있다는 사실 자체가 곧 일본의 자유정신의 궤멸을 의미하는 것이었다.

그런 의미에서 일본 공산당을 중심으로 한 일본 지식인들의 전향 문제는 천황제에 기초한 군부파시즘의 권위 그 자체를 옹호할 수밖에 없었던 소시민적인 모더니티를 합리화하는 것이기도 하였다. 그래서 일본의 전쟁 수행과정에서 등장한 지식인들의 전향논리는 말 그대로 이제는 더 이상 양심적인 지식인세력 혹은 반군국주의적인 교육실천들이 사라지고 있다는 것이기도 하였다. 그들은 오히려 대중 감정에 부합하는 선동, 반국제주의적인 민족주의로의 방향전환을 전제함으로써 천황제 권력과 침략전쟁을 긍정적으로 인정하는 궤변을 펼치게 되었다.

---

161) 警保局調査室編, 『左翼運動の日本化』, 1937, p.18－19.

## (2) 전시총력전 체제의 교육개편

한편 전향을 통해서 군국주의 일본을 찬양하는 논리를 가진 지식인 집단과 함께 전시체제의 형성에 대해서도 이를 근본적으로 정당화하는 논리를 펼치는 세력까지 등장하였다. 중일전쟁이 발발하면서 미키 기요시(三木淸)는 전쟁이념의 문제에 대해서 적극적으로 개입한 대표적인 사람이라고 할 수 있다. 이 시기에 미키 기요시는 고노에 후미마로(近衛文麿) 측근의 지식인 집단인 '쇼와(昭和)연구회'에 참가하면서 동아협동체「東亞協同體, 즉 동아신질서(東亞新秩序)」론을 제기하고 이를 정책화시키고자 하였다. 당시 「쇼와 연구회」의 이름으로 집필한 팸플릿에서 미키 기요시는 다음과 같이 주장하고 있다.

"……유럽주의가 지닌 자기비판을 이어받아 동아시아의 통일을 적극적으로 실현함으로서 진정한 의미에서 세계를 통일시킬 수가 있다. 그리고 세계사의 새로운 신념을 분명하게 하는 것이 지나 사변(중일 전쟁 - 논자 주)이 가지고 있는 의의라고 할 수 있다.……동아시아의 통일은 구미의 제국주의가 얽어맨 사슬에서 지나를 해방시키는 것으로서 가능할 수가 있으며, 일본은 금후 이 사변을 통해서 지나의 해방을 위해서 분투해야만 한다. 우선 일본은 구미제국에 대신해서 스스로 제국주의적인 침략을 행해서는 안 된다. 오히려 일본도 지금의 사변을 계기로 해서 자본주의 경제의 영리주의를 넘어서서 새로운 제도로 나아갈 수 있어야 한다.……시간적으로는 자본주의의 문제를 해결하고, 공간적으로는 동아시아의 통일을 실현하는 것이 이제부터 해야 할 세계사적인 의의인 것이다.……일본의 지도로서 성립하는 동아협동체 속에 일본 자신도 포함되는 것이다. 그에 관련해서 일본 자신도 이 협동체의 원리에 따라야만 한다는 의미라고 볼 때, 그 민족주의에 제한이 있어야 한다는 것은 당연한 일이다……"162)

---

162) 昭和硏究會 編, 「新日本の思想原理」(1939), 『昭和硏究會』(東京: 經濟往來社, 1968), p.66.

이를 위해서 미키는 새로운 사상원리로서 일본국민들을 도덕적으로 재무장할 수 있어야 한다고 보았다. 그 사상원리는 '근대주의를 넘어서서 더욱 고양시킨' 것으로서 자유주의, 마르크스주의, 전체주의 등의 체계보다 우위에 있는 논리였다. 이 원리가 무엇이 되어야 하는지에 대해서 그는 다음과 같이 주장하고 있다.

"……서양의 이익사회적인 문화에 대비해서 동양에는 예전부터 이어온 공동사회적인 문화가 그 특징을 잃어버리는 것 없이 오늘날까지 그대로 이어지고 있다. 우리(일본인-논자 주)가 일본정신의 좋은 점이라고 하는 것은 대체로 이러한 측면에서 보여지고 있다.……한때 일본의 일부에 뿌리를 내리고 있었던 유물사관의 기계적이며 파괴적인 경향에 대해서, 또 공소하고 추상적인 세계주의에 대해서 일본 민족의 진정한 우월심을 자각시키고 고취시켰던 것은 일본 정신의 앙양이었다. 우리는 다시 여기에 현대적인 내용을 부여하고 동아시아 신질서의 사상원리를 건설해야만 한다.……신일본의 사상원리는 협동주의이다. 협동주의가 새로운 국내체제의 기준이며, 새로운 동아시아 질서의 지도체제가 되어야만 한다.……협동주의는 한편으로 개인주의에 반대해서 전체를 인정하는 동시에, 다른 한편으로 전체주의에 반대해서 개인의 독자성을 중시하는 것으로서 전체를 개인에 내재적인 것이라고 생각한다.……이와 같이 전체는 개인을 초월하면서 개인의 독립성은 부정하지 않고, 초월적인 측면으로 해서 내재적이라는 것은 동양적인 절대 무의 변증법으로서 비로소 기초를 확립할 수가 있다.……협동주의는 기계적인 민주주의의 협동을 말하는 것이 아니라, 오히려 지도자의 이념을 통해서 진정한 협동을 실현시킨다고 주장하는 것이다.……새로운 동아시아의 질서는 일본이 주도하여 성립시킬 수가 있다……"163)

"……협동주의는 개인주의적이거나 자유주의적인 무정부상태에 대해서 전체의 입장에서 통제의 필요성을 인정하는 것이다. 이 통제는 종합적·합리적·계획적이어야만 한다. 전체주의적인 통제라는 것이 위로부터의 관료주의적인 통제에 빠지기 쉬운 것임에 대해서, 협동주의가 강조하는 것은

---

163) 昭和研究會編, 「協同主義の哲學的基礎」(1939), 『昭和研究會』(東京: 經濟往來社, 1968), p.167.

자주적인 협동이다. 협동주의는 아래로부터의 조직이 형성되는 것으로 인해서 전체적인 통제를 실현시킬 수 있으리라고 본다.……다만 아래로부터의 조직이라고 해도 협동주의는 추상적인 민주주의에 서 있는 것이 아니라, 오히려 지도자가 가지는 중요한 의의를 인정하는 것이다. 협동주의가 요구하는 지도자는 전제적인 독재자도 아니고 국민으로부터 유리된 존재도 아니며, 오히려 국민 속에 들어가서 국민을 교육하고, 국민의 요구를 수용하여 이를 지도하는 자인 것이다……"164)

그러나 이 협동주의 원리는 후진국의 특성으로서의 정치적 체계의 우위에서 오는 「국가」라는 전체 틀 속에서 개별적인 여러 요인의 참여와 영도성을 높이려는 것이었다. 그러나 그것이 민주주의적인 원칙으로서의 화해 이데올로기를 갖출 수는 없었다. 왜냐하면 이미 일본의 군부파시즘 체제가 제시하는 일본 정신과 황도의 의미는 전체주의적인 국가구조로서만 파악할 수 있는 내용이었기 때문이다. 결국 미키 기요시 등 당시 일본의 지식인들이 주장하는 협동주의 교육원리는 동아시아 지역의 공영권을 주장하는 외형적인 틀을 갖추고 있다. 위의 주장에서 알 수 있듯이 당시 그는 동아시아·일본의 '신질서(신체제)의 사상원리'로 되어야 하는 것으로 「협동주의」를 전제하고 있었는데, 이는 분명히 반제국주의적이며 반전체주의적인 성격을 지니고 있었다. 그러나 그와 같은 주관적인 의도에도 불구하고, 그 논리가 갖추고 있는 내면에 침략전쟁을 완전하게 합리화시키는 의도가 분명하게 드러나 있었다. 그런 측면에서 분명히 객관적으로는 오히려 침략전쟁이나 파쇼체제화의 실상을 은폐하면서 이것을 이념적으로 정당화하고 미화시키는 이데올로기로서 기능했던 것이다.

앞에서도 본 것처럼 미키의 협동주의의 원리는 그것을 기초 짓는 원리로서 동양적인 「절대무」의 사상을 제시했다는 점에서 니시다(西田)의 철학에 접근하고 있다고 할 수 있다. 또한 그는 자신의 협동주의 사상

---

164) 昭和硏究會編, 前揭論文, p.165.

이 단순하게 동아시아 및 일본에 있어서 「신질서」건설을 위한 사상원리로 생각하는 것뿐만 아니라, 종래의 서구적이며 근대적인 질서 형성의 원리를 초극하고 세계사의 새로운 단계에서 「세계신질서」의 건설을 구상했던 것이다. 이는 태평양전쟁 당시의 상황에서 독자적인 「세계주의」, 즉 「세계적인 세계형성주의」를 주장했던 자신의 스승 니시다 기타로의 사상과 일치하는 과정이기도 하였다. 니시다는 『일본 문화의 문제』(1940) 등의 저술에서 다음과 같이 말하고 있다.

> "……이제까지 일본은 그것이 곧 하나의 세계였다. 황도라는 것은 우리가 거기에서부터 거기에라고 말하는 세계형성의 원리였다. 그러나 오늘날의 일본은 이제 「동양의 외딴 섬으로서의 일본」이 아니라 「세계의 일본」이다. 일본 형성의 원리는 곧 세계형성의 원리이어야만 한다. 여기에 지금의 큰 문제가 있다고 생각한다. 가장 경계해야 할 바는 일본을 주체화하는 것이라고 생각한다. 그것은 황도를 패도화(覇道化)하는 것에 불과하며, 황도를 제국주의화하는 것이기 때문이다……"165)
>
> "……각각의 민족이 하나의 개성적인 세계를 형성한다. 국체라는 것은 이러한 개성적인 세계를 의미할 것이다……역사적인 세계 창조라고 하는 것이 우리 국체의 본뜻일 것이다. 이런 고로 안으로 만민보익이며 밖으로 팔굉일우이다. 이러한 국체를 바탕으로 해서 세계를 형성하고자 하는 것이 우리 국민의 사명이어야 한다……"166)

위에서 보이고 있는 것처럼, 니시다도 역시 「만민보익」 혹은 「팔굉일우」와 같은 구호를 받아들이면서 그 자신의 독자적인 '세계주의', 즉 '세계적인 세계형성주의'에 기초해서 국체·황도·일본정신 등의 개념에 새로운 의미를 부여하고 있다. 그러나 1941년 태평양전쟁에 돌입하는 단계에서 쇼와 연구회를 비롯한 지식인집단의 세계주의와 협동주의

---

165) 西田幾多郎, 「日本文化の問題」(1940), 『哲學論文集4』(東京: 岩波書店, 1965), pp.434-435.
166) 西田幾多郎, 「國家理由の問題」(1940), 『哲學論文集 4』, 1965, p.74.

사상은 전쟁을 통한 정의의 실현이라는 역사적인 아이러니를 합리화시키게 된다. 이들은 니시다·미키 등의 협동주의사상을 계승하는 좁은 의미의 '교토학파'라고 할 수가 있다. 「세계사의 철학」파라고도 불리우는 이 그룹의 대표자들은 고사카 마사아키(高坂正顯), 니시타니 게이지(西谷啓治), 고야마 이와오(高山岩男), 스즈키 시게다카(鈴木成高) 등이었다.

이 그룹이 설명했던 '세계사적인 입장'이라는 것은 분명히 니시다 기타로가 말하는 '세계사적인 형성주의'의 흐름을 따르는 것이었다. 그들은 「앵글로색슨적인 세계질서」가 곤경에 처함으로써 태평양전쟁과 제2차세계대전을 일으키는 「세계사적인 필연성」이 있었다는 점을 강조하였다.[167] 그리고 그 필연을 낳게 한 '역사의 생성력'을 도덕적인 생명력에서 구하고자 하였다. 이러한 관점에서 그들은 '언제나 세계사를 움직여 가는 것은 도의적인 생명력'이며, 태평양전쟁은 '앵글로색슨적인 세계질서', 즉 서구의 제국주의적인 아시아 지배를 절대화시키는 것에 대해서 도의적인 생명력을 발현하는 것이라고 주장한다.[168] 이것은 일본이 중국과 싸우는 침략전쟁을 은폐하려는 목적을 가지는 것이면서, 동시에 자신들의 침략적인 의도를 분명하게 보여주는 '이중의 노출'이라고 할 수 있다. 이 과정은 1943년경부터 소위 황도 철학파(皇道哲學派)의 압력으로 인해서 전쟁으로 인한 지식인청년층이 전쟁에 소집·출진하는 과정의 고민까지도 해소시키면서 자진참가하는 상황으로 기여하기까지 하였다. 즉 자신의 사상적인 반성을 통해서 객관적이며 대국적인 차원에서 정부와 군부에 저항하기보다는 오히려 이에 협력하고 봉사하는 역할을 맡는 것으로 변환했다는 것이다.

그런데 교토학파의 견해는 이른바 '근대의 초극', 서구적인 근대와 일본적인 근대로 대표하는 문명개화에 대한 초극이라는 사상으로 연결된 것이었다. 이미 '근대의 초극'이라는 사상적인 관점은 야스다 요주

---

167) 高坂正顯, 「民族の哲學」(1942), 『哲學論文集 3』(東京: 經濟往來社, 1965), pp.54−57.
168) 鶴見俊輔, 『戰時期日本の精神史』, 1991, pp.139−164.

로(保田與重郎)등 일본의 낭만파 혹은 황도파의 운동을 통해서 여러 가지 형태로 나타나고 있었다. 그러나 이 말이 하나의 구호, 슬로건으로 본격화한 것은 태평양전쟁에 돌입한 이후, 특히 1942년 9월에 '근대의 초극'을 주제로 하는 심포지엄이 열리고, 이 내용을 잡지『문학계』에 연재하고부터였다.169) 여기에서 참석자들은 태평양전쟁을 '서구적인 근대'를 초극하기 위한 전쟁으로 보는 점에서는 거의 일치하고 있었다. 그러나 '일본적인 근대'의 의미와 그것을 초극하는 방향에 대해서는 반드시 일치하지는 않았다. 하야시 후사오(林房雄) 등은 일본낭만파적인 관점에서 메이지시대 이후의 '문명개화, 즉 일본적인 근대'가 서구에 굴복되는 것으로서 거의 전면적으로 부정하고, 이에 대신해서 '순수일본으로 복귀'하자는 황도주의인 관점을 지향하고 있었다. 반면에 니시타니, 스즈키, 시모무라 등 교토학파 계통의 사상가들은 조건을 붙여서 '일본근대화'를 긍정하면서, '서구적인 근대를 이해'하는 것이 불충분했다는 사실을 인정하고 '세계사적인 입장으로 발전'하는 것이 필요하다는 점을 주장하였다. 또한 고바야시 히데오(小林秀雄)는 변화하는 역사 속에서도 변화를 뛰어넘는 '불변하는 존재'를 보는 안목을 강조하였다. 이 '근대의 초극'이라는 주제는 메이지유신 이후 '서구적이며 근대적인 원리'를 받아들이는 것을 통해서 '민족의 독립'을 지키고, 동시에 '동아시아에 대한 영도권'을 요구해 왔던 「일본국가의 이중성격」이라고 할 수 있다. 이에 기초해서 아시아에 대한 제국주의적인 침략전쟁을 자행

---

169) 이 심포지움에는 '교토학파'의 니시타니 게이지(西谷啓治), 스즈키 시게타카(鈴木成高), 시모무라 도라타로(下村寅太郎), 「문학계」의 가메이 가쓰이치로(龜井勝一郎), 하야시 후사오(林房雄), 미요시 다쓰지(三好達治), 나카무라 미쓰오(中村光夫), 가와카미 데쓰타로(河上徹太郎), 고바야시 히데오(小林秀雄)이 참가하였다. 그 밖에도 음악분야의 모로이 사부로(諸井三郎), 영화계의 쓰무라 히데오(津村秀夫), 신학계와 과학계를 대표해서 요시미쓰 요시히코(吉滿義彦), 기쿠치 세이시(菊池正士) 등 13명이 참가하였다. 가메이·하야시 등은 일본 낭만파그룹을 대표한다고 볼 수 있다. 이 심포지움에서는 가와카미를 사회자로 해서 '서구적인 근대'의 의미를 재검토하고, 나아가서 '일본적인 근대'와 '일본인의 현대적인 가능성'에 대해서 논의하였다.

하면서 동시에 미영 등의 국가에 대한 반제국주의전쟁이라는 「태평양전쟁의 이중성격」을 보여 주었다.170) 이는 근본적으로 일본의 내셔널리즘이 아시아의 내셔널리즘에서 벗어나고, 지식인의 지성 역시 민중의 생활의식에서 벗어난 일본적인 근대가 지닌 특수한 성격을 보여준 것이었다. 이 심포지엄에서 보여준 논쟁점은 문제 그 자체가 제각기 해결책을 찾지 못한 채 그대로 전후의 과제로까지 넘겨지게 된 것이다.

1943년부터 일본의 전황은 대체로 불리해지기 시작했으며, 니시다 등 교토학파 지식인집단의 온건론은 군부와 황도파 사상가들의 압력으로 인해서 위축되기 시작하였다. 니시다는 그해 5월에 군부의 요청으로 「세계 신질서의 원리」라는 글을 발표하게 되었다. 그 내용은 각각의 국가가 '자기에 입각하면서도 자기를 뛰어넘어 하나의 세계사적인 세계를 구축'한다는 종래의 '세계사적인 세계형성주의'의 관점에서 동아공영권의 원리를 논했던 것이다. 전시체제 속에서 니시다 혹은 교토학파 사상가들의 지향점은 일본국가의 동향에 입각하면서도 내부적으로는 이기적인 제국주의, 독선적인 민족주의로 흐르는 경향을 막으려고 하였다. 우선 군부파시스트 집단이 내세우는 국체, 황도, 팔굉일우 등을 명목적으로는 승인하면서도, 내용적으로는 역사철학적인 이념으로 전화하여 현실국가의 행보에 역작용을 가하려고 하였다. 그래서 교토학파의 사상은 군부집단이나 우익사상가들로부터 격렬한 비난을 받았으며, '팔굉일우'라는 명목을 기본으로 해서 아시아 여러 민족에 대한 침략을 미화시키는 이념적인 변증론을 제시하였다. 또한 국내의 지식인계층에게는 성전(聖戰)이라는 명목 속에 실질적으로는 여러 가지의 모순을 은폐시킨 채 태평양전쟁에 자발적으로 참여하고 협력하는 비극적인 역할까지 맡은 것이었다.

---

170) 竹內好, 「近代の超克」, 『近代日本思想史講座7』, 1959, pp.155－168.

## 5) 패전 이전 교육붕괴기의 학제 개편

### (1) 총력전 체제의 구축과 교육심의회

1937년 노구교(蘆溝橋) 사건을 계기로 해서 일본은 중국과의 전면전쟁에 돌입한다. 고노에 후미마로(近衛文麿)내각은 이 전쟁을 수행하기 위하여 국가 총력전체제를 확립하려고 하였다. 그것의 중요한 일환으로서 교육제도를 전면적으로 개혁하기 위하여 같은 해 12월 교육심의회를 설치하였다. 교육심의회는 내각에 직속된 강력한 자문기관으로서 65명의 위원으로 구성되어 있는 제2차대전 패전 이전 최대 규모의 심의기관이었다. 1941년까지의 4년 동안에 교육제도·내용·행재정 등 교육 전반에 걸쳐서 7건의 답신과 4가지의 건의를 가결하였다.

교육개혁구상에 대한 답신서의 요점을 들면 다음과 같다. 학교제도로서는 소학교를 국민학교로 개칭하는 문제와 의무교육의 연한을 8년으로 연장하는 문제가 골자를 이루고 있다. 그 외에도 남자의 경우 19세까지 청년학교의 의무교육제 실시, 빈곤으로 인한 취학면제 혹은 유예정책의 폐지, 맹아 및 농아에 대한 교육의 의무화, 장애아의 취학 보장, 야간제 중학교의 설치, 여자고등학교·여자대학의 창설 등의 교육기회를 확충하는 구상을 하였다. 또한 중학교·고등여학교·실업학교를 동등한 수준으로 포괄시키는 등 교육제도를 평등화시키는 구상과 이공계의 고등교육기관을 확충하는 등 교육제도를 확대하는 구상도 있었다[171]. 교육목적으로서는 교학쇄신평의회가 제시하였던 '국체의 본의', '황국(皇國)에의 길'에 기초하여 '황운을 받들고 보좌'하는 국민을 육성하는 것이라고 보았다. 특히 국민학교에 대해서는 "안으로 국력을 충실히 하고 밖으로는 팔굉일우의 조국정신(肇國精神)을 체현시킴으로서 다음 세대의 대국민을 육성하려고 한다"[172]는 교육목적을 제시함으로써 침략주의적인 성격을

---

171) 日本文部省編, 『學制80年史』, 1962, pp.338－339.

분명하게 보여주었다. 교육의 내용·방법으로서는 종전의 병렬적인 교과 방식에 입각한 지식의 주입을 배제하고, 합과교수방식에 따른 지식의 통합과 주체적인 인간을 형성하는 데 두고 있었다. 그리고 전쟁을 수행한다는 관점에서 자연과학을 진흥하는 내용과 '동아시아 및 세계', '국방'에 관한 사항을 특별히 유념하도록 모든 학교단계에 방침을 내렸다. 새롭고 독특한 교육방법 및 이념으로서 '연성(鍊成)'이라는 개념을 창안하였다[173]. 그것은 근대교육이 지닌 지식 중심의 교수이념에 대신하여 훈육과 교수를 통일시킨 전일적인 인간을 형성하고 주체적인 인간을 양성하고자 하는 데 있었다. 이상과 같이 교육심의회의 개혁구상은 천황제 파시즘을 기본으로 해서 근대총력전을 수행하기 위하여 1920년대 이후 점차 교육을 확대하고 평등화시키려는 개혁구상과 다이쇼(大正)신교육운동·민간교육 운동의 교육내용과 방법의 유산을 집약시킨 것이었다.

## (2) 국민학교령과 중등학교령의 제정

1941년 1월 3일에 교육심의회의 답신에 기초하여 국민학교령과 동령의 시행규칙을 제정하고, 4월 1일부터는 국민학교제도를 발족하였다. 국민학교령에 따르면 국민학교는 "황국의 도에 입각하여 초등보통교육을 시행하고 국민의 기초적인 연성을 실시"하는 것을 목적으로 해서, 초등과 6년 고등과 2년의 합계 8년간을 의무교육으로 하는 것이었다.[174] 교과목은 황국민에게 필요한 5대 자질을 함양하기 위하여 국민과(國民科)(수신, 국어, 국사, 지리), 이수과(理數科)(산수, 이과), 체련과(體鍊科)(체조, 무도), 예능과(藝能科)(음악, 습자, 도화 및 공작, 재봉, 가사), 실업과(實業科)(농업, 공업, 상업, 수산)의 5과목으로 통합하였다. 그것은 종래 세분화시켰던 교과목별 교육이 현실생활과 별로 맞지 않

---

172)  日本文部省  編, 『近代日本教育制度發達史料1』, 1962, pp.406-407.
173)  日本文部省  編, 『近代日本教育制度史料3』, 1962, pp.557-573.
174) 『近代日本教育史料1』, 1962, pp.326-327.

는다는 인식을 배경으로 해서, 총력전 체제 아래 황국민 연성을 효율적으로 수행하기 위하여 도입했던 것이다.

교육내용에 있어서도 파시즘과 침략전쟁의 관점을 철저하게 반영하였다. 초등학교 제도가 발족하기 이전인 제4기 국정교과서시기(1933~1941)에 있어서도 이미 중일전쟁의 발발과 국체명징 운동을 중심으로 군국주의적인 성격과 황국주의적인 성격을 분명하게 보여주고 있었다. 그것은 국민학교의 교과서 속에서 철저하게 보여 주고 있다. 수신·국어·국사·지리 등의 교과서를 통해서 "신국 일본"의 관념이나 "대동아공영권의 맹주"로서의 의식을 형성하고 천황을 위해서 목숨을 버리는 것이 노골적으로 드러나고 있었다. 다른 한편 이수과(理數科)에서는 군사과학을 진흥시킨다는 관점에서 "합리·창조의 정신"이나 "수리 또는 자연의 이법을 자발적이며 지속적으로 추구하는 태도"를 형성하는 것을 목적으로 해서, 그 이전의 "산술 위주의 교육" 혹은 자연에 대한 "태도"를 형성하는 교육에서 과학교육의 기초를 형성하는 성격이 강한 교육으로 전환하였다.175) 그래서 교과서도 관찰·실험을 중심으로 하는 기술 방식으로 변하였다.

교과 교육과 마찬가지로 의식·행사·단체훈련도 중시하였다. 4대 경축절의 의식뿐만 아니라 일상적으로는 등하교길에 천황의 사진을 모시는 봉안전에 대한 극경례, 국기게양, 조례 때의 궁성요배·훈화·행진, 신사참배·청소 등을 실시하도록 했다. 더구나 가정교육·사회교육과의 연계를 중시하여 국민학교를 단위로 해서 소년단을 조직하도록 장려하였다. 소년단 활동은 초등학교 교육과 불가분의 관계에 있어서, 이를 통해서 아동에 대한 교외에서의 생활까지도 관리하여 황국민 연성을 이루려고 하였다176). 실제로 초등학교 교육은 교육내용·방법 면에서 합리화를 주창하면서도 많은 경우 제대로 발전하지는 못했다. 그것보다는 직접 전쟁에 유용한 교육을 중시하여 지식에 대한 교수 대신에 단련주의적인 연성이나 종교적인 의식을 강화하였다.

---

175) 『近代日本敎育史料1』, pp.402-404.
176) 『近代日本敎育史料2』, 1962, pp.219-220.

1943년 1월 교육심의회의 답신에 기초하여 중등학교령을 제정하였다. 동령은 중등학교의 목적을 "황국의 도에 따라서 고등보통교육 또는 실업교육을 시행하여 국민의 연성을 이루는" 것에 두고, 중등학교의 종류를 "세분하여 중등학교, 고등여학교 및 실업학교로 한다"[177]고 정했다. 그리고 이 3가지 종류의 중등학교의 수업연한과 입학자격도 일률적으로 정하였다. 이제까지 중등학교로 인정하지 않았던 실업학교를 법제상 처음으로 고등여학교·중학교와 함께 일괄하여 '중등학교'로 규정하여 같은 수준의 학교로 만들었다.[178] 그러나 동령은 중학교, 고등여학교, 실업학교의 종별화를 인정하여 본질적으로 중등교육의 일원화를 지향한 것은 아니었다. 그러면서도 법제상 격차를 두고 있던 세 가지 종류의 학교를 같은 수준으로 일괄한 것은 중등교육 제도의 일원화 과정으로 일보 발전한 것이라고 할 수는 있다.

수업연한에 관해서는 종래 5년간이었던 것이 이번 중등학교령으로 인해서 4년간으로 단축되었다. 이것은 전면적인 전쟁 체제에서 교육제도를 축소시킨 조치의 일환이라고 할 수 있다. 교육내용에 있어서는 중견 황국민으로 연성하기 위하여 국민학교와 마찬가지로 교과 통합을 실시하였다. 그래서 그 교과서는 국정제가 되었다. 또한 교과 교육과 함께 수련(修練)을 교육과정에 설치할 정도로 중시하였다.[179] 이것은 교과서 외의 교육이 법제상 명확한 자리매김을 했으면서도 그 목적과 내용에 있어서는 행적 수련(行的 修練)을 중심으로 해서 "진충보국의 정신"과 "헌신봉공의 실천력을 함양하는"것에 두고 있었다.


## (3) 청년학교의 발족


육군은 국가총력전 체제를 구축하기 위하여 육군 자체적 방식으로

---

177)  日本文部省編, 『學制80年史』, pp.356－357.
178) 『近代日本敎育制度史料2』, pp.490－493.
179) 『近代日本敎育制度史料5』, 1962, pp.415－416.

국민의 통합과 군사훈련의 국민화과정을 추진해 나갔다. 이미 1925년 에는 중등정도 이상의 학교에 대해서 현역장교의 배속제도를 발족시켰 고, 다음해인 1926년에는 일반근로청년남자들을 대상으로 하는 청년훈 련소 제도를 성립시켰다. 그런데 근로청소년에 대한 교육기관으로서는 청년훈련소를 발족하기 이전부터 실업보습학교가 있었다. 그것은 농촌 을 중심으로 해서 전국적으로 설치되어 있었고, 학교 수는 전국소학교 총수의 70% 정도에 이르고 있었다.[180) 대부분의 경우 청년훈련소는 실 업보습학교에 함께 설치하여 양쪽 기관의 대상자는 중복되는 일도 있 었고, 시정촌(市町村)에서는 이로 인한 이중 경영의 문제가 심각하였 다. 그래서 1935년에 양 제도는 모두 폐지되고, 양자의 특징을 합체하 는 것으로서 새롭게 청년학교 제도가 발족한 것이다.

청년학교령에서는 청년학교의 교육목적이 "남녀청년에 대해서 그 심 신을 단련하고 덕성을 함양하는 것과 함께 직업 및 실제생활에 반드시 필요한 지식과 기능을 배워서 국민으로서의 자질을 향상시키는 데에 있다"고 보았다.[181) 교수 시기는 계절제·정시제를 원칙으로 하고, 수 신 및 공민과, 보통학과, 직업과, 교련과(여자는 체조과), 가사 및 재봉 과(여자)를 교육내용으로 했다. 그중 교련과에 대해서는 재향군인이 교 육지도를 담당하고, 육군성이 감독하는 것으로 했다. 과정편제는 심상 소학교 졸업자를 대상으로 하는 보통과 2년, 고등소학교 졸업자와 보 통과 수료자를 대상으로 하는 본과(남자 5년·여자 2년), 본과 졸업자 를 대상으로 하는 연구과 1년으로 이루어져 있었다.[182)

청년학교 교육을 완전하게 보급하기 위하여 1939년도 입학자부터 남 자에 한해서 청년학교 교육의 의무제를 실시하게 되었다. 그것은 1937 년의 중일전쟁을 계기로 해서 육군의 군사훈련 확대, 실업계에 대한 노동력 자질의 향상, 정부가 주도하는 황국주의 이데올로기 교육 등

---

180) 『近代日本教育制度史料3』, 1962, pp.557.
181) 『近代日本教育制度史料3』, pp.212-214.
182) 『近代日本教育制度史料3』, pp.217-224.

여러 가지 요구를 받아들인 것이었다.

### (4) 국민정신총동원과 익찬체제로서의 학제

총력전을 맞아서 국민의식을 통합하기 위하여 국민을 식전에 동원하고, 천황이 이에 대해 직접 호소하는 칙어를 내는 일이 빈번해지기 시작하였다. 1933년에는 교원적화사건으로 비롯된 교육운동에 대해서 대대적인 탄압이 가해졌다. 그 다음해인 1934년 4월에는 전국연합소학교교원회 대표 3만 5천 여 명이 황궁 앞에 모여서 전국소학교교원정신작흥대회를 개최하였다. 천황은 여기에 출석하여 소학교 교원의 임무를 설명하고 국운 융성을 위하여 분려노력하도록 명하는 칙어를 내렸다.[183] 이것을 받아들여 대회에서는 '교육보국의 뜻'을 확인하는 선언을 하였다. 각 부현에서는 이것을 이어받아 칙어전달식·교원정신작흥대회를 개최하였다.

중일전쟁이 발발하고 2년이 지난 1939년 5월에는 육군현역장교의 학교배속령 공포 15주년을 기념하여 전국학생대표 열병식을 실시하였다. 거기에서는 식민지, 점령지를 포함한 전국의 중등학교 이상 대학까지의 학교대표 남자 3만5천 여 명이 무장 집합하여 천황 앞에서 분열행진을 벌였다. 그리고 같은 날 "청소년학도에게 보내는 칙어"를 발표하였다. 그것은 "국체를 기르고 국력을 키워서 국가융성의 기운을 영원히 유지시키도록 하는 임무……참으로 대를 이어 너희들 청소년학도의 양 어깨에 달려 있다"고 청소년이 지닌 임무의 중대함을 역설하였다[184]. 그리고 학생들이 실천해야 할 덕목을 12개 항목으로 들면서 "그로써 짊어진 큰 임무를 완수할 것을 기대한다"고 명령하고 있다. 그 덕목 중에서 "무(武)를 닦는다"는 항목에서 알 수 있듯이 중일전쟁의 와중에서 교육의 전시체제화를 더욱 강화시키려는 목적이 분명하게 드러났다. 문부성은 이 칙어등본을 각급학교에 교부하여 매년 5월 22일에는 봉독

---

183) 海老原治善, 「戰時體制下の敎育」, 前揭書, pp.284－294.
184) 『近代日本敎育制度史料1』, pp.402－404.

식, 분열행진, 신사참배 등을 거행하도록 지시하고 있다. "청소년학도에게 보내는 칙어"는 파시즘과 전쟁의 시대에 있어서 두 번째 칙어로서 종래의 교육칙어와 마찬가지로 중시되었다. 1941년 5월에는 청년훈련 실시 15주년을 기념하여 내외지의 청년학교 남녀학생대표 3만 4천여 명이 황궁 앞에 모여서 천황의 '친열'을 받았다.185)

국민통합을 위한 식전 중의 최대의식은 1940년의 기원 2600년 기념 행사였다. 1940년은 진무텐노(神武天皇)가 즉위하고부터 2600년째에 해당한다고 해서 장기적인 전쟁 아래 쌓여 있는 국민의 불만을 해소하기 위해서 축하행사를 성대하게 치렀다. 같은 해 2월 11일에는 전국 11만곳의 신사(神社)에서 기원절의 대축제가 벌어졌고, 대일본청년단 등이 동원대회를 열어서 분열행진을 하였다. 11월 10일에는 정부가 주최하는 기념식전을 황궁 앞에서 열고 전국에서 대표 5만 4천여 명을 동원하였다. 식전에서는 천황이 참가자 앞에서 직접 칙어를 읽어 내려 갔다. 이날부터 5일 동안 전국에서는 여러 가지 축하행사를 거행하였 다.186) 이 축하행사들을 통해서 '팔굉일우'의 신화를 고취시키고, 국민 들은 각자 천황에 대한 충성을 맹세하도록 하였다.

식전이나 행사를 일상화하는 것 중에서 국민을 전쟁체제에 항상적으로 동원하도록 했던 것이 국민정신총동원운동이었다. 중일전쟁이 시작 된 이후 1937년 9월 정부는 '거국일치', '진충보국', '견인지구' 등의 구호 속에 관민일체의 국민운동을 일으킬 것을 호소하였다. 문부성·내무 성을 주무관청으로 해서 운동을 추진하는 단체로는 국민정신총동원운 동중앙연맹을 결성하고, 여기에 재향군인회, 애국부인회, 대일본청년단, 전국신직회(全國神職會) 등의 관변단체·교화단체가 참가하였다187). 지 방에서는 도부현(道府縣) 단위로 지방실행위원회를 조직하였다. 국민정 신작흥주간(國民精神作興週間), 조국정신강조주간(肇國精神强調週間) 등

---

185) 海老原治善, 前揭論文, pp.287－289.
186) 海老原治善, 前揭論文, p.288.
187) 竹山道雄, 『昭和の精神史』(東京: 講談社, 1985), pp.138－144.

을 설정해서 신사참배, 칙어봉독식, 근로봉사 등을 대대적으로 시행하였다. 더구나 매월 1일은 흥아봉공일(興亞奉公日)로 정해서 이 날은 아침 일찍부터 궁성요배(宮城遙拜), 일즙일채(一汁一菜), 히노마루 도시락[188](日ノ丸弁当)먹기, 금주 금연하기 등을 장려하였다. 국가의식이나 행사를 일상화하는 것을 통해서 황국주의 이데올로기를 주입시키고, 더구나 위로부터의 지령을 그대로 받아들이게 하는 행동양식을 만들어낸 것이었다. 이 운동을 통해서 동원에 참가하지 않는 자에게 '비국민'이라는 낙인을 찍음으로서 운동에 동조할 수밖에 없게끔 국민적인 분위기를 조성한 것이었다. 또한 소학교 교원들은 지역의 지도자 역할을 해 줄 것을 기대해서 운동의 선두에 서도록 하였다[189].

1940년 일원적인 정치체제를 수립하고 국민의 총력을 결집하기 위하여 정당이나 자주적인 집단을 해산시키고 대정익찬회(大政翼賛會)가 설립되었다. 그리고 내무성은 국민전체를 조직하고 통제하기 위하여 인보제도(隣保制度)의 정비를 서둘렀다. 1940년 말에는 시정촌(市町村)의 아래에 부락회·정내(町內)를 전국의 구석구석까지 빠짐없이 설치하여 10호 내외로 이루어지는 인보반(隣組·五人組)을 구성하였다. 더구나 시구정촌(市區町村)·부락회·정내회·인보반의 각 단계에서 위로부터의 전달사항을 철저하게 준수하게끔 하는 방침으로 매달 한 번씩 常會를 열도록 하였다[190]. 이 인보제도는 상의하달식의 제도로서 사람들을 상호감시하는 관계에 얽어매고 국민의 언동을 심하게 규제하는 역할을 하였다. 다른 한편 직업·연령·성별로 조직되어 있던 관변단체·사회교육단체들도 중앙집권적인 조직으로 정비하였다. 대일본청년단·대일본여자연합청년단·대일본소년단연맹·제국소년연맹은 1941년에 해산시키고 문부상(文部相)을 단장으로 하는 대

---

188) 히노마루 도시락은 밥 가운데에 말린 매실을 박아 넣은 도시락으로 거칠고 간소한 도시락이라는 의미가 담겨 있기도 하다.
189) 海老原治善, 前揭論文, pp.295－298.
190) 荒川幾男, 「國防國家の思想と大東亞共榮圈の問題」, 古田光編, 『近代日本社會思想史Ⅱ』(東京: 有斐閣, 1971), pp.190－196.

일본청소년단으로 통합하였다. 또한 대일본연합부인회·애국부인회·대일본국방부인회는 1942년에 대일본부인회로 통합하였다.[191]

이들 인보제도·대일본청소년단·대일본부인회는 산업보국회 등과 함께 1942년에는 도죠(東條)내각체제에서 대정 익찬회의 지도 아래 편입되었다. 이리하여 대정 익찬회를 정점으로 하는 중앙집권적인 국민지배조직을 완성할 수 있었다. 국민들은 인보제도와 관변단체들을 통해서 일일이 국가권력의 지배와 통제를 받게 된 것이다. 파시즘적인 국민교화체제를 완성시킨 것이다.

파시즘적인 국민교화체제를 확립시켜가는 과정에 있어서 문화·정보·사상은 철저하게 통제하였다. 1940년에는 이를 집행하는 중심기관으로서 정보국을 설치하였다. 정보국은 신문·잡지·출판·방송·영화·레코드·연극·연예 등 주요한 사회교육분야를 수중에 장악하고 파시즘 체제 아래 교화운동과 선전활동을 강화시켜갔다.[192] 그 결과 신문이나 잡지는 정부가 지도하는 기사만을 게재하고 각 단체가 경쟁적으로 표현을 부추겨서 국민의 적개심을 고양시켰다. 또한 라디오와 레코드를 통해서 군국가요를 내보내고 정부 발표의 뉴스만을 소개함으로써 국민에게 전쟁협력·파시즘에 대한 동조의 심정만을 형성해 갔다. 이 시기에는 신문·잡지의 발행부수가 증대하고 라디오의 보급률도 높았기 때문에 이들 매스 미디어를 통해서 파시즘을 교화시키는 활동은 중요한 역할을 하고 있었다.

### (5) 유아교육학제로서의 보육원의 탄생과 변화

일본에서 산업혁명이 진행된 것은 1890년대부터 1900년대라고 할 수 있다. 토지를 잃은 농민들은 도시로 이주하여 대다수 이주민들은 '하층사회'를 형성할 수밖에 없었다. 그래서 1900년에 설치한 지바(二葉) 유

---

191) 『近代日本教育制度史料15』, 1964, pp.275-279.
192) 伊ヶ崎曉生, 『文學でつづる教育史』(東京: 民衆社, 1974), pp.294-300.

치원도 설립 취지서에서 "아동은 어린 시절부터 북풍한설과 무더위 속에서 괴로운 나날을 지내야 하는데, 집에 들어간다고 하더라고 고달픈 나날 속에서 의식주를 해결하기가 어려운 시기가 바로 지금"이라고 쓰고 있다. 그래서 이와 같은 환경에 처한 아동을 대상으로 하는 '빈민 유치원'이 만들어지게 된다.

빈민 유치원은 미국인 선교사였던 Thomson 부인이 만든 선린 유치원(1895), 가타야마 센(片山潛)이 주도한 도쿄·간다(神田)에 설립한 미사키쵸(三崎町) 유치원(1897), 그리고 노구치 유가(野口幽香)와 모리시마 미네(森島美根)가 주도한 지바 유치원 등이 있었다. 이 유치원들은 도쿄여자사범학교 부속 유치원의 보육을 모방할 뿐만 아니라 가난한 집 자녀들의 생활에 따른 보육까지도 모색하였다.

지바 유치원과 선린 유치원은 일본 보육소 역사의 출발점라고 할 수 있다. 지바 유치원이 지바 보육소로 명칭을 바꾼 것은 1916년이었다. 이는 유치원의 규정에 합당하지 않았기 때문에 문부성에서 내무성 관할로 변경하는 측면에서 명칭도 보육소로 바꾼 것이었다. 이것은 유치원 규정1899년에 「유치원보육및설비규정」을 반포하였는데, 이 규정이 1900년 이후로는 소학교령 및 소학교령시행규칙으로 포함된다)만의 문제가 아니라, 내무성이 치안 유지를 위해 자선구제사업단체에 조성금을 출연해야 하는 문제와도 관련된 것이다.

결국 유치원으로 출발하면서 유치원과는 구별되는 보육소 제도가 생기는 발단이 된 것이다. 당시 내무성은 유치원과는 별종의 보육 시설로서 '유아보육소'라는 명칭을 사용하였는데, 지방 유치원이 같은 이름의 보육원으로 명칭을 바꾼 것은 그 이전의 유치원 전통을 강하게 계승한 것이라고 할 수 있다. 당시 선린 유치원도 1935년 가가와 도요히코(賀川豊彦)가 인수하여 '우애 유아원'으로 명칭을 바꾸고 오늘날까지 교육 운영을 계속하고 있다. 여기에서 '우애'라는 것은 가가와가 관계하고 있던 '우애회'(후의 일본노동총연맹) 혹은 '예수단 우애구제소'라는 명칭에서 나온 것이며, '유아원'이라는 것은 교육과 복지 두 가지 측면을 동시에 실천하는 교육기관이라는 것을 의미하고 있다.

그런데 1918년 쌀값 파동을 계기로 하여 전국적으로 봉기가 일어났다. 이 소동으로 인해 국민들의 곤궁한 생활을 해소하기 위한 대책이 필요하다는 점에 공감하였고, 그런 차원에서 국가 혹은 지방자치단체 차원에서 사회 대책을 세워야 했다. 그런 생활 안정대책의 하나로서 보육소가 설치되었으며, 일본 최초의 공립 보육소가 '쌀 소동' 이후 오사카와 도쿄 등에서 설치되었다. 그와 함께 민간에서도 각지에 보육소를 설치하게 되었다. 그 수는 다음과 같다.

1919년  77개교 (그중 공립 5개교)
1926년 293개교 (그중 공립 65개교)
1930년 482개교 (그중 공립 100개교)
1936년 874개교 (그중 공립 163개교)

공립 보육소가 처음으로 오사카 시에 설치된 1919년 77개교밖에 없었던 보육소가 11년 후인 1930년에는 482개교로 약 6배 정도 증가하였다. 보육소는 어머니가 가정 육아에서 해방되어 주간에 일할 수 있는 여건을 조성함으로써 생활을 조금이라도 향상시키고 사회적으로 안정적인 치안 유지를 목적으로 한 것이었다. 더구나 쌀 소동 이후 공립 보육소가 만들어진 배경은 종래 자산가의 은혜에 따른 '자선사업'이 아니라 사회 연대를 통한 '사회사업'이어야 한다는 사상적인 전환에 의한 것이기도 하였다. 또한 1920년대는 노동운동이 활발하게 일어나면서 노동자로서의 계급의식을 기본으로 하여 스스로의 생활 방위 입장에서 '무산자 탁아소'를 만드는 운동이 일어났다. 그러나 이 운동은 도쿄의 몇 개 탁아소로 한정되었으며, 정부의 탄압 속에서 폐쇄 조치를 받게 되었다.

그런 과정에서 '빈민굴'로 잘 알려진 혼조(本所) · 야나기시마(柳島)에서 무산자 탁아소의 정신을 계승하여 실천을 했던 것이 '도쿄제국대학 빈민탁아부'이다. 여기에서는 노동자 자녀들의 자립과 협동을 목표

로 하는 '사회적 훈련'을 보육 내용의 주축으로 하면서, 부모들에 대한 계몽활동을 중시하고 연계·제휴를 통해 지역에 뿌리박은 보육소의 발전을 기대한 것이다. 마찬가지로 히라타 노부(平田のぶ)는 '빈민촌'인 후카가와(深川)의 도준카이(同潤會) 아파트에서 집회실을 활용하여 아동을 위한 마을 보육원을 실천하였다. 히라타는 '협동 자치'를 마을 이념으로 하여 아버지학교, 어머니학교 등을 조직하고, 경쟁 원리에 따른 사회가 아니라 협동 원리에 따른 사회를 실현하고자 하였다.

이와 같은 빈민촌 유아교육운동을 확대·실천하기 위하여 도쿄제국대학 빈민봉사활동 탁아부·아동부를 중심으로 아동문제연구회를 조직하고, 기관지 「아동문제연구」를 발행하기도 하였다. 그러나 1930년대 중반에 들어서면 파시즘 체제가 강화되고, 전 국민이 전쟁 협력 체제로 동원되는 암울한 시대가 된다. 그에 따라 1938년 도쿄대학 빈민봉사활동부도 폐쇄되고 그 대신에 '애육인보관'(愛育隣保館)이 들어섰으며, 빈활부가 가지고 있던 모든 재산도 은사재단우애회(恩賜財団友愛會)에 양도하는 사태가 벌어졌다.

1930년대 후반 이후 전시체제가 되면서 많은 탁아소가 필요하였다. 남성들은 전쟁터로 가고, 남겨진 가정에서는 여성들이 어린 아이를 돌보면서 직장 일을 해야 하기 때문이었다. 또한 국가의 기본 정책인 생산력의 유지·증강과 인적 자원을 확보하기 위해서는 탁아소 증설이 절대적인 요건이었다. 그래서 전국 각지에 학교 혹은 사원 등 기존의 시설을 이용하여 임시 조치로서 전시 탁아소가 만들어지고, 유치원도 탁아소로 바뀌었다.

1944년부터는 일본 전 지역에 걸쳐 본격적인 미군 공습이 시작되었다. 각 도시는 공장이나 주택이 전소되고, 농촌으로 피난하는 가족이 늘어나게 되었다. 그래서 연고가 없는 학생·아동에 대해서는 농촌 지역으로 집단 소개하는 일도 생겨났다. 많은 탁아소가 폐쇄되었는데, 그중에서는 애육회(愛育會)처럼 집단 소개를 통해 새로운 지역에서 탁아소 운영을 하는 경우도 있었다. 이와 같은 탁아소 운영은 식량 공급 등 여러 어려움 속에서도 24시간 보육 생활을 통해 여러 아동의 생명을 구할 수도 있었다.

## (6) 제2차 세계대전기 일본교육의 붕괴

중일전쟁이 교착상태에 빠지고 태평양전쟁에 돌입하면서, 총력전 체제를 구축하기 위하여 교육에 대한 구상까지도 전면적으로 수정·검토하는 과정은 필연적이었다. 중일전쟁이 발발한 이후에 청장년남자들을 병력으로 동원하는 것이 급증하고, 이미 태평양전쟁이 시작하기 이전에도 심각한 노동력 부족현상이 일어났다. 이와 같이 부족한 노동력을 보충하고 군대의 하급장교에 대한 부족현상을 메우기 위해서 학교의 수업연한을 단축시키게 되었다. 1941년 1월 칙령으로 대학·고등학교·전문학교 등의 수업연한을 임시조치로 단축시킬 것을 결정하였다. 1941년도에는 3개월, 1942년도에는 6개월간 단축시켜서 예정보다 앞당겨서 졸업을 거행하였다. 그러나 수업연한을 단축시키는 것은 임시조치에 그치지 않고 제도상의 개혁으로 확대해 나갔다. 대동아건설심의회의 답신에 따라서 1943년에는 고등학교령과 대학령을 개정하고 중등학교령을 제정하였는데, 이로써 대학의 예과·고등학교의 고등과·중등학교의 수업연한을 1년간씩 단축하였다.[193]

또한 1943년 10월에는 칙령 「재학징집연기임시특령」을 발표하고 학생에 대한 징집연기의 특전을 폐지하였다. 이에 따라서 이공계와 교원양성을 위한 각급학교를 제외한 대학·고등학교·전문학교에 재학 중인 만20세 이상의 남학생이 졸업도 못한 채 학업 도중에 군대에 입영하게 되었다. 이것이 학도출진(學徒出陣)으로서 이를 위해 문부성과 학도보국단이 주최하는 환영대회가 도쿄의 진구가이엔(神宮外苑) 경기장에서 있었으며, 각 지방별로도 출진식과 환영대회를 벌여 나갔다. 출진학도 환영대회에 관한 소식은 신문, 뉴스영화 등에서 보도하여 국민들

---

193) 『近代日本敎育制度史料2』, 1962, p.491.

의 심정에 커다란 영향을 미쳤다. 마찬가지로 1943년 10월에는 「교육에 관한 전시비상조치방책」을 각의에서 결정하여 전시수행능력을 증강시킨다는 관점에서 교육제도를 전면적으로 수정하게 되었다[194]. 즉 의무교육연한 8년제의 계획은 노동력을 확보하기 위한 현실 상황에서 연기되었고, 이 조치는 패전 이후에나 실현될 수 있었다. 그리고 중화학공업분야에 인재를 배치시키기 위하여 대학·전문학교·고등학교에서 이공계를 확충·정비하고 문과계를 축소시키려고 하였다. 중등학교에서도 공업·농업·여자상업학교는 확충하고 남자상업학교는 정리해서 공업학교로 전환시키도록 하였다.[195] 결국 교육심의회의 개혁 구상은 국가총력전체제를 완성시키기 위한 의도에서 출발했는데도 불구하고, 재학연한을 단축시키고 입영 연기제의 철폐·의무교육연한 연장조치에 대한 연기 등의 후속조치로 인해서 스스로 부정하는 결과를 불러일으킨 것이다.

그런데 노동력이 부족한 상황은 학교졸업자뿐만 아니라 학교에 재학 중인 학생들까지도 노동력의 보충 대상으로 삼게 했다. 중등학교 이상의 학생들을 대상으로 하는 집단적인 근로작업은 1938년부터 시작하였다. 여름방학 기간 중에 3~5일 정도 실시하였는데, 국민정신총동원운동의 성격을 강하게 지니고 있었다. 1939년부터는 이 근로작업을 정식 학교교과목에 준하는 활동으로 취급해서 방학뿐만 아니라 평상시에도 시행할 것을 장려하였다. 1941년에는 식량증산을 위해서 연간 30일 이내의 수업을 근로작업으로 대신할 수 있도록 하였다. 근로작업이나 교련활동에 동원하기 위한 조직으로서 각급학교에 학교보국단을 편성하도록 지시하였다[196]. 그래서 문부성에 학교보국대본부를 두고 각 지방에는 지방부를 설치하여 학생근로동원체제를 확립시키려고 하였다.

1943년에는 국민징용령에 바탕한 징용제도 역시 한계에 도달해서 학생들의 총력을 전투력의 증강을 위한 차원으로 결집하기 위하여 「학도

---

194) 『近代日本教育制度史料7』, 1962, pp.22-26.
195) 『學制80年史』, 1962, p.357.
196) 『近代日本教育制度史料7』, 1962, pp.222-224.

전시동원체제확립요강」을 각의에서 결정하였다.[197] 이것은 군사훈련을 강화하고 본격적으로 근로동원을 실시하는 방안으로 동원기간은 1년에 1/3까지 확대하도록 했다. 그리고 1944년 3월에는 「결전비상조치요강에 입각한 학도동원실시요강」을 각의에서 결정하고, 동원대상을 초등학교 고등과 아동에게까지 확대실시하여 연중 동원할 수 있는 방침을 내렸다. 같은해 8월에는 학생근로령을 공포하여 학생근로동원에 대한 법적인 근거를 확립하였다.[198] 이리하여 국민학교 초등과 아동과 이과계 대학·전문학교 학생을 제외한 모든 단계의 학생들이 학업을 희생해서 '학생복을 입은 노무자'로서 전시생산체제에 종사하게 되었다. 1945년 3월에는 동원된 인원수가 340만 명으로 대상아동·학생 총 인원의 약 69%에 달하였다. 동원 중에 사망자와 부상자 수는 각각 1만 명씩이었다.

1943년부터 일본 본토에 대한 미군들의 공습 위험성이 보이기 시작하였다. 정부는 같은 해 12월에 관청을 지하로 소개하는 방침을 내리고, 이에 따라서 문부성도 아동을 연고지에 소개시키는 조치를 권장하였다. 1944년 4월 1일까지 도쿄의 1만4천 명의 아동을 연고지로 소개하였다. 그리고 같은 해 6월에 미군의 공습이 시작되면서 학동소개촉진요강「學童疏開促進要綱」을 각의에서 결정하였다. 이것은 도쿄도(東京都) 지역 국민학교 초등과 3학년 이상의 아동 중에서 연고지역으로 소개를 할 수 없는 아동들을 집단으로 소개시키는 조치였다. 같은 해 7월에는 소개 대상을 도쿄도 이외에 12개 도시의 아동에게까지 확대하였다. 그 이후로는 소개대상의 범위를 더욱 확대하여 약 45만 명의 아동들이 부모와 떨어져서 교사의 인솔로 여관이나 사원으로 소개되었다.[199]

이 소개 조치로 인해서 대도시의 아동들은 전쟁으로 인한 희생을 면할 수는 있었다. 그러나 동시에 식량 부족에 따른 기아, 농토의 황폐

---

197) 『學制80年史』, 1962, pp.395-396.
198) 海老原治善, 「戰時敎育體制の崩壞」, 『現代敎育學5–日本近代敎育史』, 1962, pp.327-332.
199) 文部省, 『學制80年史』, 1962, p.403.

화, 불결한 환경으로 인한 피부병, 벼룩·이 등에 의한 피해, 향수병, 집단생활 속에 발생하는 이지메(차별) 현상, 교사의 생활감시 및 통제, 체벌, 과혹한 연성교육 등의 비교육적인 비극까지 발생하였다[200]. 또한 영양실조로 인한 병사, 소개지역에 대한 공습 희생자도 발생하였고, 심지어 1944년 8월에는 오키나와로부터의 소개선(疏開船)이 미군의 공격으로 침몰하여 700여명의 아동들이 사망하는 불상사도 있었다. 다른 한편으로 많은 아동들이 교사의 손에 이끌려 중국대륙으로 보내지기도 하였다. 정부는 만주 지역의 지배를 안정적으로 강화시키기 위하여 1938년부터 미성년남자의 집단이민단인 만몽개척청소년의용군(滿蒙開拓靑少年義勇軍)의 송출을 실시하였다. 국민학교·청년학교는 현 당국으로부터 의용군의 송출인원 수를 할당받아서 희망자를 모집하였다. 패전 당시까지 보낸 총 인원수는 8만 6천여 명으로 그 가운데에서 2만 명의 사망자·행방불명자가 발생하였다[201]. 이와 마찬가지로 소년비행병·전차병·비행예과연습생 등의 소년병으로 지원자를 모집하는 조치에 대해서 교사들은 커다란 역할을 하였다.

1944년 11월의 필리핀 해전을 계기로 해서 일본의 연합함대는 파멸 상태에 빠졌다. 일본 본토는 매일같이 공습에 시달렸고, 1945년 3월에는 도교대공습으로 인해서 무차별폭격을 받았다. 바로 그 3월에 「결전교육조치요강」을 각의에서 결정하였다. 그것은 본토결전이라는 긴박했던 사태에 대비해서 학생들을 "국민 방위의 일익", "생산의 중핵"으로 만들기 위해서 국민학교 초등과 이외의 학교수업을 4월 1일부터 1년간 정지한다는 것이었다. 5월에는 '전시교육령'을 제정하여 학도대를 조직하였다[202]. 여기에서 학교교육은 내용과 형식에 있어서 완전히 붕괴하고 8월 15일의 패전을 맞게 되었다.

---

200)  加納校長, 「思い出の記」, 月光原小學校編, 『學童疏開の記錄』(東京: 未來
      社, 1960), p.21.
201)  鶴見俊輔, 前揭書, pp.191−201.
202) 『學制80年史』, 1962, p.403.

# 2. 식민지 조선의 교육 근대화 정책과 학제개편

## 1) 일제 식민지시대 학제개편의 개관

### (1) 무단통치기(1910—1919)—역 '다이쇼 민주주의 교육시기' 교육령

일제는 1911년 8월에 조선교육령을 제정하여 학제를 전면적으로 개편하였다. 일제가 새로 만든 학제의 기조에 대해서, 유게 고타로(弓削幸太郎, 1923)는 "학교의 계통을 될 수 있는 대로 간단하게 하고, 수업연한을 짧게 하며, 교육내용을 극히 실용적인 것으로 한다"고 옹호하였다. 이것은 '간이(簡易)'와 '실용(實用)'으로 요약될 수 있다. 간이·실용 정책은 추진 강도의 차이는 있었으나, 일제 식민 지배 기간 동안 일관된 대한국 교육정책이었다. 일제는 시세와 민도에 맞는 교육을 실시한다는 것을 구실로 일본의 학제에 비해 열등한 학제를 마련하여 조선인에게 가급적 저급한 교육을 실시하려 하였다. 일제가 마련한 학제에서는 총 교육연한이 10—12년이며, 고등교육은 학제상 제8학년에서 제11학년 또는 제12학년에 해당하는 전문학교로 국한하였다. 이 시기의 학제는 개화기의 학제보다 초등, 중등 및 고등교육 사이의 분화와 위계가 뚜렷해졌다는 특징을 갖는다(이혜영 외, 1997: 15).

제1차 조선교육령상의 학제를 개관하면 다음과 같다. 교육을 보통교육, 실업교육, 전문교육으로 하고, 보통교육기관으로 보통학교(4년), 고등보통학교(4년), 여자고등보통학교(3년) 등을 설치하여 일본 제국 국민으로서의 국민성 함양과 일본어의 보급에 치중하도록 하였다. 실업교육기관으로는 2—3년제의 농업학교, 상업학교, 공업학교와 간이실업학교를 두고, 전문교육기관으로는 법률, 경제, 의학, 농상공업 등에 관한 전문학교(3—4년)를 두도록 하였다. 초등교원 양성을 위해서는 독립된 학교를 두지 아니하고 관립의 남녀 고등보통학교에 사범과와 교원 속성과를 두어 보통학교 교원을 양성하는 한편, 임시 교원양성소를 관립의 남녀 고등보통학교에 부설하여 초등교원을 양성하도록 하였다(이혜영 외, 1997: 15-16).

## (2) 문화통치기(1919-1931)
### -'동양적 민주주의 교육과 식민지 개량주의'

일제는 3·1운동을 계기로 이전까지의 무단 통치를 소위 '문화 정치'로 전환하여 한국인에 대해 유화 정책을 폈다. 교육에 있어서도 유화 정책을 반영하여 제1차 조선교육령에서 시세와 민도에 맞는 교육을 실시한다는 구실로 저급한 것으로 만들었던 한국의 학제를 일본의 학제와 비등한 것으로 개편하고자 하였다. 우선 임시적인 조치로 1920년 11월 9일에 조선교육령을 개정하여 보통학교의 수업연한을 6년으로 연장하였으며, 고등보통학교에 당해 학교 졸업자를 입학 대상으로 하는 수업연한 2년의 보습과를 설치할 수 있도록 하였다. 이 조치는 한국의 학제를 일본의 학제와 동일하게 한다는 '내지(內地) 준거주의'[203)]에 근거한 것이다(이혜영 외, 1997: 16).

일제는 이른바 '내지 준거주의'에 의한 학제 개편을 본격화하기 위해 조선교육령을 개정(제2차 조선교육령)·공포하였다. 이 개정 교육령에서는 초등교육기관으로 보통학교, 중등교육기관으로 고등보통학교와 여자 고등보통학교 및 실업학교, 고등교육기관으로 전문학교와 대학을 두도록 하고, 초등교원 양성 기관으로 사범학교를 설치하도록 하였다(이혜영 외, 1997: 16-17).

제2차 조선교육령상에 명시된 학제의 특징은 다음과 같다.

---

203) 식민 지배 기간 동안 일제는 일본을 내지라고 불렀다. 이것은 자국 중심주의가 반영된 용어이다.

○ 초·중등교육기관에 있어 한국인을 위한 학제와 한국 내에 있는 일본인을 위한 학제를 별도로 제정하여, 전자를 보통학교, 고등보통학교, 여자고등보통학교라 칭하고, 후자를 소학교, 중학교, 고등여학교라 칭하였다.

○ 각급 학교의 수업 연한을 보통학교는 4년에서 6년으로, 고등보통학교는 4년에서 5년으로, 여자 고등보통학교는 3년에서 4년으로, 실업학교는 2−3년에서 3−5년으로 연장하였다. 그 결과 종래에 보통학교에서 전문학교까지 11−12년이었던 총 교육연한이 11−16(17)년으로 연장되었다.

○ 실업학교는 보통학교(6년)에서 접속하는 3−5년 과정의 중등학교로 하고, 실업보습학교는 4년제 보통학교 수료자를 수용하는 2년제 직업교육기관으로 하였다.

○ 실업교육, 전문교육, 대학교육은 일본의 학제에 준하였다.

○ 초등교원 양성기관으로 사범학교를 신설하였다.

○ 고등교육기관으로 대학제도를 신설하였다.

○ 보통학교(6년)에 고등과(2년)를 둘 수 있도록 하였다.

○ 이 밖에도 공립 보통학교에 부설학교와 간이학교를 부설할 수 있도록 하고, 고등보통학교와 여자고등보통학교에 보습과를 설치할 수 있도록 하였다.

### (3) 민족말살통치기(1931−1945)−조선교육과 총력전체제

1931년 만주사변을 계기로 일제는 한국인의 민족정체성을 말살하여 일본제국주의에 동화시키기 위한 '황국신민화(皇國臣民化)' 교육을 강화하기 시작하였다. 중일전쟁 직후인 1938년에는 조선교육령을 다시 개정하여(제3차 조선교육령) 한국의 학제를 전면적으로 개편하였다(이혜영 외, 1997: 17−18). 제3차 조선교육령과 각급 학교령 및 학교 규정에 명시된 학제의 특징은 다음과 같다.

○ 보통학교는 소학교로, 고등보통학교는 중학교로, 여자고등보통학교는 고등여학교로 각각 학교의 명칭을 고쳐, 한국인을 위한 학교와 일본인을 위한 학교의 명칭을 동일하게 하였다. 이것은 내선일체의 방침에 근거한 것이다.

○ 사범학교의 경우 보통학교 교원 양성 과정과 소학교 교원 양성 과정을 단일 과정으로 통합하였다.

○ 교과목, 교수요목 등은 조선어 이외의 것은 한일 양국의 것을 동일하게 하였다.

식민교육의 성격을 파악하는 과정에서 주목되는 시점으로 1937년 7월에 발발한 중일전쟁과 그 이후에 진행된 침략전쟁의 확대양상을 들수 있다. 내선일체의 완성을 식민지 지배의 궁극적인 목표로 인식했던 미나미 지로(南次郎) 총독과, 그의 핵심 브레인이었던 시오바라 도키사부로(鹽原時三郎) 학무국장에 의해 추진된 이 시기 교육정책은 1938년 3월 칙령 제103호로 공포된 제3차 조선교육령에 집약적으로 제시되었다. 제3차 조선교육령은 육군특별지원병제도의 창설을 앞둔 군부의 교육시설 개선안을 그대로 수용한 것으로, 이는 제3차 조선교육령의 목적 가운데 하나가 조선인을 병력 자원화하는 기초 작업에 있었음을 그대로 보여준다. 제3차 조선교육령은 지원병제도와 같은 시기에 만들어졌고 지원병제도의 실시를 교육의 측면에서 뒷받침하기 위해 제정된 것이었다. 이는 시오바라 학무국장이 내세운 교육의 3대 강령에 입각하여 제3차 조선교육령이 만들어졌다는 사실과 깊은 관련이 있다. 국체명징(國體明徵), 내선일체(內鮮一體), 인고단련(忍苦鍛鍊)을 모토로 하는 3대 강령은 시오바라가 만들어낸 말 그대로 '황국신민'을 양성하기 위한 기본 교육방침이었다. 그동안의 '충량한 국민'을 양성한다는 교육표어가 이제 '황국신민'을 양성한다는 교육표어로 바뀌었다는 것은 식민지의 교육정책에 큰 변화가 일어났음을 의미한다. '황국신민'의 완성을 강조할수록 이와 함께 '황민화'라는 말 역시 교육정책을 비롯한 식민지정책에 집중적으로 사용될 수밖에 없었다(이혜영 외, 1997: 49－50).

중일전쟁(1937. 7)과 태평양전쟁(1941. 12)은 식민교육정책의 표방과 그 이면의 실상을 드러내는 중요한 배경으로 작용하였다. 중일전쟁은 이듬해의 지원병제도 실시로 이어졌고(1938. 2), 태평양전쟁은 이듬해의 징병제 실시 발표로 이어졌다(1942. 5). 교육의 파멸기(1937～1945. 8. 14)로 불리는 당시의 학교교육은 교육의 본질에 대한 논의를 애초부터 이탈한 것이었다(이만규, 1949). 지원병제도에서 징병제도로 나아가는 길목에서, 일제 강점자들은 조선인들이 황군으로 봉사할 수 있을 정도의 의식과 자질을 갖추지 못한 것에 대해 불안한 마음을 떨치지 못했지만, 시간의 흐름과 더불어 이에 대한 표방에도 큰 변화가 일어났다. 식민교육의 성과에 대해 만족스런 입장을 가져본 적이 없는 그들이었지만, 한편으로는 불안과 우려를 말하는 대신에 동화교육이 성공적으로 수행되었다는 논리를 내세우기 시작했다. 그러나 과연 이들의 주장이, 그동안의 식민교육에 대한 성과를 반영한 것인지를 말하기는 어렵다. 한국의 식민지 교육에 가한 저들의 기만과 폭력에 비추어볼 때 이는 식민지의 절박한 상황과 어려운 현실을 모면하기 위한 수사적 표현일 가능성이 높기 때문이다. 바로 이러한 표방(다테마에)과 다른 내면(혼네)을 판독하는 일이야말로 강점 말기의 식민교육 실상을 파악하는 핵심 과제라고 말할 수 있다.

또한 제3차 조선교육령에 따라 개편된 각급 학교의 종류와 수업연한은 다음과 같다.

○ 소학교: 심상소학교 6년, 고등소학교 2년
○ 중학교 5년, 고등여학교 5, 4, 혹은 3년
○ 실업학교 5－3년, 실업보습학교 3－2년
○ 전문학교: 3－4년
○ 대학: 예과 2년, 학부 3－4년, 대학원 2년
○ 사범학교: 5년(여 4년), 연습과 2년

태평양 전쟁이 격화됨에 따라 일제는 한국을 병참기지화한다는 방침에 따라 학교교육을 전시동원체제로 전환시키기 위한 조치를 취하였다. 1941년에 국민학교령을 제정하여 소학교를 국민학교로 바꾸었고, 1943년 1월에 중등학교령을 제정하여 중등학교의 수업연한을 5년에서 4년으로 단축시켰으며, 1943년 3월에 사범학교령을 제정하여 전문학교 수준의 사범학교를 설치할 수 있도록 하였다(이혜영 외, 1997: 18-19).

이상과 같은 제 학교령과 관련하여 조선총독부는 1943년 3월에 조선교육령을 개정(제4차 조선교육령) 공포하고, 이에 근거하여 중학교 규정, 고등여학교 규정, 실업학교 규정, 사범학교 규정 등을 제정하여 새로운 규정에 따라 각급 학교를 개편하도록 하였다.

1943년 이후의 학제에 따른 학교의 종류와 수업연한은 다음과 같다.

- 국민학교: 초등과 6년, 고등과 2년
- 중학교 4년, 고등여학교 4년
- 실업학교 4년, 실업보습학교 2-3년
- 사범학교: 심상과 5년(여 4년), 예과 2-4년, 본과 3년
- 전문학교: 3년 이상
- 대학: 예과 2년, 학부 3-4년

일제 강점기의 교육을 논할 때, 흔히 제4차 조선교육령(1943. 3)이 전황의 긴박성에 따라 취해진 비교육적 조치였다는 점을 들어, 제1차 조선교육령에서 제3차 조선교육령까지의 교육령은 효율적이고 장기적인 식민지 경영을 염두에 둔 일제 나름대로의 교육적 조치에 해당한다고 보는 경향이 있다. 제4차 조선교육령이 발표된 이후, 일제의 교육정책은 근본적으로 발상과 접근법을 달리하였다. 이전까지 그토록 강조했던 정신교육을 바탕으로 한 학생들의 황민화교육은, 이제 '교육'도 '연성'도 아닌 '동원' 그 자체에 급급한 나머지 강제성과 폭력성을 노골적으로 드러냈다. 학생의 일상적 동원이 강화되는 과정은 한마디로 말하자

면 전쟁수단에 적합한 학생을 길러내는 노골화 과정이자, 교육의 형해화 과정이었다고 말할 수 있다(신주백, 2001: 103). 이 점에 있어서는 제3차 조선교육령 역시 제4차 조선교육령과 본질을 달리하는 것이 아니었다. 일제 강점기의 교육이 조선인의 일본인화와 조선정신의 일본정신화를 목표로 하는 것인 이상, 이것은 교육 본연의 지점을 벗어난, 선전선동의 성격을 강력하게 드러낸 것이었다고 볼 수 있다.

국체명징, 내선일체, 인고단련을 모토로 하는 제3차 조선교육령은 강력한 식민교육체제로 작동하였다. 국체명징이란 신화시대에 사상적 연원을 두고 천황을 중심으로 국체관념을 강화하여 애국심을 고취하려는 개념이었다. 인간 이성을 흐리게 하는 국체명칭에 대해, 일본에서도 견식 있는 학자들은 반대하였으며, 학생들은 천황을 가리켜 '덴짱'이란 별명을 불러 멸시하기도 하였다. 내선일체라는 말도 죄 없는 조선의 젊은이들에게 일억일심(一億一心)의 허울을 씌어 지원병제도에 동참하고 목숨을 바치도록 하는 중대한 결과를 낳았다. 인고단련이란 어떠한 난관도 참고 이겨내는 굳건한 정신을 기른다는 것이지만 인고단련의 미명 아래 학도를 근로대로 만들어 공장, 비행장으로 끌고가 가혹한 일을 시켰고 병이 나서 근로장에서 죽어간 일도 많았다(조병규, 1968: 157-159).

일제 강점기의 식민교육 이데올로기는 '내선일체'를 핵심으로 하며, 이는 '오족협화'라는 말과 함께 그 기만성을 함축하고 있다. 중국인들이 말하는 오족은 한족, 만족, 몽고족, 회족, 장족 등 5개 민족이었다. 그러나 일제 강점자들에 의해 1932년에 괴뢰만주국이 건립된 후, 오족은 한족, 만족, 몽고족, 일본족, 한민족 등 5개 민족으로 재설정되었다.[204] 박희도는 일제 강점자들이 말하는 오족협화에 대해 "일본의 양

---

204) 괴뢰만주국의 '건국 선언'(1932. 3. 1.)에는 "무릇 새 국가의 경내에 거주하는 인민들은 종족과 계급을 막론하고 그 어떠한 기시도 허용하지 않는다"라고 하고, '5색 국기'의 5가지 색은 한족, 만족, 몽고족, 일본족, 한민족 등 다섯 주요 민족의 '평등과 협조'를 상징한다고 하였지만 모든 기득권은 사실상 일본인들이 독차지하였으며 다른 민족은 압박과 착취의 대상일 뿐이었다(김경식, 2004: 141-145). 오족의 범주에 대한 논의 과

심은 타민족을 일본민족의 '아종화(亞種化)'하려고 하는 것이 아니고, 어디까지나 각 민족을 존중하여……인류의 종합문화를 건설코자 하는 것에 진의가 있다는 것을 명기"한다고 했으며(朴熙道, 1939: 10-11), '오족협화'나 '내선일체'라는 말이 일본을 기준으로 한, 일본이 중심이 되는 개념이라는 사실에 대해서는 입을 다물었다. 친일파의 삶과 그 기준으로 보면 이렇게 강점자들의 구호나 선전이나 주장에 담긴 저의 나 기만책은 시야에 들어오지 않았던 것이다.

아시아 침략이라는 말의 대체용어였던 동아협력체 건설론에는 '천황 으로부터의 거리'가 준거로 작용하였다. 동아협력체 건설의 제1단계가 '내선일체'이고, 제2단계가 '일본과 일덕일심(一德一心)의 관계를 갖는 오족협화'이고, 제3단계가 '동아협동체 혹은 동아연맹'이었다. '연맹보 다 협화로, 협화보다 일체로'라는 관계를 지향했음을 알 수 있다(최원 규, 1988: 171). 동아협력체 구상안에 들어있는 내선일체론은, 조선인에 대한 '2등 민족' 또는 '두 번째 일본인'이라는 호칭이 말해주듯이, 진정 한 내선일체와는 거리가 먼 것이었고 차라리 조선은 일본이라는 유기 체 내부의 세포와 근육에 해당한다고 말하는 것이 정확한 표현이다. 결국 내선일체라는 이름의 대외침략구조는 전쟁 수단에 적합한 학생을

정은 역사·문화 중심축의 일본 이동과 무관하지 않다. 최남선은 동방의 문화권을 중국계통의 문화권, 인도계통의 문화권, 그리고 불함문화권의 셋으로 나누고, 한국의 고대문화는 불함문화권의 중심부에 위치한다는 점을 언급하였다. 최남선이 언급한 '불함(不咸)'이라는 말은 『산해경(山海 經)』의 '대황북경(大荒北經)'에 나오는 "대황의 한 가운데에 산이 있는데 (大荒之中有山), 이름하여 불함이라 한다(名曰不咸)"라는 말에서 따온 것 으로, '불함산(不咸山)'은 곧 '붉'산이라고 하였다. 최남선은 동북아시아 전역에 분포되어있는 동방문화의 원류를 '붉'사상으로 파악하였고, 이 사 상의 발원지가 단군신화에 등장하는 백두산이며, 단군은 그 중심인물임 을 제시하였다(한국정신문화연구원, 1989: 599-600). 최남선이 '불함문화 론'을 제창(1925)한 후 1928년 10월 조선사편수회로 들어간 것은 매우 시사적이다. 급기야 최남선은 조선이 당면한 과제는 근대화, 일본화, 전 통생활과의 마찰이라고 하면서 이 중에서 가장 절실한 문제는 일본화라 고 주장하기에 이르렀다. 그의 조선주의는 일본주의를 위한 요식에 불과 한 것이었다(이영화, 2005: 78).

대상으로 한 동원체제를 만들어냈고, 그 체제의 지속 과정에서 교육의
파멸, 교육의 형해화 과정은 속속들이 진행되었다.

　일제 강점자들은 전황이 불리할수록 식민지인의 도움이 절실히 필요
했다. 학생의 노동력을 동원하지 않으면 안 될 처지까지 몰렸던 그들
은 위기가 고조될수록, ‘교육’을 거론한다는 것이 이제는 사치일 정도
로 ‘성전’에 목숨 바쳐 싸울 젊은이들을 ‘동원’하고자 했다. 이렇게 교
육이 파멸로 향하는 상황적 맥락을 시계열로 제시하면 다음과 같다.

　① 1937년　7월: 중일전쟁 발발
　② 1938년　2월: 지원병제도 실시
　③ 1938년　3월: 제3차 조선교육령 시행
　④ 1940년　2월: 창씨개명 정책 실시
　⑤ 1941년 12월: 태평양전쟁 발발, ‘소학교’를 ‘국민학교’로 개칭
　⑥ 1942년　5월: 징병제도 실시
　⑦ 1943년　3월: 제4차 조선교육령 시행
　⑧ 1943년　7월: 학도전시동원체제 성립
　⑨ 1944년　4월: 동원체제의 급속 확산과 학교 재편
　⑩ 1945년　4월: 모든 학도의 노동·방위 요원화 및 교육 포기

　위의 추이 가운데 특히 ⑦에서 ⑩까지의 단계·과정을 교육의 형해
화 과정으로 보기도 한다(신주백, 2001: 75－77). 1943년에 들어서면서,
연합군과 일본군 사이의 전세가 역전되어, 일본군은 전쟁에서 계속 밀
리는 형국이었다. 이렇게 일본군이 전쟁에서 밀리는 정도가 심할수록
‘대동아공영권’ 내에서 ‘2등 민족’ 또는 ‘두 번째 일본놈’에 해당하는 조
선인의 위치는 더욱 부각될 수밖에 없었다. 조선인을 향한 민족 차별이
철폐되거나 경제적 지위가 향상된 것은 아니었지만, 전쟁에 필요한 물자
와 인적 자원이 절실히 필요한 상황에서 조선인은 이제 ‘2등 민족’도 아
니고 ‘두 번째 일본인’도 아닌, 일본인과 동일한 존재(‘내선일체’)로 인정

받을 수 있었다. 이상으로 보아, 일제 강점기의 교육파멸 내지는 교육 형해화 과정은 제4차 조선교육령에 의해 본격적으로 작동했다 할지라도, 그 조짐은 '국체명징', '내선일체', '인고단련'을 강령으로 하는 제3차 조선교육령을 통해 예언적 형태로 드러났다고 말하는 것이 정확한 견해이다(채성주, 2006).

시오바라는 일본의 군대가 강한 이유를 말하자면, 이는 무기가 좋은 탓도, 몸집이 큰 때문도 아니라고 말하고, 그 원인은 단 하나 조직분자가 '순일무잡'하기 때문이라고 했다. 시오바라는 조선인이 당장 지원병에 입대한다 해도 황군의 '순수무잡성'이 저해되지 않으며, 이들은 훌륭한 황국신민·황군이 될 수 있을 것이라고 기대감을 표시하였다. 그의 의식세계에 선전선동 문구처럼 각인된 것은 바로 '내선일체'였다. 그러나 이러한 구호적 성격의 발언만으로는 안 되겠기에 그가 황군의 순수무잡성을 철저히 하기 위한 정책적 고려로 들고 나온 것이 바로 창씨개명 정책이었다. 이는 표면과 내면이 모두 일본인화된 인간을 길러 전시하의 인적 자원으로 활용하겠다는 정책적 고려에서 나온 것이었다(채성주, 2006).

지원병제도가 실시될 때만 해도 내선일체는 조선인의 황민화 작업의 일환, 즉 그 과정의 한 단계로 강조되었다. 친일 주구세력의 입장에서 말한다면, 전시체제로 가는 길목에서 조선인을 대상으로 하여 지원병제도를 실시한다는 것이 우선 기뻐해마지 않을 일이긴 하지만, 이는 처음부터 무언가 부족한 상태, 즉 "의무병역이 실시되는 날까지 분발하여 내지인과 함께 제국국방의 중책에 임할 수 있는 날이 속히 오기를 늘 바라"는 마음을 갖도록 만들었다. 그런데 이 의무병역은 뜻밖의 횡재(행운)로 주어지는 것이 아니라, 조선인의 노력에 의해서만 부여받을 수 있는 것이라는 점이 강조되었다. 전시체제를 살아가는 조선의 젊은 학생들은 조선인의 정체성을 갖고 사는 것이 아니라, 일본인의 정체성을 구현하는 존재로 살아가야 했다. 지원병 제군은 반도 2천 3백만을 대표하는 존재이기 때문에, 제1선에서 제국군인으로서의 임무와 과제를 충실히 수행해야만 장차 있을 징병제도(의무병역)를 앞당길 것이라고 보았다. 천황제 군부 파시즘의 '죽음의 철학'에 놀아난 학교교육의 최종 목표는 "수명의 장단은 문제가 아니"며 중요한 것은 "천황의 방패(御楯)로서 죽는" 일, 즉 무시무시한 '순사교육(殉死敎育)'에 있었다. 특별지원병제도가 시행됨과 동시에 조선의 젊은이들이 엄격한 규율 속에서 혹독한 훈련을 받고, 제1선에 배치되어 전선에서 활약하는 기회를 부여받는 일이야말로 지원병 제군의 '광영'이고, '기쁨'일 뿐 아니라 전 반도 2천 3백만의 '광영'이고, '기쁨'으로, 이는 충심으로 '축복'할 일이라고 했다(손홍원, 1939: 78−80).[205]

1938년 2월의 특별지원병제도 실시 이후, 1940년 체제를 보면 '반도의 동포'가 어떻게 하면 진정한 '황국신민'이 될 수 있을 것인가를 교육의 당면 과제로 제시하는 상황이었다. 바로 이 전시체제의 현실을 지탱하는 학교의 역할이 무엇보다도 중요한 시점에서 제4차 조선교육령은 교육이라는 이름으로 가해진 학생을 향한 폭력이 어떠한 것이었는지를 파악할 수 있는 반면자료적 성격을 갖는다. 이와 같은 제4차 조선교육령에 대한 분석을 통해 당시의 교육이 지닐 수밖에 없었던 한계와 교육파멸의 실상을 구체적으로 파악할 수 있다.

---

205) 식민지 조선을 살아가는 젊은이들을 향해 '광영'과 '기쁨'과 '축복'을 함부로 입에 담는 일은 놀랍게도 지나간 과거의 얘기로만 머물러있지 않다. 그동안 우리 사회에서는 친일파와 친일행위에 대한 다양한 옹호론이 등장하였다. 털어서 먼지 안 나는 사람 없다는 물귀신작전식의 '모두가 친일론', 민족을 위해 어쩔 수 없이 친일했다는 이광수와 같은 '민족지사형 친일론', 일본의 강압으로 어쩔 수 없이 친일행위를 했다는 '강압굴복형 친일론', 가족과 먹고살기 위해 어쩔 수 없이 친일했다는 '생계호소형 친일론', 그리고 친일파와 비친일파를 가르는 기준이 모호하고 어렵다는 '복거일식의 주장' 등이 있어 왔다. 바로 여기에 국가적·민족적 선택의 차원에서 친일행위가 정당했다고 옹호하는 '친일지상주의론'이 새롭게 추가된 셈이다(이 유형 분류는 2007년 저자 미상의 연구논문 자료 및 고려대 한국사학과 정태헌 교수와의 면담 내용을 종합한 것임).

## 2) 초등교육기관의 유형

일제의 식민교육기관 중 핵심적인 것은 보통학교이다. 조선총독부는 1911년 8월에 조선교육령을 제정하여 한국인 아동을 대상으로 하는 보통학교를 두도록 하고, 동년 10월 20일에 보통학교 규칙을 제정하였다. 조선교육령 제 8조에서는 보통학교의 목적은 "아동에게 국민교육의 기초가 되는 보통교육을 실시하는 장소로서 신체의 발달에 유의하고 국어를 가르치며, 덕육을 실시하여 국민다운 성격을 양성하고 생활에 필수적인 지식, 기능을 가르친다"고 규정하였다(이혜영 외, 1997: 19).

보통학교의 수업연한은 4년이며 지방 실정에 따라 1년을 단축할 수 있도록 하였다. 한국내 일본인 소학교의 수업연한이 6년임에 비해 한국인 보통학교의 수업연한을 4년 이하로 한 것은 '간이'의 방침에 따른 것이다. 보통학교 입학 자격은 연령 8세 이상인 자로 하였다. 조선총독부는 1920년 11월 9일에 조선교육령을 일부 개정하여 보통학교의 수업연한을 6년으로 연장하고, 지방 실정에 따라 4-5년제의 보통학교를 둘 수 있게 하였다. 이러한 조치는 1919년 3.1 독립운동으로 고조된 한국인의 반일 감정을 완화하기 위한 회유책의 일환으로 이루어진 것이다(이혜영 외, 1997: 19-20).

일제는 1930년대에 이르러 실제적 교육을 강화하고 보통교육을 보급한다는 미명하에 1934년부터 간이(簡易)학교 제도를 설치하였다. 간이학교는 비정규의 단기 초급교육기관으로 농촌 간이학교와 도시 간이학교의 두 종류가 있었다. 간이학교의 목적은 일본어를 확대 보급하고 초보적인 직업교육을 시키는 데 있었다. 수업연한은 2년이며 입학 연령은 10세를 표준으로 하였다. 학생 정원은 학년당 40명씩 80명으로 하였다.

일제는 1938년 3월 4일에 제3차 조선교육령을 제정하여 학제를 개편하면서 종전의 보통학교를 소학교로 개칭하였다. 소학교에는 수업연한 6년의 심상소학교와 수업연한 2년(3년으로 연장 가능)의 고등소학교가 있었는데, 종전의 4년제 보통학교는 6년제의 심상소학교로 개편되었다(이혜영 외, 1997: 20).

일제는 1941년 2월 28일에 국민학교령을 제정하여 소학교의 명칭을 국민학교로 변경토록 하였다. 이어서 1941년 3월 31일에 국민학교 규정을 제정하여 종전의 심상소학교를 국민학교로 변경하고 새로운 규정에 따라 초등교육을 실시하도록 하였다.

이러한 정규 초등교육기관 이외에 한국인들이 주체적으로 설립한 서당, 사설학술강습회 등이 초등교육 정도의 교육을 실시하였다.


## 3) 중등교육기관의 유형

식민지 시기 35년 동안 한국인들을 위한 중등교육기회는 엄격히 제한되었다. 따라서 요즈음 대학생이나 유학생보다 그 비율이 낮았던 중등학교 학생들은 당시 사회의 엘리트들이었다. 중등교육이라는 용어 자체는 고등교육을 전제로 한 준비교육으로서의 의미가 있다. 그러나 식민지 시기 동안 고등교육기회는 극히 제한되어 있어 고등교육을 위한 준비교육은 일부 고등보통학교 학생들에게 해당되었으며, 대부분의 중등학교는 종결기관으로서의 성격을 지녔다.

교육열이 남다른 한국인들은 보통학교 수준까지의 교육에 만족하지 않았다. 보통학교를 졸업한 후에는 상급학교에 진학하고자 하였다. 상급학교에 진학하기 위해서는 보통학교에 비하여 훨씬 많은 교육비를 부담하여야 했다. 그러나 지원자 대비 입학자의 비율로 보면 중등학교는 특히 일반계 중등학교의 취학 기회는 초등학교에 비하여 극히 제한되었다. 일제는 초등교육에 관련해서는 한국인의 교육열을 어느 정도 수용하는 정책을 폈으나, 중등교육의 경우는 전혀 달랐다. 식민지 시기 내내 중등교육에 관한 한 철저한 억제 정책을 견지하였다(이혜영 외,

1997: 21).

중등교육에서 '간이'의 방침은 학제 편성에서 드러난다. 제1차 조선교육령에서 일반계 중등학교의 경우 일본인을 위한 중학교는 5년제, 조선인을 위한 고등보통학교는 4년제였다. 3.1 독립운동 후의 제2차 조선교육령에 의하여 고등보통학교의 수업연한이 5년으로 연장되었다.

'실용'의 방침은 특히 중등교육에서 강하게 드러난다. 중등학교의 설립은 간이의 정책으로 가능한 한 억제하였으며, 설립한다고 하더라도 인문계 학교의 설립은 될 수 있는 대로 억제하고 각종 실업학교의 설립을 추진하였다. 실업교육도 간이하게 하기 위하여 간이한 형태의 실업학교인 실업보습학교를 설립하였다(이혜영 외, 1997: 21).

식민지 시기 동안 중등학교의 종류와 특징을 살펴보면 다음과 같다.

## (1) 고등보통학교·중학교

1911년의 제1차 조선교육령에서는 일반계 중등학교로 고등보통학교와 여자고등보통학교를 두었다. 고등보통학교의 수업연한은 4년으로 규정하였다. 고등보통학교의 입학자격은 4년제 보통학교 졸업자로 제한하였다. 고등보통학교는 조선 내 일본인을 위한 중학교 5년에 비하여 저급한 것으로 편성한 것이다.

고등보통학교의 수업연한이 5년으로 된 것은 3·1운동 후 '내지 준거주의'를 표방하며 개정한 1922년의 제2차 교육령에 의해서이다. 이때 고등보통학교의 입학자격은 6년제 보통학교 졸업자로 규정하였다. 여자고등보통학교의 수업연한은 5년 또는 4년으로 하며, 토지의 정황에 따라서 3년으로 할 수 있도록 하였다. 또한 고등보통학교와 여자고등보통학교에는 보습과를 둘 수 있도록 하였다. 1920년 11월의 조선교육령 개정에 의해 보통학교의 수업연한을 6년으로 연장하였지만, 지역의 사정에 따라 4년 또는 5년으로도 할 수 있었기 때문에 대부분의 보통학교가 여전히 4년제였던 점을 고려하면, 보통학교 졸업자 중에서 고등보통학교에 입학할 수 있는 자는 상당히 제한되었다(이혜영 외, 1997: 22).

고등보통학교는 1938년 3차 조선교육령에 의하여 중학교로 개칭되었으며, 여자고등보통학교는 고등여학교로 개칭되었다. 전쟁에 한국인을 동원하려는 일제는 '일시동인(一視同仁)', '내선일체(內鮮一體)'를 내세워 일본의 학교명과 동일하게 하였던 것이다.

전쟁 막바지인 1943년 일제는 다시 교육령을 개정하여 중등학교의 수업연한을 4년으로, 고등여학교의 수업연한은 2년으로 단축시켰다.

각 교육령에서 규정한 고등보통학교와 중학교의 목적은 다음과 같다.

(제1차) 고등보통학교는 남자에게 고등의 보통교육을 실시하는 곳으로서 상식을 기르고 국민다운 성격을 도야하며 생활에 유용한 지식·기능을 가르친다.

(제2차) 고등보통학교는 남자생도의 신체 발육에 유의하여 덕육을 실시하고, 생활에 유용한 보통의 지식·기능을 가르쳐서 국민다운 성격을 양성하고 국어를 숙달시키는 것을 목적으로 한다.

(제3차) 중학교는 남자에게 필수한 고등보통교육을 실시하며 특히 국민도덕을 함양함으로써 충량(忠良)유위한 황국신민을 양성하는 데 힘쓴다.

(제4차) 중등학교는 황국의 도에 따라서 고등보통교육 또는 실업교육을 실시하고 국민의 연성(鍊成)을 하는 것을 목적으로 한다.


제1, 2차 조선교육령에서는 일반계 중등교육기관임에도 실용교육을 강조하였다. 제2차 교육령에서는 특히 일본어 숙달이 공공연한 목적이 되고 있다. 제3차 교육령 이후에는 황국신민의 도덕함양 이외에는 관심이 없었다.

일제가 교육령을 통하여 고등보통학교와 중학교의 목적을 위와 같이 규정하였다 하더라도 한국인들이 이 목적에 충실하게 순응하지는 않았다. 한국인들은 모든 시기에 걸쳐 실용위주의 교육에 비판적이었으며,

비판정신을 통하여 독립의식을 키웠다.

### (2) 실업학교

실업학교에는 농업학교, 상업학교, 공업학교, 수산학교 등이 있다. 이러한 실업학교 외에 간이실업학교, 실업보습학교 등을 두었다.

제1차 조선교육령에 따르면 실업학교의 수업연한은 2년 혹은 3년이다. 보통학교와 농업학교, 상업학교, 공업학교에 간이실업학교를 부설하여 야간, 일요일, 겨울, 여름의 휴가 기간을 활용하도록 하였다. 제2차 조선교육령은 실업학교의 교육연한도 3−5년으로 연장하였다. 농업과 상업은 한 학교에서 병설할 수 있도록 하였으나, 공업학교는 여러 학과 가운데 한 학과만을 택하여 둘 수 있게 하였다. 실업학교에서는 광범위한 내용보다, 좁은 범위의 기술을 깊게 다루게 하였으며, 실습에 중점을 두었다. 1922년 2차 조선교육령 이후 2년 혹은 3년 과정의 실업보습학교를 두어 4년제 보통학교 졸업생이 진학할 수 있도록 하였다 (이혜영 외, 1997: 23−24).

### (3) 사범학교

1911년 제1차 조선교육령은 관립고등보통학교에 1년 과정의 사범과 혹은 교원속성과를 두고 초등학교 교사를 양성하였다. 관립여자고등보통학교에도 1년 과정의 사범과를 두었다. 이 외에 사범교육을 전담하는 학교는 없었다. 이 시기에는 갑오경장 이후 설립된 한성사범학교도 폐지하였다.

교원양성을 위한 사범학교가 설립된 것은 1922년 제2차 조선교육령 이후이다. 사범학교의 수업연한은 보통과 5년, 연습과 1년의 6년 과정이었다. 사범학교의 수준은 고등보통학교와 같았으며, 고등보통학교를 수료한 후, 사범학교 연습과에 편입할 수 있도록 하였다. 일본인 아동을 가르치는 소학교 교사와 한국인 아동을 가르치는 보통학교 교원을 양성하는 과정이 분리되어 운영되었다. 1933년 4월에는 사범학교 연습 과정을 2년으로 연장하였다. 여자의 경우는 수업연한을 6년으로 하고, 보통과에서 1년을 단축하였다(이혜영 외, 1997: 24).

1922년 관립사범학교의 설립과 아울러 이듬해 전국 13개도에 공립특과사범학교가 설립되었다. 1927년 새로 부임한 야마나시(山梨) 총독이 사범교육제도의 개혁을 추진함에 따라 1929년 공립특과사범학교가 폐지되기 시작하였다. 그해 평남과 경북공립사범학교가 폐지되었다. 이듬해 나머지 도의 사범학교들도 폐지되었다. 그 대신 대구와 평양에 관립사범학교를 신설하였다. 이후 초등학교의 팽창에 따라 함흥, 전주, 광주 등지에 관립사범학교를 설립하였다(이혜영 외, 1997: 24 – 25).

1938년 3월 3일 공포된 제3차 조선교육령에서는 한국인을 위한 소학교 교원 양성과 일본인을 위한 소학교 교원 양성과정을 통합하였다.

## (4) 고등교육기관의 유형

일제가 1911년 조선교육령을 발포할 당시 고등 수준의 교육기관에 들 수 있는 것으로는 성균관을 개편한 경학원(經學院)과 관립 경성전수학교(京城專修學校), 조선총독부 부속 의학강습소(朝鮮總督府附屬醫學講習所)가 있었다. 그러나 일제는 이 학교들이 저들이 규정하는 고등한 수준의 학술·기예를 추구하는 전문학교의 내용을 지니고 있지 못하다는 평가를 내렸다. 즉 대체로 고등교육은 보통교육의 발달을 통해서 그 기반과 시설을 확보해야 하는데, 한국은 대학 수준은 물론이고 전문학교조차도 아직 그런 수준에 이르지 못했다는 것이었다.[206]

일제가 한국에서 고등교육 수준에 준하는 전문교육기관을 설치하기 시작한 것은 1915년 3월 '전문학교규칙'을 발포하면서부터였다. 이를 계기로 해서 일제는 시세와 민도에 맞는 실용적인 수준의 전문교육을

---

[206] 朝鮮總督府編,「敎育學敎科書」, 1912, 4쪽.

실시한다는 방침을 정하였다.207) 제1차 조선교육령에서 "전문학교는 고
등의 학술·기예를 교수하는 곳으로 한다"고 규정하였다(제25조). 그러
나 실제로는 식민지 사회를 유지하는 데 필요한 사회적인 실무를 익히
는 고등실업교육을 실시하였다. 일제는 당시에 전문학교를 인가하는 원
칙으로 한국의 사상·학문을 다루는 인문교육을 배제하고, 실업·과학
등의 자연과학과 법학·경제 등의 사회 실무 분야 교육에 중점을 둘
것을 요구하였다(이혜영 외, 1997: 25-26).

한국의 실업전문학교는 1916년 4월(다이쇼 5년) 발포한 조선총독부
전문학교관제(朝鮮總督府專門學校官制)에 따라 설치한 경성공업전문학
교에서 시작했다고 볼 수 있다. 이 학교는 수업연한이 3년으로서 고등보
통학교 또는 중학교 졸업 정도를 입학 자격으로 하였으며, 염직과(染織
科), 응용화학과(應用化學科), 요업과, 토목과, 건축과 등 5개 학과를 개
설하였다. 이후 경성공업전문학교는 1917년 4월에 광업과(鑛業科)를 추가
로 개설하였다. 수원농림전문학교는 전신인 조선총독부권업모범장 부설농
림학교(朝鮮總督府勸業模範場附設農林學校)에 수업연한 3년의 전문과(專
門科)를 개설하여 독립된 관립학교로서 1918년 4월에 신설되었다.208)

사립실업전문학교로는 사립연희전문학교가 대표적이라고 할 수 있다.
이 학교는 1917년 4월 고등보통학교 졸업 이상의 학력을 가진 자를 입
학 자격으로 해서 수업연한 4년의 문학과, 수학 및 물리과, 신학과와
수업연한 3년의 농업과, 상과, 응용화학과를 함께 개설하였다. 한편
1918년 4월에 창립한 사립동양협회 경성전문학교(私立東洋協會京城專
門學校)는 중학교 졸업 학력 이상인 자를 입학자격으로 해서 수업연한
3년의 행정과와 고등상업과를 개설하였다. 이 학교는 1920년 5월 학교
명을 사립고등상업학교로 개칭하고 행정과를 폐지하였다.209)

일제는 1922년 개정 교육령(제2차 조선교육령)을 발포하고 이에 의

---

207) 朝鮮總督府內務部學務局, 「朝鮮敎育要覽」, 1915, 59쪽.
208) 朝鮮總督府, 「朝鮮敎育要覽」, 1928, 123 쪽.
209) 上揭書, 123쪽.

해서 경성제국대학을 설립할 때까지 대학교육을 실시하지 않았다. 즉 학제상 일본의 후기 중등교육(고등학교)에 해당하는 수업연한으로 고등교육을 억제하는 정책을 실시하였던 것이다.

일제는 1922년 2월에 공포한 개정교육령에 의해 전문학교는 전문학교령에 따라서, 대학 및 그에 준하는 예과 교육은 대학령에 따르도록 하는 조치를 취하였다.210) 이 조치로 인해서 한국의 전문학교는 형식상 일본의 전문학교와 동일한 교육체제를 갖추게 되었다. 그러나 일제는 시세와 민도에 알맞은 교육을 한다는 명분 아래 의학, 공학, 법학 등을 중점적으로 교육하는 관립 전문학교, 그중에서도 실업전문학교에 집중적인 투자를 한다는 방침을 세웠다. 이런 방침에 따라 관립의 경성공업전문학교를 경성고등공업학교로 개칭하고, 학과도 방직과(紡織科)·응용화학과·토목과·건축과·광산과 등 5개 학과로 개정하였다. 또한 수원농림전문학교를 수원고등농림학교로 개칭하여 농학과와 임학과를 개설하였다. 또한 사립경성상업학교를 관영(官營)으로 옮겨서 학교명도 경성고등상업학교로 개칭하였다.211) 이 외에도 제1차 조선교육령에 따르는 사립연희전문학교를 대신하여 1923년 4월 수업연한 4년의 문과, 신학과, 상과를 두는 연희전문학교가 설립되었는데, 이 학교는 상과의 경우 1924년 4월부터 그 수업연한을 3년으로 단축하였다. 또한 보성전문학교에 법과와 함께 상과를 설치하도록 하였다. 즉 사립학교에 대해서도 실업계 전문교육 강화를 반강제 의무사항으로 부과하였던 것이다.

이 시기에는 3개의 관공립 전문학교와 6개의 사립전문학교가 신설되었다. 관립 전문학교로는 1922년에 경성고등상업전문학교가 신설되었고, 공립 전문학교로는 1929년에 평양의학전문학교가, 1933년에 대구의학전문학교가 신설되었다. 사립전문학교로는 기존의 2개 전문학교 이외에 1922년 각종학교인 보성학교를 개편한 보성전문학교가 설립되었다. 이 학교에는 수업연한 3년의 법과와 상과가 설치되었다. 1925년에는

---

210) 「朝鮮總督府官報」, 1922. 2. 15.
211) 朝鮮總督府, 前揭書, 1928, 124 쪽.

숭실전문학교와 이화여자전문학교, 경성의과전문학교가 설립되었고, 1930
년에는 경성약학전문학교와 중앙불교전문학교가 설립되었다.212) 그래서
사립전문학교는 총 8개 학교로 증가하였다(이혜영 외, 1997: 27-28).

이 시기에 전문학교가 증가한 것은 3·1독립운동을 계기로 고조된
반일 감정을 무마하기 위한 일제의 유화정책에 기인하기도 하지만, 한
국인들이 고등교육 수준의 인재를 양성하여 실력을 배양하고자 교육구
국운동을 전개한 데서 비롯한 것이기도 하다.

전문학교는 남자의 경우 중학교 또는 고등보통학교 졸업자, 여자는
수업연한 4년 이상의 고등여학교 또는 여자고등보통학교 졸업자를 입
학 자격으로 하였다. 수업연한은 3년 이상으로 정했고, 본과 이외에 예
과, 연구과, 별과도 개설하였다. 관립의 경성고등공업학교와 수원고등농
림학교는 특과를 설치하여, 개정하기 전의 조선교육령(제1차 조선교육
령)에 따르는 고등보통학교 졸업자를 위하여 본과에 준하는 교육을 실
시하도록 하였다.213)

일제는 대학교육을 육성한다는 명목하에 1926년부터 법문학부와 의
학부를 설치하는 경성제국대학을 설립하였다. 경성제국대학은 일본의
대학령(1918. 12)에 근거하여 설립되었다. 동령 제1조에서는 대학교육
의 목적을 "국가에 반드시 필요한 학술의 이론 및 응용을 교수하며,
그것의 온오(蘊奧)를 공구(功究)함"에 있다고 보고, 이와 함께 "인격도
야 및 국가사상(國家思想)의 함양에도 유의"해야 한다고 규정하였
다.214) 그러나 대학령 제4조, 제5조, 제6조에 규정한 공립대학, 혹은 사

---

212) 上揭書,; 「京城藥學專門學校一覽」 1935, 1-6쪽.
213) 朝鮮總督府, 前揭書, 1928, 124-125쪽.
214) 일본의 대학령 제1조의 규정은 메이지(明治)시대 일본의 국가주의적 교
　　 육풍토를 반영하는 1899년 제국대학령(帝國大學令) 제1조의 규정과 동일
　　 한 내용을 담고 있었다. 결국 식민지에 대학을 설립하면서 메이지 시대
　　 의 국가주의적 대학이념을 정립하고자 하는 의도를 담고자 한 것이 대학
　　 령의 근본이라고 할 수 있다(日本文部省, "帝國大學令及大學令", 阿部洋
　　 編, 「植民地朝鮮敎育政策史料集成」第5卷, 1990, 520-525쪽. 참조).

립대학의 설립 관련 조항은 한국에서는 1945년 해방될 때까지 적용하지 않았다.

일제는 경성제대 학부 설치에 앞서서 대학교육을 위한 예비교육기관으로 경성제국대학에 수업연한 2년의 예과를 부설하여 1924년부터 운영하기 시작하였다.215)

경성제대 학부에 입학할 수 있는 자격은 경성제국대학통칙(京城帝國大學通則) 제4조에서 경성제대 예과를 수료한 자로 한정하였다. 그러나 학부 정원에 결원이 있는 경우에 한해서 고등학교 및 학습원(學習院) 졸업자, 그리고 경성제대 학부에서 시행하는 학력검정시험에 합격한 자의 순위별로 입학시킬 수 있도록 하였다.216) 당시 한국에는 고등학교와 학습원이 없었기 때문에 이 규정에 따르는 보궐 입학생은 대부분 일본인 학생일 수밖에 없었다. 실제로 일본에 거주하고 있는 고등학교 졸업자가 경성제국대학에 입학하는 비율이 한국인 학생 및 재한국 일본인 학생보다 훨씬 많은 것으로 보고되었다.217)

일제가 경성제대를 설립하게 된 배경에는 1920년대 들어 한국인들이 자주적으로 추진한 민립대학 설립운동을 저지하려는 의도가 깔려 있다. 그러나 일제는 경성제국대학에 의학부, 법문학부만을 개설하였으며, 이공학부는 1941년에 가서야 개설하였다. 경성제국대학을 설립하는 과정에서 법문학부와 의학부를 우선적으로 설치하는 취지에 대해서 나가노(長野) 학무국장은 다음과 같이 설명하였다.

---

215) 朝鮮總督府, 前揭書, 1926, 127쪽.

216) 「京城帝國大學要覽」, “京城帝國大學通則”, 1941, 48－49쪽.

217) 경성제국대학 초대 예과부장이었던 오다 쇼고(小田省吾)는 재한국 일본인 학생, 그리고 한국인 학생의 편의를 도모하기 위하여 입학시험 일시를 일본의 대학입시 일시와 동일하게 하는 방안을 제시하였다. 그러나 그런 방침에도 불구하고 일본 현지로부터의 일본인 유학생이 입학하는 추세가 점차 증가하면서 한국인 학생들의 입학 기회는 더욱 좁아지는 현상을 낳고 있었다(小田省吾, “大學を開設するまで―文運の一新紀元―”, 「朝鮮地方行政」第3卷第4號, 1924年 4月號, 6－8쪽. 참조).

……의학부를 개설하는 것은 기존의 의학전문학교만으로는 의사 부족 현상을 해소할 수 없으며, 또한 '의생(醫生)'이라고 칭하는 한방의사의 기량을 향상시키기 위해서도 의학부를 설치해야 한다. 또한 공학, 이학의 학부를 세우지 못한 것은 오로지 경비의 문제가 있어서였으며, 앞으로 하루 빨리 이학, 공학, 농학에 관한 학부를 개설하려고 하며, 이미 그에 대한 설립 계획을 추진하고 있다.……조선인 학생들은 전통적으로 법학을 지향하는 경향이 강하게 나타나고 있는데, 이는 현재 내지(일본)에서 공부하는 조선인 학생의 1 / 3이 법학을 지망하고 있는 것에서도 분명하다. 만일 법학에 관련하는 학부를 개설하지 않으면 조선 학생을 실망시킬 뿐만 아니라, 그들이 "총독부는 전부터 대학을 세운다고 해 놓고, 대학을 설립하여 법학을 교수하게 되면 골치 아픈 논리를 가진 자가 생길 우려가 있고 법학부의 조선인 졸업생을 관리로 채용해야 할 우려가 있기 때문에 법학부를 개설하지 않는다"고 공격하게 된다. 조선인들에게 강요받아 부득이하게 개설하는 것보다는 오히려 처음부터 내지와 동등한 방식으로 학부를 설치하여 조선인들도 자유롭게 법학을 연구하게 하는 것이 조선통치를 위한 대국적인 측면에서 아주 필요하다.……법과와 문과를 통합한 학부를 구상했던 것은 '경비 사정'으로 인한 것이기도 하다. 그러나 특히 문과를 추가한 것은 근래 중등학교가 증설되면서 교원 부족 현상이 심각하기 때문에 이들 졸업생을 중학교 교원으로 채용할 필요가 있다. 또한 내지의 도호쿠(東北)대학과 규슈(九州)대학처럼 법과 학생에게 문과의 전공을 이수하도록 하고, 문과의 학생에게 법과의 전공을 이수하도록 한다는 시대적인 요청에 따른 것이기도 하다.……218)

여기서 일제가 경성제국대학을 설립하게 된 동기 중의 하나가 한국인의 반일 감정 완화에 있었음을 알 수 있다. 그러나 고급 과학·기술 인력을 양성히는 이공학부의 설치를 '경비 부담'을 이유로 지연시키고 있는 것은 일제가 최고 수준의 교육기관인 경성제대의 교육 목표를 식민 통치에 필요한 중견 실무자 양성에 두고 있었던 데에 기인한다. 일제가 경성제대 이외에 사립대학은 물론 관공립대학도 더 이상 설립하

---

218) 日本樞密院會議筆記 "京城帝國大學に關する件", 1924. 4. 30.

지 않은 것은 이와 같은 일제의 고등교육 억제 정책 때문이다(이혜영 외, 1997: 30-31).

극단적인 황국신민화 정책이 추진되었던 제3차 조선교육령 시행기에는 고등교육기관에서도 많은 변화가 일어났다. 2개의 관립전문학교와 4개의 사립전문학교가 신설되는 한편, 황국신민화 정책에 반발했던 1개의 사립전문학교가 폐교 조치되었다. 이 시기에 새로 설립된 관립전문학교는 1939년에 설립된 경성광산전문학교(京城鑛山專門學校)와 1941년에 설립된 부산고등수산학교였다. 사립전문학교로는 1937년에 명륜전문학교, 1938년에 경성여자의학전문학교와 대동공업전문학교, 1939년에 숙명여자전문학교가 설립되었다.[219] 폐교 조치된 사립전문학교는 이른 바 '신사참배거부사건'으로 자진해서 폐교한 평양의 숭실전문학교였다.[220]

유일한 대학인 경성제국대학에는 1941년에 이르러서야 법문학부와 의학부 이외에 이공학부가 설치되었다. 이공학부에는 물리학과, 화학과, 토목공학과, 기계공학과, 전기공학과, 응용화학과, 광산야금학과 등 7개 학과가 개설되었다.[221]

중일전쟁과 태평양전쟁 등으로 교육체제가 전시체제화되면서 발포된 제4차 조선교육령(1943년 3월 칙령 제113호)을 계기로 해서 전문학교와 관립대학의 학교명이 변경되었다. 명륜전문학교는 청년연성소(1943년 10월), 이화여자전문학교는 이화여자전문학교 여자청년연성소 지도자 양성과(1943년 12월), 숙명여자전문학교는 숙명여자전문학교 여자청년연성소 지도자 양성과(1943년 12월), 연희전문학교는 경성공업경영전문학교(1944년 4월)로 변경되었다. 또한, 보성전문학교(1944년 4월)는 경성척식경제전문학교(1944년 4월), 경성법학전문학교와 경성고등상업학교는 경성경제전문학교(1944년 4월)로 변경되었다.[222]

---

219) 朝鮮總督府學務局, 「朝鮮諸學校一覽」, 1943, 207-216쪽.
220) 오천석, 「한국신교육사」, 현대교육총서출판사, 1964, 349-353쪽.
221) 「京城帝國大學要覽」, 1941, 71-99쪽.
222) 「성균관대학교사」(1978), 「이화 80년사」(1967), 「숙대 30년사」(1968), 「연세

그러나 고등교육체제의 개편은 단순히 학교명의 변경에 그치지 않았다. 전문학교와 경성제대의 학과 중 문과 계통은 축소시킨 반면 이과 계통에 대한 지원을 확대하였다. 이는 군수 산업 기술에 대한 요구 증대가 반영된 것이라고 할 수 있다. 이와 같은 일제 식민지 당국의 학제 개편 방안은 주로 군국주의적 교육체제의 성립과 발전을 겨냥한 침략주의 교육정책의 연장으로서 진행된 것으로 이해할 수 있다.

## 4) 식민지 교육정책에 대한 저항과 학제개편 쟁점

### (1) 식민지교육정책에 대한 이해

일제 식민지체제 속에서 새로운 민족교육의 방향을 제시하는 사상은 항상 반일본적이며 친서구적인 관점을 뚜렷하게 지니고 있었다. 본 연구는 그런 측면에서 다른 사상에 비해서 훨씬 급진적이고 개혁적인 성향을 지니고 있는 마르크스주의 교육사상을 수용하는 과정과 변화추세에 대해서 살펴보고자 한다.

특히 다른 외래교육사상들을 수용하는 목적은 민족교육의 진보성을 서구 자본주의적인 근대화 과정에서 그 근거를 확보하는 것이라고 할 수 있다. 그러나 마르크스주의 교육사상의 경우는 조선의 상황에 알맞은 민족교육을 추진하는 이상향으로서 사회주의라는 새로운 교육모형을 전제하고 있다는 측면에서 구별할 수가 있다. 이것은 특히 1920년대 이후 일제의 식민지교육정책의 전향적인 변화에 대응하는 우리 민족의 새로운 교육운동과 교육사상의 방식이라는 이유에서도 주목할 만한 과제라고 할 수가 있다. 마르크스주의 교육사상의 영향 속에서 전개되는 조선의 교육운동과 각종 교육활동은 그런 측면에서 내적·외적

---

대학교사」(1968), 「고려대학교 70년지」(1975) 등의 각 학교 연혁지 참조.

대응체제와 유형에 있어서 비교적 '재야적' 관점의 교육성격을 지니고 있다고 할 수 있다.223)

본 연구는 이런 연구쟁점을 검토하는 과정에서 현재까지 파악할 수 있는 1920, 1930년대의 사회과학 서적과 연구논문에 보이는 마르크스주의적인 교육사상을 소화하는 과정을 제1단계로 설정하였다. 그리고 이 과정에서 역으로 추적하여 당시 우리 사회와 교육문화에 영향을 미친 해외 문화거점으로서 일본, 러시아, 중국 등의 주변 지역과 서구 유럽의 마르크스주의 교육역량을 검토해 보고자 한다. 여기에서 주의할 사항은 러시아와 일본의 마르크스주의에 대한 우리 사회의 수용과정에서 보여지는 특이한 양상이라고 할 수 있다. 이들 양국의 사회구성이 식민지적인 상황에 직면해 있는 우리와는 전혀 다른 면모를 보여 주고 있기 때문이었다. 본 연구는 그런 관점에서 우리 사회에서 수용한 마르크스주의 교육사상이 남긴 공적과 함께 그것이 가져다 준 오류와 폐단에 대해서도 객관적으로 검토할 수 있는 연구방법과 내용을 제시하고자 한다.

그런 문제의식을 가지고 앞으로 추진하고자 하는 과제는 주로 교육의 주체가 되고 있는 식민지 조선 학생들의 학교생활과 교육사상에서 반영하고 있는 마르크스주의의 성과 여부를 과학적으로 검토하는 데 있다. 동시에 당시 지식인들이 교육실천과 교육사상을 정립하는 과정에

---

223) 본 연구가 굳이 '재야적 성격'이라고 지칭하는 이유는 일제하 마르크스주의 교육사상이 분명하게 민족독립을 위한 교육운동의 목적과 사회주의적 계급혁명을 지향하는 양 측면의 성향이 혼재되어 있는 것에 근거한 것이다. 이는 달리 표현하면, 원칙론적인 측면의 정통마르크스주의 교육사상을 수용하는 과정의 상호 대립적인 양상, 즉 민족적 마르크스주의 교육사상과 계급적 마르크스주의 교육사상이 시·공간적으로 공존하고 있었다는 것을 의미한다. 이것이 바로 본 연구가 표현하는 '내적 대응'의 문제라고 할 수 있다. 반면에 마르크스주의 교육사상과 그 활동가들의 교육적인 대응은 당시 지배집단이라고 할 수 있는 일제당국의 폭력적인 대응 속에서 '민족적인 저항교육' 혹은 '사상적·문화적 전환'이라는 전혀 다른 '외적 대응'을 하고 있었다는 사실에도 주목해야 할 것이다. 이에 대해서는 본 연구의 전개 속에서 상세하게 밝히고자 한다.

서 소위 정통 마르크스주의와 구별하여 식민지 상황을 탈피하는 수단으로서 민족적인 마르크스주의를 활용하는 독특한 측면에 주목할 필요가 있다. 그래서 이런 측면에 유의하여 일제하 조선사회에서 수용한 마르크스주의 교육사상의 체계적인 이론 정립에 집중하고자 한다.

## (2) 진보적 교육사상과 식민지 교육문제

1910년대를 전후한 시기 조선의 위기 상황은 사회진화론을 포함한 서구사상을 수용하는 방식에 큰 변화를 모색하는 계기를 만들었다. 그것은 기존의 자본주의적인 근대화를 성취함으로써 민족의 독립도 가져올 수 있다는 제국주의적인 교육사조에서 나름대로 수정한 이론을 찾는 것이라고 볼 수 있다. 바로 그것이 그 때까지의 서구교육사상이 지니는 보수적인 측면보다는 훨씬 진보적이며 개혁적인 측면에 눈을 돌리는 성향을 보여주는 것이기도 하다. 그중에서 우리 사회의 혁신적인 교육이론으로서 주목받은 것이 사회주의 사상이며, 그를 통해서 좁은 의미의 마르크스주의 교육사상을 발전적이며 전향적으로 수용하는 계기를 마련했다고 할 수 있다.

1910년대 일제의 조선병탄을 계기로 해서 식민지 조선사회의 교육적인 관심은 기존의 제국주의적 교육이론이 강조하는 국가경쟁이론에 대해서 회의하고 있었다. 즉 자본주의적인 근대화이론이 지니는 교육만능주의를 대체할 수 있는 새로운 교육이론에 관심을 가지게 되었다는 사실이다. 이런 상황을 반영하는 새로운 양상이 크게 두 가지의 경향으로 나타나고 있었다. 그 하나는 병탄 이전의 민족선각자로서 국권회복을 위해 진력하던 진보적인 애국계몽사상가들이며, 다른 하나는 병탄 이후 조선의 사회상황에서 새로이 등장하는 인텔리 지식계층 중심의 신문명개화론자라고 할 수 있다. 전자는 신채호·이동휘·이동녕 등으로 대표하는 무정부주의적인 교육사상을 수용하는 계기를 만들었으며, 후자는 제2세대 일본유학생들로서 초기 자유주의적인 교육사상을 소유하는 과정에 있다고 할 수 있다.

신채호 등의 무정부주의 교육사상은 20세기를 전후한 시기 전 세계적으로 진행하고 있는 민주주의혁명과 개혁을 긍정적으로 반영한 결과라고 볼 수 있다. 특히 그의 무정부주의 사상은 양계초의 문명개화론, 손문의 삼민주의 등 중국식 진보주의와 러시아적 낭만주의를 계승하고 있다. 신채호는 사실상 민족주의 국사관에 입각한 사학자로서 출발하였다. 그러나 일제에 조선이 강점당한 이후 중국, 연해주 등으로 망명생활을 계속하면서 무정부주의·사회주의 등 당시 중국의 사상을 수용하면서 '폭력 긍정의' 혁명적인 민족주의자로 변해 가고 있었다.224) 그런 상황에서 그는 조선의 식민지 교육의 참상을 다음과 같이 표현하고 있다.

"……강도 일본이 헌병정치·경찰정치를 여행(勵行)하여 우리 민족이 촌보의 행동도 임의로 못하고, 언론·출판·결사·집회의 일체 자유가 없어 고통과 분한(憤恨)이 있으면 벙어리의 가슴이나 만질 뿐이요, 행복과 자유의 세계에는 눈뜬 소경이 되고, 자녀가 나면 '일어를 국어라, 일문(日文)을 국문이라'하는 노예 양성소-학교로 보내고 조선 사람으로 혹 조선사를 읽게 된다 하면 '단군을 무(誣)하여 소잔명존(素盞嗚尊)의 형제'라 하며 '삼한시대 한강 이남을 일본 영지'라 한 일본놈들이 적은 대로 읽게 되며, 신문이나 잡지를 본다 하면 강도 정치를 찬미하는 반일본화(反日本化)한 노예적 문자뿐이며, 똑똑한 자제가 난다 하면 환경의 압박에서 염세 절망의 추락자가 되거나, 그렇지 않으면 음모사건의 명칭 하에 감옥에 구류되어……종신 불구의 폐질자(廢疾者)가 될 뿐이라. 그렇지 않을 지라도 발명창작의 본능은 생활의 곤란에서 단절되며, 진취 활발의 기상은 경우의 압박에서 소멸되어 '찍도 쩍도 못하게 각 방면의 속박·편태(鞭笞)·구박·압제를 받아 환해(環海) 삼천리가 일개 대감옥이 되어 우리 민족은 아주 인류의 자각을 잃을 뿐 아니라, 곧 자동적 본능까지 잃어 노예부터 기계가 되어 강도 수중의 사용품이 되고 말 것이며,……"225)

---

224) 신일철, 「신채호의 민족사관(해제)」, 『한국의 근대사상』(서울: 삼성출판사, 1990), 329-330쪽.
225) 신채호, 「조선혁명선언」(1923), 『한국의 근대사상』, 345-346쪽.

신채호는 이런 교육의 참상을 직시하면서 이에 대한 해결은 "내정독립이나 참정권이나 자치를 운동하는 것"으로도 불가능하며, "외교론이나 준비론 등 미몽(迷夢)한 입장"으로도 해결할 수 없다고 보았다.226) 그래서 그는 조선의 교육을 올바르게 확립하는 것도 민중의 자주적인 혁명으로서만 가능하다고 보았으며, 이는 실력양성론자들의 준비론적인 입장과 분명하게 구분되는 논리였다. 또한 교육의 혁신적인 변화를 이루기 위해서는 우선 조선 국가의 자주적인 독립과 혁명적인 체제 건설이 필요하다는 과격한 논리로 나아가고 있었다. 그는 다음과 같이 말하고 있다.

"……금일 혁명으로 말하면 민중이 곧 민중 자기를 위하여 하는 혁명인 고로 '민중혁명'이나 '직접혁명'이라 칭함이며, 민중 직접의 혁명인 고로 그 비등 팽창의 열도가 숫자상 강약 비교의 관념을 타파하며, 그 결과의 성패가 매양 전쟁학상의 정궤(定軌)에 일출(逸出)하여 무전무병(無錢無兵)한 민중으로 백만의 군대와 억만의 부력(富力)을 가진 제왕도 타도하며 외구도 구축하나니, 그러므로 우리 혁명의 제1보는 민중 각오의 요구니라.……다시 말하자면 '고유적 조선의' '자유적 조선민중의' '민중적 경제의' '민중적 사회의' '민중적 문화의' 조선을 건설하기 위하여 '이족 통치의' '약탈 제도의' '사회적 불평균의' '노예적 문화사상의' 현상을 타파함이니라. 그런즉 파괴적 정신이 곧 건설적 주장이라.……"227)

신채호는 조선의 사회·문화·정치·경제 등 모든 분야의 중심으로서 민중에 대한 자기 확신을 가지고 있었다. 비록 민중을 어떤 방식으로 조직하고, 전체적·단계적 차원에서 어떤 전략과 전술을 구사할 것인가 하는 세부적인 내용은 언급하고 있지 않지만, 그의 「조선혁명선언」은 실력양성론자들이 주장하는 준비론적인 입장과 대립적인 성격을 지녔다고 할 수 있다. 그런 의미에서 그의 사상체계는 식민지 조선사회에 필요한 교육활동과 관련한 전략은 있지만 세부적인 전술이 부족한 교

---

226) 신채호, 「조선혁명선언」, 앞의 책, 346-349쪽.
227) 신채호, 「조선혁명선언」, 앞의 책, 349-350쪽.

육론이라고 할 수 있다.228) 앞의 인용문에서도 알 수 있듯이 1920년대
로 접어들면서 신채호는 3·1운동에 대한 역사적인 반성과 중국 망명
지에서의 무정부주의적인 혁명사상의 영향을 받아서 진보적인 사회사관
으로 관심을 옮기고 있었다. 역사적 운동의 주체 역시 상징적 의미의
민족보다는 실체적 개념인 민중에 중점을 두고 있었고, 독립을 위한 전
략으로도 '교화', '준비' 등의 온건주의적 운동보다는 무력투쟁적 '혁명'
노선과 무정부주의적인 테러리즘에까지 관심을 가지게 되었다.

중국에 망명할 당시 신채호의 민족사상은 중국 무정부주의 운동의
대표자라고 할 수 있는 이석증(李石曾)의 영향을 크게 받았다. 이석증
은 당시 중국의 자유주의적 교육운동을 대신하여 무정부주의 운동과
사상보급활동을 벌이고 있었다. 신채호는 이석증의 배려로 중국 무정부
주의의 원조 유사복(劉師復)의 논문을 탐독할 수 있었다. 그와 동시에
신채호는 일본의 무정부주의자 고도쿠 슈스이(幸德秋水)의 「기독말살
론」을 통해서 천황제 군국주의에 반대하는 논리적인 체계까지 세울 수
있었다.229) 그러나 그의 무정부주의적인 관점은 중국·일본의 무정부주
의자들의 영향을 받았지만, 그 속에서 그들과 달리 식민지 사회의 특
수성을 반영하는 민중론과 혁명론을 제시하는 것에 중점을 두고 있었
다. 그런데 신채호의 무정부주의 사상은 민중을 주체로 하는 독립쟁취
와 새로운 국가의 건설을 지향하고 있는 측면에서 러시아 볼셰비키 혁
명을 모델로 하고 있으며, 사회주의적인 친화성을 보여주고 있었다.

바로 그 관점에서 사회주의적인 교육사상을 제기한 사람이 이동휘·박

---

228) 본 연구는 신채호의 무정부주의적인 교육사상을 「조선혁명선언」의 전체
적인 맥락에서 이해하고자 한다. 「조선혁명선언」은 1920년대 중국·만주
에서 활동한 의열단의 행동강령에 기초를 제시한 논문으로서 항일독립투
쟁의 기본 이념과 목표를 '제시'하고 있다. 그러나 동시에 이 논문에서
제시하고 있는 민중 중심의 신체제·신국가 건설이라는 과제는 이런 민
중의식을 소유하는 개체를 양성해야 한다는 측면에서 식민지 조선교육의
기본방향을 '암시'하는 것이라고 할 수 있다.
229) 신일철, 「조선혁명선언(해제)」, 『한국의 근대사상』, 340－341쪽.

진순·여운형 등이었다. 이들은 신채호의 무정부주의적인 민중사상을 사회주의적 교육활동으로 전환한 점에서 크게 주목받고 있다고 할 수 있다. 이들은 또한 일제의 강점 이후 중국·만주로 이주한 한인 사회에 초기 공산주의 교육활동을 실천한 점에서 신채호의 무정부주의 사상과 구별된다고 할 수 있다. 국내에는 일제의 탄압이 극심했던 것에 비해서 해외에는 일제의 통치력이 상대적으로 미약하다고 볼 수 있었다. 또 러시아·중국 등의 혁명적인 상황과 자유스런 분위기 속에서 부분적으로는 현지 정부와 민간인의 원조를 얻을 수도 있었다. 이러한 상황에서 중국·연해주·만주 등을 중심으로 한 해외 한인사회에 사회주의가 도입되기 시작하였다. 특히 러시아 영토인 연해주·시베리아와 일본에서의 한인 사회주의운동은 사회주의 이념의 국내 도입과 확산에도 크게 기여하였다.[230] 여기에서 이동휘 등의 교육활동을 초기 공산주의라고 명명한 이유는 러시아 볼셰비키 혁명에 직·간접적으로 영향을 받으면서도 마르크스주의적 계급혁명보다는 조선민족의 해방에 관심을 더 크게 가진 것에 비롯하고 있다.[231] 당시 만주·연해주·중국 등의 한인 사회에서 공산주의를 본격적으로 유입하는 것은 1918년 6월 하바로프스크에서 조직한 이동휘·박진순 등의 한인사회당과 같은 해 1월 이르크츠크에서 결성한 김철훈·오하묵 등의 이르크츠크 공산당 한인지부에서 비롯하였다.[232]

---

230) 임대식, 「사회주의운동과 조선공산당」, 『한국사15 – 민족해방운동의 전개(1)』 (서울: 한길사, 1995), 161쪽.

231) 김준엽·김창순, 『한국공산주의운동사』1, 서울: 고려대 아세아문제연구소, 1967.; 서대숙, 현대사 연구회 역, 『한국공산주의운동사 연구』, 서울: 화다, 1985.; 윤종혁, 「일제하 항일학생운동 및 민족교육운동 연구」, 고려대 석사학위논문, 1986. 등이 대부분 이와 같이 성격 규정을 하고 있다.

232) 한인사회당은 이동휘가 상해임시정부에 참여함으로써 근거지를 상해로 옮겨 상해파 고려공산당이라고도 불렀으며, 이르쿠츠크공산당 한인지부는 바이탈호 인근의 한인들을 기반으로 했기 때문에 이르쿠츠크파 고려공산당이라고 부르기도 하였다. 전자는 러시아 혁명의 볼세비즘을 받아들이기는 했지만 민족주의적인 경향이 비교적 강했고, 후자는 귀화한 한인들을 중심으로 한 러시아 공산당의 지부 조직으로서 전자보다 비교적 러시아

이동휘·박진순·여운형 등 초기 공산주의자들은 상해·북경 등지에서 사회주의 연구회와 사회과학 연구회 등을 조직하였으며, 다수의 마르크스·레닌주의의 서적과 간행물 등을 발행하였다. 마르크스·레닌주의 서적과 간행물들은 각종 경로를 통하여 연해주 및 만주의 한인 거주지에 전파되었다. 그 가운데에는 『공산당 선언』, 『러시아 공산당 정강』, 『무산계급의 전진방향』, 『노동조합 독본』 등의 서적과 「서광」, 「공산」, 「효종」, 「새세계」, 「노동세계」, 「적군」, 「적기」 등 수십 종의 간행물이 있었다.233) 이러한 경로를 통해서 재만 한인 사회에 유입된 공산주의는 만주 지역에서 청년들이 중심이 되는 단체를 구성하는 데 일정한 역할을 할 수 있었다. 이들 단체는 러시아 및 중국 상해의 공산주의자 대회 및 단체활동을 통해서 한인 사회의 교육계에서 종교와 학교의 분리를 시도하였다.234) 이와 함께 학생·청년들의 공산주의 활동을 민중의 일상생활과 결합시키기 위한 다양한 교육활동을 전개하였다. 마르크스·레닌주의 및 사회주의 혁명사상과 친숙하게 된 학생·청년들은 일반 민중들에 대한 문맹퇴치·문화보급 등 교육활동을 벌이면서 사상계몽·반일투쟁 등의 의식을 고양하고자 하였다.235) 초기 공산주의자들은 만주·중국·연해주 등에서 주로 학교를 중심으로 교육활동을 전개하면서, 역시 항일민족교육의 중심지라고 할 수 있는 종교계 학교를 배척하는 특이한 양상을 보여주고 있었다.

그런데 주목할 만한 사실은 이동휘가 중심이 되어 구성된 만주 지역의 고려공산당의 이념적 성향에 있다고 할 수 있다. 1921년 5월에 개

---

적인 성향을 지니고 있었다.

233) 연변조선족약사 편찬조, 『조선족약사』, 연변: 연변인민출판사, 1989, 82쪽.

234) 처음에 재만 한인 사회의 동흥중학교와 대성중학교에서 공자제(孔子祭) 의식을 거부하고, 학교의 운영권도 종교계 인사로부터 접수하는 사건이 발생하였다. 이는 점차 은진중학교와 명동학교 등 다른 학교로 파급되면서 초기 공산주의적 교육운동(개혁)의 단초를 보여 주고 있었다. 자세한 내용은 연변대학·연변민족교육연구소 교육사연구실 편, 『연변 조선족교육사』(서울: 논장, 1989), 51-52쪽을 참조할 것.

235) 한국교육연구소 편, 『한국교육사(근·현대편)』(서울: 풀빛, 1993), 279-280쪽.

최한 고려공산당의 제1회 당 대회에서는 당 선언과 강령, 당칙을 발표
하였다. 고려공산당의 당 선언은 1848년 마르크스·엥겔스의 공산당 선
언에서 제시한 유물사관의 계급혁명론을 전제하였다. 즉 "민족적 해방
운동은 사회혁명의 한 단계일 뿐 목적이 아니며, 우리는 현 사회의 모
든 계급을 철저히 타파할 것"236)이라고 주장하였다. 고려공산당은 조선
공산주의자의 투쟁이 일본의 자본주의 착취자들에 대한 타도를 통해서
조선에 계급 없는 사회를 실현하는 것이라고 본 것이다. 이러한 주장
이 이동휘를 비롯한 초기 공산주의자들의 진정한 입장을 반영하고 있
는 것인가 하는 문제는 여전히 의문의 여지를 남기고 있다. 그것은 초
기의 공산주의자들이 공산주의 운동에 가담한 것이 프롤레타리아 계급
투쟁을 목적으로 하기 보다는 민족해방(독립)운동을 위해 일시적으로
러시아 소비에트 정부와 제휴하는 것이 필요한 현실적인 상황을 반영
한 것이라고 할 수 있기 때문이다.

  그러나 고려공산당의 당 강령에서는 현재 우리 사회의 모든 악의 근
원이 자본주의 체제라고 지적하고, 전 기업의 국유화, 전 인민에 대한
의무교육 실시, 노동의 의무화, 여성의 해방, 자본가의 재산몰수 등을
주장하였다.237) 이러한 당 강령에 기초하여 재만주·연해주의 한인 사
회 공산주의자들은 전 국민의 대중교육을 강조하고, 종교를 미신이라고
단죄하는 종교·학교 분리활동을 전개한 것이었다. 그러나 고려공산당
의 당 선언과 당 강령이 당시 만주·연해주의 한인 사회에 적합한 역
사적·사회적 제 조건을 갖추고 있었는지에 대해서는 여전히 의문이
남을 수 있다.238) 사회·경제적인 여건이 성숙하지 못한 만주·연해주

---

236) 김준엽·김창순, 『한국공산주의운동사 I』(서울: 고려대 아세아문제연구소,
    1967), 181-182쪽.
237) 서대숙, 『한국 공산주의운동사연구』, 29-30쪽.
238) 당시 만주·연해주 지역의 한인 사회에서 민족운동의 중심을 이루고 있
    는 세력은 한말 애국계몽운동을 벌였던 자강론적 민족주의자들이었다.
    그들의 당면 과제는 자강을 통한 국권회복에 있었으며, 실제로 3·1운동
    이후 만주 지역의 무장독립투쟁은 이들이 중심이 되어 실천한 것이었다.

지역의 한인 사회에서 민족해방이라는 당면한 민족주의적 과제보다는
계급해방에 중심축을 두는 초기 공산주의자들의 활동은 이 지역 항일
민족 역량을 분산시키는 결과를 초래하였다. 이는 다른 관점에서 보면
초기의 무정부주의 운동이 마르크스・레닌주의적인 민족해방운동과 소
박한 차원에서 결합한 교육활동이며, '변형된 사회주의' 교육사상이라
고 할 수 있다.

### (3) 마르크스주의 학생운동과 교육개혁 쟁점

그러나 이 사회주의 교육사상은 조선에 있어서 마르크스주의 교육사
조의 공식적인 수용과정과는 구별되는 교육사상이라고 할 수 있다. 그
것은 다만 민족의 국권회복을 위한 목적에서 사회주의를 수용하려는
의도를 담고 있는 것이었다. 그런 측면에 있어서 1910년대 이후 사회
주의를 수용하는 과정은 무정부주의적인 성향이 강하게 담긴 중국, 연
해주 지역의 소박한 사회주의 사상의 교육실천활동에 관계한 것이라고
할 수 있다.

조선에 있어서 초기의 사회주의 사상이 마르크스・레닌주의 사상,
즉 과학적 사회주의 사상으로 발전한 것을 수용하게 되는 것은 대략
1920년대 초반의 상황이라고 할 수 있다. 그것은 이미 1910년대 이후
일본에 본격 도입되기 시작한 마르크스주의 사상을 재일 조선유학생들
이 수용하는 과정, 그리고 1917년 러시아 볼셰비키 혁명 이후 소비에
트 러시아의 지원을 받게 되는 일부 사회주의자들의 레닌주의적 관점
에서 비롯한다고 볼 수 있다.239) 특히 당시 국내외적인 정세로 볼 때

---

따라서 초기 공산주의자들의 민족주의자 배격정책은 자신들이 믿고 따르
는 레닌주의적 전략・전술론의 차원에서 보아도, '소아병적 교조주의자'
라고 할 만큼 민족해방운동의 분열화 현상(예를 들면, '자유시 사변')에
어느 정도 원인 제공을 한 것도 사실이라고 할 수 있다.

239) 일본의 경우 1911년 고도쿠 슈스이(幸德秋水) 등의 이른바 천황 및 천황
제 모독과 관련한 '대역사건(大逆事件)'으로 인해서 초기 공산주의자 및

마르크스주의 사상에서 교육사상과 교육실천의 영역은 부분적인 영역, 혹은 부문활동의 한 분야로서 인식되기 때문에 마르크스주의 교육사상은 곧 마르크스주의 혁명사상과 직결되는 과정이라고도 볼 수 있었다.[240] 실제로 마르크스주의 사상은 사회주의 혁명, 프롤레타리아 혁명을 궁극적인 목적으로 하는 전략전술론으로서 교육 자체에 대한 관심은 표면적으로 거의 등장하지 않고 있는 상황이었다. 그러나 조선의 사회주의자들은 민족해방운동과 민족주의적인 측면의 사회주의 혁명을 지향하고 있는 단계적 차원에서 민중을 계몽하고 사회주의적인 '의식'으로 전화시킨다는 과정적 측면의 교육실천 및 교육사상에 관심을 가질 수 있었다. 바로 이 점이 당시 교육사상을 규명하는 과정에서 연구해야 할 과제라고 할 수 있었다.

그런 측면에서 1920년대 초반 조선 사회에 무정부주의적 경향의 초기 사회주의에 대체할 수 있는 마르크스·레닌주의적 교육사상, 본격적인 사회주의 교육사상이 도입되는 배경을 살펴보면 대략 다음과 같다.

첫째, 1917년 러시아 볼셰비키 혁명이 성공함으로 인한 직·간접적인 영향을 들 수 있다. 일제 식민지 지배 아래서 민족적·계급적 억압

---

무정부주의자들이 거의 전멸하는 위기적인 상황을 마르크스주의 사상의 수용으로 다시 재정비하는 상황에 있었다고 할 수 있다.

240) 원래 마르크스와 엥겔스가 관심을 가지고 있는 교육개혁안은 원론적인 의미의 '노동자 교육과 노동자의 자기 의식화'라고 할 수 있다. 이는 19세기 산업자본주의 사회로 발전해 나가고 있었던 서구 사회의 경제 상황을 반영하는 논리라고 할 수 있다. 그러나 동양적 전제정치에서 시작하고 식민지 반봉건사회의 경제양식을 지니고 있는 조선 사회에서 서구식 마르크스주의 교육개혁을 지식인 사회에서 그대로 수용할 수는 없는 실정이었다. 이것이 조선 사회에서 마르크스주의 교육사상을 수용하면서 제대로 적용해 보지 못하고 실패하는 원인(遠因)이 되었다고도 할 수 있다. 본 연구 역시 교육사상사의 분야에서 마르크스주의 교육사상이 지니는 이런 한계 상황과 제약 요인에 주목하고 있다. 한 마디로 말하면, 이 연구논문에서도 마르크스주의 교육사상이 조선의 민족독립운동, 민족해방운동에서 차지하는 의의와 역할이 시대적, 사회적 상황으로 인해서 혁명사상의 보조적인 역할로 해석되는 경향을 부정하지는 않을 예정이다.

을 당하고 있던 조선의 대중들이 당시 러시아 혁명의 본질적인 요소를 제대로 이해할 수는 없었다. 그러나 만주·연해주 등에 거주하는 한인 사회의 영향을 받아서 러시아 혁명 이후 소비에트 사회는 지배자와 수탈자가 없이 생산자·무산자·피지배자가 주인이 되는 새로운 사회라는 측면을 파악하고 있었다. 더욱이 러시아 혁명 이후 혁명정부는 동방 지역의 식민지 문제에 많은 관심을 가지고 사회주의 사상·체제로 지원하는 등 조선의 식자 계층을 자극하고 있었다.[241]

둘째, 소비에트 혁명정부와 달리 제국주의 열강들은 동맹국 지원이라는 '전승국 원칙'을 일본 제국주의 체제에까지 적용하였다. 이로 인해서 일본의 식민지인 조선의 독립과 식민지 민족해방운동지원정책은 사실상 무시되고 있었다. 사실상 제국주의 국가들의 이성에 호소하는 외교론적 독립운동은 실패할 수밖에 없었고, 조선의 지식인과 민중들은 이와 다른 이념체제인 사회주의에 경도하게 되었다.

셋째, 3.1운동과 외교독립운동의 실패로 인한 민중 중심의 민족해방 운동을 위한 새로운 조직과 이념을 모색하게 되었다. 특히, 지식인 사회에서 무정부주의적인 무력투쟁을 거쳐서 조직적인 사회주의 운동을 통한 새로운 사회를 구상하는 논리가 유학생, 재외 민족지사를 중심으로 활발하게 전개되었다. 더구나 3.1운동의 경험을 통해서 무저항·비폭력적인 독립 투쟁의 대안으로 과학적·조직적인 사회주의 이념을 추구하게 된 것은 대중운동의 발전에 기반한 것이기도 하였다.[242]

넷째, 개항 이후 근대화를 위한 교육논리였던 '사회진화론적 교육관' 자체가 전략론적인 차원에서 마르크스주의 교육사상을 쉽게 수용할 수 있는 사회적 토대를 마련하였다. 당시 지식인, 유학생 계층을 중심으로 연구하였던 '생존경쟁, 적자생존' 등의 사회진화론 원리는 변증법적 유물론의 기본 원리와 유사한 성향을 가지고 있었던 것이 사실이었다.

---

241) 김준엽·김창순, 『한국공산주의운동사Ⅰ』, 서울: 고려대 아세아문제연구소, 1967.; 임대식, 「사회주의운동과 조선공산당」, 1995. 등 참조.
242) 임대식, 「사회주의운동과 조선공산당」, 앞의 책, 159-160쪽.

이는 제국주의적인 교육논리를 방법론적인 측면에서 사회주의적인 교육논리로 전환시켰던 한 가지의 사례라고도 할 수 있다. 서구 사회와 달리 조선에서는 사회주의에 대한 이해와 관계없이 비교적 짧은 기간에 마르크스주의 교육사상을 절대적으로 수용할 수 있었던 것도 이런 학문적 풍토에 기반하고 있었다.[243]

다섯째, 일제의 식민지통치방식이 사회주의 이념을 수용·확산하는데 원조하였다. 3.1운동 이후 일제는 탄압 일변도의 무단통치만으로는 효과적인 식민지 지배체제를 확립할 수 없다는 사실을 인식하였다. 식민통치사상 유례가 없는 일제의 식민통치에 대한 비판적인 국제 여론과 함께 일본 국내에서 전개된 '다이쇼(大正) 데모크라시'의 여건 등에 힘입어서 일제는 문화통치라는 유화책을 전개하게 되었다.[244] 그러나 일제의 식민통치에서 기본적으로 관철되고 있는 폭압성과 약탈성이야말로 매우 기형적인 사회주의 교육사상을 창출하는 단초가 되기도 하였다.

## (4) 식민지 정책으로서의 학제개혁과 진보적 학생사상

앞에서 언급한 것처럼 조선의 초기 사회주의교육사조의 수용과정은 무정부주의적인 성향이 강하고 소박한 의미에서 국권회복을 위한 교육운동의 이론을 보강하고자 하는 측면이 강한 것이라고 할 수 있다. 사

---

243) 박찬승, 『한국근대정치사상사연구』(서울: 역사비평사, 1992), 197－217쪽.; 윤종혁, 「근대 한·일 공교육사상 비교연구」, 고려대 박사학위논문, 1994, 참조.
244) 1910년대 일본에서는 자본주의가 활성화하면서 천황제 중심의 절대주의 권력에 자유주의적인 교육개혁과 사회개혁을 요구하는 일련의 움직임이 일어났다. 이는 곧바로 사상적인 측면에서 '새로운 이상사회'를 꿈꾸는 마르크스주의 교육사상과 자유주의 교육사상을 활성화시키는 계기를 마련하는 것이기도 하였다. 이 당시 일본에 유학하고 있던 재일 조선유학생들은 이런 상황 속에서 진보적이고 자유주의적, 급진주의적인 여러 가지 사회사상과 교육사상을 섭렵할 수 있는 계기를 마련한 것이기도 하였다(古田光 編, 『近代日本社會思想史Ⅱ』, 東京: 有斐閣, 1971.; 奧井智之, 『近代的世界の誕生』, 東京: 弘文堂, 1988.; 방기중, 『한국근현대사상사연구』, 서울: 역사비평사, 1992. 등 참조).

회주의 성향 중의 소위 마르크스주의적인 교육사조를 도입하여 이식하는 과정은 오히려 1920년대에 들어서 제2세대 일본 유학생집단에서 시작한다고 볼 수 있다.

당시 일본의 경우 절대왕정체제를 비판하면서 부르조아 민주주의혁명을 지향하는 제1세대 공산주의자들이 1910년 소위 '대역사건'으로 타격을 받고 난 이후였다. 일본은 후발제국주의로서 낭만적 자유주의와 민주주의를 지향하는 '다이쇼 데모크라시'(大正民主主義)를 기회로 마르크스주의를 왕성하게 받아들이고 있었다. 일본의 지식인들은 주로 독일, 프랑스 등에 대한 유학생을 중심으로 선진마르크스주의사상을 받아들였으며, 1917년 러시아 소비에트정권이 탄생한 이후로는 레닌주의적인 실천사상까지 수용하고 있었다.245) 바로 이것이 1921년 일본 공산당의 창립까지 가져오면서 일본의 마르크스주의가 학생·지식인의 이데올로기로 정착하는 직접적인 요인이 되었다.

1920년대 일본에 거주하던 조선유학생 사회에도 사회주의 이념이 도입되고, 이로 말미암아 이들이 국내에 귀환한 이후에는 국내에도 자연스럽게 사회주의 이념을 도입하고 있었다. 실제 일본 국내에서는 1910년대 중반 '다이쇼 데모크라시'의 자유사상과 문화의 분위기 속에서 '사회주의'까지도 기독교 사회주의, 사회 개량주의, 사회민주주의, 노동조합주의, 생디칼리즘, 무정부주의 등 잡다한 종류의 사상이 좌익사회주의, 볼셰비즘으로 지칭하는 마르크스주의와 상호 결합하거나 혼재하고 있었다.246) 이런 유형의 사회주의는 점차 마르크스주의 지식인들의

---

245) 小田康德, 『日本近代史の探究』(東京: 世界思想社, 1993), pp.31 – 45.

246) 1910년대 일본의 자본주의 발전이라는 사회·경제적 배경 속에서 일본의 지식인들은 다양한 학문적 배경 속에서 여러 가지 유형의 사회 이념을 제시하였다. 이른바 '사이비 사회주의 논쟁'의 배경을 이루고 있는 사회 개량주의는 미노베 다쓰키치(美濃部達吉), 후쿠다 도쿠조(福田德三) 등 독일 역사학파의 영향을 받은 국가주의적 이데올로기라고 할 수 있었다. 이들은 사회개량주의, 노자협조주의, 강단사회주의, 사회정책학파 등 일본 발전의 긍정적인 측면과 노농계급의 자본계급과의 협조정책에 많은 연구를 기울이고 있었다. 교육학계에 있어서도 다카하시 하마키치(高橋濱吉),

평론활동과 선전활동이 활발해지면서 차차로 불식되고, 일본 공산당의 창당과 함께 사회주의 운동을 본격적으로 전개하고 있는 분위기에서 지성계 자체가 마르크스주의로 경도하고 있었다.247)

이 시기 일본에 유학하고 있던 조선의 학생들은 마르크스주의 사상을 서구의 많은 교육사상들 중의 하나로서 접촉하는 기회를 가질 수 있었다. 유학생들은 대체로 세 가지 정도의 경로를 통해서 마르크스주의 사상에 접촉할 수 있었던 것 같다. 첫째는 일본 내 대학의 강의를 통해서 하나의 계기를 마련하는 경향이 있다. 당시 일본 대학의 학부와 본과 강의는 인문사회계를 중심으로 독일의 역사학파 이론과 마르크스주의적인 역사·철학·경제학이 인기 있는 강의였다고 한다.248) 물론 그것은 당시 일본 대학의 학문적 분위기로 볼 때 마르크스주의 기

다카하시 도루(高橋亨) 등이 이런 관점에서 국가교육의 당위성과 조선교육의 후진성을 논파하고 있었다. 한 마디로 마르크스주의 혹은 사회주의의 이념을 교육상황에 적용하면서 국가의 교육개량정책에 기여하고 있었던 어용학자류라고 할 수 있었다(山川均,「吾國におけるマルクシズムの發達」,『改造』1933年 3月号, pp.29−33.; 掛谷宰平,「社會運動の發展」,『講座日本史7』(東京: 岩波書店, 1971), pp.115−120.; 飛鳥井雅道,「初期社會主義」,『岩波講座 日本歷史17』, 1976, pp.152−178. 등을 참조할 것.).

247) 1925년 일본 공산당의 마르크스·레닌주의적인 관점에서 정통 이론과 실천운동을 제시하는 후쿠모토 가즈오(福本和夫), 이노마타 쓰나오(猪俣津南雄)가 등장하여 이른바 '강좌−노농파 마르크스주의 논쟁'을 벌이기 전까지, 마르크스주의 보급과 연구를 주도한 인물은 가와카미 하지메(河上肇), 가타야마 센(片山潛), 야마카와 히토시(山川均), 사카이 도시히코(堺利彦), 아라하타 간손(荒畑寒村) 등이었다. 이런 마르크스주의 보급에 중요한 역할을 한 매체는 가와카미 하지메가 창간한 『社會問題硏究』(1919), 야마카와 히토시와 사카이 도시히코가 창간한 『社會主義硏究』(1919), 일본공산당의 기관지 『前衛』(1922) 등과 대중잡지 『改造』(1919), 『解放』(1919) 등이었다. 이에 대해서는 고야마 히로타케(小山弘健) 편, 한상구·조경란 역, 『일본마르크스주의사 개설』, 서울: 이론과 실천사, 1991, 제1장을 참조하기 바란다.

248) 한 예를 들면, 도쿄제국대학과 교토제국대학 등 제국대학의 교수들이 주로 강의하는 내용은 독일철학, 혹은 독일역사학파의 진보적인 이론이었다. 특히, 국가주의적 관점에서 학문을 중시하는 일본 국내의 학문 분위기에서 자연히 독일학문의 진보성향을 대표하는 마르크스주의 이론을 강의하고 소개할 수 있는 여건을 마련한 것으로 보인다.

초 이론에 대한 비판적인 소개 형태로 한정된 내용이라는 것을 짐작할 수 있다. 둘째는, 문헌을 통해서 개인적으로 학습하는 경우라고 할 수 있다. 대체적으로 유학생들은 학문적으로 사회과학에 접근하는 방식으로서 이 방법을 가장 많이 활용했던 것 같다. 특히, 유학생들은 마르크스주의에 관련한 개설적인 통속 해설서뿐만 아니라 마르크스와 엥겔스, 레닌이나 로자 룩셈부르크 등의 주요 저작에 직접 접근하였던 것이다.249) 당시 일본은 마르크스주의 원전이 번역되기 시작한 초창기에 해당하기 때문에, 유학생들은 주로 독일어판 원서를 이용하여 마르크스주의에 대하여 이해하고 있었다.250) 셋째는, 재일 유학생 간에 활발하게 이루어진 학술 교류를 통해서 마르크스주의 사상을 수용하는 경우가 있다. 이런 방식으로 유학생들은 다양한 영역과 활동범위 속에서 마르크스주의 사상을 수용하고 있었으며, 유학생 간의 사회주의 서클을 만들어서 사회주의·마르크스주의에 대한 초보적인 연구도 추진하였다.251) 조선고학생동우회(1920년 1월), 흑도회(1921년 11월), 북성회(1923년 1월), 일월회(1925년 1월) 등의 사상단체들이 대표적이라고 할 수 있다.

그러나 이 시기 유학생들이 마르크스주의 사상에 공감하고 그 것을

---

249) 1920년대 초반 일본에서는 야마카와 히토시(山川均), 사카이 도시히코(堺利彦), 다카바타케 모토유키(高畠素之)를 중심으로 하는 볼셰비키주의자와 오스기 사카에(大杉榮)를 중심으로 하는 아나키스트 사이에서 마르크스주의 사상논쟁이 벌어졌다. 이 과정에서 양쪽 진영은 학술잡지 및 기관지를 통해서 각자의 입장을 소개하는 방식으로 마르크스주의 문헌에 대한 해석 및 내용을 소개하였다. 재일 조선유학생들은 대체로 이런 기관지와 마르크스주의 관련 서적을 탐독할 수 있었다(古田光 編,『近代日本社會思想史Ⅱ』(東京: 有斐閣, 1971), pp.21-38. 참조).

250) 일본에서의 마르크스주의 원전 출판은 1920년 다카바타케 모토유키(高畠素之)가 번역·출판한『자본론』제1권 제1책이 간행되면서부터였다. 마르크스와 레닌의 저작물이 총서, 전집 형태로 출판되고 기타 마르크스주의 문헌들이 집중 소개된 것도 대략 1925년을 전후한 시기라고 할 수 있다(古田光 編, 前揭書, pp.31-32.).

251) 임대식,「사회주의운동과 조선공산당」, 앞의 책, 163쪽.

보급하고자 활동했던 단계는 아직 마르크스주의의 이식단계에 해당하는 것이었다. 일본 유학생들이 귀국하면서 가지고 들어오는 마르크스주의 원전들이 다른 사회과학사상과 함께 학생들에게 보급되기 시작한 것은 바로 이런 단계에서 시작한 것이었다. 그러나 마르크스·레닌주의적인 사상이 학생들에게 공감을 받을 수 있었던 것은 피압박식민지문제에 대한 적극적인 개입활동에 있었다고 할 수 있다. 즉 이론 그 자체보다는 실천과정으로서의 민족해방운동에 유용한 사상으로서 적극적인 의미를 지닐 수가 있었다.

일제가 강점한 식민지 조선의 학생들은 이미 1910년대부터 활발한 해외 유학을 하고 있었다. 해외 유학이 활발하게 된 이유로는 신학문을 통해서 민족독립을 위한 실력양성의 수단으로 삼는 것과 함께, 식민지 체제하에서 개인의 신분 상승을 위한 입신출세주의적인 교육열의 발로라고도 할 수 있다. 그 결과 조선에서 전개한 민족 운동의 지도자도 대부분 유학생 출신이라고 할 수 있었으며, 식민지 사회구성의 상층 지배집단의 조선인도 대개 이들 유학생 출신자가 주류를 이루고 있었다.

그런데 앞에서도 언급하였지만 조선에 마르크스주의 교육사상이 수용되기 시작하는 것은 이들 재일 유학생들이 가지고 들어오는 문헌을 통해서라고 할 수 있었다. 학생들은 마르크스주의 교육사상이 가지고 있는 평등과 해방이념에서 민족운동의 방향점을 찾을 수 있었다. 특히, 1920년대에 들어오면서 대다수 민중은 조선의 해방이 평화적인 시위 혹은 열강들의 외교원조로 이루어질 수 없다는 것을 자각하고 있었다.[252] 민족해방운동을 성공적으로 이끌어가기 위하여 민족적인 단결과 조직적인 교육실천이 필요하다는 사실도 절감하게 되었다. 이를 바탕으로 하여 1920년대 중반에는 조선 국내에서도 학생 계층과 지식인집단을 중심으로 사회주의 및 마르크스주의에 입각한 조직활동을 벌이기 시작하였다. 1924년 7월 "학생계의 사상을 통일하고 지식을 서로 교환

---

252) 한국교육연구소 편, 『한국교육사-근·현대편』, 1993, 195쪽.

하여 학생으로서의 책임을 다하는" 취지와 목적을 내세우고 조선학생총연합회를 설립하게 되었다. 또한, 1925년 5월에는 사회주의적 경향이 농후한 조선공학회를 조직하였다. 이 단체는 '사회과학의 연구, 민중본위의 교육'을 목표로 하여 활동하였다.[253] 이 두 개의 단체들은 조선의 학생운동에 있어서 마르크스주의적 관점에서 교육활동을 실시한 측면에서 그 의의가 있다고 할 수 있다. 특히, 민중 본위의 교육을 지향한다는 측면에서 교육과 사상, 교육과 사회개혁을 결합하는 마르크스주의의 본질을 겨냥한 점에서도 주목할 만한 사실이라고 할 수 있다.

1925년 9월에는 조선공학회의 사상적 관점을 계승한 조선학생과학연구회가 설립되었다. 특히, 조선학생과학연구회는 당시 조선공산당의 주체 세력인 '화요계' 공산주의자와 고려공산청년회와 관계를 가지고 있었다. 이는 이 단체의 활동 범위가 재일 유학생들의 마르크스주의 사상을 뛰어넘어 러시아 볼세비키즘을 직접 수용하는 계기가 되었다고도 할 수 있다.[254] 이 단체는 '사회과학의 보급, 학생의 사상통일, 상호단결, 인간본위의 교육실현, 조선학생의 당면문제 해결' 등을 강령으로 채택하고, 학생강연활동과 농촌계몽운동에 주력하였다.[255] 그러나 1920년대 중반에 조직된 조선공산당의 비밀조직이 4차례에 걸쳐서 붕괴되

---

253) 윤종혁, 「일제하 항일학생운동 및 민족교육운동 연구」, 고려대학교 학위논문, 1986, 24－26쪽.

254) 1923년 이후 코민테른의 지원을 받아서 조선 국내에 공산당 조직운동이 활발하게 진행되었다. 이 조직운동의 구성원들은 주로 화요회계와 북풍회계 등 마르크스·레닌주의적 이념을 지향하는 전문적 공산주의자들로서 러시아를 통한 직접적인 사상 수용의 계기를 마련한 것이라고 할 수 있다. 특히, 이들 조직원 중의 김재봉·김찬·신철·박헌영 등은 모스크바 공산대학 출신으로서 레닌주의적 문헌들을 비공식적으로 국내에 반입·수용하도록 하였다(이에 대해서는 우동수, 「조선공산당 재건운동과 코민테른－동방노력자공산대학 졸업자들의 활동을 중심으로」, 한국역사연구회 편, 『일제하 사회주의운동사』, 한길사, 1991. 을 참조할 것.). 이들의 조선공산당 조직운동 과정에서 청년과 학생층을 지원하는 단체활동으로서 고려공산청년회를 조직하였고, 그 구성원들이 조선학생과학연구회의 중심 멤버로 활동하게 된 것이다.

255) 朝鮮總督府, 『高等警察要史』, 1920, pp.150－151.

면서, 자연히 조선학생과학연구회의 활동도 위축되고 말았다. 그래서 조선의 학생단체는 1920년대 후반에 접어들면서 비밀결사를 통한 동맹휴학 등 '학생 마르크스주의'의 원론적인 방식으로 전환해가기 시작하였다.256) 이 당시의 비밀결사는 대부분 사회주의적 성향이 강한 것들이었는데, 대표적인 조직으로는 서울의 'ㄱ당', 학생전위동맹, 광주의 성진회, 독서회 중앙본부, 대구의 신우동맹, 혁우동맹, 적우동맹, 일우당, 붉새회 등을 들 수가 있다.257)

당시 마르크스주의 교육사상은 실천적인 측면에서 학생들의 대동단결, 즉 동맹휴학을 통한 이념 실현에도 많은 관심을 기울이고 있었다. 원래 동맹휴학이란 학생들의 교육상 제 문제 또는 정치적인 제 요구를 관철하기 위한 수단으로서 학업을 거부하는 집단행동이라고 할 수 있다. 1920년대의 동맹휴학 역시 마르크스주의의 보급과 함께 학교체제의 개혁 등 '경제주의적'인 방식에서 일제 식민지 통치반대와 일제의 교육체제에 대한 철폐를 요구하는 '정치주의적'인 방식으로 전환해 갔다. 교육의 식민지주의적인 성격에 대한 학생계층 나름의 과학적인 분석과 함께 '일본의 신민(臣民)교육'을 반대하는 근본주의적인 행동양식으로 변화해 간 것이다.258) 대체로 학생들의 동맹휴학에 마르크스주의

___

256) '학생 마르크스주의'는 레닌의 『무엇을 할 것인가』에 나오는 용어로서, 조직적이고 직업적이기 보다는 순수한 학생의 정열과 이성으로서 권력체제에 대응하는 이념적 방식을 지칭한다. 이런 관점에서 1920년대 후반 이후 조선의 학생운동은 원칙론적인 방식을 고수하면서 조직활동과 대중운동을 분리하는 '코민테른'의 수정된 테제에 동의해 가는 것이기도 하였다(홍석률, 「일제하 청년학생운동」, 『한국사15 – 민족해방운동의 전개(1)』, 한길사, 1995. 를 참조할 것).

257) 김동춘, 「1920년대 학생운동과 맑스주의」, 역사문제연구소 편, 『역사비평』 89년 가을호, 173 – 176쪽.

258) 1920년대의 대표적인 동맹휴학으로서 1926년 6·10학생운동과 1929년 광주학생운동에 내건 슬로건에는 대체로 '조선인 본위의 교육', '식민지 차별교육 철폐', '일본 제국주의 타도' 등의 목표를 공통적으로 표방하고 있다. 이는 식민지 교육의 철폐를 통해서 일본 제국주의에 대항하는 민족해방운동의 성격을 지니고 있는 것이라고 할 수 있다(한국교육연구소 편, 앞의 책, 198 – 203쪽 참조).

적인 교육사상의 내용을 포함하는 것을 계기로 해서 학생 계층의 사상은 과격하면서도 전문적인 운동론으로 변화했다고 볼 수 있다.

그러나 1930년대에 들어서면서 국내외적인 상황 변화와 함께 좌우합작운동단체인 신간회의 해체, 치안유지법의 강화[259] 등으로 인하여 학생활동과 사상운동은 제약되는 상황으로 변하였다. 특히 일제 식민지당국이 가장 경계하고 있던 마르크스주의 이념에 대한 단속으로 인해서 전문적인 직업운동가와 지식인은 물론 학생운동도 물리적으로 위축될 수밖에 없었다. 이 당시의 조선 공산주의 운동은 극좌적인 성향을 지니면서 민족해방을 위한 혁명보다는 세계계급혁명을 목표로 내걸고 있었다. 그래서 민족이라는 개념을 오히려 계급적 착취의 단위로 이해하면서 민족주의를 퇴색시키고 전체 사회주의 운동진영에 심한 대립을 불러 일으켰다.[260] 이런 상황은 그대로 학생계층에도 반영되어 마르크스주의 사상에서 창출한 '반전·전위·사회과학'이라는 용어가 지성을 대변해 주는 구호로 사용되면서, 이에 알맞은 조직·결사를 추구하게 되었다. 1920년대와 같은 대규모적인 조직운동을 대신하여 학교 내에서 정예화한 소수 학생을 중심으로 비밀결사활동 및 마르크스주의 사상과 관련한 독서회 조직이 활성화되었다. 그와 함께 사상활동의 측면에서 학생들은 조선의 현실과 관련하여 민족과 계급의 문제에 대한 딜레마를 극복하기 위한 준비과정에 주력하고 있었다. 이는 달리 표현하면, 학생들이 마르크스주의가 지니고 있는 원론적인 측면을 조선의 현실 상황에서 어떤 방식으로 적절하게 적용할 수 있을 것인가 하는 과

---

259) 1925년 11월 15일 일본의 교토대학학생연합사건을 계기로 해서 일본 치안당국은 치안유지법을 새로 제정하는 조치를 취하였다. 이 법은 일본내 마르크스주의자, 특히 일본 거주 조선인 운동가들을 탄압하기 위한 조치라고 할 수 있었다. 이는 일본 국내의 사안에만 적용하는 것이 아니라, 조선, 대만 등 일본의 식민지 사회 내에서도 사회주의자 및 민족주의자를 견제하기 위한 최악의 '악법'이라고 할 수 있었다(자세한 내용은 久保義三, 『昭和敎育史·上』(東京: 三一書房, 1994), pp.63－109. 를 참조할 것.).

260) 조동걸, 「한국근대 학생운동조직의 성격 변화」, 『한국근대 민족주의운동사 연구』(서울: 일조각, 1987), 362쪽.

제와 맞붙어 싸우는 것이라고 할 수도 있었다.

## (5) 식민지 교육체제의 학생생활과 학제개편 문제

당시 조선의 식민지통치정책에 있어서 핵심과제라고 할 수 있는 일제의 동화교육정책에 대한 학생들의 반발과 비판은 민족교육의 차원에서 당연한 것이라고 할 수 있었다. 그것이 늘상 학교 내외에서 일제교육당국 혹은 식민지지배체제에 대한 대립문제로 나아갔으며, 마르크스주의는 그런 교육과제에 적극적으로 개입하는 요소가 될 수 있었다. 학교생활에서 진보적인 사상의 선두에 서게 된 것도 바로 이런 친화성에서 비롯한다고 볼 수 있다. 일제의 억압적인 교육정책과 제도에 대한 학생들의 대응수단으로서 나오게 되는 동맹휴학, 학생시위, 비밀결사 등의 자유활동은 마르크스주의적인 교육사상에 기반한 것이라고 볼 수 있었다.

특히 당시의 지식인 및 학생계층에 있어서 마르크스주의 교육사조를 자연스럽게 받아들일 수 있었던 것도 이미 사회진화론적인 교육사상에 익숙해진 것이 계기라고 할 수 있다. 더구나 당시는 조선 공산당조직을 건설하는 등 사회운동에 바탕하여 학생계층의 사상도 민족독립 이상의 의미를 지니는 마르크스주의적인 사상으로 경도하고 있었다. 일본 유학생들이 구입해 온 「자본론」제1권, 「철학의 빈곤」, 「제국주의론」 등도 사회과학의 연구과제로서 학생들의 민족해방운동에 많은 기여를 하고 있었다.261) 당시 일본 유학생 출신으로서 마르크스주의 교육사상을 수용하면서 사상적으로 변화하는 과정을 백남운은 이렇게 말하고 있다.

……그러므로 우리 인류사회는 부정작용으로 말미암아 진보도 잇고 창조도 잇다. 구 학설의 부인은 신 학설을 전제하나니 고래로 밋는 천동설을 부인한 코페루니크스(Coperunicus)가 지동설을 창도한 것이 그 저례(著

---

261) 홍석률, 앞의 논문, 315-322쪽.

例)이며, 구 사회의 부정은 신 사회를 요구하나니 봉건제도가 쓰러지고 국민적 국가가 출현된 것은 소명(昭明)한 역사적 사실이며, 자유경쟁을 거부하고 의식적 협동을 희망하나니 현대사조의 본류가 그것이다. 여사(如斯)한 과정은 사회발전의 단계로 보아서 항구적 원칙이 될 것이다.……262)

이 글을 쓰게 된 연도가 1925년경이라고 하는 사실로 미루어 볼 때, 이미 국내에는 학생 및 지식인 계층을 중심으로 마르크스주의에 대한 원론적인 이해를 하고 있었던 것으로 보인다. 당시 학생들은 마르크스주의 인식론인 유물변증법과 사회발전이론인 유물사관을 연구방법론만으로 활용하지는 않았다. 오히려 위의 글에서 알 수 있듯이 '구사회'를 부정하고 '신사회'를 열기 위한 실천관·사회관을 모색하고 있었다. 학생들은 이와 같은 인식론·사회관에 기초하여 사회 발전에서의 과학·학문의 역할을 중시하고, 민족의 해방과 새로운 이상사회를 건설하는 학문적인 자세를 모색할 수 있었다.

이 시기에 이르러 학생 계층 사이에서도 각종 학생단체를 중심으로 사회주의 이념을 내거는 '사회운동' 개념이 정착하였고, 그간 민족주의 진영이 주도한 '민족운동'과의 이념적인 분립이 이루어지게 되었다. 마르크스주의에 바탕한 학생단체가 대중과의 관계를 강화하기 위하여 각종 학술강연과 독서회 활동, 동맹휴학, 노농계몽운동 등을 모색하는 것은 당연한 귀결이라고 할 수 있었다. 그러나 마르크스주의 사상의 급속한 확산에도 불구하고 1925년 시점의 조선의 사회주의는 철학적으로나 이론적으로 맹아 단계에 있었다. 말하자면, 마르크스주의 교육사상은 식민지 현실이라는 시대적 조건과 관련하여 사회과학적인 훈련과 이론적 축적의 여유를 가지지 못한 채 수용하였다. 마르크스주의 사상이 처음부터 학문적인 대상이 아니라 민족해방과 계급모순의 해결을 위한 실천수단으로 수용된 점에서 이는 당연한 현상이었다.263) 조선 내

---

262) 백남운, 「부정원리에 대한 고찰」, 『연희』 5, 1925, 98-99쪽.
263) 이 점이 한국의 마르크스주의 사상운동과 일본 마르크스주의 사상운동의

에 공산당을 창건·재건하는 단계에 이르기까지 학생계층을 포함한 마르크스주의자들의 인식 수준은 일본인들의 통속적인 해설을 소개하는 정도에 불과하였다.[264] 이런 상황에서 과학적 세계관에 바탕한 마르크스주의적 운동론을 제시하는 것도 학생계층으로서는 굉장히 부담스러운 것이라고 할 수 있었다. 마르크스주의적 관점에서 학생들의 사상적인 전환문제가 제기된 것도 이런 측면을 반영한 것이었다. 특히, 마르크스주의적 입장에서 투철한 계급의식을 강조하는 것도 이 때문이었다. 당시의 한 사회주의 운동가가 평가하는 학생의 속성을 보면 다음과 같다.

> ……지식계급은 지금까지의 무산계급운동에 주로 동원되었는데, 그중에서 학생층은 특히 중요하다. 그러나 그들은 사회적 기본계급이 되지 못하며, 토지소유자와 직·간접으로 연결되어 있다. 따라서 토지문제에 대해서 견결할 수 없으며, 그들의 생활이 아무리 비참할지라도 노동력을 착취당하는 계급은 아니다. 그러므로 현재는 노동계급의 유력한 동맹자임에도 불구하고 계급적으로는 결국은 자산계급에 합류되어 반혁명진영으로 탈락되고 말 필연성을 갖고 있다. 그 일부분만이 끝까지 노동계급의 이익을 위하여 싸울 것이다.……[265]

---

발생론적인 차이라고 할 수 있다(방기중, 『한국근현대사상사 연구』, 71쪽). 대체로 한국의 마르크스주의 수용과정은 이론적인 축적이 취약하고 극도의 파벌성을 지니면서도 '이론적인 사변화'와 '관념적인 학문화' 과정이라고 볼 수 있다. 반면에 일본의 마르크스주의는 '과학적 사회주의'라는 단일한 과정 속에서 대중적인 실천과정을 걷고 있었다고 할 수 있다(김평산, 「조선사회운동발달론―일본과 비교하야 그 급속히 발달하는 제원인을 구명함」, 『현대평론』, 1927년 6월호 참조). 그러나 본 연구가 보기에는 일본의 마르크스주의 역시 볼셰비키·아나키스트 논쟁, 야마카와·후쿠모토 일본공산당 논쟁 등 대중적인 참여가 결여된 사상투쟁 속에서 천황제 권력에 굴복하는 '청산주의' 성격이 강했다는 사실을 언급해 두고 싶다(古田光 編, 前揭書, pp.118-140. 참조할 것).

264) 방기중, 『한국근현대사상사연구』, 70-71쪽.

265) 이철악, 「조선에 있어서 프롤레타리아 운동의 방향전환기의 이론적·실천적 과오와 그 비판」, 배성찬 편역, 『식민지시대 사회운동론 연구』(서울: 돌베개, 1987), 148-149쪽.

이 글은 비교적 마르크스·레닌주의적 관점에서 학생의 의식수준과 생활결정능력, 계급적인 관점을 분석한 것이라고 할 수 있다. 분명한 것은 학생계층이 일부를 제외하고는 모두 운동과정에서 탈락할 수밖에 없는 계층이라는 인식이 일반화하고 있다는 것이다. 이런 대내외적인 상황을 반영하듯이 학생들의 마르크스주의 교육실천은 점차 시간적인 흐름에 따라 민족적·사회적 의식은 희미해지고 동맹휴학 등 일상실천의 활동도 위축되었다. 바로 그런 측면에서 학생들 중에 일부는 노농야학 등 일선 교육현장에서 마르크스주의적 관점의 교육활동을 모색하기도 하고, 혹은 지식인 관점에서 '인테리겐챠적 성향'이라는 모호성을 보여 주기도 하였다. 이는 일제하 식민지 학생·지식인들이 소유하고 있는 마르크스주의 교육사상의 대표적인 이율배반의 논리라고 할 수 있었다.266) 1930년대 이후 학생계층의 마르크스주의 교육활동이 소수 학생 중심의 그룹활동으로 변화한 것도 학생운동역량이 분산되는 계기를 마련한 것이기도 하였다.

(6) 식민지 학제개편에 대한 지식인논쟁

식민지체제에서 전문교육을 받은 학생들은 나름대로의 교양과 학문적인 자유를 바탕으로 해서 조선의 민족적인 자주회복을 위한 사회운동에 나아가고자 하였다. 그런 측면의 가장 진보적인 교육사상으로서 마르크스주의는 지식인계층에게 큰 반향을 불러일으킨 것이었다. 다른 어느 제국주의 열강보다도 조선문제에 훨씬 관심이 많은 러시아 소비에트 정부는 정치교육의 차원에서 모스크바공산대학 등을 통해서 많은

---

266) 본 연구가 말하는 '인텔리겐챠적 성향'이란 용어는 사실상 학생 계층이 지니는 지식인적인 속성을 의미한다. 즉 일제 식민지 시대의 학생계층은 계급적인 측면에서 소부르조아지 이상의 상층 계급 출신이 일반적이기 때문에 일정한 사회적 지위 이상을 기본적으로 확보하고 있다고 할 수 있다. 그들의 관념적인 성향은 마르크스주의 운동을 '청산'하는 과정에서도 다분히 룸펜적인 생활기질을 보이는 것에서 잘 드러나고 있다.

조선유학생들을 공부시켰으며 마르크스·레닌주의적인 관점의 사상실천에 중점을 두었다.

이들 소비에트정부가 양성한 직업적 마르크스주의 지식인들은 국내에 들어와서 재일 유학생 혹은 국내 학생출신 마르크스주의자들과 사상적으로 결합하는 방안을 모색하였다. 그리고 1920년대 중반을 넘어서면서 식민지 사회의 해방운동을 실현하는 차원에서 마르크스주의를 조선의 상황에 알맞게 적용하기 위한 민족적 마르크스주의에 관심을 지니게 되었다. 이는 조선의 현실을 반영하는 민족 문제와 국제주의적 마르크스주의 사상으로서의 계급문제가 대립하는 양상을 초래하는 것이기도 하였다. 바로 이 측면에서 마르크스주의를 수용하는 지식인들의 이념적·사상적 측면의 논쟁이 발생하게 된 것이라고 할 수 있다.

마르크스주의 지식인들의 조선 현실과 관련한 사상 논쟁은 일제 관학파들의 관변 연구에 대한 비판과 조선 사상계의 좌우익 대립논쟁, 조선 마르크스주의 내부논쟁의 세 가지로 구분할 수 있다. 그 가운데 일본 관학파들의 조선연구에 대한 비판은 일제 식민지 지배체제에 대한 정신적·사상적인 대응이라고 할 수 있다. 일본의 관변학계는 전체적으로 일제의 전시 파쇼체제에 부응하는 식민지 지배강화를 위한 학문·과학을 정립하고자 하였다. 조선연구의 주 대상은 '조선사연구'와 '조선현실분석'으로 대별할 수 있는데, 일제는 이미 1920년대부터 이를 위하여 체계적으로 조직화하고자 하였다.[267]

조선사 연구는 '황국신민화(皇國臣民化)'를 위한 조선인 회유정책에 일제의 관변사가들이 정책적으로 부합하는 차원에서 진행된 과정이기도 하였다. 1930년 경성제국대학 사학과 교수와 조선사편수회 소속 일본인들을 중심으로 청구학회(靑丘學會)를 조직하였다.[268] 청구학회의 중심 인물은 이나바 이와키치(稻葉岩吉), 이마니시 료(今西龍), 오다 쇼

---

267) 방기중, 『한국근현대사상사연구』, 89-90쪽.
268) 김용섭, 「일본·한국에 있어서의 한국사 서술」, 『역사학보』제31호, 1966, 134쪽.

고(小田省吾), 다보바시 기요시(田保橋潔) 등이었다. 일제 관학의 조선 현실에 대한 분석은 경성제국대학법학회와 조선경제연구소가 중심이 된 실증주의적 연구체제에서 비롯하였다. 이들의 실증적이면서도 통계적인 연구방침은 '민족성론'과 '정체성론'에 입각한 역사학파 경제학의 방법론을 계승한 것이었다. 이들의 연구성과는 종래의 조선을 부패하고 정체된 사회로 인식하며, 일제 식민지체제로 편입되면서 발전하기 시작했다는 '아시아적 정체성 이론'을 중점적으로 부각시키는 데에 있었다.269)

이에 대해서 조선의 마르크스주의 사관에 입각한 진보적 지식인들은 각각의 학문분야에서 사회성격논쟁을 통하여 일제 관변사가들의 논리와 정면으로 대립하였다. 마르크스주의 경제사학자 백남운은 조선후기·한말 맹아적인 형태로 형성된 자본주의의 내재적인 발전 가능성은 일제의 강점으로 인해 '독자적인 조선자본주의 발전의 길'이 억압·차단되고, 왜곡된 형태의 식민지 이식자본주의로 나아갔다고 주장하였다. 그는 조선자본주의의 발전과정에서 조선의 정치적인 주권 상실과 식민지로 전락하는 과정에 대한 역사적 의의를 다음과 같이 요약하였다.

> ……조선경제의 전 기구에 대한 이식 자본주의의……이중 대립은 1910년 8월의 정치적 변혁으로부터 확립된 것으로 보인다. 다만, 그 잠재적 발전과정은 더 이전으로 소급할 수 있지만, 정치적으로는 이렇게 규정하는 것이 가장 타당하다고 믿는다. 이 정치적 변혁의 조선자본주의 발전 사상에서의 역사적 의의는 결정적으로 중요한 것으로, 이에 대한 방법론상의 비판적 견해 여하에 따라 조선경제의 현단계에 대한 견해를 달리하는 것은 물론, 민족적 진로에 대한 정견도 자연히 달라질 수밖에 없는 것이다.……270)

---

269) '아시아적 정체성 이론'은 일본의 마르크스주의자들 사이에 일본 사회의 성격 논쟁에서 시작했다고 볼 수 있다. 이는 곧바로 일제 관변사가들의 식민지 옹호론과 결합하여 1930년대 일본 학계에서 대규모적인 논쟁을 불러 일으켰다(이에 대한 자세한 사항은 윤종혁, 「근대 한·일 공교육사상의 비교연구」, 고려대 학위논문, 1994. 참조할 것).

270) 白南雲, 「朝鮮經濟の現段階論」, 『改造』16-5, 1934, pp.304-305.

조선에 대한 자본주의 이식화 과정은 강점 이전부터 잠재적으로 진행되었지만, 그것은 정치적 주권의 상실로 인해서 결정적으로 확립되었다는 것이었다. 이와 같이 백남운이 일제하 조선 자본주의의 기본 성격으로 인식한 것은 식민지 이식성이었다. 이것이 그가 조선 현 단계의 경제적 기구를 '식민지로서의 제국주의 경제의 계급적 발전관계에 지나지 않는' 것으로 파악하고, 일제 독점자본주의와 본질적으로는 완전히 통일된 조선자본주의 경제의 발전적 특수형태로 규정하고 있는 논리적 기반이라고도 할 수 있었다.[271]

이 외에도 조선의 마르크스주의 사상계는 조선 식민지사회의 '반봉건성'(半封建性) 개념과 관련하여 많은 논쟁을 벌이고 있었다. 이들 마르크스주의자들의 사상논쟁 대상은 일제관변사가는 물론 동일한 법주 속의 마르크스주의 사상가들 사이의 전략전술적 이견에 대한 논쟁까지 포함하고 있었다. 이는 식민지 상황의 특수성, 중국·일본과 달리 봉건적인 관계와 식민지 이식자본주의가 공존하는 상황에서 자연스럽게 벌어진 논쟁이라고 할 수 있다.

조선사회의 반봉건성의 문제는 마르크스주의적 관점에서 조선사회를 세계 자본주의적 관점에서 이해하는 관점과 조선사회의 특수성을 반영하는 과정으로 대립하고 있었다.[272] 또한 이 논쟁에 참여한 박문병, 박문규, 인정식, 백남운, 고경흠, 한위건 등은 모두 일본 유학생 혹은 일본·러시아에서 마르크스주의 교육을 받은 공통점을 가지고 있었다. 그 결과 그들의 사회성격 논쟁은 대체로 일본의 자본주의 성격논쟁에 많은 영향을 받고 있었다.

그러나 일본의 사회혁명적인 전략전술론과 구별될 수밖에 없는 조선의 식민지적 특수성에 대한 견해 차이는 사회주의 운동에 대하여 다양한 관점을 가지게 되었다. 이는 운동의 전략·전술은 물론 대중에 대

---

271) 白南雲, 前揭論文, p.304.
272) 이에 대한 당시 조선 사상가들의 사회성격논쟁은 오미일 편, 『식민지시대 사회성격과 농업문제』(서울: 풀빛출판사, 1991), 11－49쪽. 참조할 것.

한 인식, 마르크스주의적 관점의 교육운동 및 교육활동에 대한 방식에서도 여러 가지의 견해차를 보이기 시작하였다. 다음 절에서 상세히 살펴보겠지만, 마르크스주의적 관점의 지식인들이 지니고 있는 교육에 대한 관점은 극히 소박한 견해가 대부분이라고 할 수 있다.

예를 들면, 조선 사회의 식민지적 상황 속에서 교육을 합법적인 방식으로 수용할 것인가, 아니면 비합법적인 조직활동의 원리로서 수용할 것인가 하는 관점부터 통일되어 있지 않았다. 전자의 방식을 수용하는 경우, 일제 식민지 교육체제와 교육활동을 어떤 방식으로 마르크스주의 운동에 유리한 방향으로 활용할 것인가 하는 과제를 설정할 필요가 있었다. 후자에 대해서는 소규모 운동 그룹의 학습활동과 노농 야학 등 마르크스주의적 혁명운동에 부합하는 교육활동을 중시하는 것이었다. 전자는 학생들의 대중적인 일상투쟁, 예를 들면 동맹휴교, 집회·결사 활동 등에서 이를 확보할 수 있고, 후자는 노농야학 등을 통한 대중운동의 차원에서 입증할 수 있었다. 그러나 1930년대 중반 이후 마르크스주의 사상·운동계의 내부적인 분열, 일제 당국의 전시체제와 사회주의자에 대한 검거·탄압 등으로 인해서 이런 교육활동은 완전한 통일을 이루지 못하였다.

그런데 식민지 시기 조선의 사회주의 운동은 1930년대 이후 소규모의 그룹운동으로 방향 전환을 하게 되었다. 그런 과정은 필연적으로 사회주의 운동 과정에 있어서 일제의 사회주의 검거 선풍에 따르는 새로운 운동적 시각의 논리라고도 할 수 있다. 그런 측면에서 교육학적 시각의 사회주의 운동은 부문 운동의 측면에서 자신의 영역을 분명하게 규명하는 데 많은 어려움을 가진 것이 사실이라고 할 수 있다.

사실상 교육사상적인 배경에서 교육과 산업을 통한 실력양성운동을 중심으로 하는 민족주의 교육운동에 비해서 사회주의 교육운동진영은 그리 활발한 활동을 전개하지 못했다. 이는 사회주의 진영의 민족해방운동 노선에서 교육문제가 핵심적인 과제가 아니라는 관점에서도 비롯한 것이지만, 조선총독부의 철저한 강제 행위로 인해서 사회주의 진영의 공개적인 선전·홍보 장소가 미약하다는 것에서도 그 원인을 찾을 수 있다.

그런 관점에서 볼 때, 1930년대 조선공산당 재건운동을 주도했던 이북만이 1933년 일본의 교육연구지 「신흥교육」에 게재한 '제국주의 치하 조선의 교육상태'(帝國主義治下に於ける朝鮮の敎育狀態)라는 문서는 여러 가지 측면에서 많은 시사점을 주고 있다. 이는 민족주의 진영에서 제시했던 주요섭의 「조선교육의 결함」이라는 교육론에 대응하는 식민지 교육에 대한 사회주의 진영의 체계적인 비판이라고 할 수 있다. 다음의 이북만이 제시하고 있는 조선교육의 실상과 그 전망을 살펴보면, 당시 민족주의 진영과 대립하는 사회주의 운동 진영의 관점 차이를 이해할 수 있다. 이북만은 당시 사회주의 사상의 관점에서 식민지 조선의 교육에 대하여 다음과 같이 말하고 있다.

> ……제국주의는 조선 노동자 농민의 노동력을 착취하고……상품을 강매하며 원료 및 토지 기타를 수탈한다. 또한 금융자본에 대한 절대적인 통제를 통해서 토착 부르조아지 및 지주를 경제적·정치적으로 지배하고, 중산계급에 타격을 가해서 이들 모두를 합리적으로 수행하기 위하여 힘을 행사한다. 따라서 교육정책도 역시 이런 기준을 통해서 결정되는 것이라고 말할 수 있다……그러므로 우리는 현명한……제국주의 통치 속에서 조선이 전 세계적으로 극히 희박한 입학난에 처해 있음을 알 수 있다. 여러분! 신학기가 시작할 무렵 조선의 각 학교 및 아동을 상상해 보라! 거기에서 얼마나 처참한 광경이 전개되고 있는가!……273)

이북만은 마르크스주의적인 시각에서 일제의 식민지주의 교육정책에 대해 비판하며, 민족적 마르크스주의의 관점에서 조선의 교육상태와 교육정책을 비판하고 있다. 특히 이북만은 사회주의적인 관점에서 조선의 식민주의적인 교육 특성을 비판할 때 다음과 같이 제시하였다.

---

273) 李北滿, "帝國主義治下に於ける朝鮮の敎育狀態", 『新興敎育』, 1933, pp.4-5, 41.

……제국주의는 '조선인의 교육'이라는 것에 대해서 조금도 성의를 보이지 않는다. 아니, 오히려 처음부터 계획적으로 조선인이 계획적으로 지식의 보고에 접근하는 것을 방해하고 억압하였던 것이다. 무엇 때문에 그러했던 것인가? 조선인이 자각하면……제국주의의 지배를 기뻐하지 않고 그 ××를 향해 돌진할 것이기 때문이다. 그뿐만 아니라 노예는 언제나 몽매한 것이 좋다. 이것은 일본 민중과 조선 피억압계급과를, 가장 정확하게 말한다면 일선(日鮮) 프롤레타리아트의 통일을 저해하고, 그들을 상호 대립시키는데 기여한다.……제국주의가 자신의 무덤을 파는 사람, 혹은 무덤 파는 사람을 선동하는 자를 교육할 필요를 느낄 수 있겠는가?……274)

결국 이북만은 각급학교에서의 입학난 문제 및 중등·고등교육기관에 있어서 조선인 차별에 대하여 자신의 문제제기를 한 것이다. 그는 학교 입학난이 총독부의 교육기회 봉쇄정책에서 비롯한 것이라고 판단하고, 일제당국이 조선인에게 지식의 보고에 접근하는 것을 방해함으로써 조선과 일본 프롤레타리아트의 단결을 저해한다고 비판하고 있다. 이북만은 '프롤레타리아트'라는 개념을 사용함으로써 정통 마르크스주의 관점에 입각한 사회주의 교육운동을 제시했다고 볼 수 있다. 그럼에도 불구하고 그는 식민지 조선교육의 주요 문제점을 교육기회의 제한이라는 사실에 두고, 그것은 조선총독부의 우민화 정책에서 비롯한 것이라고 보고 있다. 그러나 이북만을 비롯한 조선 공산주의 운동 재건파는 교육에 관한 사항에 대해서는 그것이 식민지 교육이라고 할지라도 지식을 습득할 수 있는 기회에 접촉할 수 있다면, 교육을 통하여 몽매한 상황을 개척할 수 있다는 사고방식에 있어서 민족주의 진영과 동일한 교육만능주의 관점에 있다고 할 수 있다. 이는 조선의 마르크스주의 교육운동에 있어서 전위계급이론보다는 대중이론에 바탕한 운동 노선을 선택한 것과도 밀접한 관계가 있다고 할 수 있다.

1920년대 이후 조선의 마르크스주의자들은 교육을 일정 영역 속의

---

274) 李北滿, 前揭書, p.46.

부문운동으로 생각하면서도 대중적인 속성을 포함해야 한다는 것에 대해서 공통된 견해를 가졌던 것 같다. 1924년 4월에 결성한 사회주의 합법청년단체인 조선청년동맹 임시대회는 토의사항에서 다음과 같은 강령을 채택하고 있다.

> ……9. 교육문제-교육은 민중을 본위로 함. 다만, 조선 현 상태의 당면문제로서 보통교육을 증설할 것과 보통학교에서 조선말을 사용케 하며, 노동자교육과 의무교육 등의 실시를 기함……[275]

이런 취지를 바탕으로 하여 제1차 조선공산당의 교육관계 슬로건도 의무교육제를 실시하는 방향으로 교육의 중점을 두고 있었다. 그런데 당시 조선의 마르크스주의자들이 전문적인 교육연구자가 아니면서도 의무교육의 실시를 주장하는 것은 교육사업을 전술적 차원에서 활용하는 모습이라고도 할 수 있다. 특히, 계급운동의 차원이 아닌 민족운동의 차원에서 '조선인 본위의 보통교육'을 주장하는 것이 당시 마르크스주의자들의 대중운동적인 지향성을 보여주는 한 단면이라고도 할 수 있었다.

이는 1920년대 중반 이후 사회주의 계열과 연계하고 있는 학생운동세력의 유인물이나 마르크스주의적 당 재건을 위한 각종 문서에서 교육과 관련한 운동 지침을 체계화하는 요건을 만드는 것이기도 하였다. 당시 1926년 6·10학생운동의 문건, 그리고 1928년 제3차 조선공산당 당 대회 결의안의 교육에 대한 강령을 보면, 이 점을 분명하게 파악할 수 있다.

> ……조선인 교육은 조선인 본위로!!! 보통교육을 의무교육으로! 보통학교 용어를 조선어로! 보통학교장을 조선인으로! 중등 이상 학생의 집회를 자유로! 대학은 조선인을 중심으로!……[276]
> ……일본어를 국어로 하는 것을 폐지하고, 그 대신 조선어를 사용할

---

275) 1924년 '조선청년대회' 토의사항, 김준엽·김창순, 『한국공산주의운동사』2, 서울: 청계연구소, 1986, 145쪽.에서 재인용.
276) 朝鮮總督府警務局, 「朝鮮に於ける同盟休校の考察」, 1929, 頁.47.

것, 소, 중, 대학교에서 조선어로 교수할 것, 보통학교를 무료로 실시하고, 노농민의 자제에게 물질적인 보조를 줄 것……[277]

대체로 마르크스주의자들의 교육문건은 대중적인 운동 차원에서 민족주의 진영과 유사한 보통학교 증설, 무상의무교육제의 실시, 보통학교 교수 용어로서 조선어의 채택 등을 주장하고 있다. 그러나 이런 측면에서 당시 조선의 마르크스주의 교육관과 민족주의 교육관이 완전히 일치하고 있다고 말하기는 어렵다. 이는 1920년대 말에 발표한 다음과 같은 사회주의 계열의 문헌에서 분명하게 파악할 수 있다.

　……7. 청년운동을 지도할 때에는 항상 청년 고유의 특수한 지위를 고려해야 한다. 청년운동과 일반 대중운동을 전혀 구별하지 않은 과거의 경향은 청산되어야 한다. 청년에게 가해지는 특수한 압박과 착취에 대한 것이 투쟁의 구체적 요구조건으로 내걸어져야 하며, 교육문제에 최대의 노력을 바쳐야 한다.……[278]

이를 보면, 마르크스주의 계열의 교육에 대한 관점은 민족해방투쟁의 구체적인 단계·조건으로 교육을 생각하는 경향이 강하다는 것을 알 수 있다. 마르크스주의자들은 사회주의 운동을 통하여 민족해방을 달성하는 단계적 전술 차원에서 조선인 대다수가 절대 문맹의 상태에 있는 한, 사회주의 운동에 대한 기초적인 인식도 할 수 없다는 견해를 지니고 있었다. 그와 함께 학생 혹은 청년 계층을 중심으로 민족해방운동에 참여할 핵심인자를 양성하는 교육활동도 기대하였던 것이다.

사회주의 운동의 발전을 위한 교육활동에 대해서 1930년대 혁명적 노농조합운동의 지도자였던 이재유는 다음과 같이 주장하고 있다.

---

277) 1926년 9월 제3차 조선공산당 당대회 결의안, 김준엽·김창순, 앞의 책, 227－228쪽.에서 재인용.
278) 사공표, 「조선의 정세와 조선 공산주의자의 당면 임무」(1929), 배성찬 편역, 『식민지시대 사회운동론 연구』(서울: 돌베개, 1987), 128쪽.

……(조선은 현재) (5) 자본주의적인 고등교육이나 과학적 연구가 불충분했다. 따라서 맑스-레닌주의 이론도 명확하게 파악되지 않았고, 또 그 보급도 적었다. (6) 일반민중, 특히 노농대중의 문맹이 퇴치되고 있지 않았기 때문에 그들에게 이론이 더욱 침투되지 못했다.……(그러나) (5) 과학의 보급으로 맑스-레닌주의 이론이 보급되고 있다. (6) 노동자·농민의 문맹이 퇴치되고 있기 때문에 혁명적 이론이 침투하고 있다.……[279]

여기서 이재유가 지적하는 노동자·농민의 문맹퇴치에 기여하는 가장 대표적인 교육기관으로 보통교육기관, 혹은 노농야학 등 사설교육기관이라고 할 수 있다. 특이한 것은 단계적인 차원에서 식민지 교육체제의 대표적인 기관이라고 할 수 있는 보통교육의 존재를 인정함으로써 사회주의 운동의 전술적인 유연성을 활용했다는 것이다. 그러나 더욱 주목할 사실은 당시 마르크스주의자들은 식민지 제도교육이 지니는 한계성을 인식하고 그에 대한 대안으로서 노농야학 등 반합법적인 교육활동에 중점을 두고 있었다는 점이다.


## 3. 마르크스주의 교육사상의 양면성
### — 민족과 계급, 그리고 전향


1920년대 후반 이후 조선의 노농야학, 재야교육활동, 지식인운동의 주체는 일본마르크스주의에서 탈피하는 경향을 보이고 있었다. 그것은 계급문제에 관심을 지니는 국제주의적인 성향에 대신하여 한국적인 마르크스주의 교육활동을 실현하려는 움직임을 반영하는 것이기도 하였다.

---

279) 이재유, 「조선에서의 공산주의 운동의 특수성과 그 발전의 능부」(1935), 신주백(편), 『1930년대 민족해방운동론 연구 I』(서울: 새길, 1989), 86-87쪽.

그러나 신간회 등 좌우합작 형태의 교육실천활동과 모든 공산주의·민족주의 운동이 일제의 탄압에 직면하면서 합법적인 교육활동공간은 많은 제약을 받게 되었다. 그로 인해서 1930년대 이후 학생계층과 지식인들의 재야교육활동은 비밀결사조직 형태의 비합법적인 공간으로 학생생활의 폭을 변화시키게 되었다.

그런 과정에서 조선의 마르크스주의자들은 일본적인 마르크스주의 사상과 러시아 마르크스주의 사상을 식민지 조선사회에 적절하게 적응시키는 것에 많은 한계점을 인식하고 있었다. 1930년대 사회주의 운동을 주도하는 사상가들이 자신들에 대한 평가를 어떤 식으로 하고 있었는지를 잘 보여주는 사례가 있다.

> ……특히 현재 전위의 최대 결함은 대중적 전위가 되어 있지 않으며 조직의 힘이 극도로 미약하다는 점에 있다. 일본 제국주의의 야수적인 대검거에 의해서 구성분자의 대부분을 빼앗겼을 뿐만 아니라 과거의 '결합과 분리'의 과정이 진정한 대중적 투쟁과 대중적 비판을 경과하지 못하였고 지도분자의 조직적, 정치적 과오 때문에 많은 공산주의적 요소를 조직 내로 흡수하지 못하고 있다.……오직 과거의 모든 과오에 대한 무자비한 비판과 철저한 청산을 통해서만 가능할 것이며, 오직 전위분자가 노동자와 농민 속으로 들어감으로써만 가능할 것이다.……전위분자가 자신의 행동을 노동자·빈농의 모든 실제 생활문제와 연결시키고 모든 사소한 일상투쟁에 참가함으로써만 가능할 것이며, 그들의 일상적인 경제적 저항을 정치압박에 대한 저항으로까지 전화시킴으로서만 가능할 것이다…[280]

앞의 인용문에서도 알 수 있듯이, 조선의 마르크스주의자들은 자체 비판과 반성 속에서도 조선의 민중들과 결합하지 못한 것을 지적하고 있었다. 이는 달리 표현하면, 조선의 내외 정세와 식민지 상황에 알맞은 대처 방안을 찾지 못했다는 것이다. 교육적인 측면에서 대중교육의

---

280) 이철악, 「조선혁명의 특질과 노동계급 전위의 당면임무」(1929), 배성찬 편역, 『식민지시대 사회운동론 연구』(서울: 돌베개, 1987), 166쪽.

본질적인 측면을 파악하지 못해서 소규모 그룹 단위의 '전위에 대한 교육활동' 이외에는 과학적인 비전을 갖지 못했다고 할 수 있다. 그 결과 '노동자와 농민 속으로 들어간다는' 것이 지닌 대중교육, 혹은 학교교육적인 속성을 발전시키지 못했던 것이다. 이는 소위 '정통 마르크스주의' 사상이 교육적인 관점에서 어떤 방식으로 마르크스주의적인 교육활동을 추출할 수 있는가 하는 과제를 망각했다는 사실이기도 할 것이다. 흔히 식민지시대 조선의 마르크스주의 운동과 사상이 대중 속으로 널리 보급되고 인식되지 못했다는 것은 마르크스주의적 교육방법론의 실패를 의미하는 것이기도 하였다.

그런 측면에서 일제 식민지 체제 아래 마르크스주의 교육사상은 자체 결정적인 내인을 갖지 못하는 약점을 지니고 있었다. 즉 마르크스주의의 진보적인 관점을 조선사회에 알맞게 소화시키지 못한 관계로 식민지 민족해방운동의 강력한 지원수단 혹은 독립의 주체가 될 수 없었다. 그것은 소위 마르크스주의자라고 자칭하는 많은 지식인들이 대내외적인 요인과 주체적인 의지결정력의 역부족으로 인해서 사상적인 변절(전향) 현상이 일어나는 상황으로 이해할 수가 있다. 조선 식민지사회에 있어서 지식인들이 가지고 있었던 "현해탄 컴플렉스", 즉 일본·서구문명에 대한 동경은 마르크스주의적인 교육사상 자체의 과학성과 당파성까지 희석시키는 결과를 빚어낸 것이다. 더욱 중요한 사실은 마르크스주의적인 교육사상의 관점에서 교육의 민족문제가 계급문제와 조화하지 못하는 현실이 마르크스주의를 더욱 큰 갈등과 혼란 속에 빠뜨렸다는 점이다. 이 점을 주목하면 마르크스주의 자체가 조선의 식민지 상황에서 독특하게 수용·발전하거나 변절·훼손되는 교육사상의 대표성을 띠고 있다는 사실을 알 수가 있다.

이런 측면을 지적한 여러 가지 사례들 중에서 마르크스주의 청산파, 즉 전향자들에 대하여 다음과 같이 소감을 밝히는 글이 있다.

……주의 진영 내의 비겁한 탈주병인 청산파의 종착지는 오직 하나뿐이

없다 — 민족개량주의가 바로 그것이었다.……(민족 개량주의자는 — 인용자 주) 현재 제국주의로부터 다음과 같은 계급적 배반에 대한 보수를 받고 있다. 보석, 결혼, 등 백색 테러가 횡행하는 오늘날의 조선에서 예외적인 '관대한 조치'와 '은전'이 그에게 베풀어지고 있는 것이다.……현단계의 민족해방운동의 도상에서 민족개량주의는 모든 대중의 최대의 적이다.……281)

앞의 글은 마르크스주의적인 관점에서 활동하다가 일제당국의 검거와 회유로 인하여 공산주의 사상을 버린 사상가들에 대한 마르크스주의적 관점의 비판론이다. 그러나 이러한 '민족 개량주의' 혹은 '청산파'로 대표하는 전향론적 관점과 그 활동은 1930년대 중반 이후로는 점차 늘어나서 경성콤그룹 등 일부 마르크스주의자들의 활동을 제외하고는 대부분의 마르크스주의자들의 행적이라고 할 수 있다. 이는 마르크스주의 교육활동이 지녀야 할 대중교육적인 관점을 취약하게 다룬 경험으로 인해서 자연스럽게 발생한 결과라고 할 수 있다. 민족해방이라는 조선의 특수과제와 계급해방이라는 세계적인 보편과제가 불일치한 결과라고도 할 수 있다. 이런 상황을 앞의 인용에서와 같이 일제의 회유정책에 따른 변절이라고만 파악할 수는 없을 것이다. 오히려 조선의 식민지적 상황에 수용한 마르크스주의적 관점의 보편성과 특수성의 영역을 통합적으로 수용하지 못한 결과라고도 할 수 있다. 마르크스주의자들이 지녀야 할 교육방법과 교육과정에 대한 무지와 오류로 인해서 이 사상과 운동은 1935년 이후로는 거의 식민지 조선사회의 대중과 결합하지 못한 채 해방을 기다려야 했다.

---

281) 차석동, 「민족개량주의의 반동적 도량을 분쇄하라」(1931), 배성찬 편역, 앞의 책, 1987, 282 - 283쪽.

# 4. 양국 학제 개편의 '쌍둥이' 혹은 '서자'의 문제

## 1) 조선교육령이 낳은 교육적 가치 문제

이 장에서는 식민지 시기의 교육을 총체적으로 이해하기 위해서는 일제의 교육정책에 대항하는 민족교육의 성격과 전개 과정뿐만 아니라 일제 식민지 정부가 시행한 교육의 성격과 전개 과정도 규명해야 한다는 기본 전제에서 출발하였다.

일제 식민 세력에 의한 교육은 한국인의 민족성을 말살하려는 의도에서 이루어졌기 때문에 고찰할 가치가 없다는 전제하에 일제 시대의 교육을 민족교육의 전개라는 관점에서만 규명하게 되면, 식민 지배 아래서 왜곡된 형식과 내용으로나마 부단히 지속되어 온 한국인의 교육 행위를 온전하게 밝혀낼 수 없게 된다. 식민 지배 세력에 의해서 민족적 근대교육이 파멸·왜곡되어온 과정을 제대로 이해하지 않고서 우리가 흔히 말하는 식민지 유산을 청산하는 데는 한계가 있다.

이 연구 결과 현재 우리의 교육 속에 일제 식민지 교육의 잔재가 뿌리 깊이 남아 있음을 확인할 수 있었다. 일제 식민 지배 세력은 일본 제국주의의 영속화를 목표로 한국인을 황국신민화하기 위해 한국 교육을 중앙집권적으로 통제하였고, 학교교육을 이용하여 한국인을 분할 지배하였다. 고용·임금에서 학력주의의 제도화, 사학의 독자성과 고유성을 존중하지 않는 획일적·전일적 통제, 중앙집권적 위계적인 교육행정, 집단주의적·권위주의적인 학생 훈육 등은 일제 식민 세력이 한국인을 전횡적으로 통제하고 강압하는 과정에서 초래된 관행들이다. 이런 관행들은 현재에도 일정 정도 잔존하고 있다(이혜영 외, 1997: 359).

일제 식민지 교육의 잔재 중 우리 교육의 질적 발전에 가장 큰 질곡으로 작용해 온 것은 중앙집권적·획일적인 교육체제와 관행이라고 볼 수 있다. 일제 강점 이전의 자주적 교육 근대화 과정에서는 통제 중심의 중앙집권적 교육행정이 아니라 자율과 지원 중심의 교육행정이 자리잡아 가고 있었으며, 학교의 설립과 운영에 지역 공동체 구성원 모두가 참여하는 건실한 건학 이념이 발현되고 있었다. 그러나 이러한 싹은 식민 지배에 의해 파괴되었다(이혜영 외, 1997: 359─360).

해방 직후 한국 교육의 최우선 과제는 식민지 교육의 잔재를 청산하고 민족교육의 방향을 설정하는 것이었다고 할 수 있다. 따라서 해방과 동시에 학교 교육과정에서 일본어와 일본 역사·지리 등을 제거하고 한국어와 한국의 역사·지리를 부활시키는 조치가 이루어졌다. 그러나 이런 노력 이외에 교육제도와 학교교육의 일상적인 과정 속에 남아 있는 식민지 교육 관행을 밝혀내어 제거하는 데에 얼마만큼의 노력을 기울였는가? 이 연구를 통해 현재의 교육에 아직도 식민지 유산이 남아 있음을 확인한 지금 우리는 이 질문을 새롭게 제기하고 식민지 교육과 해방 이후 교육 사이의 연속성과 단절성을 체계적으로 규명해 볼 필요가 있다. 이는 과거와 현재의 교육에 대한 반성의 차원에 그치는 것이 아니라 우리 교육이 지향해야 할 방향을 올바르게 설정하기 위해 필수불가결한 과제이다.

## 2) 패전 이전 일본교육의 학제 붕괴 문제

일본의 군국주의 체제가 반영하고 있는 교육사상은 바로 일본적인 전통 속에 잠재하고 있는 대륙 침략론에 대한 확장논리라고 할 수 있다. 그런 이유로 일본의 교육이 낳은 군국주의적인 사유체제는 곧바로 이웃국가에 대한 식민지통치 혹은 약탈적인 침략이라는 원시적인 교육윤리에 바탕하고 있었다. 그래서 교육의 악순환과 교육의 역작용이 불러일으키는 특수한 교육체제와 사상을 자연스럽게 만들어 놓았다.

그것은 일본의 전통적인 사유체계와 교육구조가 지닌 왜곡된 정신과 근본적인 청산주의가 낳은 변질된 성장논리이기도 하였다. 이후 일본의 교육이 걸어야 하는 민주화의 길이 지체되고 계속해서 전통과 문명이라는 개념과 상통하는 "세계와 민족"의 과제를 포기하는 것이기도 하였다. 일본과 일본인의 정신 속에 우세한 과정으로 남아 있는 신군국주의의 전통 역시 교육이 갖고 있는 신화적인 속성을 간직한 결과라고 할 수 있었다. 일본의 중심이라고 하는 '천황제'의 상징과 애국심이 일본 교육에 개념적으로 존재하고 있는 한 언제든지 소생할 수 있는 왜곡된 전통이 바로 군국주의, 곧 신군국주의·신보수주의의 개념인 것이다.

일본이 서양문명과 공식적으로 접근한 이후 근 1백년이 지난 지금에 와서도 일본인의 마음속에 자리잡고 있는 민주주의와 인간주의는 근본적인 내용이 아니다. 그것은 일본의 교육사상이 변형시키고 정착시킨 새로운 변형으로서 이해해야 할 것이다. 교육이 사회의 전반적인 구조 속에서 차지하는 독자적인 역할과 영역에 대해서도 결정적으로 변질된 모습으로 등장할 것이다. 바로 이런 측면에서 일본의 문명주의적·전통주의적인 "和"의 정신이 팽창주의적·세계주의적인 "戰"의 실천을 이끌어내는 모순적인 상황을 이해할 수가 있다. 일본의 교육사상이 지니고 있는 이러한 양면성을 특징적으로 파악할 때 그들의 교육이 지니는 본질과 실체를 분명하게 포착할 수 있는 것이다.

# 새로운 민주주의와 학제개편
## ― 단선형 학제의 등장

## 1. 미군정의 점령 정책과 일본의 단선형 학제

### 1) 초·중등학교 학제 개혁

1945년 일본은 제2차 세계대전에 패배하고 미국이 점령한 후에 제2의 R(Reform), 즉 전후 개혁을 경험하게 되었다. 미국 측의 입장에서 볼 때, 일본의 학교교육제도는 편협한 민족주의와 광신적인 군국주의의 온상이었기 때문에 평화를 지키는 민주주의 국가로 변화시키기 위하여 근본적으로 개혁해야만 했다. 이와 같은 제2의 「혁명」의 모델로 등장한 것이 바로 민주적이며 진보적이라고 생각한 미국교육이었다. 미군정 체제 속에서 실시한 학제개혁은 메이지 정변 당시 실시한 개혁과 맞먹을 정도로 철저한 것이었다. 제2의 「학제개혁」은 이미 그 이전부터 높은 발달수준에 도달했던 근대학교교육제도에 기초한 것이라는 점에 주목해야 한다. 1940년 당시 14세까지 교육을 받은 아동의 수는 이미 83%에 이르고 있었고, 인구 1만 명당 고등교육 취학자 수도 이미 1920년대에 영국·프랑스의 수준을 능가하고 있었다. 제1의 R(메이지 학제개혁)이 전근대 봉건사회에서 근대사회로 이행하는 교육의 「혁명」

을 의미하는 것이라면, 제2의 R(미군정의 학제개혁)은 유럽형의 엘리트 중심 학교교육제도에서 미국형의 대중교육제도로 이행하는 과정이라고 할 수 있다(唐澤富太郞, 1976).

물론 이 전후 개혁으로 인해서 일본교육이 완전하게 미국화한 것은 아니었다. 일본의 학교교육 전통이 많은 점에서 미국의 자유교육과 대극적인 상황에 처해 있는 관계로 미국의 점령정책이 끝난 1952년 이후에는 교육개혁 자체가 많은 저항과 반대에 부딪치게 되었다. 일본식 재개혁을 목표로 하는 정부, 즉 문부성에 대해서 교원조합을 중심으로 하는 좌익세력이 전후 개혁의 이상을 고수하기 위한 저항을 하게 되었다. 이로 인해서 모든 학제개혁은 타협적인 상황으로 나아가게 되고, 이런 타협적인 재개혁이 1960년대에 시작하는 일본경제의 고도성장을 뒷받침해주는 역할을 맡게 되었다.

## 2) 고등교육의 미국식 학제 개혁

1945년 패전 이후 미국의 점령정책 속에서 교육제도에 대한 개혁이 이루어졌다. 이는 일본의 교육제도에 대해서 미국식 제도를 모델로 해서 대폭적으로 변화시키려는 과정이라고 할 수 있었다. 미군정의 교육개혁은 구 제국대학 계열의 대학을 제외한 관립학교는 모두 광역 단위인 현(縣)으로 이양하여 현립대학(縣立大學)으로 만들려는 계획을 골자로 하고 있었다. 입학자 선발제도와 관련하여 학력시험으로 선발하는 제도를 개선하여 고등학교에서의 성적, 즉 내신서를 중시하는 방침을 채택하였다. 그와 동시에 일반적인 지적 능력을 평가하기 위하여 진학적성검사, 즉 SAT를 도입해야 한다는 원칙도 제시하였다. 미군정 당국의 입시개혁안은 입학시험을 통해서 현재의 학력, 내신서로 과거의 학력, 그리고 진학적성검사로 미래의 학력을 측정한다는 이상적인 목표를 가지고 있었다. 그러나 면접시험은 전시 체제하에서 사상·신조·가치관을 측정하기 위한 군국주의적인 교육도구로 악용된 사례가 있어서 이를 채택하지 않기로 결정하였다(天野郁夫, 1996: 82-84).

그런데 미군정 당국의 입시개혁은 입학시험을 폐지하려고 하는 의도가 기본적으로 분명하지 않았기 때문에 학력을 중시하는 방향이 변한 것은 아니었다. 미군정당국의 지도로 도입한 내신, 입학시험, 진학적성검사에 입각한 삼원적 원칙의 학력평가 제도에 있어서도 실제로 대학 측은 진학적성검사를 적극적으로 활용하려고 하지 않았다. 현재 일본에서 채택하고 있는 대학입시센터시험과 마찬가지로 입학자격검정 정도로 취급하였던 것이다. 더구나 패전 이후 교육 민주화가 진행된 결과 진학 희망자가 격증하고 사립대학도 그 대열에 참가하여 입학시험을 독자적으로 실시하게 되면서, 진학적성검사와 내신서는 그 비중이 급속하게 줄어들었고 마침내 실시한 지 10년도 안 되는 사이에 진학적성검사제도는 폐지되었다.

1960년대에 들어서서 일본 사회는 입시개혁이 심각한 사회문제로 대두하였고, 이에 두 가지 방향으로 입시개혁을 논의하게 되었다. 그 하나는 입학시험을 공동화하는 방안이었고, 다른 하나는 내신서를 중시하는 방안이었다. 문부성은 1963년에 능력개발연구소를 설립하고 '능력 테스트'라고 불렀던 '공통시험 제도'를 실시하기 시작하였다. 이 시험은 두 가지 유형이 있었는데, 그중 하나는 진학적성검사, 즉 미국적인 SAT를 부활하는 것이었고, 다른 하나는 과목별 학력시험이었다. 그러나 이 제도는 어느 것 하나도 대학 측에서 채택하려고 하지 않았기 때문에 5년도 못 가서 실패하고 말았다. 1970년대에 이르러서 이번에는 국립대학 사이에서 입학시험을 전국 공동으로 일제히 실시하는 방안을 제시하였다. 그 결과 1979년에 대학입시센터를 설치하고 여기에서 '공통제1차 학력시험'이라는 명칭의 학력시험(1998년 현재의 대학입시센터시험의 전신)을 실시하기 시작했다.

공통제1차 학력시험의 '제1차'가 의미하는 것은 '제2차'가 전제되어 있음을 함축하는 것으로서, 이는 대학입시센터에 학력평가를 일임하는 것이 아니라 각 대학이 독자적으로 자유로운 시험을 실시할 수 있는 여지를 남긴 것이었다. 실제로 현재까지도 각 대학은 독자적으로 제2차 학력시험으로서 독자적인 입학시험을 실시하고 있다. 공통 제1차학력시험을 비롯한 당시 입시제도에 대해서도 입시대상과목의 부담이 너무 크다는 비판이 있었다. 즉 제1차 시험은 5개 교과 7개 과목을 실시하였는데, 이는 학생에게 너무 큰 부담을 주는 것이어서 5개 교과 5개 과목으로 바꾸었고, 나아가서는 대학에 따라서 몇 개 교과 몇 개 과목이어도 무방한 방식으로 공통시험의 이용 방식을 자유화하고 있다.

또한 문부성은 '공통제1차 학력시험'(대학입시센터시험)을 사립대학에서도 이용할 수 있도록 하는 조치를 강구하였다. '공통제1차 학력시험제도'가 발족한 당시에는 사립대학들이 이 제도에 그리 큰 관심을 보이지 않았다. 사립대학들은 대학의 자치, 학문의 자유를 확보한다는 차원에서도 입학자의 선발·결정 수단인 학력시험을 국가 기관에 일임하면 국가의 통제를 받을 위험이 있다고 판단했기 때문이다. 더욱 현실적인 이유는 막대한 수험료 수입과 관련한 재정적 요인도 작용하고 있었다. 그러나 최근에는 사립대학도 일부분의 입학정원에 대해서 '대학입시센터시험'을 제1차 시험으로서 이용하고, 혹은 이 시험만으로 입학자를 선발하는 대학이 늘어나고 있다. 어쨌든 국립·사립대학은 모두 일류·명문대학일수록 공통시험보다는 독자적인 입학시험을 고집하고, 이를 통해서 고도한 학력을 가진 학생을 선발할 수 있다는 사고방식이 일반적인 현상으로 되고 있다(天野郁夫, 1996).

또 하나의 개혁인 내신서를 중시하는 방식은 1970년대부터 문부성이 학교장으로부터의 추천을 통해 입학자를 선발하는 추천입학제도를 인정하는 것에서 구체화하기 시작하였다. 현재 사립대학 입학자의 1/4 정도는 이러한 추천입학으로 대학에 진학하고 있으며, 단기대학(短期大學)의 경우도 70% 정도의 입학정원이 추천입학으로 진학하고 있다(日本文部科學省, 2002). 더 많은 학생을 모집하기 위하여 추천만으로 입학시키는 대학까지 등장하고 있다. 일류대학 중에서도 학교장 추천입학 제도를 적극적으로 활용하는 대학까지 나오고 있는 실정이다. 이때 추천서에 작성하는 내용은 고등학교 재학 중의 성적·내신점수이기 때문에 이제 일본의 대학이 입시 일변도라고 말하는 것이 반드시 옳다고 볼 수는 없을 것 같다.

## 3) 효율과 평등을 지향하는 일본교육

이처럼 일본의 학교교육제도는 두 가지의 '혁명'적인 변혁을 거치고, 통제와 경쟁을 특징적인 발전과제로 삼으면서 두 가지의 E를 달성할 수 있었다. 두 가지의 E는 효율(Efficiency)과 평등(Equality)이라는 대립적인 개념이었다. '효율'이라는 측면에서 볼 때 일본의 교육은 선진국 가운데서도 아주 높은 효율성의 수준을 달성하고 있다. 학생·대학생의 1인당 교육비는 구미 국가에 비해서 오히려 낮은 수준에 있고, 교사 1인당 학생수도 구미 국가에 비해서 훨씬 많다. 시설 설비도 충분한 편이 아니다. 그런데도 국제학력조사의 결과에서 보듯이 아동의 학력수준이 높은 것은 기이한 일이다. 중등교육이나 고등교육의 취학률은 미국 다음으로 높으며, 입학자의 졸업률은 가히 세계 최고 수준이라고 할 수 있다. 고등학교의 취학률은 2003년 현재 98%에 이르고 있는데, 중퇴율은 겨우 3%에 불과하다. 더구나 이와 같이 높은 수준의 교육이 근대학교교육제도가 창설된 이래 근 100여 년 만에 달성되었다는 사실은 일본 교육의 효율성을 잘 보여준다고 할 수 있다.

이처럼 교육의 효율성은 메이지 정변과 제2차세계대전 이후 미군정의 학제개혁 속에서도 기본적인 골격이 변하지 않을 정도로 높은 것이었다. 교육의 효율성은 또한 경쟁과 통제를 적절하게 안배하는 문부과학성의 교육적인 역할에서도 잘 드러나고 있다. 문부과학성은 한정된 자원을 효율적으로 활용하기 위해서 교육을 구성하는 여러 요소들을 규격화·표준화하고, 자원을 중점적으로 배분하는 역할까지 하였다. 문부과학성은 시설설비, 교원수, 학급규모 등의 인적·물적인 조건 외에 교육과정과 교육내용까지도 철저하게 규격화·표준화 작업을 하였다. 대학조차도 문부과학성이 정한 기준에 따라서 시설설비를 갖추고, 학부·학과조정과 교육과정을 편성하였다. 이와 함께 문부과학성은 한정된 자원과 자금 배분을 할 때에도 근대화·산업화를 추진하는 인재 양성에 필요한 고등교육과 전문직업교육에 치중하였다.

그러나 자원을 중점적으로 배분하고 효율적인 교육정책을 지향하는 것은 고등교육을 포함한 교육조건에 있어서 불평등이 존재한다는 것을 의미한다. 그러나 일본교육에 있어서 중요한 것은 그런 불평등보다는 기회의 평등이라는 점이다. 기회의 평등은 교육조건이 좋고 여러 가지 특권을 약속하는 국공립학교에서 입학자를 선발할 때 입학시험이라는 능력 본위의 제도를 채택하고 있다는 사실에서 잘 볼 수 있다. 치열한 입학시험을 통해서 이루어지는 고등교육의 계층적인 구조는 교육기회의 평등화를 제약하는 요인이라고 할 수는 없다.

오히려 기회의 평등이라는 '신화'를 국민들에게 보급하여 사회적인 상승이동을 지향하는 청년들을 학교에 보내고 교육의 양적인 확대를 촉진하는 역할을 하였다. 그리고 기회의 평등 원칙에서 중요한 사실은 균질적으로 완성한 초등교육의 의무교육화에 있다고 할 수 있다. 제2차 세계대전 이전의 군국주의 시절에도 아동은 출신계급에 관계없이 모두 자신의 거주지역에 있는 소학교에 다니고, 그 다음에는 자신의 능력에 따라서 치열한 입학시험을 거쳐서 상급학교로 진학하였다. 아동은 소학교에서 동일한 교육과정에 따라서 한 종류의 국정 교과서로 교육을 받는 균질적인 획일교육으로 인해서 공통의 문화를 익힐 수 있었다. 패전 이후 일본 사회에서 국민들이 자신을 '신중간대중' 혹은 중류계급의 성원으로 인식하는 것도 사실상 18세까지 균질적이고 공통된 교육을 제공하는 학교교육의 성과였다고도 할 수 있다.

## 4) 새로운 보육활동 - 유아교육의 발전

제2차 세계대전이 끝나고 1946년 10월 새로운 민주 보육의 길을 열기 위하여 보육 관계자들이 모여서 민주보육연맹을 창립하였다. 민주보육연맹의 창립 취지문에서 알 수 있듯이, 전후 어려운 국가 사정 속에서 의식주 해결을 물론 자유로운 놀이와 학습 여건이 마련되지 못한 아동 보호 및 보육이 주된 목적이라고 명시하였다. 1947년 3월 유치원을 규정한 학교교육법을 제정하였다. 그리고 같은 해 12월 보육소를 규정하고 있는 아동복지법도 제정하였다. 이로 인해 유치원과 보육소가 별개의 제도로서 분단되어 버리는 국민이 원하는 제도적인 일원화를 이루지 못하였다. 그러나 두 법률은 모두 각각의 보육 시설을 발전시키기 위한 출발점이 되었다고 할 수 있다.

이때부터 유치원 및 보육소 복구 작업이 시작되었으며, 보육소와 유치원이 없는 지역은 부모들이 만드는 보육시설이 생기기 시작하였다. 기도 만타로(城戶幡太郎)가 소장으로 있던 국립교육연수소(전쟁 이전의 국민정신문화연구소, 현재의 국립교육정책연구소)는 빈 교실을 이용하여 실험 보육실을 만들었다. 이윽고 그것은 부모들의 노력으로 구 해군대학교 앞의 공터 5백 평을 국가로부터 불하받아 독립된 유치원을 만드는 상황까지 발전하였다. 도호쿠(東北) 지역의 센다이(仙台)에서는 전쟁 전의 연병장을 종합운동장으로 하는 공사를 통해 실업대책을 해소하고, 공사 과정에서 휴게동 2동 중에 1개 동을 이용한 보육소를 만들기도 했다. 도쿄에서도 민주보육연맹이 주도하여 이동 보육반을 만들어 공터 혹은 야외에서 이루어지는 보육 활동이 활발해졌다. 이는 모두 가난한 환경 속에서 미래를 담당할 아동을 위한 보육 시설을 만들려고 하는 부모와 보육자들의 노력 결과라고 할 수 있었다.

제2차 세계대전 이후 새로운 보육시설을 만들고자 하는 보육자들은 부모들과 협력하면서 전쟁 이전 시기 선배들의 유산을 배우고, 각각의 조건 속에서 특색 있고 다채로운 보육을 실천하고자 하였다. 시라가네(白金) 유치원은 국립교육연수소의 보육실험실에서 출발하고 있는데, 도쿄의 한복판에 있어도 자연환경과 조화되는 보육을 하고자 노력하였다. 이 유치원은 기도 만타로를 중심으로 「보육 요령」을 작성하는 데 참가하였던 미키 안세이(三木安正)를 포함하여 보육 실천결과를 꾸준하게 연구하는 큰 성과를 거두었다. 자연을 아동의 생활환경으로서 보육을 한다는 이 정서는 멀리 로버트 오웬이나 프뢰벨은 물론 전통적인 일본의 아기 돌보기 활동을 비롯한 일본의 보육 실천가들의 정신을 계승한 것이라고 할 수 있다.

와코(和光) 유치원도 전쟁 이전의 자연과 친숙한 교육 전통을 이어받은 유치원인데, 전후 시기에는 중핵 교육과정(Core Curriculum)연맹의 실험학교로서 각광을 받고 있다. 이곳은 유치원과 소학교 1학년·2학년생을 통합한 방식으로서 놀이를 중심으로 하는 학습 활동을 전개하고 있는데, 이는 전후 미국의 신교육, 즉 생활주의 교육의 영향 속에서 유치원 및 소학교 저학년 학생들의 전형적인 교육 실천을 볼 수 있다. 와코 학원은 놀이학습이 생기게 되는 전제로서의 '일상생활과정', 그리고 놀이학습과의 관련 속에서 나오는 '기초학습'을 중시하였다. 이와 같이 놀이학습－일상생활과정－기초학습 등 삼자 간의 연동적이고 역동적인 과정을 교육과정 속에서 구상하는 것은 이후 구보타 히로시(久保田浩)가 쓴 「유아교육의 계획－구조와 전개」(1970)에서 결실을 보게 된다.

전후 보육 실천의 또 다른 특징은 아동의 학습권을 보장한다는 이념이 생기고, 그 속에서 아동에게도 우수한 문화를 전수해야 한다는 움직임이었다. 아동의 문화는 놀이 문화로서 이는 음악, 미술, 아동문학 등을 통해 주로 표현되었다. 1953년 이와나미(岩波) 출판사에서 아동도서를 시리즈로 발간하면서 유아용 도서 및 이야기책이 널리 보급되기 시작하였다. 이를 계기로 하여 어린이들이 좋아하는 아동문학을 연구하고, 이를 통해 보육자들과 공동 연구 작업으로서 창작 의욕을 불태우는 아동문학 작가들이 등장하였다.

1953년 이시다(石田) 집안에서 시작한 '셋방살이 보육'은 전후 고도 경제성장을 시작하는 일본에서 보육의 역할을 강조한 새로운 계기였다. 이 보육활동은 육아와 직업 사이에서 고민하는 일하는 여성들이 주목하는 바가 되었으며, 고바야시 시즈에(小林靜江) 등이 주도한 "일하는 어머니 모임"을 통하여 공동 보육활동으로 발전하였다. 당시 상황은 부인 노동자를 요구하는 고도 경제 성장 시기였기 때문에, 특히 젊은 맞벌이 부부가 많은 공영주택 단지 등에서는 보육소가 절실하게 필요하였다. 그래서 전국 각지의 공영주택 단지에 공동 보육소를 설치하는 곳이 늘어나게 되었으며, 전국적 단위의 공영주택 보육소 만들기 협의회까지 생겨났다.

1968년 후생성은 국민들이 요구하는 유아보육에 대한 민원을 수렴하여 3세 미만 영유아를 30% 이상 입소시킬 수 있는 '30명 이상 60명 미만' 보육소를 소규모 보육소로 인정하는 대책을 마련하였다. 당시는 영유아 보육 문제만이 아니라 보육 시간의 연장, 야간보육, 장애아 보육 등 다양하면서도 절실한 보육 대책을 요구하고 있었다. 예를 들면, 나고야(名古屋)시의 남부공업지대에 발생한 태풍 피해를 복구하고자 하는 차원에서 일어난 '미나미(南)의료생활협동조합운동'은 "마음이 통하는 지역의료 네트워크" 만들기를 목표로 하였다. 그러나 이 운동은 병원·진료소 등을 만드는 것뿐만 아니라 유아보육과 장애아 보육, 그리고 장시간 보육까지 실시하는 보육원을 2개 설치하는 등 큰 힘을 발휘하였다. 1973년 시가(滋賀)현 오쓰(大津)시는 시 차원에서 장애아가 희망하면 지역의 공립 유치원과 공사립 보육원에 전원 입원할 수 있는 제도를 마련하였다. 시 당국은 이 제도를 정착시키기 위해 유치원에 양호교사를 배치하고, 보육원에 장애아 3명당 보모 1명을 추가 배치하는 등의 후속 조치를 단행하였다. 이와 같이 나고야, 오쓰 등의 지역 차원의 보육운동 성과를 수렴하여, 1974년 후생성은 장애아보육사업실시요강을 발표하는 등 보육정책을 적극적으로 추진하였다.

## 5) 새로운 교육과제 - 교육의 '자유화'

일본교육의 성공 뒤에 숨어 있는 어두운 측면으로서 지적할 수 있는 것은 '시험지옥'으로 대표되는 치열한 입시경쟁, 학력주의, 지식 위주의 주입식 교육, 교육의 획일성, 고등교육의 질 저하 등의 현상이라고 할 수 있다. 이는 메이지 정변 이후 140여 년 동안 근대학교교육제도를 발전시키면서 계속 제기해 온 교육의 개혁과제이기도 하였다. 이에 대해서 본격적으로 문제제기를 하게 된 것이 바로 1984년 당시 나카소네(中曾根康弘) 내각이 설치한 '임시교육심의회'에서였다. 이 심의회는 각계 대표자와 전문학자들을 모아서 '제3의 교육개혁'을 추진하고자 하였는데, 결국 구체적인 개혁 청사진은 제시하지 못하였다. 그러나 임시교육심의회는 3년여의 활동 기간 동안 일본 교육의 역사와 현상 분석을 통해서 장래에 대한 새로운 전망을 제시하는 차원에서 그 이후 교육개혁의 방향에 커다란 영향을 미쳤다.

임시교육심의회에서 제기한 여러 가지 주제 중에서 가장 핵심적인 것은 교육의 자유화에 대한 논의였다. 임시교육심의회의 '자유화'론은 강력한 통제로 인해서 일본교육이 직면하고 있는 여러 가지 문제의 근원을 파 헤쳐서 대폭적인 통제 완화의 필요성을 주장하였다. 교육의 '자유화'를 위한 여러 제언 가운데에는 지방교육위원회의 활성화, 교과서 검정 제도의 재검토, 대학 설치기준의 완화, 교육과정 편성의 탄력화와 같은 패전 이후 미군정의 교육개혁과 동일한 선상에 있는 사안들이 있다. 이제까지 엄격하게 통제한 교육방식을 새로운 시대의 요구에 적절하게 대응시킬 수 있는 전환점에 선 것이다. 실제로 풍요와 자유를 추구하는 일본 사회의 여러 영역 중에서 교육은 '자유화'가 가장 늦은 영역 중의 하나라고 할 수 있다(堀尾輝久, 1992).

그래서 전환점에 들어선 일본교육에서 자유화가 피할 수 없는 사실임을 인정하면서도 일본교육의 근본적인 구조 자체의 변혁을 요구하는 우려 때문에 교육관계자, 특히 문부성의 경계심은 아주 강한 편이었다. 임시교육심의회가 교육의 자유화를 강조하면서도 그를 위한 개혁방침을 제시하지 못하는 것은 문부성의 강한 저항이 있기 때문이었다. 그러나 교육개혁, 자유화는 일본이 지금 직면하고 있는 여러 가지 사회경제적인 문제까지 총체적으로 해결해야 할 기본과제임은 분명하다고 교육관계자들은 인정하고 있다.

그런데 오랜 기간 동안 엄격한 통제와 제한된 선택 자유 속에 익숙해진 교육환경으로 인해서 지방교육위원회, 대학 이하 각급학교, 교사와 학생, 학부모들은 자율적인 학교 운영 및 교육의 자유를 행사하는 데 상당히 망설이고 있다. 문부성은 자유화에 따르는 혼란을 걱정하고 있으며, 교육통제로 이루어진 효율성이 점차 떨어지고, 무질서한 교육환경으로 무질서와 불평등이 심각해질지 모른다고 우려하고 있다. 혹은 학교와 학급의 질서유지가 곤란해지고 반학교 행위가 더욱 심해질 것이라고 우려하는 목소리도 있다. 그러나 풍요로운 복지사회를 실현하는 과정에서 통제보다는 자유, 경쟁보다는 선택, 평등보다는 다양성, 효율보다는 자기실현을 구하려는 교육세계의 이상을 억압할 수는 없다. 문제는 학제개혁을 포함하는 제3의 교육'혁명'을 넓고 깊게 해 가는 과제에 달려 있다고 할 수 있다.

## 2. 광복 이후 한국의 학제개편과 '민주주의' 교육

### 1) 미군정기의 교육적 배경

본 연구에서는 광복 이후 1960년대에 이르기까지 서구 학제가 우리나라에 수용되는 과정을 살펴보고자 한다. 이 시기에는 광복이전 식민지배를 받으며 이제까지 시대적 한계로 은둔상태에서 벗어나지 못하던 구미 유학생들이 자신들이 배운 서구 교육사상을 본격적으로 소개하며 활동할 수 있게 된 시기로, 이제까지 대부분 일본을 경유하여 유입되던 서구 교육사상이 직접 소개되던 시기라고 할 수 있다.

1945년 제2차 세계대전의 종식으로 한반도의 교육사상에도 변화가 찾아 왔다. 그리고 이로부터 1960년대 말까지의 한국교육은 격동의 시대를 겪어야 했다. 우선 한반도는 남북 분단을 경험해야 했고 분단된 남한지역은 근 3년의 미국 군정기(軍政期)를 통해 미국이 주도하는 교육개혁을 맞아야 했다. 또한 1948년 건국 이후 국정운영의 미숙과 동족상잔의 비극적인 전쟁으로 빚어진 혼란과 무질서 가운데서 교육을 일구어 가야만 하였고, 전쟁의 폐허 위에 유지되는 국정운영은 경제적 빈곤까지 가중되어 교육조차도 적지 않게 외국의 지원에 의존하여야 하였다. 그 와중에 4.19 혁명과 5.16 군사정변과 같은 1960년대의 연이은 정치적 변동은 정치질서는 말할 나위도 없고 교육질서 또한 암울한 혼란과 격동의 변화를 함께 겪게 하였다. 그러나 한편으로 1960년대는 한국이 정치 경제적으로 비교적 성숙하게 되던 기간이자 동시에 국가적 독립과 자립의 기틀을 마련하게 되는 기간이기도 하였다.


## 2) 미군정기 학제개편과 교육체제의 변화

### (1) 군정기의 시대상황과 교육

8.15 직후 미군이 진주하여 미군정청을 개설하고 조선총독부로부터 본격적인 행정권을 이양받기까지의 정치적 대립구도는 「건준」을 중심으로 한 좌익 및 민족주의세력이 압도적으로 우위를 차지하고 있었다.

이것이 교육부문에 시사하는 중요한 의미는 다른 무엇보다도 최소한 일제잔재의 청산, 자주적인 교육개혁의 가능성 등이 존재했다는 사실일 것이다. 그러나 미군정이 들어선 후, 교육 부문의 재편과정은 이와는 다른 방향으로 진전되었다. 특히, 미군정청에 접근할 수 있었던 한인관료들의 인선과정이라든지 그들의 전력, 정치적 성향 등으로 인해 자주적 교육개혁 모색기에 가능성으로 제시된 과제들을 달성하지 못하였다. 인적으로나 내용적으로 일제잔재는 청산되지 못하고, 여기에 더하여 미국에 의존하는 제반 교육정책이 수행되었다. 한국교육위원회나 조선교육심의회 구성은 이를 상징적으로 보여주는 증거라 할 수 있다.

　특히 조선교육심의회의 구성 및 활동의 개시는 교육부문에서 새로운 교육정책 전개의 계기로 작용하였는데, 이로부터 한국 현대교육의 틀이 형성되게 된다. 그런 점에서 정책지배세력 구축기는 한국 현대교육의 뼈대가 마련된 시기이고, 이 시점에서는 이미 배타적인 정책결정 역량을 보유한 세력이 등장한 시기였다고 할 수 있다. 이후 「남조선과도정부」가 수립되면서 형식적·법률적 권력 이양기는 이미 결정된 길을 그대로 밟는 수순일 따름이다. 그렇게 교육부문의 세력재편은 마무리 되어 대한민국 정부수립까지 그대로 지속되었다.

　"민족교육" 건설의 과제와 관련하여 8.15 이후 우리의 교육정책은 과제를 달성하는 방향으로 진전되지 못하였다. 남북 공히 외세의존적 정치권력이 정국의 주도권을 잡으면서 각각 미국과 소련을 모방한 교육제도와 내용을 갖게 되었다. 오히려 이 문제는 민족교육 건설의 과제와 관련하여 부차적인 문제일 수 있다. 우리는 그러한 과정에서 특히 일제잔재 청산이라는 중차대한 과제를 달성할 수 있는 기회를 상실하고 말았다. 교육에 있어서 일제잔재의 미청산은 교육이 미래 국가사회를 짊어질 젊은이들을 양성하는 중요한 기관임을 생각할 때, 큰 부담으로 작용하지 않을 수 없는 것이었다. 민족의 정기를 바로 세워 새로운 역사를 가꾸어 나가야 할 시점에서 이 같은 좌절의 경험은 이후 한국사회의 정신적 기반의 상실 내지 붕괴과정을 예견해 주는 것이라 할 수 있

다. 사실 우리는 오늘 그러한 경험을 뼈저리게 하고 있는 지도 모른다 (김용일, 199: 283-286)

이 문제와 관련하여 미군정하의 교육정책을 생각할 때, 우리는 오히려 이념의 좌우대립이 상징하는 것처럼, 우리 민족의 자주권을 주변의 관련 강대국에 의존해서 처리하려는 그릇된 생각을 갖게 되지 않았나 하는 생각이 든다. 그런 점에서 8.15 직후 민족교육에의 지향이 어떠한 역사적인 의미를 갖는가 하는 문제는 다시금 생각하지 않으면 안 되는 매우 중요한 의미를 갖고 있다.

민족교육은 결국 교육을 통해 일제하에서 손상된 민족적 정기를 바로 세우고, 민족 본위의 자주적인 국가건설에 필요한 인재양성을 교육이 담당해야 한다는 시대적 과제와 맥이 닿아있는 것이었다. 그러기 위해서는 일제 35년간에 형성되었던 친일적 요소 내지 외세의존적 요소를 바로잡아야 했다. 그중에서도 특히 과거 반민족적 행위를 한 친일파 및 친일적 요소를 배제하는 것이 중요한 과제였다. 당시 이러한 국민의 여론은 주요 정당들의 정강이나 정책에서 모두 일제잔재와 친일파의 숙청을 주장하였던 데서도 잘 알 수 있다.

그러나 당시 교육정책을 주도하였던 사람들에게는 민족교육의 과제가 그들이 말하는 '민주교육'의 과제보다 덜 중요한 것으로 인식되었던 것 같다. 이러한 관점 내지 입장은 미군정기의 교육사를 써 내려가는 후세의 교육사가들에게도 그대로 반영되었다. 이들은 제2차 대전 직후의 대립축이 전체주의(全體主義) 대 민주주의(民主主義)이며 전통으로부터 이탈된 우리 교육이 의거할 수 있는 유일한 것이 민주주의 교육이었다고 주장한다. 그러나 사실 국가의 기본이념을 정립하는 것으로부터 새로운 국가를 건설하는 과제를 가진 우리에게 있어 '민주주의' 사상 못지않게 중요한 의미를 갖는 것이 지난 역사에 대한 반성(反省)의 과정이라 할 수 있다. 이를 위해서 일제 하에서 우리 민족이 경험한 민족적 수난과 그 과정에 대한 차분한 정리가 필요하였던 것이다. 실로 광복 직후 교육의 과제 중 가장 먼저 언급해야 할 대목이 바로 민족교육을 뿌리내리게 하는데 필요한 제반 조치와 사상의 형성이었다는 사실은 재론할 필요조차 없는 것이다(교육부, 1998).

물론 8.15를 맞이한 한국민에게 있어 "민주교육" 건설의 과제 또한 국민의 절실한 요구였다. 이와 관련하여 최근 민주교육 건설의 과제가 미군정을 거치면서 오히려 좌절된 것이 아닌가 하는 문제의식이 제기될 뿐만 아니라 많은 연구자들이 이 같은 견해를 갖고 있음을 발견하게 된다. 민주교육 건설의 과제에 관한 한, 미군정하의 교육정책의 귀결은 이데올로기적 순치를 통한 단일적 교육이념과 실현이라고 말할 수 있다. '단일적'이라는 의미는 민주주의의 기본 원리인 다원적 이념의 각축적 활동이 봉쇄되고, 미국의 궁극적인 목표가 관철되는 과정에서 결국 교육부문이 '미국식 민주주의 교육'의 이식장(移植場)으로 전락하지 않았느냐 하는 문제의식과 관련된다. 단일적인 사고가 교육정책 결정을 지배하고, 또 보수적인 성향의 인사들이 교육계의 권력을 잡게 됨으로써 학벌 사회구조 형성에 교육이 맹목적으로 기능하였던 것이다. 이후 여러 차례의 비민주적인 정권을 경험하면서 그 저류에 이데올로기적 지지를 해 준 이념과 이론, 그리고 그 인적자원이 다름 아닌 학교교육, 그중에서도 대학교육을 통해서 나왔던 것이다.

그러한 점에서 미군정기 '국대안(國大案)'을 통해 특정 대학 중심의 위계적인 교육체제가 구축된 것 또한 시대적 과제였던 '민주교육'의 건설이 미군정기를 거치면서 좌절된 결과에서 오는 것이라 하지 않을 수 없다. 군정하에서 교육과정 및 교수방법의 개혁은 이른바 미국의 '민주주의 교육이념'에 따른 것이었다. 교육과정에서 군정 당시 문교부가 종전 공민, 역사 및 지리로 나뉘어져 있던 학과들을 합하여 「사회생활과」를 새 과목으로 만들어 가르친 것이라든지 종래 학문본위 교육과정을 생활본위로 재조직한 것 등이 그 구체적인 예라 할 수 있다. 다른 한편, 민주적 교수방법 보급을 위해 아동의 경험을 중심으로 한 단원(單元) 중심의 학습이 등장하고, 이에 관한 연구 및 보급에 힘을 기울이기도 하였다. 이 모든 것이 이른바 '새교육운동'이라는 이름하에 전개되었다. 그러나 교육현실에 대한 충분한 이해나 확고한 철학적 기반 위에서 이루어졌다기보다는 정책주도세력의 정치적 수사(政治的 修辭)의 측면이 두드러졌기 때문에 이 운동 역시 근본적인 한계를 가질 수밖에 없었다(김용일, 1999: 287).

### (2) '새교육' 문제 - 민족 · 민주주의와 '홍익인간'의 접점

1945년 9월 9일 일본의 항복을 접수한 미군은 남한 사회 전반에 걸친 개혁과 더불어 대대적인 교육개혁을 단행하였다. 식민지 교육을 탈피하고 새로운 교육의 재건을 위한 방향을 모색하는 과정에서 한국교육위원회(The Korean Committee on Education)와 조선교육심의회(National Committee on Educational Planning)가 설치되었다. 한국교육위원회는 1945년 9월 16일에 7인으로 구성 발족되었으며, 이듬해 5월까지 활동을 계속하면서 미군정의 교육재건을 위한 자문적 역할을 하였다. 주로 휴교상태였던 학교의 개교를 비롯한 교육운영의 정상화를 위한 단기적 시책을 다루었다. 한편 조선교육심의회는 1945년 11월 14일에 활동을 개시하여 이듬해 3월 7일까지 활동을 계속하였으며, 장기적인 안목에서 한국교육의 재건을 위한 기본방향을 심의하였다(김용일, 1999).

이때 조선교육심의회 제1분과위원회가 교육재건을 위한 기본방향으로 내세운 것이 민주주의와 민족주의였다. 교육의 기초는 민주주의에 두어야 한다는 것과 일제의 지배에 의해 희박해진 국가이념을 강력하게 앙양시키는 민족적 성격을 지녀야 한다는 것이 당시 지배적인 공론이었다. 이러한 민족주의와 민주주의의 강조는 해방을 맞은 당시 분위기로서는 당연한 귀결이었다. 더구나 민주주의 대표국으로 인식하였던 미국의 도움을 받아 해방된 남한으로서는 새로운 정치이념을 민주주의로 내세우는 것은 극히 자연스러운 것이라고 볼 수 있다.

그러나 미군정은 국제정치의 역학 속에서 미국의 국익을 우선한다는 원칙에 따라서 그러한 국익에 부합하는 교육정책과 목적을 수립한다는 기본 입장 위에 있었다. 이러한 원칙은 우리의 자주성이나 독립성보다는 민주주의의 실현을 더 우선시하는 것이었다. 말하자면 민족주의 교육이념은 해방된 조선이 강조한 것이라고 한다면, 미군정 입장은 오히려 민주주의 교육이념, 즉 미국식 민주주의 교육이념을 선호한 것이라고 볼 수 있다. 이 점에서 본다면 당시 교육이념은 표면적으로는 민족주의와 민주주의 교육이념이 공존한 것같이 보이나 실제로는 민주주의 교육이념이 정책적으로 강조되고 있었다고 할 수 있다[282].

이처럼 미군정 당국은 민주교육이념 속에 자신들의 정치적 이해를 감추고 있으면서도, 조선교육심의회에서는 민족·민주이념을 포괄적으로 담아 '홍익인간'의 이념으로 표현하였다. 1946년 3월 7일 제 1분과 회의에서 '홍익인간의 건국이상에 기하여 인격이 완전하고 애국정신이 투철한 민주국가의 공민을 양성함을 교육의 근본이념으로 함'이라고 하여 '홍익인간'의 이념을 명시하였던 것이다. '홍익인간'이라고 하는 표현은 표면적으로는 해방 조선의 입장을 압축적으로 표현하기 위한 한국 교육학자들의 노력이었다고 할 수 있다(교육부, 1998).

동시에 미군정 당국이 추진하고자 하는 교육실천도 동시에 병행되기 시작하였다. 이는 바로 일제 식민지 시대의 교육을 부정하고 그를 극복하기 위한 새로운 교육실현을 요구하는 것, 즉 민주주의 교육에 대한 요구로서 1946년부터 본격적으로 구체화되기 시작하였다. 이러한 움직임은 주로 "광복 후 일 년이 지나면서 문교부 내와 일선교사들 사이에 전통적인 교육을 개혁하려고 하는 기운"으로서 민주주의를 강조하는 미국식 교육, 즉 새교육 운동으로 발전하였다(오천석, 1964). 당시 교육위원 오천석은 '새교육운동'을 다음과 같이 기술하고 있다.

---

282) 김인회는 「교육목적관의 변천과정」(『한국 신교육의 발전 연구』, 서울: 한국정신문화연구원 1984, 101－102쪽.)에서 이 같은 정치적 목적을 구체적으로 수행하기 위한 것이 해방 직후 미국에 의해 이루어졌던 교사재훈련을 지목하고 있다.

"지금까지 우리들은 전통적인 교육에 대한 끓어오르는 적개심이 있었다. 새로운 국가를 만들기 위해서는 낡은 교육으로는 절대불가하다고 하는 강한 신념이 있었다. 새로운 사회의 건설은 새로운 교육에 의해서만이 가능한 것이라고 하는 확신이 있었던 것이다. 이처럼 낡은 교육에 반항하는 교육, 새로운 사회를 세우기 위해 요구되는 교육을 우리들은 '새교육'이라고 한다."

말하자면 새교육 운동은 일제의 식민지 교육의 잔재를 청산하고 민주주의에 입각한 새로운 교육을 지향한다는 교육개혁운동이었다. 이를 철학적으로 뒷받침한 것은 미국의 진보주의 교육이론, 특히 존 듀이의 교육이론이었다. 존 듀이의 교육철학이 해방 이후 교육개혁의 사상적 지주가 된 데에는 그것이 세계적인 교육이론이었다는 데에도 그 이유가 있었으며, 특히 당시 교육철학의 대가로 손꼽히고 있었던 오천석의 영향이 크게 작용하였다(교육부, 1998). 그는 듀이가 재직하였던 미국의 콜럼비아 대학에서 듀이의 강의를 직접 듣기까지 하였으며, 듀이의 이론에 심취하여 해방 전부터 듀이철학을 소개해 오고 있던 터였다(김용일, 1999). 따라서 해방 후 교육계에 영향력을 미칠 수 있는 위치에 있게 되자 그가 새로운 국가건설을 위한 가장 이상적인 교육이론으로서 듀이 이론을 내놓은 것은 당연한 것이었는지도 모른다.

듀이적인 관점의 진보주의를 한국적인 상황에서 새교육으로 명명한 것 자체가 향후 미국교육이 미치는 영향력이 절대적일 수 있음을 보여준 것이라고 할 수 있다. 이는 동시에 미국식 교육이념을 주입하고자 한 미군정의 정치적 이해와도 부합하는 내용이라고 볼 수 있다. 이 같은 복합적인 제 요인이 작용하는 가운데 새교육 운동은 철학적으로 듀이교육사상의 영향을 받아 전국적인 교육운동으로 확산되어 갔다. 새교육 운동을 통해 민주적인 교육이념이 소개되었으며, 특히 이제까지와는 다른 교육방법을 교육 실제에 적용할 것을 요청하였다. 이를테면 민주교육의 방법으로서 아동의 개성과 자발적인 활동이 중시되는 아동중심

교육, 경험중심 교육, 생활중심 교육이 소개되었다(교육부, 1998).

1948년 남한 정부가 수립되자, 문교부는 교육적 당면과제를 민주주의의 수립, 그리고 남북으로 양단된 국토와 사상통일에 두게 되었다. 이는 기본적으로 미국식 민주주의를 인정·수용하면서도 민족문제에 대한 관심을 가지는 것으로 평가할 수 있다. 초대 문교부장관으로 취임한 안호상(1948.8.3−1950.5.3.)은 홍익인간 이념에 기초하여 '민주주의 민족교육' '일민주의(一民主義)사상'을 강조하였는데, 이는 당면한 대내외적인 입장을 그대로 교육정책에 반영한 것이었다. 이 관점은 여러 가지 논란 속에서도 교육법을 제정하는 과정에서 공식화된 교육이념으로서의 '홍익인간' 속에 녹아들었다. 이는 미군정기에 이미 제시된 교육이념으로서 교육법 제1조를 통해 온 국민에게 공공연하게 표명한 것이었다. 이 과정에 대해 백낙준은 다음과 같이 말한 바 있다.

> "교육법을 제정할 때, '홍익인간'이라는 말을 그만두자는 말이 났습니다. 그리고 그 대신 '인류공영'이라는 말을 쓰자고 한 것입니다. 그래서 그런 말을 기초위원회에서 결정해 가지고 전체회의에 보고하였더니, 전체위원회에서는 군정시대에 쓰던 '홍익인간'을 또 넣자고 해서 전체위원회에서 이 '홍익인간'이라는 넉자를 지금 교육법에 다시 넣게 되었습니다."

실제로 교육법 제1조를 보면 '교육은 홍익인간의 이념 아래 모든 국민으로 하여금 인격을 완성하고 자주적인 생활능력과 공민으로서의 자질을 구유하게 하여 민주국가 발전에 봉사하며, 인류공영의 이상실현에 기여하게 함을 목적으로 한다'고 규정하고 있다. 이 문장 속에 보이고 있는 '인류공영'이라는 말은 제정 당시 '홍익인간'에 대한 논의 과정에서 첨가된 것이었다. 그러나 인류공영이라는 말이 첨가되었다고는 하지만 교육법 제1조의 내용은 한마디로 '홍익인간'의 교육이념을 집약적으로 표현한 것에 불과하였다. 요컨대 홍익인간은 크게 세 가지 수준을 포괄하는 개념이라는 것이다. 즉 개인적 수준의 인간(인격인), 사회적 수준의 인간(공민), 세계적 수준의 인간(세계인)이 그것이다. 교육법 제1조가 교육이념으로서의 홍익인간을 밝힌 데 이어, 교육법 제2조는 그 실현을 위한 일곱 가지 교육방침을 명시해 놓고 있다.

첫  째 신체의 건전한 교육과 유지에 필요한 지식과 습성을 기르며, 아울러 견인불발의 기백을 가지게 한다.

둘  째 애국애족의 정신을 길러 국가의 자주독립을 유지 발전하게 하고 나아가 인류평화 건설에 기여하게 한다.

셋  째 민족의 고유문화를 계승 앙양하며 세계문화의 창조 발전에 공헌하게 한다.

넷  째 진리탐구의 정신과 과학적 사고력을 배양하여 창의적 활동과 합리적 생활을 하게 한다.

다섯째 자유를 사랑하고 책임을 존중하며 신의와 협동과 경애의 정신으로 조화있는 사회생활을 하게 한다.

여섯째 심미적 정서를 함양하여 숭고한 예술을 감상 창작하고 자연의 미를 즐기며 여유의 시간을 유효히 사용하여 화개명랑한 생활을 하게 한다.

일곱째 근검노작하고 무실역행하며 유능한 생산자요 현명한 소비자가 되어 건실한 경제생활을 하게 한다.

그러나 이 과정은 분명하게 일제 식민지 체제하에서 우리 교육을 주도하였던 조선교육령 및 각 학교교육령 속에 포함된 교육지침을 거의 그대로 계승한 것이라고 할 수 있다. 특히, 위의 교육법 제2조에 대한 인용문 중에서 둘째, 셋째, 여섯째, 일곱째 조항은 일제 식민지 교육지침을 그대로 번역한 것이라고 보아도 무방할 정도이다. 이는 미국의 프래그머티즘 철학이 가지고 있는 실용적 개념으로서의 '홍익인간'이 일본적 정서로서의 '팔굉일우(八紘一宇)'와 동일한 맥락에서 당시 초등학생의 교육 신화를 차지했다는 측면에서 자칫 혼란스러운 이념을 표현한 것으로 볼 수 있다. 이는 지금까지도 줄곧 제기되고 있는 교육개혁의 근본 문제라고도 할 수 있다.

### (3) 기본 학제의 정초와 변화

1945년 8월 15일 광복을 맞이하면서 한국 내에서는 일제의 식민지 통치가 종식되고 새로운 정치 체제를 준비하고 있었다. 그러나 이는 동시에 미소 간의 이데올로기적인 대립 접점을 통해서 남북 간의 분단이 이루어지고 공산주의 진영과 자본주의 진영으로 구분되는 전환점을 맞이하는 것이기도 하였다. 이런 상황에서 남한에서는 1948년 8월 15일까지 3년간 미군정의 통치가 이루어지고 있었다. 미군은 남한에서 군정을 실시하기 위하여 군정청을 설치하고, 군정청에 학무국을 두어 한국의 교육행정을 관장하였다. 당시 미군정청의 학무국은 1948년 8월 15일 대한민국 정부를 수립한 이후에는 문교부로 개편되었다(김영철 외, 2006: 42–43).

미군정 초기에 남한(한국)에서 추진된 문교정책은 일제하의 전체주의적이고 군국주의적인 교육체제를 민주적인 교육체제로 전화시키는 일에 역점을 두고 있었다. 특히 군정청 학무국은 1945년 11월 23일 일제하 식민지 잔재를 청산하고 민주사회를 건설하기 위한 교육의 새로운 방향과 체제를 갖추기 위하여 교육계와 학계 인사 100여명으로 조선교육심의회(The Korean Committee on Educational Planning)를 결성하였다.

조선교육심의회의 교육제도 분과위원회는 교육제도에 대한 연구를 통해서 학교의 명칭, 종류, 정도와 각 학교 간의 상호관계, 그리고 각 학교의 학급 수와 입학 연령 등에 대해서 심의·결정하였다. 그리고 이 분과위원회는 의무교육제도의 실시와 그 방법, 1년간의 학기 수, 매 학기의 시업과 종업, 새로 설립할 학교의 기준, 기존 학교의 지위를 향상시키는 방법 등에 대한 계획도 추진하였다. 이와 함께 남녀공학의 문제, 사립학교, 성인교육 등에 대한 사업도 추진하였다. 이런 사업을 추진하는 과정에서 교육제도 분과위원회는 일제 식민지 시대의 복선형 학제를 폐지하고 교육의 기회 균등과 취학 기회의 확대를 지향하는 새로운 단선형 학제를 구상하였다.

교육제도 분과위원회의 협의를 거쳐서 조선교육심의회는 새로운 학제의 골자로서 학교 계통을 학령전교육, 초등교육, 중등교육, 고등교육, 특종교육의 5단계로 설정하였다. 그리고 교육연한은 유치원부터 대학원까지 20년으로 정하였으며, 남녀공학을 원칙으로 하였다. 또한 종전의 3학기제를 폐지하고 1년을 2학기로 나누는 방식을 채택하였다. 여기에서 제1학기는 9월부터 다음해 2월까지로 하고, 제2학기는 3월부터 8월까지 정해서 1946년 9월부터 새로운 학기제를 실시하기로 했다. 당시 조선교육심의회가 제정한 신학제의 개요는 다음과 같다(김영철 외, 2006: 43).

(1) 국민학교: 6-12세, 6년제

(2) 중학교: 12-15세, 3년제

(3) 고등중학교: 12-18세, 6년제. 고등중학교의 전기 3년을 중등과, 후기 3년을 고등과로 정하였다.

(4) 실업고등중학교: 12-18세, 6년제. 고등중학교와 동일함.

(5) 사범학교: 15-18세, 3년제.

(6) 대학: 18-22세, 4년제.

(7) 의과대학: 18-24세, 6년제. 예과 2년 포함.

(8) 대학원: 의과대학을 제외한 일반 대학에 1년 이상의 대학원 과정을 설치하였다.

조선교육심의회의 학제는 대체로 일제 말기의 교육제도와 유사한 성향을 보이고 있음을 알 수 있다. 형식상 단선형 학제를 지향하면서도 초등교육의 국민학교, 중등교육의 고등중학교, 실업고등중학교의 수업 연한은 일제 식민지시대의 그것과 비슷한 체제를 갖추고 있었다. 다만, 주목할만한 사실은 고등중학교와 실업고등중학교에 있어서 전기·후기를 분할하는 방식, 대학의 수업 연한을 미국식 대학모형으로 변화시킨 것이라고 할 수 있다. 이와 같이 조선교육심의회가 건의한 신학제의 개요를 심의하여 미군정청 학무국은 1946년 9월 1일부터 다음과 같이 새로운 학제를 확정하였다.

(1) 유치원: 1−2년, 4−6세 아동 대상
(2) 국민학교: 6년, 6−13세 아동 대상
(3) 중등학교
　① 중학교 또는 실업중학교: 6년, 12−18세 대상
　　ㄱ. 초급중학교 또는 초급실업중학교: 3년, 13−15세 대상
　　ㄴ. 고급중학교 또는 고급실업중학교: 3년, 16−18세 대상
　② 사범학교: 3년, 16−18세
(4) 대학 및 대학교: 4년, 19−22세
(5) 의과대학: 6년제
(6) 대학원: 1년 이상

　군정청 학무국은 위와 같이 신학제의 개요를 발표하고, 각 학교에 입학할 수 있는 자격에 대해서도 규정을 마련하였다. 우선 국민학교를 졸업한 자는 모든 중학교의 입학시험을 치를 자격이 있는 것으로 인정하였으며, 중학교를 졸업한 자는 고등학교 및 사범학교의 입학시험을 치를 수 있도록 규정하였다. 또한 중학교 혹은 사범학교를 졸업한 자는 대학교의 입학시험을 치를 수 있도록 하였다. 여기에서 사범학교의 지위와 그 정도를 보면, 미군정청의 학제 개혁에서도 여전히 일제 식민지 시대의 교육정도와 그리 다르지 않다는 것을 알 수 있다. 그럼에도 불구하고 미군정청 학무국이 채택한 신학제는 종래의 복선형 학제를 단선형 학제로 개혁하여 모든 국민에게 균등한 교육기회를 부여했다는 점에서 그 의의를 찾을 수 있다.

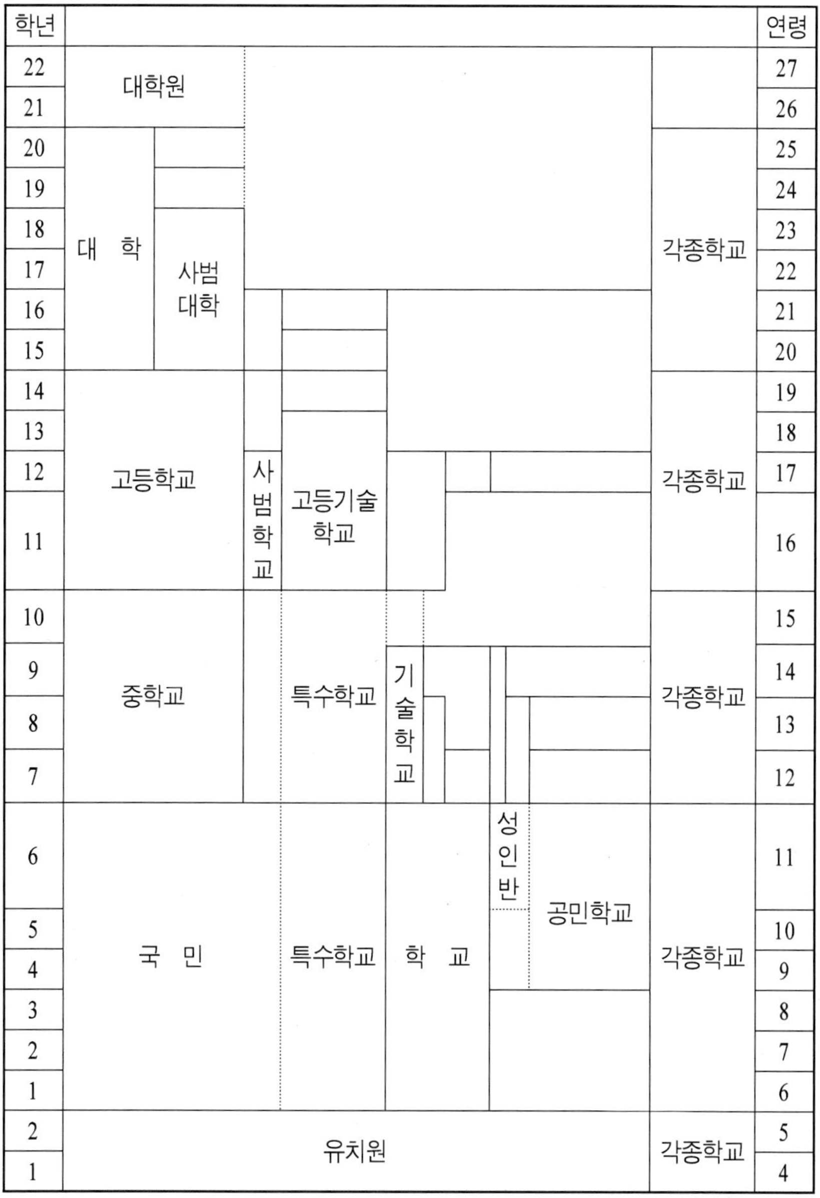

[그림 1] 교육법 제정 당시의 학제(1949. 12. 31~1950. 3. 10)

## (4) 신학제의 특징과 교육제도의 변화

광복 이후 새로 채택한 학제는 단선형 학제인 6─3─3─4제를 골격으로 하면서도 과도적인 조치로서 6─6─4제를 병행하도록 하였다. 그와 동시에 신학제는 전문학교 제도를 폐지하여 고등교육의 기능을 대학으로 일원화하는 조치를 단행하였다. 중등학교에 있어서도 초급중학은 3년으로 하고, 초급중학교 위에 고급중학제를 신설하여 중등교육과정을 6년으로 확정하였다. 이를 바탕으로 해서 중등교육과 대학교육을 직접 연결시키도록 한 것이다. 이는 결국 대학과 중등학교의 수업 연한을 각각 연장하면서, 그 대신에 종래의 중간 과정이었던 전문학교와 대학 예과제도를 폐지한 것이었다.

한편 교육제도 분과위원회는 당시까지도 일제 말기의 6─5─3─3학제를 단축시킨 형태로 실시하고 있었던 학제 사정을 고려하여 신·구양 교육제도에 대한 과도적인 조치를 단행하였다. 우선 국민학교는 종래의 고등과를 폐지하고, 고등과에 소속한 학생들을 신제도에서 실시하는 중학교에 편입하도록 하였다. 중등학교는 1947년 3월에 4학년 졸업 예정자는 고등중학교의 고등과 2학년에 편입시키거나 각종 대학에 설치한 예과 2년을 거쳐서 대학에 입학할 수 있도록 하였다. 그 외에도 1947년 3월 4학년 졸업 예정자는 신제도로서 각 대학에 설치하는 3년제 전문부에 입학하거나, 당분간 구제도에 따르는 전문학교에 입학할 수 있도록 하였다. 그리고 1946년 현재 3학년 이하의 학생들은 신제도에 따르는 학제를 적용하도록 하였다(김영철 외, 2006: 46─47).

교육제도 분과위원회는 고등교육에 대한 학제 개혁조치도 실시하였다. 전문학교는 1947년 3월에 중등학교 4학년 졸업 예정자가 해당 전문학교에 입학하는 경우 그 학교를 마칠 때까지 존속시키거나, 신제도를 통해 설립하는 각종 대학에 3년제 전문부로 변경하기로 하였다. 그리고 1946년 현재까지 각 전문학교의 재학생은 그 학교를 순차적으로 졸업한 후 신제도로 설립하는 각종 대학에 진학하도록 하는 조치를 실시하였다. 1946년 현재 대학 예과는 중학교 4학년을 졸업하고 들어간 학생이 예과를 수료할 때까지 존속시키기로 하였다. 그리고 신제도로 설치하는 대학은 1946년 현재 대학 예과 졸업자 혹은 전문학교 졸업자가 입학할 수 있도록 하였다. 사범학교의 경우는 1946년 현재까지 재학하고 있는 학생이 전부 졸업할 때까지 존속시키기로 결정하였다. 동시에 당시까지의 4년제 졸업자는 신제도로 설립하는 사범학교 2학년에 편입하고, 5년제 졸업자는 신제도의 사범학교 3학년에 편입하도록 하였다. 그와 동시에 기존 학교의 본과 재학자는 신제도에 따르는 사범학교의 해당 학년에 편입할 수 있는 기회를 부여하였다. 더구나 신제도의 원칙에 따라서 설립하는 사범학교에 입학할 수 있는 자격은 남녀 중·고등학교 3학년 수료자 혹은 그 이상의 학력을 가진 자로 규정하는 조치도 시달하였다(김영철 외, 2006: 47).

이와 같이 미군정청 학무국과 조정하는 관계를 통해서 새로운 학제를 제시한 교육제도 분과위원회의 조치는 결정 과정에서 많은 충돌과 논란을 불러 일으켰다. 학제 개혁과 관련하여 논란의 대상이 되었던 것은 중학교와 고등학교의 분리·접속 관계의 문제, 전체 교육연한이 지나치게 길다는 점, 그리고 개정한 학제가 주로 미국 학제를 모방하여 우리 실정에 별로 맞지 않는다는 점 등이었다. 비판적인 관점의 교육론자들은 국민 경제가 최고도로 발전한 자본주의 대국 미국에서 실시하고 있는 6-3-3-4제를 미군정청의 요구로 인해서 무비판적으로 수용하는 것이 새로운 학제가 지닌 문제점이라고 주장하였다. 반면에 조선교육심의회는 6-3-3-4제를 선택한 것이 미국 측의 압력이나 맹목적인 미국 학제의 모방이 아니라 다른 학제보다 이 학제가 여러 면에서 가장 우월하기 때문에 채택했다고 반박하였다(김영철 외, 2006: 47-48).

당시 한국의 교육계에서 벌어지고 있었던 이런 상황을 절충적으로 판단하여 미군정청 학무국은 1946년 2월 13일에 '한국 신교육제도의 구조'를 발표하였다. 학제와 관련하여 새로이 조정한 내용은 국민학교의 경우 현재의 2년제 고등과를 폐지하고 해당 학생들을 중학교의 해당 학년에 편입하도록 조치하였다.

중등학교에 있어서도 1946년 현재 4학년 졸업 예정자들은 그대로 졸업하거나, 혹은 고등중학교 2학년에 진학할 수도 있다. 또한 1946년도 중등학교 졸업 예정인 학생들은 졸업하면 잠정적으로 대학에 설치하는 2년제 예과 과정 시험을 응시할 수 있는데, 이를 합격하면 대학에 진학할 수 있는 조치도 구상하였다. 그와 함께 1946년에 중등학교를 졸업할 예정인 학생들은 당시 설치한 3개의 단과대학 입학시험을 응시할 수 있도록 하였다. 그리고 1946년 현재 중학교 1학년부터 3학년까지의 학생들은 새로 채택하는 학제 속에서 적절한 학년에 입학시키는 조치를 취하였다(김영철 외, 2006: 48).

대학교의 경우 1949년까지 모든 단과 대학을 연차별로 4년제 과정의 정규 대학으로 바꿀 계획을 마련하였다. 그래서 일단 1946년 현재까지 모든 단과 대학의 학생들은 정상적으로 학업을 이수하고 3학년을 마치면 대학에 입학할 수 있는 조치를 모색하였다. 그와 함께 현재 설치하고 있는 2년제 대학 예과는 1946년도 중등학교 졸업생들이 입학할 때까지만 존속하도록 하는 조치도 모색하였다. 결국 대학교에 입학할 수 있는 요건은 1946년 현재 대학 예과를 졸업한 자, 단과대학의 졸업자, 혹은 대학교 예비학과 졸업자로 규정하였다(김영철 외, 2006: 48).

사범학교에 대한 과도적인 조치로는 1946년 현재 기존 사범학교 재학생들이 졸업할 때까지 운영하는 것을 원칙으로 하였다. 따라서 1948년도에는 사범학교가 고등학교 수준의 3년제 학교가 될 수 있도록 하였다. 그런 방식으로 1946년 현재 4년제 사범학교 졸업생은 신제도에 따르는 사범학교 2학년에 편입할 수 있으며, 5년제 사범학교 졸업생은 3학년에 편입할 수 있도록 허락하였다. 별도로 1946년 현재 사범학교의 단과대학 과정에 재학 중인 학생은 새로운 사범대학의 적정한 학년에 입학을 허용하도록 하였다. 그리고 현재 중학교 3학년을 이수한 자 혹은 그에 준하는 자격을 지닌 자는 신제도에 따르는 사범학교 학생으로 입학시킬 수 있도록 하였다.

이와 같은 방식으로 시행한 과도적인 학제 개혁은 6-6-4제를 중심으로 하여 별도로 초급중학 3년제를 설치하는 것이었다. 즉 당시 시행한 학제는 중등교육의 단계에서 초급중학교 3년 과정과 고급중학교 3년 과정을 합친 6년제 중학교를 원칙으로 하고 있으며, 별도로 3년제 초급중학교를 설치하였지만 실제 운영에서는 예외적인 상황이었다. 그리고 초급중학교 3년 과정 또는 6년제 중학교 3년 과정을 수료하고 진학할 수 있는 3년제 사범학교를 설치한 것도 새로운 학제 변화였다(김영철 외, 2006: 48-49).

## (5) 정부 수립 초기 학제의 특징

1948년 8월 15일 3년간에 걸친 미군정을 종식하고 대한민국 정부가 수립되었다. 정부는 교육제도를 법률로써 정한다는 헌법 제 16조의 규정에 입각하여 새로운 학제를 마련하는 작업을 추진하였다. 정부 수립 이후의 교육법 제정에 있어서 학제에 관한 규정은 이미 미군정 아래에서 시행한 내용과 당시의 현실적인 여건을 절충한 것이라고 할 수 있다. 정부에서 추진한 학제 개편의 원칙은 국민 개개인의 능력을 최고로 발휘할 수 있고, 균등한 교육기회, 교육의 보급과 향상을 신속하게 달성할 수 있는 발전적인 내용, 우리의 국가 사정에 적절하고 국제 교육수준에 대응할 수 있는 제도를 설정하는 데 있었다.

문교부는 이러한 학제 개편의 원칙에 따라서 새로운 학제를 포함하여 교육 전반에 대한 종합적인 개편을 위하여 교육법을 제정하였다. 교육법에 따르는 학제는 국민학교 6년, 중학교 4년, 고등학교 2년 혹은 4년, 대학교 4년 혹은 6년으로 하였다. 그 밖에도 수업연한 2년혹은 4년의 사범대학, 수업연한 2년의 사범학교를 두었으며, 수업연한 1년에서 3년의 고등공민학교, 국민학교와 중학교 과정에 준하는 특수학교, 4세에서 6세까지의 취학전 아동을 위한 유치원을 두었다(교육부, 1998).

  정부 수립 초기의 학제 계통에 있어서 쟁점이 된 것은 중학교와 고등학교의 수업연한 문제, 그리고 이들 두 가지 중등교육기관을 분리·통합하는 문제라고 할 수 있었다. 당시에 규정한 중학교, 고등학교의 수업연한은 이론적인 측면 뿐만 아니라 운영하는 측면에서도 많은 혼란을 초래하였다. 또한 중등교육이 중학교와 고등학교로 나누어지는 이중성으로 말미암아 학생들이 입학시험에 시달렸으며, 중학교는 본연의 임무인 완성교육을 실현하지 못하고 상급학교 진학을 위한 준비기관으로 전락하는 경향이 있었다. 결국 2년제 혹은 4년제로 규정하였던 고등학교 제도는 1950년 3월 10일 학제 개정안으로 인해서 시행하지도 못한 채 폐지하고 말았다. 이로서 초급대학 4년제를 삭제함으로써 6-3-3-4제의 단선형 학제를 수립할 수 있었다(교육부, 1998).

  이처럼 광복 이후 건국 초기까지의 학제 개혁에 있어서 중점이 된 사항은 일제 식민지 시대의 복선형 학제에서 개방적인 단선형 학제로 변화한 것이라고 할 수 있다. 이 학제는 미국 학제의 모방이라는 지적도 있었지만, 신분 계층의 차별없이 균등하게 교육받을 수 있는 민주적인 제도로서 인정받았다. 그 결과 6-3-3-4제의 단선형 학제는 몇 차례의 과도기적인 형태를 거친 후 새로운 학교 제도로 정착하는 계기가 되었다.


## 3) 한국전쟁 시기 및 전후 재건기 학제개편과 교육변화

### (1) 1950년대 전쟁기 및 전후 시기의 학제 개편

  1949년 12월 31일자 법률 제86호로 제정한 교육법상의 기간 학제는 6-4-2-4제로 채택하여 이를 1950년 1월 1일부터 시행하도록 하였다. 그러나 앞에서 본 바와 같이 교육법상의 신학제를 시행하기도 전에 정부는 1950년 3월 교육법을 개정하여 학제의 일부분을 수정하였다. 또한 1951년 3월에도 교육법을 다시 개정하여 6-3-3-4제의 기간 학제를 확립하였다.

교육법 제81조에서 명시한 학제는 취학전 교육기관으로 유치원, 초등교육기관으로 국민학교, 중등교육기관으로 중학교와 고등학교, 고등교육기관으로 초급대학과 대학, 대학교, 그리고 교사교육기관으로 사범학교와 사범대학 등이었다. 그 밖에도 사회교육기관 또는 방계학계에 해당하는 학교로 공민학교와 고등공민학교, 기술학교와 고등기술학교, 특수학교, 각종학교 등을 명시하고 있었다. 그러나 교육법에서 규정한 신학제는 고등학교 구분의 모호성, 중학교 및 기술학교에서 고등학교로의 연계성 미비, 기존 3년제 중학교 졸업자의 진학 문제, 대학 예과 성격의 2년제 고등학교와 실업전문학교 성격의 4년제 고등학교 간의 교육적인 정체성 문제 등의 모순점을 드러내고 있었다(김영철 외, 50-52).

문교부는 신학제가 지니고 있는 이런 문제점을 시정하기 위하여 1950년 3월 10일 법률 제118호로 교육법 개정을 통하여 학제 일부분에 대한 수정을 가하였다. 이에 따라서 고등학교의 수업연한을 3년으로 통일하였고, 중학교는 4년제를 기조로 하면서도 3년 수료 후에 고등학교 혹은 사범학교에 진학할 수 있도록 하였다. 그리고 사범학교의 수업연한은 2년에서 3년으로 연장하였고, 고등기술학교의 입학자격도 3년제 기술학교 졸업자로 규정하였다. 한편 2년제 초급대학은 3년제 고등학교 졸업자가 입학하고, 4년제 초급대학은 4년제 중학교 졸업자가 입학할 수 있도록 하였다(교육부, 1998).

| 연령 | 학교 | 학년 |
|---|---|---|
| 26 | 대학원 | 21 |
| 25 | 대학원 | 20 |
| 24 | 대학원 | 19 |
| 23 | 대학 / 사범대학 | 18 |
| 22 | 대학 / 사범대학 | 17 |
| 21 | 대학 / 사범대학 | 16 |
| 20 | 대학 / 사범대학 | 15 |
| 19 | 초급대학 / 대학 / 사범대학 | 14 |
| 18 | 초급대학 / 대학 / 사범대학 | 13 |
| 17 | 고등학교 / 사범학교 / 고등기술학교 | 12 |
| 16 | 고등학교 / 사범학교 / 고등기술학교 | 11 |
| 15 | 고등학교 / 사범학교 / 고등기술학교 | 10 |
| 14 | 중학교 / 기술학교 / 고등공민학교 | 9 |
| 13 | 중학교 / 기술학교 / 고등공민학교 | 8 |
| 12 | 중학교 / 기술학교 / 고등공민학교 | 7 |
| 11 | 국민학교 / 공민학교 | 6 |
| 10 | 국민학교 / 공민학교 | 5 |
| 9 | 국민학교 | 4 |
| 8 | 국민학교 | 3 |
| 7 | 국민학교 | 2 |
| 6 | 국민학교 | 1 |
| 5 | 유치원 | |
| 4 | 유치원 | |

**[그림 2-2] 1949년 교육법에 의한 학제**

그러나 1950년 3월 10일에 개정한 학제는 중등교육에 있어서 여러 가지 문제점을 드러내고 있었다. 그것은 우선 중학교 졸업생이 고등기술학교에 진학하는 경우 1년의 손실이 드러나는 법규상의 문제점을 지적할 수 있다. 또한 고등학교 혹은 사범학교에 진학하지 못하는 중학교 4학년 학생들에 대한 교육문제와 관련하여 3년제 초급중학교를 4년제 중학교로 재편성하는 데 따르는 문제점이 드러나고 있었다. 이는 4년제 중학교 졸업자들이 경제적인 여건으로 인해서 장기간의 학업기간을 감당하지 못하고 중퇴하는 현실적인 상황을 반영하는 문제점이기도 하였다. 더구나 3년제 초급중학교 졸업자가 4년제 초급대학에 진학할 수 있는 과정이 경색되어 있는 것도 신학제가 안고 있는 커다란 문제점으로 제기되었다(교육부, 1998).

한국전쟁으로 인한 비상시국은 교육에 있어서도 전시에 알맞은 교육체제를 요구하게 되었다. 이를 바탕으로 기존 학제가 지니고 있는 문제점을 수정·보완하기 위하여 1951년 3월 20일 법률 제178호로 학제에 관한 교육법 개정이 있었다. 제2차 교육법 개정의 학제 관련 변경사항은 중학교의 수업연한, 고등학교와 사범학교의 입학자격, 초급대학의 수업연한, 초급대학과 대학의 입학자격에 관련한 내용 등이었다. 그 결과 중학교의 수업연한을 3년으로 단축하였으며, 고등학교 및 사범학교의 입학 대상을 중학교 졸업자로 명시하였다. 한편 4년제 중학교에 연결되는 4년제 초급대학을 폐지하는 대신에 고등학교 및 사범학교 졸업자를 입학자격으로 하는 2년제 초급대학을 설치할 것을 명문화하였다. 그와 동시에 초급대학의 입학자격도 대학 입학자격과 동일한 정도로 규정하였다(김영철 외, 2006: 52).

이는 전시상황에 알맞는 학제로서 6-3-3-4제의 기간 학제가 지닌 효율성을 극대화하고자 하는 조치라고도 할 수 있다. 이 학제가 지닌 효율성에 바탕한 국민교육적인 성향은 1950년대의 전시교육체제와 전후교육재건을 위한 교육개혁의 기반이 되었다고도 할 수 있다. 1951년의 제2차 교육법 개정으로 인한 학제 개혁은 완전한 단선형 학제로서 교육의 기회균등 원칙을 보장하는 민주주의 교육원리를 확립한 것이라고 할 수 있었다. 그리고 중등교육단계를 전기와 후기로 구분하여 학생의 심신발달을 조장할 수 있었고, 전체적인 교육연한이 16년으로서 국제적인 교육수준을 달성했다는 의의를 지니고 있었다. 그러나 이 학제는 사회교육을 위한 학제 편성을 거의 무시했으며, 인문교육 위주의 학제 편성으로 인해서 실업교육을 위축시킨다는 문제점을 낳고 있었다. 특히 초등교사를 양성하기 위한 사범학교가 고등학교 수준으로 되어 있어서 연령상 혹은 전문지식의 측면에서 불합리하다는 지적을 받고 있었다.

## (2) 1950년대의 학제 개편에 따른 교육변화

1945년 8월 15일 일본의 패망과 더불어 한민족에게는 또 다른 외세의 지배가 기다리고 있었다. 다만 그것이 일본의 오랜 식민 지배를 종식시켰다는 점에서 갖는 긍정적 측면도 있을 수 있으나, 엄연히 그것은 한민족의 독립을 유예시키는 것이었으며, 더욱이 민족의 분단을 초래하는 비극의 시작이었다. 한반도의 남쪽에서 펼쳐진 미군의 통치는 3년간 이어졌으며 이 시기의 한국사회와 교육계는 미국의 지배하에서 그들의 이해에 따라 재편되었다. 그리고 미군정은 1948년 5월 10일 치러진 38선 이남만의 총선거에 의해 탄생한 이승만 정부가 1948년 8월 15일 출범함으로써 종식되었다. 그러나 독립국가로서의 체제를 채 정비하기도 전인 1950년 6월 25일 한국전쟁이 일어남으로써 전 국토가 초토화되고 교육도 황폐화되었다. 그리고 이로 인해 한반도는 남쪽과 북쪽이 이데올로기적으로 재편되고 이어지는 냉전체제하에서 한국정부에 대한 미국의 영향력은 더욱 강화되게 되었다. 냉전질서의 세계적 확산으로 말미암은 한국전쟁은 한민족에게 또 다른 체제하의 동족에 대한 증오심을 심어주며 분단의 영구공고화라는 결과를 초래했을 뿐만 아니라 남한사회 내부에도 냉전적 사고의 팽배로 이어졌고 이는 독재정권의 탄생과 대미종속의 심화를 가속화시키게 되었다(교육부, 1998).

미국의 세계전략상 대소 방어기지로서 제조된 제1공화국은 형식상 자유민주주의 체제의 법적 기구를 갖추기는 했으나 미국의 이해관계에 따라 군정기에 마련된 정치적·제도적 기반과 인적 구성을 답습함으로써 성격상 자주독립과는 거리가 멀었으며 민주적이지도 못했다. 특히 세계적 냉전구조를 심화시키는 계기가 되었다. 따라서 이 시기의 교육 역시 기본적으로 미군정기에 이어 여전히 국가권력에 의해 주도된다.[283]

그리고 미군정기를 거치며 사회전반에 팽배한 미국식 제도의 이식은 교육에도 예외는 아니어서 교육부문 전반에 걸친 미국화가 진행되었다. 이러한 과정에서 미국은 적극적으로 자신들의 역할을 찾았으며, 특히 학문적으로 미국의 영향력을 확대하기 위한 정책으로서 젊은 교수들에게 장학금을 제공하여 미국에서 공부할 수 있는 기회를 제공한 결과, 전반적으로 한국교육은 미국 의존도가 더욱 심화되게 되었다. 그러나 이러한 와중에도 유럽 대륙철학에 바탕을 둔 실존주의나 인간주의 사상이 소개되는 등 새로운 교육사상들이 속속 소개되기 시작하였다.

1948년 8월 15일 대한민국 정부가 수립되면서 국가이념에 부합하는 교육이념 및 교육제도의 확립이 시급히 요청되었다. 이에 정부와 국회에서는 교육법의 제정에 착수하였다. 교육법 제정에 있어서 그 내용과 기본정신의 바탕은 대한민국 임시정부의 임시헌장과 미군정 시기에 추진된 바 있는 교육정책의 기본방침에 있었다.

〈표 Ⅳ-1〉 연도별 취학 아동 증가 상황[284]

| 연  도 | 취학아동수 | 학령아동의 취학률 |
|---|---|---|
| 1945 | 1,366,024 | |
| 1948 | 2,405,301 | 74.8 |
| 1950 | 2,658,420 | 81.8 |
| 1951 | 2,073,844 | 69.8 |
| 1952 | 2,399,776 | 80.0 |
| 1953 | 2,247,057 | 75.7 |
| 1954 | 2,664,460 | 81.5 |

---

283) 한국교육연구소 편, 『한국교육사』, 서울: 풀빛, 1993, p.372.
284) 정영수 외, 「한국교육정책의 이념」 연구보고 RR 85-20, 한국교육개발원, 1985, p.95.

| 연　도 | 취학아동수 | 학령아동의 취학률 |
| --- | --- | --- |
| 1955 | 2,930,327 | 87.0 |
| 1956 | 3,216,327 | 90.5 |
| 1957 | 3,503,967 | 93.4 |
| 1958 | 3,790,352 | 94.2 |
| 1959 | 3,558,142 | 96.4 |
| 1960 | 3,622,685 | 95.3 |

　정부수립 직후부터 문교부를 중심으로 마련된 교육법안의 초안을 기초로 하여 국회의 문교사회위원회에서 1949년 6월 3일 제1회 심의회를 시작으로 검토되다가 10월 26일 제5회 국회 본회의에 상정되었다. 이러한 과정을 거쳐 마련된 교육법에는 「교육의 이념」, 「교육의 목적」, 「교육의 범위」, 「교육의 방법」, 「교육의 내용」, 「교육행정」, 「사회교육」 등에 관한 내용이 담기게 되었다. 그런 가운데 의무교육의 실시가 추진되었다. 미군정하인 1946년 1월 교육심의회 초등분과위원회에서 가결된 의무교육요강안에 따르면, 의무교육은 만 6세에 시작하기로 하였으며 이의 전면적 실시를 위하여 특별예산까지 책정하기로 하였으나 이것이 군정예산에 반영되지 못하여 미군정하에서는 의무교육 실시계획이 실현되지 못하였다. 그러나 교육법이 정부수립 이후 마련됨으로써 '6년간의 의무교육'의 실시가 현실화되었다. 이로써 1948년 74.8%에 머물던 취학률은 6·25전쟁을 거치며 부침은 있었지만 1954년 81.5%에 달했으며 1956년에는 90%를 넘어서게 되었고, 1960년에는 95.3%에 달하게 되었다. 광복 이후 1960년까지 15년간의 학령아동 중 초등교육에의 진학률을 취학 아동수와 취학률을 중심으로 보다 자세히 표로 제시해보면 다음의 <표 Ⅳ-1>과 같다.

　위의 표에서 볼 수 있듯이 전쟁의 시기를 거치며 1950년대 초반에는 초등학교에의 취학률이 제자리걸음을 하거나 도리어 낮아지는 경향도 나타나지만 1950년대 후반에 이르면 95% 이상의 거의 완전취학에 가까워지는 것을 볼 수 있다. 그리고 이와 같은 높은 취학률은 상급학교

진학에도 영향을 주어 중등교육 진학자와 고등교육 진학자는 기하급수
적으로 늘어나게 된다.

〈표 Ⅳ-2〉 중등학교의 팽창285)

| 연 도 | 학 교 수 | | 학 생 수 | |
|---|---|---|---|---|
| | 실 수(개) | 성 장 율(%) | 실 수(명) | 성 장 율(%) |
| 1945 | 165 | 100 | 83,514 | 100 |
| 1952 | 953 | 578 | 325,532 | 510 |
| 1954 | 1,301 | 789 | 643,900 | 771 |
| 1956 | 1,615 | 979 | 747,980 | 896 |
| 1958 | 1,657 | 1,004 | 677,360 | 811 |
| 1960 | 1,693 | 1,026 | 792,177 | 949 |

위의 표에서 나타나고 있듯이, 8·15광복 이후 15년간 중등학교의
경우 학교수나 학생수 모두에서 10배 가까운 증가를 보여주고 있다.

〈표 Ⅳ-3〉 고등교육기관의 팽창286)

| 연 도 | 학 교 수 | | 학 생 수 | |
|---|---|---|---|---|
| | 실 수(개) | 성 장 율(%) | 실 수(명) | 성 장 율(%) |
| 1945 | 19 | 100 | 7,819 | 100 |
| 1952 | 49 | 248 | 34,089 | 436 |
| 1954 | 71 | 374 | 66,415 | 850 |
| 1956 | 76 | 400 | 96,954 | 1,238 |
| 1958 | 79 | 416 | 79,449 | 1,016 |
| 1960 | 85 | 447 | 101,045 | 1,292 |

8·15 광복 이후 15년간 고등교육기관 역시 학교수는 약 4.5배 증가
하고, 학생수는 13배 정도 늘어나고 있다. 그러나 이러한 양적 팽창에
도 불구하고 당시의 교육은 교육여건의 미비로 인한 많은 문제점을 안

---

285) 위의 책, p.105.
286) 위의 책, p.105.

고 있었다. 학급당 학생수가 1953년 평균 77명에 달하고 교사 1인당 학생수도 1950-60년대에 걸쳐 60명가량에 달함으로써 극심한 교실부족과 교사부족 현상을 보여주고 있었다. 게다가 전쟁은 그나마 남아있던 교육시설 마저도 잿더미로 만들어 버렸다.

이러한 제도적 변화와 아울러 새로운 교육이념의 정립은 교육과정의 개선을 가져오게 되었다. 이 시기 교육과정의 특징은 일제가 말살을 기도하였던 민족정기를 바로 세우고자 하는 민족문화교육의 전개와 자유민주주의 사회이념에 걸맞은 민주시민교육의 시도, 미국의 진보주의 교육철학의 영향을 받은 생활중심 교육과정을 들 수 있다(교육부, 1998).

지식위주의 교과중심 교육과정을 탈피하고 미래생활에의 준비와 건전한 시민의 양성을 목적으로 했던 미국의 진보주의 교육철학은 50년대 미국교육사절단을 통해 한국사회에 커다란 영향을 미쳤다. 이러한 새로운 교육과정의 도입은 결국 교육방법의 변화도 가져왔다. 교사중심의 획일적인 수업방법에서 벗어나 아동의 개성을 중시하는 수업으로 전환하자는 것이 그 중심과제였다. 그리고 이는 「새교육」으로 명명되어 정부당국의 적극 후원에 힘입어 하나의 교육운동으로 전개되었다. 그러나 이 운동은 현장의 교사들에게 있어서 너무 막연하고 이해하기 힘든 것이었다. 그리고 과밀학급, 교육시설의 미비 등 현장여건은 더욱 이러한 새로운 교육의 경향을 수용하기 힘든 면이 있었으며, 결국 얼마 지속되지 못하고 차츰 쇠퇴하기 시작하였다.

한편 이 시기는 5·16쿠데타 이후의 시기에 비해 국가권력에 의한 교육통제가 상대적으로 다소 이완된 시기였다고 할 수 있다. 이는 물론 당시 국가권력이 민주적이었기 때문이 아니라 전일적인 지배력을 확보하지 못했음을 말해주는 것이며, 한편으로는 지방분권적인 미국식 제도의 이식에서 그 원인을 찾을 수 있다.[287] 이는 다음과 같은 몇 가지 사실에서도 확인할 수 있다.[288]

---

287) 한국교육연구소, 앞의 책, p.372.
288) 위의 책, pp.372-374 참조.

첫째, 형식적이나마 이 시기에는 지방자치제와 함께 교육자치제가
실시되었다.

둘째, 1960년대에 비해 사립학교에 대한 제도적인 통제장치를 구비
하지 못하고 있었다. 학교의 운영에 대한 거의 아무런 제재를
가하지 않음으로써 농지개혁의 여파와 더불어 사립학교의 수
는 급격히 늘고, 이는 다시 교육의 질 저하로 이어졌다.

셋째, 교육내용에 대한 중앙 권력의 장악 정도가 다소 느슨한 편이
었다.

넷째, 대학에 대해 거의 방임에 가까운 정책을 폈다. 학사운영, 정원,
신입생 선발 등에서 주로 대학의 자율에 맡기는 경향이었다.

그러나 위의 사실을 통해 교육이 정치적으로 자율성을 확보했다고
보기는 어렵다. 정부 수립 직후 학원의 사상통제를 위해 결성된 학도
호국단은 4·19 이후에야 해체되고, 이승만 정권의 집권연장 수단으로
교육이 이용되어 선거 때마다 동원되었다. 그리고 1954년부터는 이데
올로기 교육을 핵심으로 하는 도의교육이 강화되고, 도덕·도의 교과서
를 국정교과서로 발행하였다.[289]

### (3) 전쟁과 재건·부흥: 학제개편을 위한 교육발전론과 신국가주의

1950년부터 3년에 걸친 한국전쟁 동안 초등교육의 이념적 과제는 인
격교육의 중시(도의교육 제창), 기술교육 장려(일인일기교육), 국방교육
실시, 지식교육의 철저라고 보았다. 이는 우리나라의 교육이념인 '홍익
인간'에 근거한 것이었으며, 여기서 지향했던 이상적 인간상은 '자활
인', '자유인', '평화인'으로 표현되었다. 특히 도의교육을 강조한 것은 전
쟁으로 인해 일어난 국민도의의 퇴폐현상을 바로 잡으려는 노력이었다.

---

289) 위의 책, pp.374-375 참조.

그러면 도의교육을 위하여 우리는 무엇을 어떻게 할 것인가?……우리는 '민족정신'의 재발견을 제의한다. 우리민족이 가져야 할 도의정신은 단군시대 이래의 '홍익인간'의 사상이 전승되어 오는 터이지만 신라 화랑도에서 일층 그 구체적인 표현을 찾아 볼 수 있다……민족정신에 기초한 자립적인 세계관과 인생관을 가질 때에만 물질적으로 정신적으로 폐허 속에서 '재건'이 이루어질 것이다.


3년간의 전쟁으로 국토는 황폐해졌고, 그로 인해 교육은 또 다른 새로운 과제에 봉착하였다. 그것은 전쟁으로 인해 무너진 국민적 정서를 일으키는 것에서부터 경제부흥을 위한 이른바 교육의 재정비와 재흥의 과제였다. 이 같은 시대적 요구에 대응하여 교육에서는 민족주의 교육, 도의교육, 생산교육(혹은 과학기술교육)이 강조되었다.

그러나 전후 재건교육이 가장 활발해진 것은 1956년부터 시작한 의무교육 5개년계획이 성공적으로 수행된 것에서 비롯하였다. 특히, 1960년 4·19 혁명은 당시 정권의 독재와 사회의 부조리를 척결하고자 일어났던 학생운동이었다. 그것이 지닌 정신은 '민주주의의 수호와 자유권의 신장' '민족주의에 대한 관심의 증대와 조국근대화를 통한 경제적 성장의 모색'을 주요한 내용으로 하고 있었다. 이는 미묘한 상황에서 이후 등장한 박정희 군부의 교육정책으로 활용되었다(교육부, 1998).

5·16군사정변 이후 수립된 군사정권은 강력한 정치수단을 통해 전 영역에 걸쳐 경제성장 제일주의를 표방하였다. 이러한 경제성장 제일주의에서 교육은 그러한 정치적 이념을 국민교육을 통해 인식시키는 역할을 맡게 되며, 다른 한편으로는 경제성장을 주도해 나갈 인력을 개발하는 역할을 맡게 되었다. 그러나 1960년대 후반에 이르면서 그와 같은 경제지상주의적 입장은 반동에 부딪쳤으며, '제2경제' 개념이 등장하면서 한국적 민주주의 교육론, 국적 있는 교육론이 대두되었다. 다만 특이한 것은 그러한 반동과 노력이 정치권을 중심으로 주도되었다는 점이다. 즉 이 시기의 교육은 강력한 정치적 영향권에 놓여 있어서,

그 방향의 변화 역시 정치적 정책변화에 따르는 것이었다.

1968년 12월 5일, 국민교육의 지표라고 할 수 있는 '국민교육헌장'이 선포되었다. 이는 한국국민의 바람직한 인간상의 정립을 위한 교육이념으로서, '국적 있는 교육', '민족 주체성 교육'을 지향하여 393자라고 하는 짧은 문장 속에 그 이념을 압축적으로 표현한 것이었다. 당시 국민교육헌장이 지닌 내용은 국민적 합의를 강조하면서도 국토통일과 산업경제의 근대화, 민족문화의 창달로 민족중흥의 과업을 완수함으로써 국가발전을 이룩하는 것에 강조를 두고 있었다. 이는 교육에 있어서 국가지상주의적 관점을 지닌 새로운 한국식 '교육칙어'라고 할 수 있었다. 이는 이른바 '10월유신'과 '새마을운동'으로 상징되는 한국형 민주·민족주의 교육을 수립하는 관점으로서 기여한 것이라고 할 수 있다. 이와 같은 이념교육은 초등교육을 중심으로 한 국민통합의 측면에서 아주 중요한 역할을 하였다.

### (4) 1960년대의 교육 변화와 학제 쟁점

6·25전쟁으로 교육부분 뿐만 아니라 정치·경제·사회 등 각 분야가 피폐해진 상황에서도 미국의 비호와 분단체제의 공고화를 통해 집권연장에만 몰두하던 자유당 정권은 1960년 3월 15일의 부정선거로 촉발된 전 국민적 저항에 부딪히게 된다. 특히 4월 18일 고려대학교 학생들의 시위를 계기로 확산된 학생들의 정권퇴진 운동은 4·19혁명으로 이어져 자유당 독재정권을 몰아내어 민주주의 이념에 입각한 국가운영에의 기대를 갖게 하였다. 그러나 뒤이어 들어선 민주당 정권은 사태의 수습과정에서 지도력을 발휘하지 못하고 도리어 구태를 답습함으로써 애써 일구어 놓은 민주적 사회로의 발전을 추동해내지 못하였다. 그럼으로써 결국 1961년 5월 16일 군사정변으로 인하여 군사독재체제로 접어들게 되었다. 5·16정변으로 집권한 군사정부는 사회전반에 대한 억압과 특유의 저돌성으로 군사문화를 전파하면서, 경제개발을

최우선 과제로 삼아 국민들을 다그치고 모든 사회운영을 이에 맞추려고 하였다.

1960년대 당시 한국의 경제상황은 경제발전을 추진하는 데 필요한 내부적 요건이 갖추어지지 않은 상태였다. 즉 경제발전에 필요한 자본과 기술이 부족한 상태로 생산력 발전의 수준이 낮은 상태에 머물러 있었다. 따라서 국가 주도하의 경제개발정책이 대두되어 경제발전에 필요한 자원과 자본을 조달하게 된다.[290] 그리고 이와 같은 상황하에서 1960년대 경제개발의 물적 기반은 50년대에 형성된 특혜적 독점자본과 외자 및 정부의 재정, 금융적 지원으로 이루어진다. 우선 5·16 이후 한일회담은 빈약한 자본을 조달하기 위한 우선책이었으며, 이를 계기로 하여 일본 자본이 한국 시장에 진출하게 됨과 동시에 한국의 경제체제가 세계 자본주의경제에 개방되게 되었다.[291]

위와 같은 상황하에서 항상 정권 탄생의 불법성으로 인한 정통성 시비에 시달릴 수밖에 없었던 박정희 정권은 경제발전을 명분으로 삼아 정치·경제·사회·문화 전 영역에서 폭압적인 방법을 동원하였다. 3선 개헌을 통한 장기집권의 음모와 한일국교 정상화 과정에서의 반민족적 행태와 밀실정치의 전형적인 모습은 그 실례이다. 이러한 상황하에서 박정희 정권은 교육 역시 경제개발과 정권안보의 차원에서 철저히 예속시켜 나갔다.

체제유지와 경제개발이라고 하는 박정희 정권의 국가운영에 대한 확고한 입장은 교육에 대한 보다 분명한 간섭과 통제로 나타났다. 당시 한국교육에 커다란 영향을 미쳤던 주요 교육정책을 살펴보면 다음과 같다.

첫째, 반공교육과 국민교육헌장 반포 등 교육내용과 이념적 측면에서의 국가주의적 통제의 강화이다. 반공교육정책은 이미 1950년대에 6·25 이후 우리나라 정치교육의 주축을 이루어왔다. 이렇게 자유당 때부터 정책교육의 일환으로 실시된 반공교육은 1961년 5·16쿠데타 이후 특히

---

290) 정영수 외, 「한국교육정책의 이념(Ⅱ)」 연구보고 RR 86－33, 1986, p.42.
291) 위의 책, p.43.

강조되었다.[292] 이에 문교부는 1961년 10월 반공교육 강화를 위한 교사용 지침서를 발간하여 각급 학교교사에게 배포하였으며, 국민학교 도덕 교과서를 개편하여 반공에 관한 내용을 보강하였다.[293] 한편으로는 1968년 12월 5일 국민교육헌장을 제정·공포하여 학교를 포함한 모든 공식 행사에서 낭독하게 하는 등 더욱 권위적이고 국가주의적인 교육을 낳게 하였다.

둘째, 교육자치제의 폐지와 부활이다. 5·16 정변과 함께 군사정부는 의회를 비롯한 각급 회의의 기능을 정지시키고 같은 해 10월 6일에는 교육자치제를 완전 폐지하고 교육행정을 일반 내무행정에 흡수시켰다.[294] 이후 1963년 소위 민정이양을 앞두고 논란 끝에 선거용으로 부활한 교육자치제는 시도 교육위원회의 의결기능을 없앤 채 단지 합의제 집행기관으로 하고 그나마 교육위원 선출권이 있는 지방의회를 박정희 정권이 몰락하는 날까지 구성하지 않고 교육위원을 문교부 장관이 임명함으로써 교육위원회는 문교부의 하부기관에 불과하게 되었다.[295] 다시 말해서, 제도적으로 문교부의 지시와 통제를 강하게 받고 있는 내용 없는 자치제도인 것이다.[296]

셋째, 사립학교에 대한 규제의 제도화이다. 사립학교의 특수성에 비추어 그 자주성을 확보하고 공공성을 앙양함으로써 사립학교의 건전한 발전을 도모하는 것을 목적으로 한다는 핑계로 정부는 1963년 6월 「사립학교법」을 제정·공포하였다. 그러나 이러한 목적 설정과는 달리 사립학교법의 주요 내용은 사학에 대한 규제와 통제를 강화하는 규정이 대부분이었다.[297]

---

292) 위의 책, p.47.
293) 위의 책, p.47.
294) 윤철경, 「교육자치제와 교육민주화」, 한국교육연구소 편, 『교육비평』 창간호, 푸른나무, 1990, p.218.
295) 위의 책, pp.218－219.
296) 한국교육개발원, 앞의 책, 1986, p.54.
297) 위의 책, p.56.

넷째, 고등교육이 국가권력에 의해 철저하게 통제되었다. 군사정변 주도세력은 4·19혁명의 주도세력인 대학생 집단을 가장 중요한 정치적 반대세력으로 보아 정변 직후부터 대학정비를 단행하고 사립대학에 대한 감독기능을 강화하는 한편, 군정기간 동안 대학입학자격 국가고사와 학사자격 고사제를 실시하는 등 노골적인 통제를 시도하였다.[298]

이상과 같은 1960년대의 특징적 교육정책은 우리의 교육계 전반에 걸쳐 그 영향력을 파급시켜 나아갔다. 한편 교육학계에서도 지난 시기와는 다른 변화가 모색되기 시작하였다. 기존의 외국 교육학, 특히 미국식 교육학에 대한 소개 일변도의 학문풍토에 변화가 일어나기 시작하였다. 이러한 분위기와 관련하여 교육사상의 토착화문제가 대두되고, 한국 상황에 맞는 교육학이 어떤 것인가에 대한 문제의식이 확산되었다. 이는 특히 미군정기를 겪으며 형성된 교육학의 대미 의존적 태도가 1950년대와 1960년대를 지나며 더욱 심화되어가고 있었음에 대한 문제제기로 나타났다. 그것은 주로 행동과학으로서의 교육학에 대한 미국식 해석에 대한 문제제기였으며, 이런 점에서 1967년 10월 26일부터 28일까지 연세대학교에서 열렸던 제6회 교육학회 연차대회는 큰 의미를 갖는다. 여기에서는 그간 독일식 교육철학에서 수용된 해석학적 방법론이 경험과학적 방법론 일색인 미국식 교육철학에 제기하여 온 문제의식을 학회 차원에서 확인하고 이의 후속 연구작업을 규정하고 있었던 것이다. 물론 독일 교육철학 역시 외국의 것임에는 틀림없으나 우선 심각한 대미 의존적 학문풍토에 대한 문제제기의 출발을 이루고 있음을 인정한 것에 대한 평가가 가능한 것이다.[299] 그리고 교육근대화론에 입각하여 교육은 또 다시 국가발전을 위한 수단이자 출세를 보장하는 도구로 자리매김 됨으로써 학력주의는 더욱 확산되었고, 이에 따라 국민들 사이의 교육열은 더욱 심화될 수밖에 없었다.

결국 1960년대에 들어서서 경제개발을 통한 조국근대화를 실현하기 위

---

298) 한국교육연구소 편, 앞의 책, pp.379−380.
299) 김인회, 『한국교육의역사와 문제』, 서울: 문음사, 1994, pp.242−245 참조.

한 교육목적으로 학제 개편의 논의를 지속하고 있었다. 즉 6-3-3-4제를 기간으로 하는 단선형 학제를 한국사회에 적용시키는 것에 대한 검토, 중등교육 및 단기고등교육기관이 지니고 있는 성격·연한·연계성의 문제, 교원양성기관의 성격 및 연한 문제, 방계 학제의 성격 및 조직 문제 등을 쟁점으로 하여 학제 개편의 필요성을 제기하였다. 그리하여 문교부는 교육연구의 실무자들을 중심으로 학제개편작업 추진위원회를 구성하고, 각계에서 집약한 6-5-4제, 5-5-3-3제, 6-5-2-3제, 6-6-4제, 5-7(4-3)-4제 등 5개의 학제 개편안을 중심으로 학제 개혁을 추진하기도 하였다. 그러나 기존 6-3-3-4제의 기본 골격에 대한 변화 없이 부분적인 수정을 단행하였다(김영철 외, 2006: 61-62).

중등교육에서는 1963년 8월 7일 법률 제1387호로 실업고등전문학교제를 창설하여 중학교 졸업자를 입학 자격으로 하였다. 1961년 9월 1일 법률 제708호로 '교육에관한임시특례법'을 공포하여 2년제 교육대학을 제도화하였다. 그리고 1963년 8월 교육법 개정을 통해서 사범학교를 폐지하였고, 2년제 초급대학 수준에서의 중등교원 양성제도를 폐지하여 중등교원 양성을 위한 전문교육기관으로서 사범대학의 교육연한을 4년제로 통일하였다. 그 결과 대학 수준에서 초·중등교원 양성체제를 정비할 수 있었다(교육부, 1998).

그와 함께 1961년 8월 교육법 개정으로 학기제를 개편하였는데, 종래 4월 1일에 시작하였던 제도를 변경하여 제1학기는 3월 1일에 시작하여 8월 말까지, 제2학기는 9월 1일부터 그 다음해 2월 말까지로 확정하였다. 이로 인하여 학제 운영을 위한 기본요건을 성립시켰다고 할 수 있다. 또한 문교부는 1968년 11월 15일 법률 제2045호로서 교육법을 개정하여 국립대학교에 방송통신대학을 둘 수 있도록 하는 방안을 마련하였다. 이와 같은 학제 개편은 교육기회에 대한 사회적인 수요가 증가하는 현상을 반영하여 평생교육 체제의 기반을 마련한 것이라고 할 수 있다.

# 3. '압축적 근대' 쟁점과 학제 개편

## 1) 고도성장기 한국의 학제개편과 교육변화

### (1) 교육변화와 고도의 경제성장

1970년대 이후는 사회 모든 영역이 시초를 다투듯 변화를 이루고 있었다. 우리 교육이 이를 위해서는 무엇보다 빠른 대응을 필요로 하였고, 그리고 그 빠른 대응을 위해서는 새로운 지식과 기술을 포함해 우리 교육에 충격을 주거나 주게 될 외래 교육사상에 대하여 민감하지 않으면 아니 되게 되었다.

종래 우리 교육사상 체계에 큰 충격으로 기능하였던 프래그머티즘과 같은 완만한 진보주의 성향의 교육사상을 비롯, 자유의 덕목을 중시하는 자본주의, 평등의 덕목을 중시하는 사회주의와 평등주의, 급진주의적인 성향의 재건주의, 자연주의를 비롯 본질주의, 항존주의, 실존주의 등의 관념론적인 성향의 교육사상, 행동주의와 분석철학과 같은 경험론적 성향의 교육사상, 그리고 국가주의, 인간자본론, 페미니즘 등과 같은 사회과학적인 이데올로기 등 수많은 외래사상이 등장하였다. 이는 1970년대 이후에 들어서도 다소 완급의 차이는 있으나 여전히 우리 교육에 충격을 주어 변화를 일구고 있었다.

그만큼 우리나라에 있어서 1970년대는 새로운 구획을 그을 수 있을 만큼 획기적인 시기이다. 그 전까지만 하여도 경제력이 세계 열강들보다 못하다는 이유 하나만으로 문화적인 열등감에 사로 잡혀 있던 우리 민족은 1960년대부터 '근대화'란 이름으로 추진해 온 경제개발계획이 어느 정도 성공을 거두게 되자 이 시기에 이르러 적지 않은 사람들이 문화 일반을 포함한 우리 것에 대하여 가치를 인정하기 시작하였기 때문이다. 그동안 외국의 사상 특히 서구의 사상만이 주를 이루던 대학의 강단에서는 이때부터 그를 대신해 조선조 시대에 풍미하던 우리 고유의 사상, 즉 성리학이나 주자학이 다른 동양 사상과 함께 자리를 잠식하여 가게 되었던 것이다. 오히려 우리 고유 사상이 대학생들의 인기를 크게 모으기 시작하였다 해야 할 것이다. 이러한 경향은 시간이 흘러 1980년대와 1990년대에 이를수록 더욱 현저해졌다. 또 이러한 경향은 우리나라 사람들뿐 아니라 세계 여러 나라 사람들까지도 가지게 되었다. 그들 세계 여러 나라 사람들은 그동안 우리나라가 거둔 성공에 대하여 놀라 우리 고유 가치에 대하여 관심을 가지기 시작하였다. 심지어는 위로부터 무엇인가 배워갈 바가 있는 듯이 깊은 관심을 가지고 탐구하는 외국인들도 나타났다. 그들은 우리나라가 그처럼 경제발전을 이룩한 데는 그를 뒷받침하는 어떤 진귀한 사상이 있을 것이라고 믿었던 때문이다.[300]

그런 의미에서 1970년대부터는 우리 민족이 우리 문화 전반에 대하여 우월감을 가지기 시작한 때라고 할 수 있다. 이러한 우월감은 간혹 한편으로 외래문화에 대한 배타나 거부로도 연결되기도 하였으나 국가의 정치적인 독립과 관련하여 긍정적으로 이해되기도 하였다.

그러나 그런 시기에도 불구하고 우리 교육 영역에서만은 이 시기에 이르러서도 여전히 외래 교육사상에 대하여 의존적이었다. 그것은 이 땅에서만은 우리 교육사상이나 우리의 경험이 그 가치를 인정받지 못하고 있음을 의미한다고 할 것이다. 그리하여 그들 외래 교육사상은 이 시기 이후에도 계속해서 우리나라 교육사상 체계에 대하여 충격을 주고 있었던 것이다. 미국의 실용주의를 비롯해 재건주의와 행동주의와

---

300) 한국의 경제발전의 사례는 세계사상 그 유례가 없는 것이었다. 서구 제국이 1, 2세기에 걸쳐 이룩한 경제발전을 불과 20년에도 못 미치는 기간에 달성하였다. 이러한 사례는 이후 서구의 동구권을 포함한 모든 후진국들에게 희망을 주었을 뿐만 아니라, 그 한국에서의 발전사례를 실제 모델로 하여 그들 국가발전계획에 이용하려 하였다. 그리고 이미 그 사례를 통해 발전을 이룩한 나라들도 적지 않다.

같은 교육사상은 많은 우리 교육 연구가들의 호의적인 대상이 되어 있었고, 때로는 이를 우리 실제 교육현장에 적용해 보려는 생각을 가진 사람들 또한 적지 않았다. 특히 미국의 죤 듀이 교육사상은 1957년 소련의 스푸트닉크 사건 이후 미국에서조차 비판을 받아 새로운 교육사상으로 대체되고 있음에도 불구하고,301) 이 땅에서만은 아직도 그 사상은 뿌리 깊게 남아 적지 않은 교육이론가들의 입에 회자되고 있다. 이 땅의 일부 죤 듀이 사상의 지지자들은 아직도 그의 사상에 지나치게 심취된 나머지 굳이 '아동중심'이니 '수요자 중심'이니 하는 이름을 붙여 기회가 있을 때마다 이를 우리 교육 현실에 실천해 보려는 노력을 계속하고 있었다. 그러나 그러한 그들의 끈질긴 집요한 노력에도 불구하고 그 노력은 빈번히 무모하게 도로로 끝나고 말았다. 이미 미국에서 실패한 교육 사상이 그처럼 집요하게 이 땅에서만은 불사조처럼 잔존해 있는 것은 불가사의한 일이다. 어쩌면 이는 교육사상 연구가들이 태만해 미국의 최근의 교육정보에 어둡거나, 아니면 그들의 시대착오적인 교조주의적인 연구태도가 원인이었다고 할 수 있을 것이다(고려대 교육문제연구소, 2000).

그런데 1970년대는 비교교육학이 성행하였다. 이 시기만 하여도 문

---

301) 1957년 소련의 스푸트닉크 사건은 미국에서 있어서는 모멸의 심각한 사건이었다. 당시 세계 제1의 과학국가로 자부하던 미국의 자존심에 큰 타격을 준 데다가 인공위성을 대기권에 운반한 로켓은 미국의 국방에 크게 위협을 준 까닭이었다. 그리하여 미국은 그 사건에 대응하여 즉각 '국방교육법'(National Defence Education Act)을 제정하여 교육방법을 개선하고 외국어 교육을 장려하였으며, 또 군사교육을 강화하였다. 특히 교육방법은 철저하게 죤 듀이(John Dewey)의 교육사상을 비판한 위에 그의 문제해결 방식의 교수이론을 대신해 부르너(Bruner)의 교사의 역할을 강조하는 구조화 이론을 새롭게 구축하는 것으로 대응하였던 것이다. 그리고 미국은 그것으로도 믿지 못해 1965년 '초중등교육법'과 '고등교육법'을 제정함으로서 연방정부가 직접 초등교육에서 중등교육에까지 개입 통제하도록 하였고, 1979년에는 그 전담 부서인 교육부를 설치하여 교육통제를 적극화하였다. 이렇듯 미국은 국제사회에서의 그들의 생존을 위해 죤 듀이의 사상으로부터 벗어나려고 하고 있었던 것이다.

화인류학에 문외한이었던 소박한 비교교육학의 연구자들은 맹목적으로 외국에서 경험한 모범적인 사례는 그 어느 것도 어느 때, 어느 곳이나 쉽게 옮겨오거나 옮겨 갈 수가 있다고 생각하였다. 이 시기에 이들에 의해 수많은 외래의 교육사상이나 교육적인 제도나 경험이 이 땅에 소개되었고 심지어는 정치권력을 업고 이를 이 땅에서 강행하려는 움직임도 있었다. 이 시기에 시행된 고등학교 평준화이니 실험대학이니 하는 교육개혁안들은 모두가 이들 비교교육학도들에 의해 진행되었다. 그러나 그 어느 것도 설사 그것이 그들 말대로 외국에서 성공한 사례라 하더라도 이 땅에서는 성공을 거두었다고는 할 수가 없다.

그리고 1980년대는 교육사상에 있어서 또 다른 시대적인 구획을 그을 수가 있는 시기이다. 이 시대의 초기는 정치적으로 새로운 정치체제가 등장하여 그 어느 때보다 강력한 국가 권력을 동원하여 학생들의 교복을 벗기고 과외를 금지하며 대학에는 졸업정원제를 강행하는 등 교육체제에 변화를 주고 있던 때였다. 이 무렵 사상적으로는 '갈등이론'이란 네오 맑시즘이 단순히 영국에서 풍미하던 사상이라는 이유만으로 아무런 걸름 판도 거치지 않은 채 물밀 듯이 이 땅에 밀려들어와 우리 사회와 교육계를 뒤엎고 있었던 때다. 국가 권력에 맹목적으로 저항하는 반체제적인 정치세력이 등장한 것도 이 무렵부터였다. 학원가에는 학생이든 교사든 새로 수입된 갈등이론의 네오 맑시즘으로 무장하여 줄기차게 체제에 저항하기 시작하던 시기였으며, 그 후반에는 교원의 노조운동이 어설픈 '참교육'론을 내세워 그들의 정체를 위장하고 우리 교육체제를 힐난하게 독선적으로 비판하면서 그들의 세력을 키워가기도 하였다. 이 갈등이론은 우리 사회에 갈등과 분쟁을 조장하여 우리 사회공동체를 분열과 상쟁의 대결구조로 이끌어 사회를 점차 와해해 갔다. 자본주의를 근간으로 수립된 국가가 어느 날 갑자기 급진 사상의 네오 맑시즘의 천국이 된 냥 보이던 때였다. 우리 교육계가 교사와 교사, 교사와 학생, 학생과 학생, 학부형과 교사 등이 서로 맞서 대결하는 전례 없는 분열을 경험하고 만신창이가 된 것도 이 시기였다.

이로부터 우리 사회가 사회통합을 이룩할 수 없는 깊은 늪에 빠진 것도 이때부터였던 것이다(고려대학교 교육문제연구소, 2000).

마침 이때 새로 등장한 정치체제는 스스로 '복지국가'임을 선언·자처하고 강력한 국가권력을 동원하여 경직된 전제적인 분위기로 사회의 모순을 해결하고 국가운영의 능률을 기하려 하였다. 당시의 국가운영의 책임을 맡은 정치체제는 그들이 어떻게 해서 '복지국가'가 되었는가에 대한 구체적인 배경 설명 없이 일방적으로 선언하고 있을 뿐이었으므로, 그 내용의 의미를 알 수 없으나 이 또한 자칫하면 그 정치체제 자체가 급진주의 성향으로 오해되기 쉬웠다. 원래 복지국가란 자본주의를 수정할 때만 가능한 것이기 때문이다.

마침 1980년대의 후반은 자본주의와 사회주의가 대결하는 냉전시대의 종언을 맞고 있었다. 이때로부터 소련 연방과 동구권을 포함하여 전 세계의 사회주의 블록 국가가 한결같이 붕괴하기 시작하였던 것이다. 사회주의를 반대한다는 것 하나만으로 국민통합을 이룩해 오던 우리나라는 이때부터 사상적인 혼미를 거듭하기 시작하였다. 더구나 그동안 국내산업기반의 확충으로 증대된 생산은 필연적으로 사회주의권에까지 시장을 개척하여야 했던 상황은 더욱 그 사상적인 혼미를 가중케 하였다. 그러나 사상적인 혼미는 그동안 은거하던 금기의 사회주의자들까지도 동원되어 우리 사회를 사상적으로 교란하기 시작하였다. 이들은 사회의 표면으로 나타나 반독재의 민주주의자로 위장하여 용의주도하게 종래의 공인된 이데올로기와 사회제도 대하여 이의를 제기함으로써 더욱 우리 사회를 혼미하게 만들어 간 것이다. 그럴수록 국민을 하나의 이데올로기로 통합하지 못한 우리 사회는 항상 이데올로기를 달리하는 사람들끼리 분당을 조성하여 서로 대립하였고 그로 인한 분열로 인한 비능률과 파쟁으로 무모하게 국민적인 에너지만을 적지 않게 낭비하여야 하였다(고려대 교육문제연구소, 2000).

이러한 경향은 1990년대에 이르러서도 계속되었다. 더구나 이 시기는 정권교체와 함께 오랜 재야생활에 찌든 사람들이 적지 않게 주요 국가정책의 정책 결정자로 등장하면서 우리 사회는 재래의 것이면 무엇이든 부정하려는 혁명적인 분위기에 휩싸이던 때였다. 더구나 이 시기에 종래 기존의 정치체제에 저항으로 일관하던 정치세력이 일부 체제관리의 주역으로 등장하였다는 사실은 여러 가지 변혁이 예측되는 시대이기도 하였다. 그러므로 이 시기는 그러한 우리 사회의 사상적인 혼미에 편승해 여러 가지 급진주의의 성향을 가진 교육이론가들이 패거리를 만들어 사회개혁을 빌미로 그들 고유의 편향한 공상주의(空想主義)의 교육관을 보급 확대하는 일에 광분하던 시기였다고 할 수 있다. 그리하여 그들의 개혁안에는 '수요자 중심'이니 하는 상업주의의 관견이 판을 쳤는가하면, 혹은 '열린교육'이니 하는 무모한 정치 구호가 교육논리의 핵심으로 등장하기도 하였다. 이 시대의 개혁가로 자처하는 사람들은 교육이란 인간형성과 사회발전을 함께 겨냥하는 두 개의 목적을 가지는 인간활동임에도 불구하고 편협하게도 시대착오적인 낡은 낭만주의의 교육사상이나 천박한 상업주의의 교육관에만 사로잡혀 그 어느 한쪽만을 강조함으로써 우리 교육을 절름발이로 만들고 있었다. 우리 교육이 사회발전과 유리되어 개인주의에 매몰되어 버릇없는 젊은이들만을 양산함으로써 우리 사회를 무질서하게 만들어 온 것도 그런 교육관들 때문이었다. 그럼에도 불구하고 이 교육의 변혁을 주도한 세력들은 그들이 자행한 행태에 대하여 미래지향적이라고 자평하였다. 그들은 우리 미래를 정보화와 세계화로 단순화하고 이에 적응해 가기 위해서는 그와 같은 선택은 불가피하다고 변명하였다. 심지어 이들은 이를 신자유주의의 행태로 과장 포장해 사람들을 설득하려 하였다. 특히 1990년대 후반 이른바 '국민정부'라는 이름으로 새롭게 들어선 정치체제가 출현하고부터는 우리 교육환경은 구조조정을 빌미로 그 어느 때보다 강력한 통제를 받기 시작하였다. 정치적인 힘에 의해 교원노조가 합법화되는 가하면, 교원들의 정년이 단축되었다. 그러한 통제 또한 그를 합리화하는 논리로 신자유주의를 거론하기도 하였다. 신자유주의라는 이름으로 교육이 권력에 의해 강제되는 행태가 비호되는 것은 하나의 용어 사용상의 시대적 아이러니라 할 수 있다(고려대 교육문제연구소, 2000).

이상으로 1970년대 이후의 우리 교육환경을 교육사상과 관련시켜 개관하여 보았다. 그 개관해 본 바와 같이 외래의 교육사상은 다소 사상에 따라 차이가 있으나 우리 교육에 대하여 그 어느 때보다도 많은 충격을 주어 변화를 일구어 왔다. 그런 이유로 우리 교육에 충격을 준 외래 사상에 대한 탐구는 우리 교육의 장래와 그 발전을 위해 필요로 하는 것이라고 할 수 있을 것이다.

## (2) 1970년대의 교육변화와 학제개편

1970년대는 남북적십자회담(1971. 8. 12)을 시작으로 남과 북이 평화공존 및 통일 논의를 한층 진전시킬 수 있으리라는 기대 속에서 출발하였다. 특히, 남북한 당국은 비밀리에 정치회담을 진행하고 그 결과로서 남북공동성명(1972. 7. 4)을 발표하였다. 이는 "유엔을 비롯한 외세의 개입을 배제한, 민족의 주체적 능력에 의한 평화적 통일"에 대한 양측의 합의와 의지를 대내외에 천명한 민족적 쾌거였다. 합의된 원칙에 기초하여 통일문제 해결을 위한 남북조절위원회 설치에 합의하고, 동년 10월 12일 제1차 공동위원장회의가 판문점 '자유의 집'에서 개최되었다.

남북대화의 급진전은 당초 '닉슨 독트린'(1969)을 계기로 한 강대국 간의 평화공존정책과 이에 따른 미국의 한반도정책의 변화, 즉 '두 개의 한국' 및 '한·미·일 삼각안보체제 구축' 정책을 배경으로 하고 있었다. 강대국들의 이 같은 한반도정책의 변화는 분단을 고착화하는 정책이기도 했다. 그런데 당시 박정희 정권은 세계정세의 변화와 함께 대학생 교련반대시위의 확산, 범민주세력의 '민주수호국민협의회' 결성(1971. 4. 19) 등에 시달리면서 그 돌파구가 필요했다. 김일성 정권 역시 미국과 소련, 미국과 중국의 화해분위기에 자극받으면서 남한의 집권당 민주공화당을 포함한 모든 정당과 협상할 용의가 있음을 천명했다.(1971. 8. 6) 이에 따라 6.25 전쟁 이후 20여 년간 완전히 단절되었던 남북 정부 사이의 평화적 접촉이 다시 시작된 것이다(교육부, 1998).

그러나 박정희 정권은 계엄령을 선포하고 국회를 해산하여 '유신'을 선포했고(10. 17), 김일성 정권은 '사회주의헌법'을 제정(10. 27)하여 1인 통치체제를 더욱 강화했다. 남북공동성명 발표 후의 남북 정치정세는 공동성명이 밝힌 이념·사상·제도의 차이를 초월하여 우선 하나의 민족으로서 민족적 대단결을 도모하는 방향이 아니라 전혀 이질적인 각각의 통치체제를 강화하는 방향으로 나아갔던 것이다. '70년대의 시대적 상황을 결정지은 이 같은 정세의 변화에 대해 강만길은 다음과 같이 분석하고 있다.

"따라서 진정한 의미의 남북대화는 강대국들 사이의 긴장완화와 관계개선 정책을 이용하면서도 한반도에 대한 그 분단고착화 정책에 반발하는 민족주체적·평화적 통일 노력에 의해 이루어져야 할 것이었다. 그러나 7.4남북공동성명에서 자주적 통일원칙을 표방했음에도 불구하고 그것이 강대국들의 '두 개의 한국' 정책에 반발한 것이 아니라 오히려 그것에 편승하여 남북 당국이 '유신'과 '사회주의헌법' 제정을 통해 각자의 통치권력을 강화했다."(강만길, 1994: 281)

이처럼 7·4 남북공동성명 이후 잠시 화해 분위기가 조성되는 듯하였으나 곧 바로 다시 남북 대결의 시대로 돌입하게 된다. 특히 '72년 10월 유신 이후 문교부는 유신 과업 수행을 위한 장학 방침을 기초로 총력 안보 교육을 계속 강화하고 더욱 투철한 반공정신을 견지하라는 홍보교육 지침을 시달하였다. '73년 제 2차 교육과정 개편 시에는 국민학교 교과서에 반공교육의 비중이 현격히 증대되었으며, 안보 교육의 일환으로 고등학교에 교련이 도입되고 대학생 군사교육이 강화되었다. '75년에는 학생회가 폐지되고 정부 수립 직후인 '49년부터 '60년까지 존속하다가 4·19 이후 해체되었던 학도호국단이 부활되었다.

1970년대의 교육상황을 논하는 데 있어 빼뜨릴 수 없는 내용 가운데 하나가 국민교육헌장 제정이다. "새마을 운동과 유신교육의 이론적 기저를 마련해준 것"(정영수 외, 1986: 48)으로 평가되는 국민교육헌장 제정 작업은 '68년 6월 박정희 대통령의 지시로 시작되었다. 문교부는 5개월간의 작업 끝에 8차 초안 심의를 거친 후 최종 성안하여 같은 해 11월 26일 정기국회 본회의에서 통과되었다. 12월 5일 박 대통령이 총 393자의 국민교육헌장 전문을 낭독·선포함으로서 70년대 교육 전반의 이정표를 마련했다.

한편 중학교 입시제도를 수없이 변화시켰음에도 불구하고 '입시지옥 현상'이 근본적으로 해소되지 않는 상황에서 당시 권오병(權五炳) 문교부장관은 '68년 2월 중학교 무시험 진학 제도를 공포하고, '68년 11월 15일 법률 제 2405호로 중학교의 무시험 입학제를 교육법에 규정함으로서 '69년부터 실시하게 되었다. 첫 해인 '69학년도에는 서울에만 한정되었으나 이듬해에는 서울, 부산, 인천, 춘천, 청주, 대전, 전주, 광주, 대구, 제주 등 10개 도시에 확대 실시하는 한편 '71학년도에는 이를 전국적으로 실시하였다(교육부, 1998).

중학교 무시험 진학 제도는 아동의 능력차에 대한 적절한 교육적 배려의 미흡 등 문제점을 드러내었지만, 국민학교 학생들을 입시지옥에서 해방시키고 중학교 진학률의 급격히 높여 일단 국민학교 교육의 정상화와 중등교육의 보편화를 위한 토대로 작용하게 되었다. 그 연장선상에서 정부는 '73년 6월 28일 고등학교 입시제도 개혁안을 발표하고 '74년부터 고등학교 입학 제도를 연합고사 및 추첨 배정제로 바꾸었다. 이것이 서울과 부산을 시발로 실시된 고교평준화정책이었다. 이상의 정책 대부분이 교육부를 정점으로 위에서 결정되어 일사불란하게 전국적으로 하달·수행되는 등의 특징을 보여주었던 것이 '70년대의 상황이었다. 요컨대, 유신의 시대적 상황에서 교육정책 역시 권위주의적 행태를 그대로 나타내고 있었던 것이다.

그와 같은 배경 속에서 1970년대 문교부가 추진한 교육정책은 국민교육헌장의 이념을 계승하고 국가적인 안정체제를 이룩하기 위한 유신교육을 정착하는 것이었다. 즉 이는 학제를 개편하는 과정에서도 교육의 보편성과 수월성, 효율성을 동시에 결합하는 방식을 채택하는 것을 의미한다. 이는 학제 개편이 경제 재건을 위한 과정에 치중하고 있던 교육체제를 안정시키는 방식으로 변화를 꾀하는 것이기도 하다.

우선 1963년 창립 당시부터 교육운영상 많은 문제점을 지니고 있었던 5년제 실업고등전문학교에 대한 수정·보완 조치가 불가피하였다. 그래서 문교부는 1970년 1월 1일 법률 제2175호로 공포한 교육법 개정을 통해서 실업고등전문학교를 5년제와 2~3년제 전문학교로 이원화하여 고등학교와 연결되는 실업계 고등교육기관으로 변경하였다. 이렇게 함으로써 단기 고등교육기관은 교육대학, 초급대학, 전문학교, 실업고등전문학교 등의 4계통이 존속하게 되었다(교육부, 1998).

1972년부터 본격적으로 교육법 개정을 통해서 학제에 대한 대폭적인 개편을 추진하고 있었다. 이로 인해서 교육기회를 확대하고 교육의 균등화를 법적으로 보장해 주는 등 주로 고등학교 단계에서 다양한 변화가 일어나고 있었다. 우선 1973년 2월 2일에는 체육중·고등학교 설치 기준을 마련하여 체육 특기자를 조기에 발굴하여 체육전문교육을 실시하도록 하였다. 1973년 2월 말에 방송통신고등학교의 설치를 공포하고, 1973년 3월 10일 교육법 개정을 통해서 법적 기초를 마련하여 국공립 중·고등학교에 방송통신과정을 둘 수 있도록 하였다. 이를 바탕으로 해서 1974년 12월에는 방송통신과정을 방송통신중·고등학교로 개편하였다. 그와 함께 1972년 초부터 서울대학교 부설 한국방송통신초급대학을 발족하였다(교육부, 1998).

한편 1976년 12월 31일 법률 제2980호로 교육법 개정을 함으로써 학제 개편에 있어서도 산업체에 부설 중·고등학교를 설치·운영할 수 있도록 하였다. 그리고 일반 중·고등학교에 야간특별학급을 설치·운영할 수 있는 법적 근거를 마련하였다. 이를 통해서 학교와 산업체 사이의 협동체제를 강화하고, 근로청소년들이 직장을 다니면서도 교육기회를 확보할 수 있는 국가 차원의 제도적인 체제를 정비할 수 있었다. 이 밖에도 1970년대는 고등교육 측면에 있어서 한국체육대학을 국립으로 신설하고, 특수대학원으로 환경대학원을 신설하였다. 1978년에 초급대학, 실업고등전문학교, 전문학교를 전문대학으로 개편한 것도 주목할 사실이었다. 1979년에는 초급대학을 4년제 대학 혹은 전문대학으로 개편하여 5년제 실업고등전문학교, 전문학교, 초급대학은 모두 폐지하였다(교육부, 1998).

## (3) 1980년대 이후의 교육 변화와 학제 개편

1970년대 한국사회를 폭력적으로 지배하던 유신독재 말기인 1979년 10월 26일 소위 '10·26사태'로 박정희 독재정권의 장기집권이 막을 내리고 사회적으로 민주국가 건설의 희망이 싹텄다. 그러나 이 시기 전두환을 비롯한 신군부 세력은 12·12사태를 통하여 실질적으로 권력을 장악하였다. 그리고 1980년 5월 비상계엄의 전국적 확대와 뒤이은 광주민주화 항쟁에 대한 폭력적 대응의 과정을 거쳐 신군부 세력은 정치의 전면에 나섰다. 비록 권력을 장악하였으나 불법적, 폭력적 정권장악의 과정은 이들 신군부 정권의 정당성 문제를 야기시켰다. 따라서 정치적 부담을 다른 방법으로 해소하기 위한 길을 모색하고자 하였으며, 다양한 사회 개혁 조치를 펴나갔다. 태생적 한계를 안고 있었던 전두환 정권은 집권기간 내내 정권에 대한 도전에 직면하였고, 이에 대한 폭압적 대응이외의 선택 수단은 없었다. 그리고 그러한 상황은 결국 전 국민의 저항을 불러일으켰다. 1987년 대학가의 시위를 계기로 촉발된 전 국민적 저항은 '6월 항쟁'으로 이어졌고 사회전반에 민주화의 바람을 일으켰다. 그러나 정권은 또 다른 신군부 세력의 하나인 노태우에게 넘어갔다. 그러나 이미 국민적 저항을 경험하며 국민들의 민주화에 대한 열망을 수용하는 정치적 국면 전환을 꾀하여 집권한 노태우 정권은 전두환 정권에 비해 유화적 태도를 취할 수밖에 없었고, 박정희 정권 이래 수십 년에 걸친 군사독재 정권하에서 억눌려온 민주주의에 대한 국민적 요구는 사회 곳곳에서 분출되었다.

1980년대부터 교육개혁은 세계적 추세로 다가왔다. 그리고 전두환 정권은 이러한 추세와 아울러 교육개혁에 대한 사회적 요구에 부응하는 조치를 취함으로써 정권에 대해 부정적인 국민정서를 사로잡으려 하였다. 이에 따라 고교교육정상화와 과열과외 해소를 내세우며 1980년 소위 '7·30교육개혁조치'를 통하여 과외금지, 졸업정원제 실시 등 국민들이 그간 느껴왔던 교육부문에서의 요구를 해소하는 조치를 취하도록 하였다. 그러나 현실을 무시한 이러한 정책은 결국 정치적 목적이 앞선 시위성 교육개혁정책의 전형으로 조만간 실패로 돌아갈 수밖에 없었다. 그리고 민주화에 대한 사회 각 부문의 요구와 이를 위한 노력에 발맞추어 교육부문에서도 억압적이고 비민주적 관행에 대한 저항은 비판이론, 민중교육론 등 진보적 교육이론에 관심을 갖도록 하였다(고려대 교육문제연구소, 2000).

1980년대 이후 한국교육은 전인교육과 평생교육의 원리 아래 교육의 정상화를 추진하기 위한 교육개혁을 단행하였다. 모든 교육 분야에 걸친 개혁을 추진하여 교육의 양적인 성장과 함께 질적인 발전을 이룩하고자 하였다. 한편 학제의 측면에서도 1970년대 후반 단기고등교육기관을 전문대학으로 통합한 결과 유치원, 국민학교(6년), 중학교(3년), 고등학교(3년), 전문대학(2~3년), 교육대학(2년), 대학(4~6년), 방송통신대학(2년), 대학원(2~3년) 등의 기간학제를 갖추고 있었다. 그 밖에 방계학제로서 공민학교(3년)와 고등공민학교(3년), 기술학교(1~3년)와 고등기술학교(1~3년), 특수학교, 각종학교를 두고 있었다(교육부, 1998).

문교부는 1981년 2월 13일 법률 제3370호로 교육법 개정을 통하여 교육대학을 3년간에 걸쳐서 연차적으로 4년제로 개편하고자 하였다. 그리고 초급대학 과정의 방송통신대학을 5년제(유아교육과는 2년제)로 개편하는 조치도 단행하였다. 이런 조치를 통해서 초등교원의 사회적인 지위를 향상시켜 교육전문가로서 자기 연수에 충실할 수 있는 여건을 조성하였다. 그리고 우수 교원을 확보하여 교육의 질을 향상시킴으로써 평준화 정책 이후 소홀히 해왔던 교육의 수월성 제고에 관심을 기울일 수 있었다.

문교부는 교육의 보편화를 달성하기 위하여 1982년 3월 20일 법률 제3540호에 따르는 교육법 개정을 단행하였다. 이에 따라서 기간 학제를 중심으로 전면적인 부분 수정을 실시할 수 있었다. 우선 조기교육이라는 국제적인 추세에 부응하여 유아교육의 다양화를 추구하는 차원에서 독립유치원을 확충하고 국민학교 부설 유치원을 설치하며 도·농 지역의 새마을 유아원 등을 설치하는 등 취학전 교육을 강화하였다. 또한 1985년부터 중학교 의무교육을 확대 실시하여 전체 국민학교 졸업생에게 중등보통교육의 기회를 확대하는 계기를 마련하였다. 그리고 고등학교 수준의 각종학교로서 과학고등학교와 외국어고등학교를 신설하였으며, 공업고등학교를 종전의 4개 유형에서 특성화공고와 일반공고 등 2개 유형으로 개편하고, 농업고등학교도 자영농 양성 중심교육체제로 전환하였다(김영철 외, 2006: 56─57).

또한 1982년 4월 대통령령 제10786호로 개방대학을 신설하여 고등교육의 보편화를 추구하고자 하였다. 이는 일정한 학교교육을 마쳤거나 중단한 자를 대상으로 하여 학술 또는 전문적인 지식·기술을 연구·연마하기 위한 대학 또는 전문대학의 교육기회를 부여하는 것이었다. 개방대학은 1984년 개방대학 설치운영규정을 개정하여 전문대학과정을 폐지하고 학사과정으로 통합하여 학점을 통한 학년제 운영방식을 도입하였다. 이와 함께 1985년 한국교원대학교를 신설하였으며, 1980년 재무부장관 소속으로 세무전문대학을 설치하고 그 다음해 2년제 세무대학으로 개편하였다.(김영철 외, 2006: 57)

이러는 가운데 학교현장을 중심으로 새로운 교육적 모색이 시도되었다. 이미 1980년대 초부터 싹트기 시작한 진보적 교사들의 노력을 바탕으로 세력화한 교사 집단은 1980년대 후반 들어 전국적 규모로 조직화되어가고 있었다. 오랜 군사독재로 찌들어버린 학교현장의 왜곡과 굴종에 대한 반발은 결국 1989년 5월 28일 '참교육'을 이념으로 하는 전국교직원노동조합의 출범으로 이어져 교육계 전반에 커다란 파장을 일으켰다. 당시 전교조는 "인간과 사회, 자연에 대한 바른 지식을 가르쳐주고, 올바른 삶의 가치관을 지니게 하며, 공동체적인 사회생활에 적합한 건전한 생활태도를 갖도록 가르치고 기르는" '인간화 교육'을 슬로건으로 교육계의 변화를 요구하였다. 그러나 이러한 교사들의 요구와 조직적 움직임에 대해 문교부는 구속, 파면 등의 방법으로 1,500여 명의 교사들을 교단에서 몰아내었다.

## (4) 1990년 이후의 교육변화와 학제개편

3당 합당이라는 기이한 정치적 과정을 통해 집권한 김영삼 정권은 우리나라의 정치사상 수십 년 만의 민간 출신 대통령이라는 정치적 정당성을 확보하고, 이를 기반으로 각종 개혁정책을 펴나갔다. 특히 오랜 군사독재의 잔재를 청산하고 민주정치의 실현을 내세운 정부의 개혁노력은 국민적 지지를 얻기에 충분하였다. 그러나 집권 후반기 각종 개혁조치는 집권층의 거듭되는 시행착오와 개혁 저항세력의 발호로 힘을 잃어 갔다. 또한 김영삼 정권의 방만한 경제운영방식은 결국 정권 말기의 금융위기를 불러왔고 이는 다시 국가경제 전반의 위기사태를 초래하였다. 그리고 소위 'IMF사태'를 맞으며 정권을 넘겨주었다.

그간 나름대로 정치권내의 진보세력을 대표하던 김대중은 보수정객을 자처하던 김종필과 손잡고 정권 획득에 성공하여 우리 역사상 최초로 선거를 통한 정권교체를 통하여 집권하였다. 그러나 전임자인 김영삼 집권하에 맞이한 경제 위기상황을 물려받아 김대중 정권은 출범이래 높은 실업율과 경제적 침체에 직면하였다. 그리고 이 시기 정리해고, 구조조정 등이 인구에 회자되며 사회적으로 살풍경한 상황을 연출하였다. 김대중 정권은 사회 각 부문의 개혁의 논리로 민주적 시장경제론을 내세웠는데 결과적으로 복지정책의 후퇴와 경쟁의 논리가 사회 운영의 기본이 되었다.

1990년대 들어 교육에 있어서 세계적 조류에 따라 다양한 부문에서 개혁조치가 시도되었다. 이에 김영삼 정권은 교육개혁위원회를 출범시켜 교육개혁을 모색하였다. 그 결과 1995년 5월 31일 대통령보고서라는 형식을 빌려 '신교육체제 수립을 위한 교육개혁방안(소위 5.31교육개혁안)'을 발표하였다. 교육개혁방안은 크게 다음과 같은 9가지 방안을 제시하였다(교육부, 1998).

① 열린교육사회, 평생학습사회 기반 구축
② 대학의 다양화와 특성화
③ 초·중등교육의 자율적 운영을 위한 「학교공동체」 구축
④ 인성 및 창의성을 함양하는 교육과정
⑤ 국민의 고통을 덜어주는 대학입학제도
⑥ 학습자의 다양한 개성을 존중하는 초·중등교육 운영
⑦ 교육 공급자에 대한 평가 및 지원체제 구축
⑧ 품위 있고 유능한 교원육성
⑨ 교육재정 GNP 5% 확보(1998년까지)

대체로 일반 국민뿐만 아니라 교육개혁을 원하던 많은 교육계 인사들의 기대를 모은 교육개혁안은 이후 구체적 실천에 들어갔다. 그리고 정권이 교체되어 김대중 정권이 들어선 이후에도 이전 정권하에서의 교육개혁을 계속 추진하여 '새교육공동체위원회'를 출범시켰다. 이 위원회는 예전 정권들에서와는 달리 이전 정권의 교육개혁위원회 활동을 상당 부분 계승하며 교육개혁을 추진하였다. 그 결과 1998년 12월 '새로운 대학입시제도와 교육비전 2002: 새 학교문화 창조', 1999년 3월 '교육발전 5개년 계획'을 발표하기도 하였다. 그러나 교원정년단축, 열린교육, 교육기관의 평가제 등의 각종 개혁적 조치들을 예전의 권위주

의 정권에서와 같은 방식, 다시 말해서 관 주도의 강압적, 상의하달식 방법에 의존하여 시행함으로써 현장과의 마찰을 빚어내었다. 또한 이러한 교육개혁 조치의 기본 논리는 결국 교육계에 자유경쟁의 원리를 도입하고자 하는 것이었다. 결과적으로 복지의 차원에서 교육을 다루지 않고 교육재정을 점차 축소시킴으로써 교육재정을 GNP의 6%까지 확대한다던 집권공약은 허구가 되었다. 이러한 정부의 조치는 초등교육, 중등교육 그리고 고등교육 전반에서 교육계 구성원들의 의사에 반하여 재정감축과 경쟁원리의 강제적 도입으로 이어졌다. 그리고 이는 교육개혁조치에 대한 전반적 불신을 교육계에 던져주었다.

### (5) 전인교육과 열린교육 – 세계화, 그리고 신자유주의

1980년대 이후 유신정부를 계승한 제5, 6공화국은 교육체제 역시도 그 이전과 별다른 차이는 없었다. 다만, 교육의 본질을 추구하는 관점에서 인간주의적 관점의 '전인교육'이라는 새로운 개념이 부각된 것을 포착할 수 있다. 특히 1980년대 이후 지속적으로 추진되는 정부 주도의 교육개혁을 통해 학교교육의 정상화하고 과외교육의 해소를 적극 주장하는 대안이 바로 '전인교육'인 것이다. 이와 같은 교육방침은 세부적인 조정을 거쳐 가면서 1980년대 및 1990년대까지도 지속적으로 강조되었다. 특히 교육의 '선진화' 과업에 주력하면서 전인교육을 충실히 한다는 것은 곧바로 지속적인 교육개혁을 통해 교육체제를 혁신하고 교육의 질적 수준을 향상시킨다는 것과 동일한 의미로 이해될 정도였다.

특히 국민정신교육 측면에서 볼 때, 초등교육은 질서, 협동정신의 함양, 부모 공경, 나라사랑의 정신 고취 등의 측면에서 전인교육을 이해하고 있었다. 이는 달리 표현하면, 통일·안보교육, 국민윤리교육, 새마을교육 등의 측면에서 전인교육을 포용하고자 하는 국가 중심적 교육관이었다. 1992년 출범한 문민정부도 초창기에는 이와 비슷한 맥락에서 전인교육을 이해하고 있음은 물론이었다(교육부, 1998).

1995년 문민정부가 제안한 5·31 교육개혁안은 인간 중심 교육을 기본으로 하면서도 자율성과 책무성, 그리고 질 높은 교육을 요구한다는 측면에서 이전과 다른 양상을 보여 주었다. 한 마디로 '닫힌 체제'의 교육에서 '열린 체제'로의 교육의 변화, 즉 신교육체제로서의 '열린교육'을 강조하고, 이런 측면에서 '세계화·다원화·정보화'를 표방하였다. 교육개혁위원회에 의하면 '열린 인간'이란 삶의 공간을 자기 고장에서 세계로 확장할 수 있음을 인식하고, 어느 다른 나라 사람들과도 조화를 이루며 살 수 있는 세계 시민, 나아가 세계를 이끌어 나갈 수 있는 진취적인 한국인이라고 할 수 있다. 달리 표현하면 이는 세계를 향하여 시야와 마음과 능력을 여는 인간을 의미하였다(교육개혁위원회, 1995).

당시 교육개혁 방안에서 강조하는 열린교육은 일정 시기에 한정된 것이 아니라 전 생애에 걸친 평생학습사회를 지향한 것이었다. 그리고 그런 개혁안을 가장 먼저 수용한 곳이 바로 초등학교 현장이었다. 2000년대 이후 국민의 정부까지도 이와 같은 움직임은 가속화되고 있었다. 그러나 현재 열린교육의 기본 원리는 초등학교 현장에서 여전히 적용되고 있음에도 불구하고, 실제 열린교육이라는 명목 속에서 운영되는 교육활동은 거의 사라지고 있는 상황이다. 이는 열린교육이 지니고 있었던 이념적 자율성을 국가적인 수준에서 통제하고 집행하였던 결과에서 비롯한 것으로도 추론할 수 있다.

한편 열린교육의 정서는 정보화·세계화 교육과 함께 '신자유주의 교육'의 새로운 매개체 역할을 하고 있다는 점에서 주목되고 있다. 신자유주의적 교육개혁은 한국 사회에 있어서 인간주의 교육관점과 결코 다른 것도 아니고 구별되지도 않는다. 예를 들면, 학생의 적성과 능력에 따라 다양한 학습을 할 수 있도록 교육과정의 개선과 다양화를 꾀하고 기초학력을 강화할 것을 강조하는 현재의 교육정책은 이 두 가지 관점이 혼용된 것으로 이해할 수 있다. 특히 교육을 통한 창의력을 배양하는 문제, 그리고 교육의 질적 수월성을 추구하는 문제는 '세계화' 측면과 '인간교육'의 측면을 가지면서도 한국적 현실에서는 '신자유주의 교육'의 맹점을 그대로 계승하고 있다는 비판적 시각도 나오고 있는 실정이다(천보선·김학한, 1998; 김용일, 2000).

현재까지 진행되고 있는 초등교육을 발전시키는 것과 관련된 교육이념은 시대의 흐름과 함께 여러 차례 변화하고 있다. 그에 대한 분석은 교육사가의 관점에 따라 다양한 인식과 시각의 서술을 할 것이라고 본다. 다만 '홍익인간'에 대한 논의가 지금까지 이어지고 있는 사실에서도 알 수 있듯이, 교육이념으로 제시한 '홍익인간'의 성역화는 여전히 우리 초등교육이 안고 있는 부담이라고 할 수 있다. 홍익인간은 열린교육과 부합할 수 있는가, 교육발전론적인 시각이 신자유주의 교육과 다른 점이 무엇인가, 오히려 쌍둥이 성격을 가진 이념이기에 '교육의 경쟁력' 제고를 얘기할 때 가장 많이 회자되고 있는 이념은 아닌가 하는 논란이 여전히 제기될 것이다. 2005년 현재 초등교과에서 영어수업이 중요한 위치를 차지하고 있는 것은 세계화 전략이면서도, 교육 방법론적인 측면에서 민족적 정서를 극복하지 못하는 열린교육이 되고 있는 것은 또 어떻게 해석할 것인가 하는 것이 해결해야 할 과제일 것이다.


## 2) 학제개편을 위한 교육개혁 및 계획 추진

### (1) 의무교육 완성 6개년 계획

정부 수립 이후 가장 긴급하고 중대한 정책은 헌법과 교육법에 명시한 의무교육을 추진하는 과제였다. 정부는 헌법 제16조 부칙에서 제시한 1950년 6월 1일을 기하여 6개년간의 의무교육을 추진하고자 하였으나, 불과 24일 후에 발발한 한국전쟁으로 인하여 좌절되었다. 그러나 1952년 6월에 교육자치제를 발족함으로써 이를 계기로 의무교육에 대한 계획을 다시 추진할 수 있었다. 이때부터 문교부는 의무교육 6개년 계획을 세워서 학령아동 전원을 취학시키기 위한 목표로서 이를 강력하게 추진하였다(교육부, 1998).

그러나 완전취학과 무상교육을 지향하는 의무교육제도가 법제화의 단계를 거쳐서 시행단계로 나아가기까지는 많은 우여곡절을 겪었다. 사실 의무교육의 취학률은 정부 수립 당시에 비하여 한국전쟁 기간 중에 상당히 저하하였으며, 1950년 6월 역시 의무교육을 시행하는 데 있어서 형식상의 기점이라고 할 수 있었다. 즉 정부 수립 당시의 의무교육 취학률은 74.8%인 데 비해서 한국전쟁 기간 중인 1951년에는 69.8%까지 떨어지고 있었다. 그런 측면에서 의무교육이 본격적인 궤도에 오르게 된 것은 한국전쟁이 끝난 1954년 이후 전후 재건시기부터라고 할 수 있다.

1954년부터 실시한 의무교육완성 5개년 계획은 목표연도인 1959년까지 전체 학령아동의 취학률을 96%까지 끌어올리며 부족한 교실을 신축하고, 이 과정에 필요한 교육재정을 확보하는 것을 주요 내용으로 하였다. 전체 아동의 취학률을 향상시키기 위하여 노력한 결과 6개년 계획의 추진에 따르는 취학 아동수는 당초의 계획을 훨씬 초과 달성하였다. 다음의 〈표 Ⅳ-4〉에서 보는 바와 같이 제1차년도의 취학 아동수는 267만 8,978명이었던 것이 제6차년도인 1959년에는 355만 8,142명으로 증가하여 당초의 목표 96%보다 0.4%를 초과 달성하였다.

〈표 Ⅳ-4〉 연도별 취학아동 변화 추이(1954-1959)

| 연도별 | 학령 아동수 | 취학 아동수 | 비 율 |
|---|---|---|---|
| 1954 | 3,246,364 | 2,678,978 | 82.5 |
| 1955 | 3,289,865 | 2,947,436 | 89.5 |
| 1956 | 3,333,949 | 2,997,813 | 89.9 |
| 1957 | 3,480,225 | 3,170,891 | 91.1 |
| 1958 | 3,583,427 | 3,315,989 | 92.5 |
| 1959 | 3,799,690 | 3,558,142 | 96.4 |

자료: 문교부, 문교 40년사, 1988, 153쪽에서 인용.

이와 같이 취학아동은 급격하게 증가하였음에도 불구하고 취학아동을 수용할 수 있는 능력, 특히 학교 시설과 교실 증축은 계획을 달성하지 못하였다. 의무교육완성 6개년 계획에 따르면, 제1차년도의 당초 계획한 교실 수는 5,924개였는데 실제로는 457개 교실만 증설하는 것으로 멈추었다. 그러나 1957년에는 당초 6,269개 교실을 신축할 계획이었지만, 2,923개 교실만을 신축하였다. 교실 증축에 대하여 당초 계획보다 훨씬 모자라는 실적을 올리게 된 것은 시설 확충에 필요한 재원을 확보할 수 없었기 때문이었다. 이로써 취학률이 당초 목표를 초과 달성한 것에 비추어 과밀 학급의 양산을 초래하였다(교육부, 1998).

또한 초등학교의 수도 의무교육의 완성연도인 1959년에는 4,614개교를 목표로 설정하였으나, 당시 초등학교의 총수는 4,574개교로 나타나 학교의 증설도 계획대로 달성하지 못하였다. 이에 따라서 초등학교 학급 수는 학년당 6학급 이하, 학급당 수용인원은 60명 이하로 규정한 1952년 4월의 교육법 시행령은 당분간 실현할 수 없었다. 이로써 한국 교육 여건의 열악한 교육지표로 상징되는 과밀학급, 과대학교 전통의 계기를 마련하게 되었다.

그러나 의무교육완성 6개년 계획은 취학률의 목표치 달성이라는 측면에서 볼 때 현대 한국의 교육개혁에서 가장 성공적으로 추진한 것이라고 할 수 있다. 이와 같이 경이로운 취학률의 상승은 교육을 중시하는 국민의식과 의무교육의 양적인 완성 정책을 적극적으로 추진한 결과라고 할 수 있다. 그러나 이와 함께 폭발적인 교육 수요에 적절히 부응하는 교육재정의 확충, 우수 교원 양성제도 및 합리적인 학교 단계간 연계 정책을 수립하지 못했거나, 수립한 이후에도 집행하지 못하여 후일 학교교육의 질적인 낙후성에 대한 비판의 소지를 남기게 되었다.

(2) 교육부문 5개년 계획의 수립

이미 1950년 6월 1일을 기준으로 하여 의무교육을 실시·추진한다는 관계 법령을 마련하였지만, 한국전쟁으로 인해서 그 계획을 지연하다가 전쟁이 끝난 이후인 1954년부터 실시하게 되었다. 그러나 이 계획을 추진하는 과정은 전쟁으로 인한 많은 교육 시설의 파괴, 교원의 손실, 학부모들의 경제적인 부담 등으로 인해서 그리 원활하지 못하였다.

1955년에 이르러서 비로소 의무교육을 실시할 수 있는 기반을 마련하였으며, 1956년부터 형식적으로나마 의무교육을 실시하고 이에 따르는 여러 문제점들을 점검할 수 있었다. 이 시기부터 점차 의무교육은 취학률에 있어서 선진국과 유사한 95% 수준까지 도달하는 등 양적인 측면에서 성장하고 있었다. 그러나 한국전쟁으로 인한 국가 재정의 후유증으로 의무교육의 수요 증대에 따르는 재원을 마련하는 방법이 상당히 곤란했다고 할 수 있다.

이런 상황을 극복하기 위하여 1960년대 이후 국가 차원에서 경제개발 5개년 계획을 추진하고 그에 호응하는 의무교육 확충 계획을 수립할 수 있었다. 정부의 재정 능력에 따라 의무 교육 여건을 개선하기 위해 1960년대 두 차례에 걸친 의무교육 시설확충 5개년 계획을 수립·추진하였다. 그래서 우선 1962년부터 1966년까지 제1차 의무교육 시설확충 5개년 계획을 추진하기 위해 5년간 총 90억 원을 투입하였다. 이 기간에 전국적으로 18,142개의 교실을 신축하였고, 4,715개의 노후 교실을 개수하였다. 제1차 의무교육 시설확충 5개년 계획 기간에 1962년의 16억 원의 집중 투자가 있었고, 그 이후 매년 10억 원 미만의 투자가 있었다. 그러나 <표 Ⅳ-5>에서 보는 바와 같이 목표 연도인 1966년도는 의무교육 시설을 확충하기 위한 투자비용으로 52억 원을 제공함으로써 의무교육시설을 최대로 확충할 수 있었다. 이와 같이 계획 기간 중에 의무교육 시설 투자가 증가한 것은 모세(母稅)인 소득세와 입장세가 신장된 사실, 그리고 모세에 대한 교부율이 42%에서 50%로 인상된 요인과 관련한 것이라고 할 수 있다(교육부, 1998).

<표 Ⅳ-5> 의무교육 시설확충 제1차 5개년계획 실적

| 연도별 | 1962 | 1963 | 1964 | 1965 | 1966 | 계 |
|---|---|---|---|---|---|---|
| 교실 건축(실) | 5,129 | 1,965 | 2,304 | 2,229 | 6,515 | **18,412** |
| 교실 개축(실) | 3,066 | - | 250 | 206 | 1,193 | **4,715** |
| 화장실(동) | 471 | - | - | - | 487 | **958** |
| 급수(개) | 840 | - | 2 | - | 329 | **1,171** |
| 교지매입(천평) | 436 | - | 82 | 31 | 416 | **965** |
| 금액(백만원) | 1,632 | 579 | 688 | 825 | 5,276 | **9,000** |

자료: 문교부, 교육재정현황, 1979.

또한 정부는 제2차 경제개발 5개년 계획과 병행하여 1967년부터 1971년까지 제2차 의무교육 시설확충 5개년 계획을 추진하였다. 이 계획의 목표는 부족한 학교 시설의 완전한 해소, 노후 교실 시설의 개축, 의무교육 재정의 확보 등에 비중을 두고 있었다. 이 계획의 가장 중요한 개혁 과제는 학교의 증설 사업을 통해서 단위 학교의 과밀화·대형화를 방지하는 것에 두고 있었다. 이는 다음의 <표 Ⅳ-6>에서 보는 바와 같이 1967년부터 1971년까지 매년 102개씩의 학교를 증설하여 목표 연도인 1971년에는 510개의 학급을 추가로 확보하고, 학교당 학급 수를 매년 17개 학급이 되도록 하는 계획이었다(교육부, 1998).

그런데 제2차 의무교육 시설확충 5개년 계획에는 학급 규모를 축소시키기 위한 계획을 포함하고 있었다. 이 기간 중에 다음의 <표 Ⅳ-7>에서 보는 바와 같이 연 평균 3,252개 학급을 증설하여 완성 연도인 1971년까지 총 16,258개 학급을 증설하고자 하였다. 이를 통해서 의무교육을 실시하는 학급당 학생 수를 1966년 62명에서 완성연도까지 58명까지 낮추는 것을 목표로 하였다. 이 계획은 도시와 농촌 간의 교육여건에 따르는 격차를 해소하고, 도시 지역의 대규모 학교를 소규모화하는 방향에 역점을 두고 수행하였다.

### 〈표 Ⅳ-6〉 학교 증설 계획(1967-1971)

| 연도별 | 학급수 | 학교수 | | | 학교당 평균 편제 학급 수 |
|---|---|---|---|---|---|
| | | 개설 | 증설 | 계 | |
| 1966 | 83,070 | – | – | 5,168 | 16 |
| 1967 | 87,655 | 5,168 | 102 | 5,270 | 17 |
| 1968 | 90,555 | 5,270 | 102 | 5,372 | 17 |
| 1969 | 93,749 | 5,372 | 102 | 5,474 | 17 |
| 1970 | 96,909 | 5,474 | 102 | 5,576 | 17 |
| 1971 | 99,328 | 5,576 | 102 | 5,678 | 17 |
| 계 | 468,196 | 27,860 | 510 | 27,370 | 17 |
| 평균 | 93,639 | 5,372 | 102 | 5,474 | 17 |

자료: 문교부, 교육재정현황, 1979.

### 〈표 Ⅳ-7〉 지역별 학급 증설 계획(1967-1971)

| 연도별 | 도 시 | | | 농 촌 | | | 합 계 | | |
|---|---|---|---|---|---|---|---|---|---|
| | 개정 | 자연 증가 | 계 | 개정 | 자연 증가 | 계 | 개정 | 자연 증가 | 계 |
| 1966 | – | – | 21,633 | – | – | 61,347 | – | – | 83,070 |
| 1967 | 21,633 | 1,437 | 23,070 | 61,437 | 3,148 | 64,585 | 83,070 | 4,585 | 82,665 |
| 1968 | 23,073 | 1,036 | 24,376 | 64,585 | 1,594 | 66,179 | 87,665 | 2,900 | 90,555 |
| 1969 | 24,376 | 1,312 | 25,688 | 66,179 | 1,882 | 68,061 | 90,555 | 3,194 | 93,749 |
| 1970 | 25,688 | 1,220 | 26,914 | 68,061 | 1,934 | 69,995 | 93,749 | 3,160 | 96,909 |
| 1971 | 26,914 | 1,181 | 28,095 | 69,995 | 1,238 | 71,233 | 96,909 | 2,419 | 99,328 |
| 계 | 121,681 | 6,462 | 128,143 | 330,257 | 9,796 | 340,053 | 451,938 | 16,258 | 468,196 |

자료: 문교부, 교육재정현황, 1979.

### 〈표 Ⅳ-8〉 의무교육 시설계획

| 연도별 | 교실 신축 및 교실 개수 | | | | | | 기타 시설 소요액 (백만원) | 총 소요액 (백만원) |
|---|---|---|---|---|---|---|---|---|
| | 교실 신축 | 가교실 개축 | 노후 목조 시설 개축 | 목조 중수 | 계 | 소요액 (백만원) | | |
| 1967 | 6,338 | 450 | 628 | 916 | 8,322 | 5,241 | 477 | 5,718 |
| 1968 | 6,704 | 766 | 280 | 718 | 8,468 | 5,497 | 1,600 | 7,097 |

| 연도별 | 교실 신축 및 교실 개수 | | | | | | 기타 시설 소요액 (백만원) | 총 소요액 (백만원) |
| --- | --- | --- | --- | --- | --- | --- | --- | --- |
| | 교실 신축 | 가교실 개축 | 노후 목조 시설 개축 | 목조 중수 | 계 | 소요액 (백만원) | | |
| 1969 | 6,997 | 765 | 280 | 718 | **8,760** | 5,688 | 1,376 | 7,064 |
| 1970 | 6,963 | 765 | 280 | 719 | **8,727** | 5,649 | 1,381 | 7,030 |
| 1971 | 6,221 | 765 | 336 | 719 | **8,041** | 5,195 | 1,817 | 7,012 |
| 계 | **33,223** | **3,511** | **1,804** | **3,790** | **42,328** | **27,270** | **6,651** | **33,921** |
| 평균 | 6,644 | 702 | 361 | 758 | **8,465** | 5,454 | 1,330 | 6,784 |

자료: 문교부, 교육재정현황, 1979.

또한 의무교육 시설확충 5개년 계획 기간 중에 272억 원의 재정을 투입하여 연 평균 6,644개의 교실을 신축하고, 702개의 가교실 및 361개의 목조 노후 교실, 75,817개의 목조 교실 중수 사업을 실시하였다. 이를 통해서 다음의 <표 Ⅳ-8>에서 보는 바와 같이 목표연도인 1971년에는 총 33,223개의 교실 신축, 3,511개의 가교실 개축, 1,804개의 목조 노후 교실 개축, 그리고 3,790개의 목조 교실을 중수하여 총 42,328개의 교실을 신축 또는 개수하기로 하였다. 여기에 소요될 272억 원 이외에 기타 시설 소요액 66억 원을 포함시켜 1967년부터 1971년까지의 의무교육 시설확충을 위한 투자 규모는 총 339억 원으로 계획하였다(교육부, 1998).

이와 같이 의무교육의 시설을 확충하기 위한 5개년 계획을 세우고 강력하게 추진한 결과, 다음의 <표 Ⅳ-9>에서 보는 바와 같이 학교 증설 및 교실 신축은 당초 목적보다 오히려 초과 달성하였으며, 재정에 대한 총 투자액도 2배 가까이 증가하였다. 이런 성과로 인해서 당시까지도 심각하였던 교실난은 차차 해결할 수 있었다. 그래서 의무교육 시설확충 5개년 계획의 완성 연도인 1971년은 부족한 교실을 거의 해소할 수 있었고, 대도시 지역의 저학년 2부제 수업을 제외하고는 전국적으로 2부제 수업을 폐지할 수 있었다.

### 〈표 Ⅳ-9〉 제2차 의무교육 시설확충 5개년 계획 실적

| 구 분 | 1967년 | 1968년 | 1969년 | 1970년 | 1971년 | 계 |
|---|---|---|---|---|---|---|
| 학교 신설 | 144 | 183 | 209 | 151 | 124 | **811** |
| 교실 건축 | 6,458 | 6,739 | 7,263 | 7,658 | 7,196 | **35,314** |
| 교실 개축 | 3,068 | 904 | 1,836 | 1,983 | 5,130 | **12,921** |
| 화장실 | 624 | 1,779 | 1,189 | 1,254 | 1,177 | **5,623** |
| 숙직실 | 108 | - | 201 | 405 | 202 | **916** |
| 급 수 | 471 | 30 | 254 | 521 | 206 | **1,482** |
| 사 택 | - | 60 | 148 | 507 | 300 | **1,015** |
| 교지 매입(천평) | 152 | 272 | 336 | 224 | 429 | **1,413** |
| 금액(백만원) | 6,271 | 8,318 | 11,830 | 17,205 | 21,354 | **64,978** |

자료: 문교부, 교육재정관리, 1979.

한편 정부는 시설확충 5개년 계획을 통해서 의무교육 시설에 대한 확충 대책뿐만 아니라 점차 증가하는 학생 수로 인해서 생겨난 부족 교원을 확보하는 방안도 모색하였다. 교원 1인당 학생 수를 최소한 60명 선으로 유지하기 위하여 교원을 계속 확충하는 계획을 추진하였다. 그 결과 다음의 <표 Ⅳ-10>에서 보는 바와 같이 1960년도 61,600명이던 교원 수가 1970년은 101,000명으로 되어 그 해의 교원 수는 1960년에 비해서 64%가 증가하였다. 동시에 초등학교 교원 확보율도 1966년 98%에서 1970년에는 법정 기준에 도달할 수 있었다(<표 Ⅳ-11> 참조).

### 〈표 Ⅳ-10〉 부족 교원 확보율 추세

| 연도별 | 1960 | 1962 | 1964 | 1966 | 1968 | 1970 |
|---|---|---|---|---|---|---|
| 교원수 | 61,605<br>(100) | 68,124<br>(110.7) | 75,455<br>(122.5) | 84,927<br>(137.9) | 92,530<br>(150.2) | 101,095<br>(164.1) |
| 교원당<br>학생수 | 58.81 | 60.03 | 62.64 | 60.82 | 59.97 | 56.87 |

자료: 문교부, 기획관리실 통계, 1979.

⟨표 2-8⟩ 초등학교 부족 교원 확보율 추세

| 연도별 | 기 준 | 보 유 | 확보율(%) |
|---|---|---|---|
| 1966 | 86,588 | 84,927 | 98.1 |
| 1967 | 90,748 | 89,277 | 98.4 |
| 1968 | 94,162 | 92,530 | 98.3 |
| 1969 | 97,630 | 96,358 | 98.7 |
| 1970 | 101,085 | 101,095 | 100.0 |
| 1971 | 102,828 | 103,756 | 100.9 |

자료: 대한교육연합회, 한국교육연감, 1971.

또 제2차 의무교육 시설확충 5개년 계획 기간 중에 초등학교 아동들에게 교과서를 무상으로 지급할 계획을 포함하였다. 이에 따르면 교과서 무상 지급 대상자를 점차 증가시켜 완성 연도인 1971년은 462만 명의 아동들에게 무상으로 지급하였다. 그리고 이 사업은 도서·벽지의 아동과 극빈 아동들에게 우선적으로 혜택이 돌아가도록 하였다.

이와 같이 1960년대 이후 경제 개발 5개년 계획을 통하여 국가 발전을 수행하는 과정에서 의무교육 발전을 위한 교육계획은 아주 중요한 역할을 수용하였다. 이 계획을 통해서 국가의 인력 수요에 부응하고 인력 자원을 양성하기 위한 기초 교육시설 확장 사업을 완성할 수 있었다. 이는 나아가서 1970년대 이후 국가 발전에 있어서 교육계획의 중요성을 부각시키는 장단기 종합 교육계획을 추진할 수 있는 계기가 될 수 있었다.

### (3) 장기종합교육계획의 수립

우리나라의 장기교육계획은 1967년 제2차 경제개발 5개년 계획과 병행하여 수립한 과학기술교육 5개년 계획(1967-1971)에서 그 근본을 찾아 볼 수 있다. 이 계획에서는 산업 부문별 기술계 인력 공급 시정을 위한 이공계 대학 정원 확대, 실업계 학교 또는 학급 증설, 농업계

학교의 공업계 학과 설치, 실과 교원 양성기관 운영 개선, 교육과정 개선 및 교육방법 혁신 등을 통해서 과학 기술 교육을 진흥하고 과학기술인력을 양성하고자 하였다.

그러나 본격적인 장기교육계획은 1970년대에 들어서서 시작했다고 볼 수 있다. 1969년부터 1972년까지 국무총리 산하 장기종합교육계획심의회에서는 1972년부터 1986년까지 15년간에 걸친 장기 교육 계획안을 마련하였다. 이 교육계획안은 우리나라 최초의 교육개혁 작업이었다. 그 후 1978년에는 한국교육개발원이 주관하여 장기 교육 계획안으로『교육발전의 과제와 전망(1978－1991)』을 연구·발표하였다. 또한 국가 인력 수급 계획의 일환으로『장기인력수급전망(1977－1991)』및『장기인력수급 전망과 대책(1979－1991)』등을 연구하였다. 이 연구들은 산업 발전 예측에 따른 학력별, 직종별 인력 수급 계획을 수립하였다(교육부, 1998).

1980년대 이후 정부는 ‘2000년을 향한 국가장기발전 구상’을 사회 각 부문별로 추진하는 연구를 실시하였다. 이 중에서 교육부문 보고서는 한국교육개발원이 중심이 되어 1983년부터 2년간 조사·연구한 결과로서 집대성하였다. 이 보고서의 장기교육발전 구상은 국가발전의 한 부문으로서의 교육발전, 교육발전을 촉진시키는 정치·경제·사회·문화와의 상호 관계 등을 기본 입장으로 제시하였다. 이 보고서에서 추진한 2000년의 정책과제는 교육의 인간화 구현, 교육평 등의 구현, 교육내용·방법 및 시설의 개선, 과학·기술교육의 진흥, 진로 및 직업교육의 강화, 고급두뇌 인력양성의 효율화 등 당시 교육개혁심의회 개혁과제의 기본 바탕을 마련하는 내용들을 연구한 것이었다. 이를 바탕으로 미래 사회 교육의 보편적·특수적 과제를 청사진으로 제시하였다.

한편 1990년대 이후에도 한국교육개발원은 ‘한국교육의 중·장기적 발전구상’이라는 미래 사회의 교육계획을 제시하는 보고서를 제출하였다. 이 보고서는 1995년부터 2010년까지의 15년간을 미래 구상의 대상 기간으로 설정하였다. 이 보고서는 중·장기 교육구상의 배경과 국가교육발전 5대 목표를 제시하고, 11대 중점 정책과제를 설정하여 미래 한국교육개혁의 방향 설정에 크게 기여하였다. 11대 중점 정책과제는 인간교육의 구현, 교육내용과 교수-학습방법의 개별화·다양화, 교원의 전문성과 책무성 강화, 학생선발제도의 개선, 고등교육체제의 특성화·다양화, 영재교육의 확충 및 내실화, 유치원 교육의 공교육화, 민족통일교육의 강화, 학교운영의 자율성과 책무성 제고, 교육시설의 획기적 개선, 교육재정의 구조 개편 등이었다.

이러한 장기 교육 계획안은 현재까지 지속적으로 교육개혁의 중점 과제로 검토·실천하는 밑바탕이 되고 있으며, 새로운 '국민의 정부'가 추진하는 교육개혁 과제와 2000년대 이후 교육발전의 원동력으로 작용한다고 볼 수 있다. 이러한 장기교육계획 구상들은 한국 교육의 정책적인 지침을 제시하는 역할을 하였으며, 교육계획을 구상한 이후 추진하는 여러 교육개혁과 교육 발전에 적지 않은 영향을 미친 것으로 평가하고 있다.

### (4) 7·30 교육개혁과 학제개편

한국교육은 1980년대를 맞이하여 교육혁신의 새로운 전기를 맞이하였다. 교육의 정상화를 위한 7·30 교육개혁조치를 단행하면서 헌법에 교육 조항을 보강하는 등 교육 발전을 위한 제도적인 기반을 구축하였다. 이와 함께 교육 기회를 확대하여 교육 여건을 개선함으로써 교육의 양적 성장을 도모하고, 교육과정의 개편 등 교육의 질적 발전을 위한 제반 조치를 단행하였다.

1980년 7월 30일 국가보위 비상대책위원회는 학교교육의 정상화 및 과열과외 해소방안 등을 포함하고 있는 7·30 교육개혁 조치를 발표하였다. 7·30 교육개혁의 주요 골자는 대학 교육 개혁이라는 것을 알 수 있는데, '고교 이하의 교육과정 개정'과 'TV 가정 고교 방송 운영 개선' 이외에는 모두 대학 입시 또는 대학 교육과 관련한 것이었다. 그래서 1980년대는 고등교육 개혁의 연대라고 할 수 있으며, 7·30 교육개혁은 1970년대 실험대학에서 출발하는 고등교육 개혁의 연속 조치라고 볼 수 있었다.

7·30 교육개혁의 중요한 내용 중의 하나는 대학 입시제도의 개혁이었다. 그 때까지 국가에서 실시해 온 대학 입학 예비고사와 각 지원대학에서 실시하는 대학 본고사에 따르는 전형 방법을 폐지하고, 예비고사 성적에 고교 내신성적을 반영하여 학생을 선발하는 제도로 변경하였다. 변경한 대학 입시제도는 1981학년도부터 실시하도록 하였다. 당시의 계획에 따르면, 1981학년도는 입시 총점 중에서 예비고사 성적을 50% 이상 반영하고, 내신성적의 반영 비율은 20% 이상, 나머지 30%는 개별 대학의 재량에 맡겨 예비고사 혹은 내신성적으로 조정할 수 있게 하였다. 1982학년도는 예비고사 성적을 50% 이상으로 전년도와 같은 비율로 하고, 내신성적을 최소한 30% 이상 반영하며 20%만을 대학이 자유로이 조정하도록 계획하였다. 그리고 점차 내신성적의 반영 비율을 확대해 가면서 궁극적으로는 예비고사를 완전히 폐지하고, 내신성적만으로 대학 신입생을 선발할 계획이었지만 끝내 이런 계획은 실현하지 못하였다(교육부, 1998).

이와 같은 대학 입시제도의 개혁은 긍정적인 효과와 동시에 부정적인 결과를 가져 왔다. 긍정적인 효과로는 고등학교 교육을 정상화시켰다는 사실에 있고, 과열과외 해소에 크게 기여하였다는 점도 주목할 만한 사실이었다. 또한 이를 통해서 재수생의 증가를 줄일 수 있었고, 지방 고교생의 대도시 유입 현상을 둔화시키는 결과를 가져 왔다. 그러나 대학입시제도의 부정적인 측면도 적지 않아서 각 대학의 학생 선발권이 국가의 수중에 들어가서 대학의 자율성을 제한시키는 결과를 낳았다. 그리고 가시적으로는 예비고사 성적과 내신성적을 확정한 상태에서 지원 대학을 결정하게 되어 이른바 비교육적인 눈치작전이 성행하게 되었다. 한편 대학, 학과 간 등급과 서열을 뚜렷하게 보여 주고 인적 자원이 특정 대학의 특정 학과로 쏠리는 부작용을 불러 일으켜서, 고교 평준화에 기여하였지만 대학의 등급화·서열화라는 부작용이 조장되었다.

결국 대학입시제도의 기본 전제가 되고 있는 고교 평준화 작업이 미흡한 상태였기 때문에 새로 개혁한 입시 제도는 당초의 계획대로 내신 성적 반영비율을 확대하지 못하였다. 이 제도는 당시의 교육적, 사회적, 정치적 상황에서 최선의 정책 대안이었지만 제반 상황의 변화에 따라 재검토를 받고 있으며, 대학의 자율적 선발권을 확대하는 방향을 지향하고 있다. 이를 바탕으로 하여 1988학년도부터는 선시험 후지원 방식을 선지원 후시험 방식으로 변화시켜 중앙 교육평가원에서 출제한 시험 문제를 대학별 선발고사로 채택하도록 하는 등 대학교 입시제도를 개선하였다.

교육의 세부적인 개혁내용을 보면, 고등교육 분야에 있어서는 대학의 졸업정원제 실시, 실험대학의 확충, 지방대학 육성, 대학의 시설확충 등을 통하여 고등교육의 개혁작업을 지속적으로 추진하고, 대학의 학기제를 개편하여 학기당 16주의 수업이 실시될 수 있도록 하였다. 그리고 국민정신교육의 강화대책으로서 반공·안보교육에 바탕을 둔 이데올로기 비판교육을 강력하게 실시하였다. 그리고 80년대에 들어서면서 중학교 의무교육을 도서벽지 및 면 단위 이하 중학교를 중심으로 실시해 나갔으며, 교육재원을 마련하기 위하여 목적세로서 교육세를 신설하였다. 이 시기부터 과학고등학교를 설치하여 영재교육을 실시하고 유아교육과 특수교육을 진흥시키는 것도 중요한 교육개혁의 한 측면이라고 할 수 있다(교육부, 1998).

7·30 교육개혁은 그릇된 교육관과 사회의 의식구조 및 제한된 고등교육의 기회, 입시제도의 모순 등 다양한 복합요인으로 인하여 일어난 과열과외 현상을 해소함으로써 학교교육을 정상화시키고, 건전한 인격 형성을 중시하는 교육풍토를 조성하며 과열과외에 따른 빈부 계층 간의 위화감을 해소시키기 위한 과감한 개혁조치였다. 그 개혁내용은 우선 81학년도부터 대학입학 본고사를 폐지하고, 출신고등학교의 내신성적과 예비고사 성적만으로 대학입학자를 선발하여 궁극적으로 예비고

사도 없애고 내신성적만으로 선발하려는 조치였다. 한편 고등학교 이하 각급학교의 현행 교과목 수를 줄이고 수준도 낮추는 내용으로 교육과정을 조정하였다. 그리고 대학의 졸업정원제를 실시하여 신입학생을 정원보다 일정 수를 더 입학시키면서도, 졸업은 정원 수 만큼만 허용하는 방식을 채택하였다. 또한 대학교육에 있어서도 대학의 강의를 아침부터 저녁까지 개설하여 대학의 시설과 인력을 최대한 활용하는 전일수업제를 시행하도록 조치하였다. 대학진학의 문호를 넓히기 위하여 대학입학의 인원을 연차적으로 대폭 확대하며, 2차년도에는 최고 10만 5천명까지 증원할 것을 검토하였다. 또한 현행 TV가정고교 방송의 운영을 개선하여 방영시간과 대상과목을 늘리고 교육전용방송을 실시하는 방안도 모색하였다. 그리고 방송통신대학을 확충하고 교육대학의 수업연한도 연장하는 조치를 취하도록 하였다(교육부, 1998).

이상과 같은 7·30 교육개혁조치에 따라서 1980년 8월 1일부터 초·중·고등학생의 과외수업을 금지하고, 교사·교수의 과외교수행위를 금지하였다. 그리고 대학 입시에 본고사를 폐지하고 내신성적을 반영하여 점차 그 비율을 늘리도록 하였다. 대학의 졸업정원제를 실시하게 되었는데, 졸업정원제는 대학의 입학정원을 졸업정원과 구분하고 입학할 당시에는 졸업정원보다 일정 수를 더 선발하여 재학기간 중에 졸업정원 초과자만큼 탈락시키는 강제적인 경쟁체제의 학사제도를 운영하였다. 졸업정원제를 채택한 것은 대학의 면학 분위기를 조성하고, 대학교육의 질적인 향상을 도모하면서 재수생을 대학으로 흡수하여 대입 재수생의 누적으로 인한 사회문제를 해소시키려는 의도에서였다. 졸업정원제의 채택으로 1981학년도에 정원의 130%의 신입생을 모집하고 1982학년도부터는 150%를 모집하였으나, 1988학년도 입시부터 졸업정원만큼만 신입생을 모집함으로써 졸업정원제도는 폐지되고 종전의 제도로 환원되었다.

## (5) 교육개혁심의회의 학제개편

1980년대 교육혁신을 지속적으로 추진하기 위하여 정부는 1985년 3월 7일자로 교육개혁심의회 규정(대통령령 제11657호)을 제정·공포하여 3월 18일자로 심의위원과 전문위원을 위촉하였다. 심의위원은 학계, 교육계, 사회계, 경제계, 언론계, 문화계, 과학계 등 각계를 대표하는 지도급 인사 32명을 위촉하였고, 전문위원은 대학의 교수, 연구기관의 연구원, 초·중등 교원 등으로 20명을 위촉하였다. 이들은 교육제도분과, 초·중등교육분과, 고등교육분과, 교육발전분과의 4개 분과로 나누어 부과된 42개의 과제를 추진하였다. 교육개혁심의회는 1987년 12월까지 충실한 기초 연구를 통하여 정책 시안을 마련하고, 국민의 여론을 최대한 수렴하여 교육개혁의 기본 방향을 제시하였다.

교육개혁심의회의 교육개혁 종합보고서는 유아교육, 초등교육, 중등교육, 고등교육, 특수재능교육, 사회(평생)교육, 미래대비교육, 교원, 교육시설환경, 교육행·재정운영 등의 10개 부문으로 정리하여 보고하였다. 10대 개혁과제 중에서 학제 개편은 현행의 6-3-3-4제를 유-5-3-4-4제로 전환하는 것을 주축으로 하고 있다. 이 개편안에서는 유치원을 유아학교로 개칭하여 기본학제에 포함시키고, 국민학교는 아동의 성장과 발달을 고려하여 현행 6년에서 5년으로 단축하며, 고등학교는 1년간 연장하여 직업교육과 인성교육을 강화하는 것을 골자로 하고 있다. 또 국민학교 입학에 있어서 5세아동에게도 입학을 허용하고, 중학교 완전의무교육을 1997년도까지 완성하는 것을 목표로 하고 있다(교육부, 1998).

입시제도의 개선을 위해서 일반 고등학교의 학생선발에서 희망하는 고등학교에 한하여 학군 내에서 학교별 전형을 허용하도록 하였다. 또한 1990년대 초반부터 대학별로 창의적이며 독자적인 입학전형제도를 수립하여 자율적으로 운영하도록 하였다. 학교환경의 현대화를 위하여 학급당 학생 수를 획기적으로 감축하고, 실험실습실을 포함한 학교의 내부시설과 학교의 위생·복지시설을 완비하도록 구상하였다. 이를 위하여 대도시의 학급 규모를 2001년까지 국민학교 30학급, 중학교 24학급 수준으로 축소하며, 12학급 미만의 소규모 독립학교를 설치하고, 학급 규모는 학급당 학생수 40명 이내로 감축하는 방안을 제시하였다.

한편 우수 교원을 확보하기 위하여 교원양성체제와 교육현장의 여건 개선을 제시하였다. 교원양성체제는 교원 양성의 전문화를 위한 교과교육의 강화, 교과교육 전문가를 양성하는 방안에 중점을 두었다. 또한 교원의 주당 수업시간수를 대폭 감축하여 교과연구의 시간을 확보하며, 수석교사제의 신설, 가칭 '우수교원 확보법' 등의 입법조치안을 제시하였다. 그리고 교육내용과 방법의 쇄신을 기하기 위하여 교과편성과 운영의 재량권을 부여하는 방안도 마련하였다. 이를 바탕으로 하여 과학 두뇌의 개발을 위한 과학 영재의 조기 발견과 영재교육의 제도화, 과학 학력평가의 다양화와 정기적인 평가 실시, 탐구 중심으로 과학교육을 개편하는 과제 등을 제안하였다(교육부, 1998).

그 밖에도 대학교육의 수월성을 추구하고, 평생교육체제를 확립하여 교육복지정책을 완수하는 과업도 마련하였다. 또한 교육행정의 자율화와 교육주자의 획기적인 증대를 통해서 국가 발전의 기본방향을 확정하고자 하였다. 교육개혁심의회의 기본 교육개혁의 방향은 미래 선진사회를 지향하는 교육의 역할에 대한 재조명과 함께 새로운 교육비전을 제시한 것이라고 할 수 있었다. 그리고 이 교육개혁안의 기본적인 골격이 그대로 1990년대 교육개혁의 핵심 골자를 유지하고 있다는 측면에서도 교육개혁의 중요한 전환점을 마련했다고도 볼 수 있다.

## (6) 교육정책자문회의의 학제개편

1980년대 중반 이후 전두환 정부의 교육개혁을 위한 한시적인 자문기구로 활동해 왔던 교육개혁심의회가 그 활동을 종료한 이후, 제6공화국 노태우 정부에 들어서서 교육부는 교육부장관의 자문기구로서 '중앙교육심의회'를 발족·운영하였다. 그리고 이와 별도로 대통령의 교육정책에 대한 자문기구로서 '교육정책자문회의'를 설립·운영하였다. 교육정책자문회의는 당면한 교육문제를 근원적으로 해결하면서 미래 한국교육의 생산성과 효율성을 높여갈 수 있는 교육발전을 구상하기 위하여 대통령 자문기구로서 1989년 2월 17일에 설치하여 김영삼 정부의 교육개혁 추진시기까지도 운영하였다.

교육정책자문회의는 당초 15명으로 구성하였으나, 이후 20명으로 증원하여 그간 전체회의 및 세미나, 공청회 등을 거쳐서 30개의 과제들에 대한 진단 및 개선방안을 수립하였다. 그 결과를 토대로 해서 6회에 걸쳐서 최고 통치자인 대통령에게 주요 교육정책 개선방안들을 건의·실시하였다.

1989년 6월 16일 교육정책자문회의의 제1회 보고사항에서는 독학을 통한 학제 인정 방안, 교육전담 방송체제 확립방안, 고등학교 평준화 정책개선 방안을 제시하였고, 1989년 8월 31일에는 초·중등교원 종합대책을 보고하였다. 1990년 2월 8일 제3회 보고회에서는 고등학교 교육 정상화 방안, 초·중등학교를 중심으로 하는 직업기술교육 개선방안, 대학교육의 개선방안, 사학진흥 방안, 대학 입학시험제도 개선안 검토의견 등을 제출하였다. 특히, 제3회 보고회에서 주목할만한 것으로는 원하는 모든 청소년에게 다양한 교육기회를 제공하는 고등학교 이후 교육의 다양화 방안이라고 할 수 있었다(교육부, 1998).

또한 1990년 8월 21일 제4회 보고회에서는 7개의 교육개혁 방안을 제출하였다. 대체로 제4회 보고회는 거시적이고 대강적인 측면의 교육개혁 방안이 특징적이라고 할 수 있었다. 즉 남북통일에 대비하는 교육 방안, 교육의 지역 간 균형 발전 방안, 고급인력의 개발·활용 방안, 국민의 도덕성 함양 방안, 교육복지 구현 방안, 사회교육 진흥 방안, 교육재원의 확충 방안 등이 그것이었다. 제4회 보고회의 개혁 방안은 이후 미래 사회의 교육구상에 대한 밑바탕이 되었다는 측면에서도 그 의의를 지니고 있다.

1991년 2월 18일 제5회 보고회에서는 당시까지 교육정책자문회의에서 제시한 교육개혁 구상을 종합하는 '교육발전의 기본구상'에 대한 제 1차 종합 보고서를 작성·제출하였다. 그와 함께 제5회 보고회는 기술집약시대에 대비한 과학기술교육 강화 방안, 청소년 지도 강화 방안, 대학입시제도 자율화 방안, 대학교육의 다양화·개방화 방안 등을 제시하였다. 그리고 1991년 10월 1일 제6회 보고회에서는 그 때까지의 보고회 사항을 결론적으로 총괄하는 8대 과제를 제안하였다. 그것은 국제화 시대에 대비하는 교육 방안, 의무교육 발전 방안, 대학정원정책의 발전 방안, 민족동질성 회복 교육대책, 교직사회의 발전방안, 산학협동 교육체제 구축 방안, 고등교육기관 적정배치 방안, 특별학계 발전방안 등이었다. 특히, 이 보고회의 8대 과제는 당시까지 교육계의 쟁점이 되고 있었던 교원노조와 관련한 개선방안, 그리고 국제화 시대의 교육발전방안 등이 주목되는 사항이라고 할 수 있었다(교육부, 1998).

제6공화국 노태우 정부가 추진한 교육개혁은 이처럼 교육정책자문회의를 통한 일상적인 개혁정책 추진방향을 기본 특색으로 하고 있었다. 교육정책자문회의의 개혁안은 특히, 대학입시제도를 수학능력시험체제로 전환하는 계기를 마련하였으며, 고등학교 이후 교육을 다양화하기 위한 독학 학사관리, 교육전담 방송체제의 확립, 교육환경 특별회계 정책을 확립하는데 기여하였다. 교육정책자문회의의 교육개혁안은 다른 교육개혁조치에 비해서 실행령 중심의 대강안을 주로 강조하였으며, 상시적인 교육개혁 자문기구를 수립하였다는 점에서 구별된다고 할 수 있다. 교육정책자문회의의 자문 보고사항은 이후 산학협동체제 구축 방안, 국제화 시대에 대비하는 교육방안 등 김영삼 정부의 교육개혁위원회에서 추진하는 교육개혁안에 많은 영향을 주었다.

(7) 교육개혁위원회의 학제개혁

1990년대 이후 김영삼 정부는 교육개혁을 주요 개혁 과제의 하나로 설정하고, 대통령 직속 기구로서 교육개혁위원회(이하 교개위)를 구성하여 이를 추진해 왔다. 교개위는 1995. 5. 31에 제1차 교육개혁방안을 발표한데 이어 1996. 2. 9., 1996. 8. 20., 1997. 6. 2.에 각각 제2차, 제3차, 제4차 개혁 방안을 발표했다. 교육부는 우선 개혁의 원천이 될 수 있는 법적, 제도적 기반을 마련하는데 총력을 기울이면서 실행 가능한 개혁 과제부터 실천에 옮기기 시작하였다.

교육개혁을 실제로 추진한 이후 2년여의 기간 동안 교육현장에 잘 정착하고 있는 교육과제가 있는 반면에, 현실 여건, 이해관계, 인식 부족 등의 여러 가지 요인으로 개혁 추진이 지연되거나 당초 개혁 취지가 충분히 달성되지 못한 부분도 있다. 또한 개혁의 당위성과 총론에 대해 어느 정도 국민적인 공감대를 형성하고 있지만, 여전히 개혁 방안의 입안 및 구상 절차에서 개선해야 할 점이 있다고 할 수 있다.

1995년 5월 31일 발표한 5·31 교육개혁 조치는 분야별로 선별한 48개 과제를 제시하고 있었다. 대체적인 항목을 보면, 열린교육사회·평생학습사회의 기반을 구축하기 위한 방안으로 학점은행제의 도입, 시간제 학생등록제의 도입, 교육 수요자의 다양한 욕구 수요, 학교의 전편입학 기회 확대, 최소전공 인정학점제 도입 등을 제시하고 있었다. 그 밖에도 대학의 다양화와 특성화를 지향하는 11개 과제, 초·중등 교육의 자율적인 운영을 위한 학교 공동체의 구축 방안, 인성 및 창의성을 함양하는 교육과정에 대한 9개 과제를 제시하였다. 그리고 국민의 고통을 덜어 주는 대학 입학 제도의 개혁 방안, 학습자의 다양한 개성을 존중하는 초·중등교육 운영, 교육 공급자에 대한 평가 및 지원체제 구축, 품위 있고 유능한 교원양성 정책 등을 제안하였다. 특히, 주목할 점은 평생학습사회를 실현하는 기반으로 교육재정을 GNP 5%로 확보하는 방안을 강구하는 데 있었다(교육부, 1998).

1996년 2월 9일에 발표한 제2차 교육개혁 조치는 주로 신직업교육체제를 구축하는데 중점을 두고 있었다. 신직업교육체제의 구축과 관련한 세부적인 개혁안을 보면, 특성화 고등학교의 확대, 고등학교 교육과정의 통합 운영, 실업계 고교 교육의 강화, 전문대학·개방대학의 직업교육 강화, 전문직업분야 석박사제도 도입, 직업능력개발원 설립, 직업교육·훈련 관계법제의 정비 등이었다. 이 밖에도 신 교육과정 편제의 도입에 따르는 초·중등학교 교육과정의 개혁 방안, 전문대학원 제도의 도입, 교육기본법·초중등교육법·고등교육법 등의 제정과 사회교육법 개정 등의 법령 체제 개편을 추진하고 있었다(교육부, 1998).

한편 1996년 8월 20일에 발표한 제3차 교육개혁 조치는 교육행정체제의 개편과 교육정보화 사업 추진에 중점을 두고 있었다. 우선 지방교육자치제도의 개선과 사학의 자율과 책임을 제고하는 방안을 통해서 교육의 분권화를 강화하고자 하였다. 그리고 교직사회 활성화를 위한 교원정책의 개혁 방안으로 교원 양성기관에 대한 평가인정제 도입, 교육대학의 체제 개혁, 대학원 수준에서의 교원 양성, 교육전문직 자격 및 임용제도의 개선, 교원 현장연구비 지급 제도 등을 추진하고 있었다. 또한 교육정보화의 청사진과 개혁 방안으로 21세기형 첨단학교 및 가상대학의 운영, 정보기술 활용기술의 도입 및 환경 구축, 학교 정보관리 종합 시스템 구축, 소외 지역에 대한 정보기술 관련 교육환경의 정비, 학교 도서관의 멀티미디어화, 지역교육정보지원센터의 지정·운영 등에 관한 항목을 제시하고 있었다. 그와 함께 1995년 5·30 교육개혁조치의 계승하는 차원에서 열린학습사회를 위한 사회교육 개혁방안으로 사회교육 추진체계 구축, 국·공립시설 등을 국민의 평생학습장으로 개방하는 전망에 대하여 모색하기도 하였다(교육부, 1998).

1997년 6월 2일 발표한 제4차 교육개혁 조치는 김영삼 정부가 추진하는 교육개혁을 실질적으로 정리하는 성격을 지닌 구상이라고 할 수 있다. 이때에 제시한 4대 강령은 현실적으로 반영할 수 있는 교육개혁의 강조점이라고 할 수 있었다. 우선 민주시민교육을 위한 개혁으로 학교문화의 개혁, 민주시민교육 프로그램 개발 운영, 북한 및 통일 관계 전문가 양성을 위한 지원체제 구축 방안은 당면 교육과제를 개선하기 위한 조치라고 할 수 있었다. 또한 초·중등학교의 혁신과 고등교육체제의 개선을 위한 방안으로 단위학교의 자율권 확대 및 교원 업무 부담 경감,

학교교육의 개방화 체제 구축, 고등교육의 수월성과 지방화를 위한 지원 강화, 9월 신학기제 검토안 등을 제시하였다. 그와 함께 유아교육의 공교육 체제 확립, 과외 대책을 통한 사교육비 경감 방안 등도 현실적인 교육 문제를 개선하기 위한 시행령의 성격을 지닌 것이었다(교육부, 1998).

교개위를 중심으로 제창한 이들 교육개혁안은 실제로 초·중등교육 분야에 있어서 인성 및 창의성을 함양하는 열린교육 운동을 확산시켰으며, 학습자의 선택권을 존중하는 교육으로 방향 전환을 하는 계기를 마련하였다. 또한 학교단위 풀뿌리 교육자치의 출발, 소외계층에 대한 교육복지 대책 강화, 방과 후 교육활동의 활성화로 사교육비 경감에 기여한 점, 교육의 질 제고를 위한 평가와 재정지원 연계 체제의 수립, 교육과정 및 교과서 정책의 개선 활동 등도 초·중등교육의 개혁실천 활동의 성과라고 할 수 있었다. 고등교육 사학분야의 개혁 성과로는 대학 정원의 자율화 및 다양화·특성화 실천 활동, 대학입학 전형제도 개선과 초·중등교육의 정상화 촉진, 수요자 중심 대학으로의 전환, 열린 대학·봉사하는 대학으로의 변신, 대학의 자율화와 경쟁 분위기 확산 현상, 대학 교육의 세계화 추진 지원 활동, 사학의 자치 역량 제고 방안 등에서 보여지고 있었다. 그 밖에도 평생 직업교육분야, 교원정책의 개혁, 교육정보화 추진사업, 교육행·재정 개선 등의 성과가 주목할 만한 것이라고 할 수 있었다.

그러나 김영삼 정부가 추진한 교육개혁은 철저한 사전 점검이 이루어지지 못한 데에서 비롯한 여러 가지 문제점을 드러내고 있었다. 즉 정책의 집행이 조급히 시행되는 과정에서 드러나는 혼란상, 그리고 현장성이 결여된 교육개혁 방안으로 인해서 세부적인 일부 개혁 항목들의 실패를 초래하였다. 또한 교원의 참여의식 결여와 정부의 재정적인 지원 부족에서도 교육개혁을 추진하는 것 자체가 부진한 원인을 찾을 수 있다. 결국 교개위가 추진하고 있는 교육개혁안은 한국 교육의 역사적 경험을 대체로 무시하고 있다고 할 수 있다. 이는 김영삼 정부의 교육 개혁이 단순히 정권 차원의 '단절성', 즉 김영삼 정부의 치적을 강조한 과정에서 역대 정권이 추진해 온 교육정책의 공과를 분명하게 규명하지 못한 점에서 그 원인을 찾을 수 있다. 이는 동시에 현재의 교육개혁이 신정부에서도 계승적으로 발전할 수 있는 핵심적인 사항을 중점적으로 승화시키는 차원에서 교육개혁이 성공할 수 있음을 암시하는 것이라고도 할 수 있다.

# 4. 새로운 질서로서의 단선형 학제 – 명암의 교차로

일본의 기본 학제는 우리의 학제와 같은 단선형의 6-3-3-4제를 채택하고 있다. 그러나 조금 특이한 점은 중·고등학교 단계에서 사립학교의 경우 6년제 일관교육 형식과 교육내용을 통해서 중·고등학교의 형식적인 틀을 많이 변화시키고 있다는 사실이다. 제2차 세계 대전 이전에는 유럽식 학제(특히 프랑스 학제와 독일식 고등교육의 융합)를 모방한 복선형 학제이었지만, 제2차 세계대전에 패전해 한 이후 미군정이 주도하는 교육개혁을 통해서 미국식 민주주의 교육이라는 단선형 학제로 변화시키게 되었다. 다음의 <그림 3>은 2003년 현재 일본의 기본학제를 나타낸 것이다.

## 1) 새로운 경제대국 일본의 학제변화

### (1) 초·중등학제의 특징

일본의 초·중등교육은 교육의 보급 정도 혹은 교육의 질에 있어서 국제적으로도 인정을 받고 있지만, 최근 일본 문부과학성은 획일적이고 경직되었다고 국제 사회에서 지적하는 교육현상을 개선하고자 노력하고 있다. 이러한 관점에서 현재 문부과학성은 다음과 같은 여러 가지 시책을 제시하고 있다.

첫째, 교육내용·방법의 개선이다. 새로운 헤이세이(平成) 시대를 맞이하여 일본 문부성은 1989년 3월 사회 변화에 스스로 대응할 수 있는 심신이 건전한 인간 육성을 기본적인 교육목표로 제시하였다. 이런 측면에서 유치원부터 고등학교까지 학습지도요령을 새롭게 갱신하고 유치원은 1990년부터, 초·중·고등학교는 1992년부터 새로운 학습지도요령에 따라서 교육을 실시하도록 하였다.

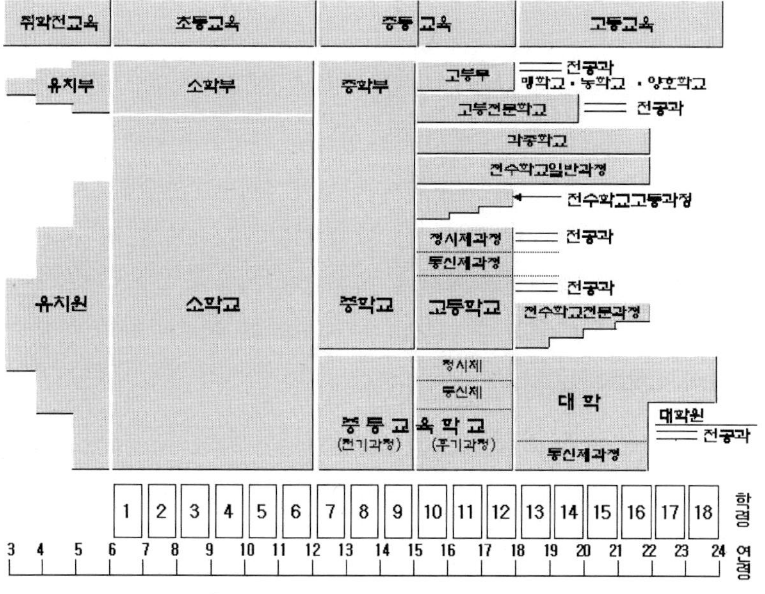


[그림 3] 일본의 학교 계통도

둘째는 덕육을 충실하게 시행하자는 것이다. 도덕교육은 풍부한 정신을 갖추고 생활 속에 살아 움직이는 인간을 육성하기 위하여 아주 중요한 교과로 인정하였다. 이것은 제2차 세계대전 이후 오래 동안 금기시했던 도덕교육을 정규교과의 실체로 인정하는 시책으로서 급변하는 사회 변화 속에서 스스로 자신의 삶을 개척하는 인간 양성을 목표로 하는 도덕 교육을 강조하였다.

셋째, 학생지도·진로지도를 충실하게 하는 데 있다. 학생지도의 과제는 단순하게 학교에 부적응하거나 문제행동을 일으키지 않도록 하는 소극적인 대응뿐만 아니라 아동 개개인의 특성 등을 파악하여 학생들의 인간성을 어떻게 육성할 것인가 하는 적극적인 관점에서 지도하려는 것이다. 특히 최근에 중요한 과제로 등장하고 있는 고등학교 중퇴와 등교거부 현상, 교칙의 개정 등에 대해서는 각급 학교에서 적극적으로 시행하도록 권장한다는 것이다. 진로지도에 있어서는 학생들의 점수 위주 평가 및 진로지도를 지양하고, 학생들의 능력·적성이나 희망을 충분히 고려하는 진로지도 방안을 권장하도록 한다.

넷째, 고등학교 교육을 획기적으로 개선하려고 한다. 1991년 4월에 제출한 제14기 중앙교육심의회의 답신에서는 고등학교 교육의 다양화·탄력화를 더욱 강력하게 추진하며, 수험경쟁의 완화를 위하여 여러 가지 개혁 방책을 제시하고 있다. 학생에 대한 다양한 교육 상황에 적적하게 대응하기 위하여 매력 있는 고등학교 교육기회를 제공하려고 한다. 그래서 중앙교육심의회의 개혁 취지에 부응하여 학교·학과제도의 개혁, 교육내용·방법의 개선, 고등학교 입학자 선발제도의 개선 등 여러 가지 시책을 적극적으로 추진하고자 한다.

다섯째, 유치원 교육을 진흥시킨다. 유치원교육은 지금까지도 강력하게 추진하고 있지만, 2002년 현재 전국적으로 약 940개의 시정촌(市町村)에 유치원을 설립하지 못하고 있는 등의 과제가 남아 있다. 그래서 향후 지역 간 격차를 시정하고 보호자의 경제적인 부담을 경감시키는 조치 등을 통해서 유치원교육을 한층 진흥시킬 필요가 있다.

이런 개혁 과제를 검토해 보면, 일본 교육의 대체적인 성격은 지방자치제 혹은 단위학교 중심의 운영체제를 지향하는 과거 교육에서 중앙집 중적인 교육체제를 가미하려고 노력하는 경향을 엿볼 수가 있다. 이는 1990년대 이후 각급 학교의 자율적인 운영체제를 강화시키려는 우리 교 육의 정책과 대조적인 측면을 보이고 있다고 할 수 있다. 또 일본교육 에서 우리 교육과 크게 다른 하나의 관점은 지역적으로 격차가 심한 교 육체제에 대한 동화교육을 실시하고 있다는 점이다. 최근 일본은 동화 교육을 다문화교육 혹은 세계화교육이라는 관점으로 발전시켜서 지역정 서의 해소책과 함께 재외 교포, 일본 거주 외국인 및 외국인 유입노동 자에 대한 교육정책에까지 관심의 폭을 확대시켜 나가고 있다.

① 유치원 교육

일본의 취학 전 교육기관으로는 유치원과 보육원이 있다. 일본에서 는 3살부터 5살까지의 유아들이 유치원에 다니고 있다. 2002년 5월 1 일 현재 유치원의 총 수는 14,279개교로서 이 중에서 국·공립 유치원 이 41.1%, 사립유치원이 58.9%로서 사립유치원의 수가 훨씬 많다. 일 본의 경우 유치원 취학률이 1976년 64.0%를 보인 이래 그다지 변동이 없는데, 1980년 중반에는 오히려 63.7%-63.9%로 오히려 떨어졌다가 최근에 다시 64%대로 상승하고 있는 추세이다.

유치원의 교육과정(일본에서는 유치원 교육요령이라고 칭함)을 보면, 종전에는 6가지 영역으로 되어 있었는데, 이것이 소학교의 교과와 유 사하다는 비판이 있어서 유아기의 특성을 감안한 3대 영역으로 변경하 였다. 이 3대 영역은 '환경을 통하여 실시하는 교육', '놀이를 통한 종 합 지도', '개개인의 특성에 부응하는 학습지도'라고 할 수 있다. 결국 지성 중심의 학습보다는 유아들의 체험이나 주체적인 활동을 살려서 유치원 본래의 모습을 찾으려고 하는 모습이라고 할 수 있다.

그러나 최근 일본의 유치원 교육은 2가지 측면에서 기존의 교육과 다른 동향을 보인다고 할 수 있다. 학력사회의 특성을 전형적으로 지 니고 있는 일본 교육의 속성이 유치원 교육에서도 잘 드러나고 있다.

이미 소학교 2-3학년 정도의 수월성을 추구하는 영재교육을 목표로 하는 유치원도 사립유치원을 중심으로 성행하고 있다. 이른바 '입시 학부모'들의 극성으로 일부 사립유치원의 경쟁률은 치열하며, 일류 유치원은 곧 일류 중·고등학교 진학, 그리고 일류대학에 진학할 수 있다는 새로운 교육열 현상이 등장하고 있다.

다른 하나의 특징은 일본의 전통적인 심신수련교육을 유치원 단계부터 실시하고 있다는 점이다. 우리 사회에서 회사에 새로 입사한 사원 연수과정과 유사한 극기 훈련이 유치원 단계부터 일반화하고 있다. 유치원의 원생들은 등교할 때부터 하교할 때까지 사계절 내내 반바지 차림으로 등원하는 경우가 많다. 이는 일종의 정신·신체 단련지도로서 일본의 일상생활환경을 반영한 교육적인 특징이기도 하다. 유치원 교육의 3대 지도 요령 중의 하나인 '환경을 통한 교육'을 실제적으로 실천하는 모습이기도 하다.


② 소학교·중학교 교육

일본의 초등학교인 쇼갓코(小學校)는 만 6세부터 12세까지의 아동들이 다니는 6년제 의무교육단계의 학교이다. 중학교는 3년제로서 역시 의무교육단계의 학교로서, 일본의 의무교육단계는 9년제를 실시하고 있다. 따라서 소학교와 중학교는 초등교육기관과 중등교육기관으로 학교급이 다름에도 불구하고 같은 단위로 취급하는 경향이 있다. 예를 들면, 교사양성체제에 있어서도 소학교의 교사양성기관과 중학교의 교사양성기관이 기본적으로 같은 경우가 많다.

소학교는 의무교육학교이기 때문에 학령기의 모든 아동들이 취학하여야 하지만, 심신 장애 등의 이유로서 취학을 유예 혹은 면제받는 아동들이 있다. 이 수치가 1970년에는 약 2만 명 정도였다. 그러나 이들 중에서도 학업을 할 수 있는 아동들이 있다는 것이 판명되어, 1979년부터 심신장애아동의 의무교육제도를 실시하고 있다.

유치원과 마찬가지로 1980년대 후반 이후 현재까지 소학교 취학 아동의 수는 점차 줄어들고 있는 추세이다. 이는 제1차 베이비 붐때 태어난 아동들이 성장하여 제2세를 낳는 제2차 베이비붐(1980년대) 세대애서 핵가족화 현상이 가속화하고 있기 때문이다. 1980년대 중반 소학교 재학생 수가 약 1,600만 명이었던 것이 1990년대 초에는 약 1,000만 명으로 급격하게 줄어들었으며, 2002년 현재 723만여 명으로 줄어들었다. 2002년 현재 일본의 소학교는 공립소학교가 99.0%, 국립 및 사립소학교가 1.0%를 차지하고 있다. 한편, 농촌 인구의 과소화 및 도시인구의 과잉화 현상으로 인해서 취학 인구의 격차 문제도 심각해지고 있으며, 도쿄의 도심지역에서는 인구 공동화 현상으로 인해서 소학교를 폐교해야 하는 문제까지 발생하고 있으며, 지가 상승으로 인한 교지 구입난의 문제도 발생하고 있다.

한편 중학교는 3년제 중등전기과정이라고 할 수 있는데, 우리 교육과 다른 점은 여전히 사립중학교 입학시험제도가 남아 있다는 점이다. 현재 일본의 사립중학교 입학시험제도로 인해서 이미 소학교 4학년 이상부터 사립중학 입학시험을 대비하는 입시체제를 갖추는 학교가 등장하고 있으며, 사설학원에 다니는 소학교 학생들도 보편적이어서 일본 교육의 큰 문제점으로 등장하고 있다. 2002년 현재 일본의 11,159개 중학교 중에서 공립중학교 93.1%, 국립중학교 0.7%, 사립중학교 6.2%로서 소학교의 성적 우수자가 대부분 사립중학교에 몰리는 기현상을 빚고 있다.

③ 고등학교 교육

일본의 고등학교는 전일제, 정시제, 통신제 등 세 가지 형태의 학교 체제가 있다. 전일제는 주간제 일반고등학교를 지칭하는 것이며, 정시제와 통신제는 경제적인 사정 혹은 직업을 가지고 있어서 전일제 학교에 다니기 어려운 학생들을 대상으로 하는 학교이다. 제2차 세계대전 이후 도시에서는 야간제, 농촌에서는 주간제 학교가 정시제 학교의 일반적인 유형이었다. 그러나 고도경제성장을 거치면서 주간 정시제 학교는 감소하였지만, 1980년대 후반부터 다시 증가하고 있다. 이러한 현상이 일어나게 된 원인으로서는 전일제 학교의 입학 문이 좁은 데에도 기인하고 있지만, 전일제 학교에서 적응하지 못하고 중퇴한 학생들이 정시제 학교에서 재적응하려고 하는 움직임에서도 기인하고 있다. 일반적으로 정시제 학교는 학교의 규모가 작고 교사와 학생 간의 접촉이 용이하기 때문에 재미있게 공부할 수 있는 열린교육 체제의 특성을 지니고 있다.

일본의 고등학교는 과정별로 분류할 때, 보통과정과 전문과정으로 구분할 수 있다. 보통과정은 우리나라의 일반계 고등학교에 해당하는 대학 진학 준비과정이며, 전문과정은 전통적으로 수산, 농업, 공업, 상업, 가정, 간호 과정 등으로서 최근에는 국제과, 정보처리과 등으로 세분화하는 경향이 있다. 교육과정의 운영에서는 고등학교 단계에서 학습 미숙아를 대상으로 하는 특별학급을 편성하기도 한다.

일본의 고등학교 진학률은 2002년 현재 98%로서 일본의 고등학교는 준 의무교육화의 단계라고 할 수 있다. 2002년 현재 전체 고등학교 5,472개 학교 중에서 국·공립이 75.9%, 사립이 24.1%를 차지하고 있다. 그러나 고등학교 입시와 관련해서 보면 문부과학성의 교육원칙을 따르는 국·공립학교보다는 사립학교에 대한 인기 선호도가 훨씬 높음을 알 수 있다. 2003년 현재 고등학교 입시제도는 일부 도도부현에서 공립학교의 경우 학구제를 중심으로 비교적 입학하기 쉬운 입시제도를 채택하고 있지만, 최근에는 도쿄도를 중심으로 대부분의 지역에서 사실상 학구제를 폐지한 학교별 단독선발제 전형으로 개혁하고 있다. 반면에 국립부속학교와 사립학교의 입시경쟁은 한층 치열해서 일본의 중학생들은 과도한 입시경쟁에 시달리고 있다. 최근에 사립고등학교 입학시험에서는 문부성 규정 학습지도요령에 맞지 않는 어려운 문제를 출제하여 문부성과 알력 관계를 빚고 있기도 하다.

현재 공립학교를 중심으로 입시제도를 개선하기 위하여 여러 가지 방안이 각 도도부현의 교육위원회를 중심으로 실시되고 있다. 다양한 입시제도의 방안으로서 면접 실시, 추천 입학제, 특별활동란의 기재사항 반영, 건강진단 등을 입학 참고 자료로 삼기도 한다. 그러나 문부성에서 정하는 학습지도요령이 국·공립학교에만 적용되고 사립학교에는 자율적인 학교경영방식을 인정하기 때문에 대학입시준비체제와 관련한 교육체제에서 사립학교의 인기는 앞으로도 더욱 커질 것으로 예상할 수 있다. 이에 대응하는 공립고등학교 활성화 방안의 하나로서 6년제 중등일관교육을 보급·실시하는 것이 최근의 학제 개혁과 관련된 중요한 개혁이라고 할 수 있다.

## (2) 초등교육의 학제 개혁 동향

일본의 소학교는 만 6세부터 12세까지의 아동들이 다니는 6년제 의무교육을 한다. 소학교가 끝나면 우리처럼 3년간 중학교를 다니게 되는데, 이와 같이 소학교와 중학교를 합친 9년간 의무교육을 하고 있다. 따라서 일본의 소학교와 중학교는 같은 단위로 취급하는 경향이 있다. 그래서 소학교 교사와 중학교 교사는 모두 같은 수준의 교육대학에서 배출하고 있다.

소학교는 의무교육 학교이기 때문에 학교에 입학해야 할 모든 아동들이 취학해야 한다. 일본은 1980년대 중반부터 소학교 취학 아동의 수가 점차 줄어들고 있다. 이는 일본 사회가 발전하면서 핵가족화 현상이 급속하게 이루어지고, 자녀를 적게 낳는 데에서 비롯한 것이다. 그래서 1980년대 중반 소학교 재학생 수는 약 1,600만 명이었는데, 최근에는 약 720만 명 정도까지 지난 20년 동안 학생 수가 절반 이하로 줄어들었다. 한편 농촌 인구는 지나치게 줄어들고 도시 인구는 급격하게 늘어나면서 이에 따라 소학교 취학 인구도 지역별로 심한 격차가 생기고 있다. 그래서 농촌의 소학교는 폐교 혹은 인근 학교와 통합해야 하는 현상이 늘어나고 있다. 대도시의 경우도 이와 비슷한 일이 벌어지고 있는데, 예를 들어 도쿄 도심 지역은 인구 공동화 현상으로 인해서 소학교를 폐교하는 사태까지 벌어지고 있다. 그런 반면에 대도시의 주택 밀집 지역은 땅값 및 집값이 급등하는 바람에 정부에서 학교 부지를 구입하는 데 많은 애를 먹고 있는 실정이다.

일본의 소학교 교과목은 정식 교과활동으로 국어(일본어), 사회, 산수, 이과(과학), 생활(실과), 음악, 도화·공예(미술), 가정, 체육 등 9개 교과를 채택하고 있다. 그리고 별도 교과목으로서 도덕 교과와 특별활동, 종합학습시간 등을 두고 있다. 일본의 교과활동 중에서 영어 교과는 아직 시행하지 않고 있는데, 현재 교육 전문가들이 소학교 3학년부터 영어 교육을 실시하는 계획에 대해 적극 검토하고 있다. 그리고 2002년부터 일본은 매주 토요일을 가정학습일로 지정하여 사실상 1주일에 5일간 학교 수업을 실시하는 제도를 실시하고 있다.

일본의 소학교 교육은 우리 교육과 너무나 비슷한 편이다. 보통 도시 지역의 학교는 학급당 학생 수가 40명을 넘지 않고 있으며, 일부 농어촌 및 산골 지역은 전교생 수가 10명이 채 되지 않아서 여러 학년 학생이 한 교실에서 함께 공부하는 풍경이 벌어지기도 한다. 특히, 농촌 지역의 소학교는 방과 후 교육활동을 제공하는 터전이 되기도 하며, 공휴일은 마을 주민들이 함께 마을 일을 논의하고 공부하는 장소가 되기도 한다.

일본의 소학교가 우리와 다른 점은 유명한 사립중학교에 입학하기 위해 소학교 4~5학년 때부터 중학교 입학시험 준비를 하는 학생들이 있다는 것이다. 물론 이 학생 수가 그리 많지는 않지만 뛰고 놀면서 자라야 할 유년 시절에 입학시험 준비로 심신이 지치는 것은 앞으로 일본의 소학교 교육에서 고쳐야 할 점이라고 본다.

일본은 2002년부터 유럽이나 미국의 학교처럼 주5일제 수업을 도입하여 시행하고 있다. 이는 월요일부터 금요일까지 5일간 정규 학교수업을 하고, 토요일과 일요일은 휴무일로 하는 제도인 것이다. 그래서 소학교 교사는 토요일에 가정에서 여러 가지 다양한 체험학습과 취미·교양 활동, 봉사활동 등을 할 수 있도록 권장하는 등 학부모와 긴밀하게 협조하고 있다. 이를 위해 교사들은 종합학습시간 및 특별활동이 토요일의 가정학습과 연결될 수 있도록 하기 위해, 교사가 일방적으로 강의하는 방법보다는 학생의 참여와 관찰을 강조하는 창의적인 수업 분위기를 만드는데 노력하고 있다.

일본의 중학교도 의무교육이기 때문에 학생이 소학교 6학년을 졸업하면 자동으로 중학교에 입학한다. 그러나 일부 사립중학교는 학교에서 자체적으로 학생을 선발하여 입학을 허용하기도 한다. 이와 같은 사립중학교는 전체 중학교의 5% 정도에 불과하고, 등록금과 수업료도 아주 비싼 편이다. 그러나 학교 교육환경이 좋고 학부모가 원하는 양질의 교육을 제공하기 때문에 중상류 계층의 자녀들에게 많은 인기를 얻고 있다. 그래서 소학교 4~5학년 경부터 이와 같은 사립중학교 입학시험을 준비하기 위해 학원을 다니는 학생이 늘어나는 등 새로운 사회 문제가 되고 있기도 하다.

## (3) 초·중학교 단계 의무교육 개혁 논쟁

지난 2005년 10월 26일 일본 문부과학대신 자문 중앙교육심의회는 현재의 의무교육에 대한 개혁과 관련된 최종 답신 「새로운 시대의 의무교육을 창조한다」는 보고서를 작성·제출하였다. 중앙교육심의회는 지난 2003년 5월부터 초등중등교육개혁 추진 대책에 대한 의뢰 등 세 가지 과제를 검토하고 그에 대한 심의 결과를 2년 6개월 여 만에 최종 발표한 것이다. 이미 본 연구도 일본의 의무교육 개혁안이 각 지방정부의 구조 개혁 등과 결부되어 정치 경제적으로도 상당히 예민한 국민적 관심 사항으로 부각되었음을 소개한 바 있다.

이번 최종 답신은 크게 보아 의무교육의 목적·이념에 대한 재검토, 새로운 의무교육의 방향, 의무교육의 구조 개혁, 의무교육에 대한 국가·도도부현(都道府縣)·시구정촌(市區町村)의 명확한 역할과 협력관계의 강화, 의무교육의 기반을 정비하는 중요성, 의무교육비용 부담 방식에 대한 개혁 등 6가지 관점을 강조하고 있다. 특히 그간 일본 정부가 추진하고 있는 '삼위일체 개혁'과 맞물려서 지방재정으로 이양을 강조하였던 의무교육비 부담정책은 현행 국고보조 및 부담 원칙을 재천명하는 방식으로 결론을 맺었다. 이는 의무교육비 부담 원칙이 교육의 질을 향상시키는 점, 재원확보를 확실하면서도 예측 가능하게 할 수 있다는 점, 그리고 지방의 자율성을 확대할 수 있다는 점 등 세 가지 관점에서 현행 국고부담 원칙이 타당함을 강조하였다.

답신은 새로운 시대가 요구하는 변혁·불확실성·국제경쟁을 위해서 헌법 제26조가 요구하는 국민의 교육받을 권리를 보장하고 이를 실천하는 구체적인 모습이 의무교육의 목적과 이념이라고 표명하였다. 그러므로 이와 같은 시대적인 요청에 따라 국민 개개인의 인격을 형성하고, 국가·사회의 형성 주체를 육성하는 의무교육의 역할이 아주 크다고 보았다. 국가는 이에 대한 책무로서 의무교육의 근간을 이루는 ① 기회균등, ② 수준 확보, ③ 무상제 원칙을 보장하고, 국가·사회의 존립 기반이 동요되어서는 안 된다고 보았다.

그래서 새로운 의무교육의 방향은 학부모와 지역사회의 기대에 부응하여 아동의 사회적 자립을 보장하고, 개개인의 다양한 힘과 능력을 최대한 펼칠 수 있는 방식으로 나아가야 한다. 현재 일본의 의무교육은 학생들이 학습의욕과 생활습관이 확립되지 않아서 여러 가지 문제행동이 심각한 상황을 만들고 있다. 특히, 공립의무학교에 대한 불만은 상당히 많은 편이다. 이를 개선하기 위해서는 아동이 잘 배우고 잘 놀면서 건강한 신체와 정신을 연마할 수 있는 교육을 조성해야 한다. 그래서 의무교육은 질 높은 교사가 가르치는 학교, 학생들이 자주적으로 활동하는 활기 넘치는 학교를 전제로 육성해야 한다. 답신은 의무교육이 학교의 교육력(학교력)을 강화하고, 높은 자질을 가진 교사(교사력)를 확보하여 이를 통해서 아동의 풍부한 '인간력'을 육성하는 것이 개혁의 목표라고 명시하였다. 여기에서 아동의 인간력은 아동이 학교생활을 통해 배울 수 있는 주요한 영역으로서의 지적 능력(학습력) 외에도 인성, 사회성, 창의성, 미래 생활에 대한 준비성, 생활 개척력 등 다양한 사회생활 적응능력이라고 볼 수 있다.

답신은 그런 측면에서 의무교육의 구조개혁이 필요하다는 것을 강조하였다. 우선, 의무교육 시스템에 대해 목표를 설정하고, 이를 실현하기 위한 기반을 정비하는 것을 국가의 책임으로 한다. 그리고 시구정촌(市區町村)·학교의 권한과 책임을 확대하는 분권 개혁을 추진하는 동시에, 교육 결과에 대한 검증을 국가의 책임으로 하는 방식을 통해 의무교육의 질을 보증하는 구조 개혁을 해야 한다는 것이다. 여기에서 의무교육의 중심적인 담당자는 학교라고 분명하게 명기한다. 학교는 국가·도도부현(都道府縣), 시구정촌(市區町村)과의 협력 관계 속에서 유지되어야 한다. 즉 국가는 의무교육의 근간을 보장하는 책임을 지고, 도도부현이 지역 내 광역 조정의 책임을 충분히 부과하고 있는 상황에서, 시구정촌과 학교는 의무교육의 실시 주체로서 더욱 큰 권한과 책임을 가지는 시스템으로 개혁할 필요가 있다는 것이다.

답신은 또한 교직원의 양성·배치, 학교시설, 설비, 교재 등 의무교육의 기반을 확고하게 정비해야 한다고 권고한다. 그래서 의무교육 재원 조치를 포함하여 국가·도도부현·시구정촌이 각각의 역할과 책임을 수행해야 할 것이다. 그중에서 가장 중요한 것이 교직원으로서, 교육의 성패는 자질 능력을 갖춘 교직원을 확실하게 확보할 수 있는 가 여부에 달려 있다고 보는 것이다. 그런 측면에서 답신은 교직원의 양성·배치, 그리고 급여 부담에 대한 방식이 교육기반 중에서도 가장 중요한 요소임을 강조하였다.

답신의 가장 큰 관심 대상은 의무교육에 대한 비용을 부담하는 방식을 개혁하는 문제에 집중되고 있다. 답신은 의무교육의 구조개혁을 추진하고 의무교육제도의 근간을 유지하면서 국가의 교육책임을 지속적으로 조성하기 위해서라도, 국가와 지방 부담을 통해 의무교육 교직원 급여비 전액을 보장할 수 있어야 함을 명시하였다. 그런 측면에서 교직원 급여비의 부담률 절반을 국고에서 부담하는 현행 제도는 아주 우수한 보장 방법이며, 앞으로도 유지해야 할 제도임을 강조한다. 그리고 지방의 재량을 확대하기 위한 차원에서 총액재량제를 더욱 개선해야 함을 요청하였다.

답신은 현행 국고보조 및 부담제도를 그대로 유지해야 하는 배경에 대해 다음과 같이 몇 가지 측면에서 설명한다. 첫째, 2004년 11월 일본 정부·여당 합의안으로서의 '삼위일체의 개혁에 대해서' 보고서를 작성한 경제계 중심의 지방 6단체는 당초 의무교육 근간을 유지하면서 세원 이양에 따른 일반 재원으로의 확충과 지방 자유도를 확대하는 방안을 제안한 바 있다. 그러나 답신은 세원 이양을 할 경우, 47개 도도부현 중 40개 도도부현이 현행 제도에 따른 배분액보다 적은 세원 이양금액을 받게 되며, 이에 따른 지역 간 격차가 발생하는 문제를 지적하고 있다. 둘째, 의무교육의 기회균등과 수준을 유지·향상시키는 것은 국가의 존립에 관한 중대한 기본정책이다. 의무교육의 성과는 한 지역에 머물지 않고 국가 전체에 관련된 것으로서 의무교육의 경비 문제 역시 이런 관점에서 보아야 한다. 또한 교육의 질을 향상시키기 위해서라도 교직원이 안정적으로 직무에 종사할 수 있는 기반을 보장하고 강화하는 것이 필요하다는 것이다. 셋째, 비슷한 관점에서 의무교육의 질을 향상시키기 위해서라도 가장 확실하고 예측할 수 있는 방법을 선택해야 한다는 것이다. 그러므로 의무교육에 대해 사용 목적이 특별하게 명시된 재원 보장제도, 즉 국가 부담제도가 반드시 필요하다고 권고한다.

이 외에도 답신은 의무교육비 부담제도와 관련하여 몇 가지 추가 제안을 하고 있다. 우선 교재 구입비와 도서 구입비 등 교육환경을 정비하는데 필요한 경비도 해당 총액을 확실하게 확보하는 방안을 마련해야 한다. 그리고 공립학교 시설을 정비하는 경우도 지방의 자유재량을 확대하면서도 국가 수준에서 특정한 목적을 지닌 사업에 대한 재원을 보장할 필요가 있음을 제안한다. 특히 아동·학생의 생명과 안전을 지키기 위해 지진 등 재난 대비를 위한 사업은 반드시 국가가 책임을 지고 추진해야 함을 강조하였다.

현재 이 답신은 일본 문부과학성이 교육개혁의 기본 과제로서 추진하고 있는 의무교육개혁의 중요한 지침이 되고 있다. 특히, 일본 경제·기업계 및 일반지방행정분야의 거센 압력을 극복하고 의무교육 부담금 제도를 현행 체제로 유지할 것을 권고한 것은 여전히 논란 대상이 될 것이다. 그러나 일본의 미래 교육을 책임지고 있는 문부과학성이 기본적으로 이 답신 내용을 그대로 계승·수용할 것이기 때문에 의무교육 재정개혁은 당분간 현행 제도를 유지할 것으로 전망된다.

## 2) 일본 중등교육의 학제개혁 동향

일본의 교육개혁은 주로 문부대신 혹은 1984년 임시교육심의회 구성 당시의 총리대신에 대한 자문답변 형식으로 추진하는 방식을 취하고 있다. 이런 방식을 채택함으로써 일본의 교육개혁은 상당히 장기적으로 일관성 있는 내용과 형식으로 발전하고 있음을 알 수 있다. 이미 일본이 교육개혁을 추진하는 역사적 배경은 메이지(明治) 정변 이후 '학제 반포'[302]를 시작으로 100년 이상의 전통과 축적된 경험에 바탕하고 있다.[303]

일본은 교육을 중시하는 국민성, 그리고 국민들의 소득수준이 향상됨에 따라서 새로운 방식의 교육을 보급·발전시켜서 경제·사회·문화 발전의 원동력으로 삼고 있다. 그러나 기존의 교육방식이 사회 변화에 따라 가지 못함으로 인해서 학력 편중사회, 과열된 수험경쟁, 청소년의 문제행동 등 학교교육의 획일성·경직성에 따르는 여러 가지

---

302) 1868년 메이지 정변 이후 수립된 신정부는 서구식 교육제도 수용을 위한 방편으로 1872년 '학제반포(學制頒布)'를 하였다. 이 조치는 주로 프랑스식 소·중·대학구제에 바탕하여 교육내용에 있어서도 서양어학, 의학, 상공기술 등 신식 학문을 장려하는 형식으로 근대식 교육제도를 정착시키고자 하였다(자세한 내용은 柿沼肇, 「近代日本の敎育史」(東京: 敎育史料出版會, 1990), 24－65頁.; 稻富榮次郎, 「明治以降·敎育目的の變遷」(東京: 同文書院, 1968), 9－25頁. 등을 참조할 것).

303) 일본의 교육개혁에 대한 역사적 배경은 최상근 외, 「현장 중심의 교육개혁 활성화 방안」, 한국교육개발원, 1998, 79－100쪽을 참조할 것.

부작용이 발생하였다. 이와 같은 학교교육의 문제점을 해결하고 새로운 교육전망을 확립하기 위하여, 문부성은 1980년대 중반에 추진되었던 임시교육심의회의 개혁과제를 계승하고 있던 중앙교육심의회 활동을 활성화하였다.[304] 중앙교육심의회의 교육자문활동은 1945년 미군정의 점령정책 이후 지속적으로 추진하고 있었는데, 1990년대 이후 중등학교교육의 개혁활동을 중심으로 더욱 체계적으로 교육개혁을 추진하는 핵심 역할을 하게 되었다.

1989년부터 시작한 제14기 중앙교육심의회는 그 해 4월 "새로운 시대에 대응하는 여러 교육제도의 개선에 대해서"라는 자문을 받아서, 주로 후기중등교육(고등학교교육) 개혁과 이에 관련한 고등교육의 과제, 평생학습의 기반 정립 등 2대 과제에 대해서 심의를 하였다. 이 심의 결과 중앙교육심의회 명의로 1990년 1월 "평생학습의 정비 기반에 대해서", 1991년 4월 "새로운 시대에 대응하는 여러 교육제도 개혁에 대해서"라는 2개의 답신을 통합·발표하였다.[305] 그중에서 1991년의 답신은 고등학교 교육의 개혁, 고입·대입 수험경쟁의 완화, 평생학습사회의 실현 등에 대한 제언을 중점으로 하고 있다.

그중에서 고등학교 교육개혁은 종합학과의 창설, 새로운 유형의 고등학교 장려 방안, 단위제 고등학교의 활용, 교육상의 예외 조치에 관한 전문적인 조사연구를 실시하는 방안에 대해서 중점적으로 논의하였다. 그리고 수험경쟁을 완화시키는 방안으로서 대학입시·고교입시 평가척도의 다원화, 입시에 관한 충실한 정보제공, 입시 관계자들의 협의체 구성 등에 대해 논의하였다. 문부성은 이 답신에 기초하여 대학입학자 선발방식을 다양화하는 정책을 추진하였으며, '고등학교교육의 개혁추진에 관한 회의' 보고에 기초하여 중등교육의 개혁정책을 추진하였다.

---

304) 日本文部省, "教育改革－今, なぜ教育改革か", 「文部省あらまし」, 1997. http://www.monbu.go.jp/aramashi/1997jpn/kyoiku/210.html
305) 日本文部省編, "21世紀を展望した我が國の教育の在り方について－第15期 中央教育審議會第二次答申", 「文部時報」第1449号, 1997, 128頁.

## (1) 중등교육 학제개혁의 구체적인 실천 방안

1990년대 이후 일본의 중등교육은 앞에서 언급한 교육문제를 해결하기 위한 방안으로 학생 각자의 개성을 중시하고 학생 스스로 학습하고 사고하는 능력을 키우는 것에 교육목표를 두고 있다. 그래서 최근 일본의 교육개혁을 주도하고 있는 제15기 중앙교육심의회(中央敎育審議會)는 1997년 6월 일본 문부성이 의뢰한 '21세기를 전망하는 일본의 교육에 대해서'라는 자문에 대해서 다음과 같이 제2차 답변을 제시하였다.

> "……학생 개개인의 능력·적성에 따르는 교육, 그리고 학교 간 연계를 개선하는 방식을 중심으로 (문부성의 답신)에 심의를 계속하고 있다.……'여유'를 가지고 학생들에게 '생활을 스스로 개척하는 능력'을 양성한다는 제1차 답변을 계승하여, 형식적으로 평등을 중시하는 교육에서 개성을 존중하는 교육으로 전환하고자 한다. 그래서 학생 개개인의 능력·적성에 따르는 교육을 전개한다는 사고방식에 바탕하여 지금까지의 교육제도와 입학자 선발방식을 수정하고, 최대한 실행할 수 있는 개선책을 제안하고자 한다.……"306)

학교생활과 개인생활에 여유를 가지고 즐거운 마음으로 학생 스스로 배우면서 사고하는 교육이상을 추구하는 것이 일본 중등교육의 개혁목표인 것이다. 1997년도 문부성의 자문에 대한 중앙교육심의회의 제2차 답변은 주로 교육제도의 개선, 대학·고등학교의 입학자 선발, 고령화 사회에 대비하는 교육 등을 주로 논의하고 있다.

교육제도는 현행 중등학교의 복선화 구조를 자율적으로 조정하여 획일적인 교육체제를 유연한 체제로 변화하는 것을 기본으로 하고 있다. 이와 함께 사립중등학교에서 실시하고 있는 중·고 일관교육을 선택적

---

306) 日本文部省編, "21世紀を展望した我が國の敎育の在り方について", 「文部時報」第1449号, 1997年7月臨時增刊号, 6頁.

으로 도입하는 계획도 추진하고 있으며, 학습 부진아를 위한 교육적인 배려도 다각적으로 모색하고 있다. 중·고 일관교육을 도입하는 방안은 우선적으로 고등학교 입학시험의 부담을 덜어 주고 학교교육이 정상적으로 이루어질 수 있도록 한다는 측면에서 사립중등학교의 그것과는 구별되는 원칙을 정해 놓고 있다. 또한 대학·고등학교의 입학자 선발 제도를 개선하는 방안도 모색하고 있다. 이를 위해서 문부성은 과도한 수험 경쟁을 완화시키기 위하여 선발 시험 이외에 내신성적을 통한 선발, 소논문 시험, 실기시험제도, 및 추천입학 제도 등을 통해서 선발 방법·선발 척도의 다양화 등을 고안하여 구체적으로 추진할 계획을 세우고 있다.

더구나 현재 일본 사회는 고령화가 급속하게 진행되고 있기 때문에 고령 사회를 살아가고 있는 학생들을 어떻게 교육시킬 것인가 하는 과제도 중요한 교육개혁의 방안이 되고 있다. 그런 측면에서 교육개혁을 통하여 국민들 사이에 동질성을 지향하는 수평적인 연대의식을 함양하고, 세대 간 가치관의 차이를 일소하기 위한 근본적인 발상 전환을 모색하고 있다. 또한 국제화, 정보화, 과학기술의 발전, 고령화, ‘소자녀화’(少子化: 자녀를 많이 가지지 않는 외아들·외동딸 중심의 핵가족화 현상 – 연구자 주) 등의 사회 변화에 적절하게 적응하여 개성적이면서도 창조적인 인재를 육성하는 것에 관심을 지니고 있다. 이를 위해서 학생과 학부모의 학교 선택의 기회와 폭, 학교와 지방공공단체의 교육재량권을 확대하고 규제 완화를 추진하는 차원에서 교육개혁의 방향을 제시하고 있다. 이런 관점에서 보아도 일본의 교육은 개성을 존중하여 풍요로운 성숙 사회를 실현하는 것을 교육 목표로 하고 있음을 알 수 있다.

결국 일본의 중등교육개혁은 학생들이 학교생활에 ‘여유와 즐거움’을 가지고 ‘생활을 개척하는 능력’307)을 배양하기 위하여 학생의 개성을

---

307) ‘생활을 개척하는 능력’(生きる力)이란 일본 문부성이 지원하는 중앙교육심의회에서 1994년 교육개혁안 발표 이후 새롭게 등장하고 있는 개념이다. 이는 크게 두 가지 의미를 가지고 있다. 그 하나는 학생 스스로 과제를 발

존중하는 사고방식을 지향하고 있다. 교육은 '여유와 즐거움' 속에서 '생활을 개척하는 능력'을 배양하기 위하여 개성을 존중하는 방식으로 학생 개개인의 능력·적성에 따르는 방식을 취하는 것에 중점을 두고 있다. 최근의 교육개혁은 학생들이 동정심, 사회성, 윤리관, 정의감 등의 풍부한 인간성을 육성하고 전통과 문화를 존중하는 정신을 배양하도록 하는 등 시대를 초월한 가치(절대적·초월적 가치)을 소중히 할 수 있도록 하는 것을 교육의 이상으로 삼고 있다. 그래서 교육개혁을 통하여 학생의 개성을 존중하는 이념이 타인을 존중하고 사회와 조화하는 이념으로 계승될 수 있도록 계획하고 있다. 이와 함께 학생 개개인의 능력·적성에 따라 아동의 진로 선택에 대한 기회를 확대하는 것도 중요한 교육개혁 과제로 선정하고 있다. 이와 동시에 각급별 학교와 지방공공단체의 재량 범위를 확대하는 것도 계획하고 있다.

최근까지 일본의 중등학교교육은 입시 위주의 주입식 교육을 해소하는 방안을 모색하는 것에 중점을 두고 있음을 알 수 있다. 그와 동시에 모든 학생에게 교육 기회만을 골고루 부여한다는 형식적인 평등 원칙을 탈피하여 학생의 개성을 존중하는 방향으로 교육 프로그램을 전환하는 움직임도 활발하게 진행되고 있다. 이런 관점에서 기존의 학교교육 체제에서 수행하지 못하는 교육과정과 교육내용을 수행하기 위한 새로운 학교모델을 제시하는 움직임도 활발하게 진행되고 있다. 다음 절에서는 이와 같이 교육발전을 이루기 위한 방안으로서 학생의 개성과 능력에 따라 적절한 교육을 실시하는 새로운 학교개혁방안에 대해 살펴보고자 한다.

---

견하고, 스스로 배우면서 사고하며, 주체적으로 판단하고 행동하여 보다 나은 방식으로 문제를 해결하는 능력을 의미한다. 다른 하나는 학생 자신을 스스로 통제하고 타인과 협조하여 타인에 대한 동정심이 풍부한 인간성을 함양하고 건강하게 살아가기 위한 체력과 건강 등을 의미한다(日本文部省 編, "21世紀を展望した我が國の教育の在り方について", 「文部時報」第1449 号, 1997年7月臨時增刊号, 116頁.).

## (2) 새로운 학교교육의 개혁모델 구상

일본 문부성이 발표한 제15기 중앙교육심의회 제1차 및 제2차 답변에서는 기존 중·고등학교 교육체제에 새로운 학교교육 실현의 조건으로서 '학교 주5일제 수업, 중·고일관교육, 학교의 슬림화' 등 3대 중점 원칙을 제시하였다. 우선 '학교 주5일제 수업'은 학생들에게 수업의 부담을 줄이고, 교육내용을 엄선하는 학습지도요령 개혁을 통해서 토요일 학교수업 대신 학생들이 자유롭게 현장체험이나 사회·자연관찰활동 혹은 가정교육활동에 충실할 수 있도록 연계시키는 방안을 의미하고 있다.[308] 이와 같은 제도 개선을 통해서 현재 과도하게 수행되고 있는 학교 내외의 교과활동 및 교과외활동, 교원들의 교무활동 등에 대한 슬림화 작업, 즉 학교교육체제의 구조 조정을 추진할 수 있도록 계획하고 있다. 이를 위해서 학교와 가정, 지역사회 간의 교육적 연계활동을 활발하게 추진하고 있으며, 각각의 분야에서 교육과 관련된 역할 분담 및 조정 활동을 통하여 '열린 학교'체제를 지향하고 있다. 이런 원칙에 바탕하여 고등학교 입시부담을 덜고, 정상적인 중등교육을 추진하기 위한 '중·고일관교육'을 1999년부터 단계적으로 추진하는 방안도 법안 개정을 통해서 계획하고 있다.

한편 일본은 1990년대 이후 현재까지 새로운 중등학교 구상을 통해서 학생의 능력·적성, 흥미와 관심, 진로지도 등에 부합하는 다양한 학교개혁을 추진하고 있다. 종합선택제 고등학교의 교육활동이 어느 정도 소기의 성과를 거두면서, 이 개혁 모델을 바탕으로 해서 각 학교는 학생의 개성을 최대한 신장시킬 수 있는 학교운영체제에 중점을 두게 되었다. 문부성은 지금까지의 고등학교 교육의 다양화·개성화를 촉진시키기 위하여 여러 가지 시책을 추진하였다. 특히, 1991년 4월 문부성은 중앙교육심의회 답신을 받아들여서 '고등학교 교육개혁의 추진에 관한

---

308) 日本文部省編, "21世紀を展望した我が國の敎育の在り方について", 「文部時報」第1437号, 1996年7月臨時增刊号, 147−148頁.

회의' 보고에 바탕하는 새로운 유형의 학교 구상을 추진하였다.[309]

또한 현행 '고등학교 학습지도요령' 등에 기초하여 다양한 과목을 개설하는 등 학생의 선택 중심 교육과정을 체계적으로 발전시키고 있다. 그래서 고등학교 교육을 충실하게 개선하기 위한 방안으로 졸업에 필요한 단위 수를 감축하는 것, 모든 학생들이 공통으로 이수하는 내용 등을 최소한으로 줄이는 것, 자원봉사활동이나 기업실습 등 학교 이외의 지역사회에서 실시하는 체험 활동 등을 단위로서 인정하는 것 등을 학교교육 차원에서 추진하고 있다.[310]

새로운 학교 유형으로 대표적인 것이 종합선택제 고등학교를 발전적으로 계승시킨 '종합학과'가 있다. 종합학과는 보통과 및 전문학과와 함께 새로이 구성한 학과로서 1994년부터 설치하고 있다. 종합학과 교육의 특색은 학생의 개성을 살리는 주체적인 학습을 통해서 배우는 즐거움과 성취감을 중시하는 학교 유형이라고 할 수 있다. 다른 하나의 특색 있는 학교로서 단위제 고등학교, 종합선택제 고등학교, 국제고등학교 등도 지속적으로 장려·추진하고 있다. 그런데 종합학과가 종합선택제 고등학교를 계승한 학교 유형이기는 하지만, 여전히 입시 위주의 교육체제에서 사립학교와 대등한 경쟁력을 지니고 있는 것은 종합선택제 고등학교라는 사실에 유의해야 할 것이다. 이는 일본의 학교구상 역시 기존의 대학입시체제가 지니고 있는 대체적인 흐름을 어느 정도 수용하는 과정으로서 개혁작업을 추진하고 있음을 보여 주는 것이라고 할 수 있다.

### (3) 1990년대의 대학입시개혁 – 중앙교육심의회의 개혁안

일본의 입학자 선발제도는 입시중심의 성격을 지니면서도 점차 다양화하는 방향으로 나아가고 있다. 그러나 입학자 선발제도의 기초가 되

---

309) 日本文部省, 「我が國の文教施策」, 1998, 263 – 264頁.
310) 日本文部省, 前揭書, 264頁.

는 것은 학력 중시의 사고방식이며, 일류대학일수록 입학시험에 많은 관심을 가지는 경향을 보이고 있다. 대체로 입학자 선발방법은 객관타당성, 실용성, 공평성의 세 가지 요건을 충족시키는 것을 전제로 하고 있다. 일본은 학력평가를 중시하는 과정에서 유전적인 능력보다도 학생 본인의 노력을 통해 얻어지는 능력을 중시하는 경향을 보이고 있다.

누구나 노력하면 성공할 수 있다는 사고방식에 바탕하여 언제나 현재 시점의 학력이 중요한 평가기준이 된다는 논리의 평등주의를 지향하고 있다. 그러나 학력 중시만의 방법으로 모든 것을 해결하는 것은 아니며, 어떤 상황에서는 학력 이외의 조건을 가미하여 입학자를 선발하는 것이 사회적으로 인정되고 있다.

일본에서도 사립대학 중에서는 다양한 입학자 선발방법을 사용하는 대학들이 있다. 게이오(慶応)대학이나 와세다(早稲田)대학과 같은 일류대학에도 부속학교를 병설하고 있는데, 일단 부속소학교 혹은 중학교에 입학하면 그 뒤로는 거의 자동적으로 대학까지 진학할 수 있는 학교가 간토(關東)지역에만 약 70여 개 정도 있다. 이는 일본만이 가지고 있는 독자적인 교육시스템으로서 사립대학은 이와 같이 특권적인 입학 과정을 통해서 대학 발전방향을 모색하고 있다. 그래서 사립대학의 경우 일반입시를 통해서 치열한 학력시험에 합격한 자가 있는가 하면, 학력시험도 없이 추천입학으로 진학하는 자도 있으며, 부속학교에서 진학한 자도 있을 정도로 입시제도의 다양화가 정착해가고 있다.

반면에 국립대학은 학력시험 이외의 입시방법에 대해서는 다소 소극적이라고 할 수 있다. 이는 사회적으로도 국립대학이 사립대학과 차이가 있다는 인식을 반영한 것이라고 할 수 있다. 그러나 사회적인 '공평성'이라는 관점에서 국립대학도 입학자의 선발방법 다양화 정책에 참여하여 사회인 입학제도, 해외 귀국자 자녀에 대한 특별선발시험 등을 채택하고 있다. 이와 같이 여러 가지 측면에서 사회적으로 핸디캡을 가지고 있는 계층과 집단에 대한 입시배려정책을 추진하는 것이 향후 대학입시개혁에서 큰 요인으로 작용할 것이라고 본다.

현재 일본의 입시 경쟁은 장기적인 관점에서 보면 소자녀화(少子女化)가 진행되면서 대학·고등학교의 경쟁적인 입학 수용력이 점차 약화되는 경향을 보이고 있다. 대학의 학생 수용능력은 2009년에 100%에 도달할 것으로 추정하고 있으며, 고등학교 진학률은 이미 2002년 현재 98%에 도달하고 있는 실정이다. 그러나 특정 일류대학·고등학교를 둘러싼 입시경쟁은 여전히 심각한 상황에 처해 있다. 그러므로 학교생활에 '여유와 즐거움'이 있는 가운데 '생활을 개척하는 능력'을 함양하기 위한 교육을 실현하기 위해서는 입학자 선발제도의 개선과 학력 중심 사회의 편견을 시정하는 방안을 통해서 입시경쟁을 완화해야 할 것이다. 지금까지도 문부성은 선발방법의 다양화, 평가척도의 다양화, 수험기회의 복수화, 추천 입학제도의 개선 등 다양한 방식으로 입학자 선발에 관한 제도적인 개선 노력을 하고 있다.

대학 입학자 선발제도는 대체로 학력시험체제에 편중하고 있어서 학생 스스로 배우고 사고하는 능력에 대한 평가와 다양한 개성을 적극적으로 활용하는 방안이 부족한 실정이다. 그래서 일본 문부성은 다음과 같은 5대 기본방향에 따라서 입시제도를 개선하고자 하였다.

1. 선발 방법의 다양화, 평가 척도의 다원화.
2. 초등·중등교육의 개선 방향을 존중하는 차원으로 입학자 선발제도의 개선.
3. 영향력 있는 특정 대학을 중심으로 솔선수범하는 입시제도 개선.
4. 입학자 선발제도의 개선을 위하여 여러 가지 조건 정비와 관련 시책의 추진.
5. 고등교육 전체를 유연한 시스템으로 전환.

일본 문부성의 자문기관인 중앙교육심의회는 대학센터시험과 대학 별 본고사 등 학력시험에 치중하는 입학자 선발제도를 개선하여 선발방법을 다양화하고 평가 척도를 다원화하는 방식으로 여러 가지 방안을 추진하였다. 그래서 각종 조사보고서, 소논문, 면접, 실기검사, 추천문 등을 활용하여 종합적이면서도 다각적인 평가를 신중하게 추진하고 있다. 그리고 여러 가지 활동경험과 학습성과 등에 대해서도 평가를 모색하고 있다. 일반 성인들은 고등학교 졸업 이후에 일정한 직업체험·자원봉사 활동 경험이 있는 자가 대학 진학을 희망할 경우 문호를 확대하는 방안을 마련하였다. 또한 전문고등학교 혹은 종합학과 졸업생들을 배려하여 특별선발제도와 추천입학제도를 확대하는 방안도 마련하였다. 그 밖에도 학교를 지정하여 동일계열의 진학 희망자에 대한 추천입학제도를 확대하는 방안도 모색하고 있다. 특히 고등학교 생활을 통해서 문화·스포츠활동 혹은 자원봉사 활동을 적극적으로 수용한 학생을 입학 사정에 높이 평가하는 방안도 장려하고 있으며, 해외 귀국자 자녀에 대한 특별선발제도도 추진하고 있다.

한편 대학입학선발제도의 또 다른 특징으로서 지역을 중시하는 관점에서 입학정원의 일부를 할당하여 지역을 지정하여 추천입학을 실시하는 방안도 실천하고 있다. 장애가 있는 학생들은 입학선발과정에서 우대 정책을 추진하고, 동일 대학의 동일 학부·학과에 대하여 복수의 선발 기준을 모색하는 방안도 추진하고 있다. 그 밖에도 영향력 있는 특정 대학의 입시선발제도의 개혁을 강력하게 요청하여 여타 대학의 입시개혁에 영향을 미치는 구체적인 실천 계획도 수립하였다.

학생들이 대학에 진학할 수 있는 기회를 확대하기 위하여 기존의 4월 입학제도 이외에도 추계입학을 확대하고 있다. 이와 같은 추계입학은 해외 귀국학생 및 외국인 유학생, 일반 성인 이외에 일반 학생을 대상으로 하고 있는데, 일반학생을 대상으로 하는 경우 학력선발고사 이외에 여러 가지 대안들을 신중하게 실시하는 방안을 추진하고 있다.

그런데 대학입시제도는 학교생활에 '여유와 즐거움'을 가지고 '생활을 개척하는 능력'을 육성한다는 초등·중등교육의 개선방향을 존중하면서, 고등학교 학생의 학습·활동을 적확하게 평가하는 방식으로 개혁하는 것이 필요하였다. 그래서 고등학교의 내신조사서를 적극적으로 활

용하여 내신조사서의 유효성을 높이는 방안을 추진하였다. 중앙교육심
의회는 고등학교의 교육을 활성화시키기 위하여 대학에서 고등학교의
이수과목 지정제도를 통하여 학력선발시험에 따르는 학생들의 입시 부
담을 덜어 주고자 하는 방안도 추진하고 있다. 특히, 고등학교 교육의
취지를 벗어나지 않는 수준에서 사고력과 종합학습능력을 측정하는 방
식으로 학력시험을 개선하는 방안도 마련하였다. 개별 교과에 대한 학
력시험체제도 개선하여 영어의 듣기 평가, 이과의 관찰·실험 등을 활
용하는 방안을 실시하고 있다.

1989년 이후 현재까지 시행하고 있는 대학입시센터시험제도는 사립
대학까지 이를 채택하도록 권장함으로써 대학입시제도 개선의 새로운
전환점을 마련하였다. 대학입시센터시험을 통해서 각 대학별 본고사를
점차 감축시키고, 나아가서는 대학별 본고사를 통하여 점수별 당락을
결정하는 현행 대입제도를 근본적으로 개혁하고자 하였다. 예를 들면,
예술대학과 같이 실기검사를 중시하는 대학은 센터시험의 결과를 복수
년도에 걸쳐서 이용할 수 있도록 하였다. 그와 함께 동일대학에 있어
서 전·후기 분할모집방안을 활성화하여 후기 일정의 모집인원 비율도
적정선 이상으로 조정하도록 하였다.

이와 같은 대학입시제도 개선방안을 획기적으로 수행하기 위하여 공
정한 입시행정과 선발제도를 마련하고자 여러 가지 방식으로 개혁 방
안을 모색하고 있다. 그래서 학생들에게 더욱 많은 입학기회를 부여하
는 차원에서 여유가 있는 입시일정을 확보하기 위하여 입시선발이 끝
나는 시기를 4월 이후까지 연장하는 방안을 모색하고 있다. 또한 대학
입시를 준비하는 학생들을 대상으로 진로지도를 개선하고 대학에 관한
정보를 충실하게 제공하는 방안도 모색하고 있다.

(4) 2000년 교육개혁국민회의 최종 보고 – 대학입시의 다양화

2000년부터 오부치(小淵) 내각의 자문기구로 출범한 교육개혁국민회

의는 2년간 국민 여론을 수렴한 끝에 2000년 12월 22일 최종보고를 제출하였다. 이는 2002년 이후 문부과학성의 자문기구인 중앙교육심의회의 제안에 전폭 수용되어 집약적으로 표출되고 있다. 그중에서도 대학입시 개혁은 그 이전에 10년 이상 실험적으로 추진해 온 내용을 구체적으로 실천하는 방식으로 활용되는 것으로 평가할 수 있다.

2002년 이후 새로운 대학입시 개혁은 주로 입시 출제의 기억력 편중을 개편하여 대학입시를 다양화하는 방향으로 나아가고 있다. 동시에 이는 그 이전 10년 동안 지속적으로 추진해 온 대학입시 개혁을 쉽게 실천할 수 있는 내용부터 새롭게 적용하는 세 가지 항목으로 정리한 것이라고 할 수 있다.

첫째, 대학입학시험은 문제를 발견하는 능력, 문제의 해결 방법을 추출하는 능력, 그리고 추리력 혹은 논리적으로 생각하는 능력 등 다양한 자질을 적절하게 평가하는 방식으로 개혁해야 한다. 이는 고등학교의 교육력 혹은 교육과정을 충실하게 반영하는 방향으로 추진해야 하는 것을 전제로 하고 있다. 이러한 관점에서 각 대학은 대학 자체의 설립 이념 및 교육목표에 기초하여 고등학교에서의 학습달성도 시험, 면접, 소논문, 추천, 혹은 이를 종합적으로 수행하는 어드미션·오피스(Admission Office) 입시 등을 채용하는 등 대학입시를 다양하게 추진한다.

둘째, 국제화를 추진하고 고등학교 졸업 후의 학생에게 사회체험 등의 시간을 부여하는 관점에서 대학의 9월 입학을 많은 대학에서 실시할 수 있도록 적극적으로 추진한다. 이는 지난 10년 동안의 대학 입시에서 과도적으로 몇몇 대학에서 수행한 실적이 긍정적으로 반영되어 세계적인 추세가 되고 있는 9월 입학제도를 일본의 교육상황에 맞게 수용하는 움직임으로 평가할 수 있다.

셋째, 대학을 입학할 당시의 입학 정원 규제 조치를 탄력적으로 운영하여 학생에게 도전의 기회를 부여하는 잠정입학제도를 대학이 자율적으로 선택하여 실시할 수 있도록 한다. 이는 대학입학시험에서 합격선에 근접한 일정 비율의 수험생을 잠정적으로 입학시켜서, 1년간 면학 성과를 지켜본 후에 합격 여부를 판정하는 방식으로 대학의 수용정원을 탄력적으로 운용하는 방식이라고 할 수 있다.

이와 같은 대학입시개혁은 그 이전에 수행해 온 내용 중에서 여러 가지 측면에서 별다른 부작용이 없는 내용을 중점적으로 추진하는 방식이라고 할 수 있다. 대학입시의 다양화 방식을 긍정적으로 분석하여 실현 가능한 부분부터 개혁을 실시하는 이러한 구상은 우리의 대학입시 개혁과 관련해서도 좋은 모델이 될 수 있을 것으로 생각한다.


## 3) 일본 고등교육의 학제개혁 동향

### (1) 고등교육 제도의 변화

일본의 고등교육은 우리나라와 유사한 단선형 학제의 최정점에 있는 교육체제라고 할 수 있다. 현재 일본의 고등교육기관은 대체로 양적인 측면에서 사립대학이 다수를 차지하고 있지만, 질적 관리·지원체제의 측면에서는 국·공립대학이 중심축을 형성하고 있다고 할 수 있다. 그러나 1980년대 이후 서열화하고 있는 대학 간 위계 경쟁 속에서 대학교육은 소위 '도쿄 6대학 국립 7대학' 체제라는 메이저 캠퍼스 중심체제를 형성·발전시키고 있다. 여기에서 말하는 도쿄 6대학은 도쿄(東京)대학, 와세다(早稲田)대학, 게이오기주쿠(慶応義塾)대학, 메이지(明治)대학, 호세이(法政)대학, 릿쿄(立教)대학 등 도쿄도에 소재하고 있는 6대 명문대학을 의미하고 있다. 또한 국립 7대학은 구 제국대학(帝國大學) 출신 도쿄(東京)대학, 교토(京都)대학, 규슈(九州)대학, 홋카이도(北海道)대학, 오사카(大阪)대학, 도호쿠(東北)대학, 나고야(名古屋)대학 등 국립종합대학을 지칭한다.

일본의 고등교육기관은 현재 4년제 대학과 대학원, 우리나라의 전문대학에 해당하는 2년제 단기대학(短期大學), 그리고 중학교 졸업자들도 입학할 수 있는 고등전문학교 등으로 구분할 수 있다. 특히, 일본에서 특이한 고등교육 제도 중의 하나는 중학교 졸업자를 대상으로 5년제 전문·실업교육을 실시하는 고등전문학교라고 할 수 있다. 이 학교의 운영을 통해서 일본의 고등교육은 상당히 대중적인 교육체제로 완성될 수 있었으며, 학문연구와 전문분야 진출을 대비하는 4년제 대학교육, 중견 실업인 양성을 목표로 하는 단기대학 등의 삼원적인 고등교육 체제를 유지하고 있다.

① 고등교육의 대중화와 학제 개혁

일본의 고등교육은 1970년대 중반 이후부터 대학·단기대학을 포함하는 고등교육기관에 대한 진학률이 35%를 전후하여 안정적으로 변화해 왔는데, 최근 다시 상승 국면을 맞이하고 있다. 18세 인구가 약 205만 명으로 절정에 달했던 1992년의 대학·단기대학을 포함하는 고등교육 진학률은 38.9%로 당시까지 최고수준에 달하였다. 그런데 이후 18세 인구가 점차 감소하는 과정에서도 대학·단기대학에 대한 진학률은 2000년 현재 약 45.1%까지 도달하여 사실상 '고등교육의 대중화'를 형성하고 있다고 할 수 있다. 21세기 일본의 고등교육은 18세 인구가 급격하게 감소하면서 대학·단기대학이 살아남기 위하여 학생모집에 전력을 기울이고, 이에 따라서 고등교육의 대중화 현상은 더욱 급템포로 이루어질 것으로 예측되고 있다.

고등교육의 대중화를 형성하는 직접적인 계기는 1991년 대학심의회의 답변을 통한 '대학설치기준의 대강화(大綱化)'에서 비롯하고 있었다. 이미 일본 문부과학성은 고등교육개혁을 추진하기 위하여 임시교육심의회의 제언에 기초하여 1988년에 대학심의회를 설치하고, '대학 등에 있어서 교육연구의 고도화, 개성화, 및 활성화 등을 위한 구체적인 방책에 대해서'라는 문부대신의 자문을 의뢰하였다. 대학심의회는 1991년 2월 '대학교육의 개선에 관해서' 등 문부과학성의 자문에 대한 5건의 답신을 제출하였다. 이 답신들은 고등교육제도 전반에 걸쳐서 다양한 개혁방책을 제시하였는데, 대체적인 개혁방식으로서 일본 고등교육의 기본적인 틀을 정하고 있는 대학설치기준 등을 대강화·간소화하는 것과 함께 고등교육에 자기 평가시스템을 도입하고자 하였다.

1945년 패전 이후 일본의 고등교육은 두드러진 양적 확대를 이룩하면서 2002년 현재 대학·단기대학만으로도 약 1,227여개 교를 헤아리고 있으며, 학생 수도 약 300만 명을 넘어서는 규모에 이르고 있다. 이와 같이 고등교육의 규모를 확대하고 널리 보급하는 상황 속에서 고등교육기관은 연구를 지향하는 학교, 교육에 역점을 두는 학교, 더구나 지역사회의 평생학습에 힘을 기울이는 학교 등 여러 가지 유형의 고등교육기관을 육성하고 있다. 또한 각각의 고등교육기관은 그 나름대로의 이념·목표에 바탕하여 개성을 발휘하고 자유로우면서도 다양한 발전을 이룩하는 과정에서 고등교육 전체적으로 사회·국민의 다양한 요청에 적절하게 대응하는 것을 목표로 하고 있다.

이와 같이 고등교육의 개성화·다양화를 촉진하기 위하여 문부과학성은 고등교육의 기본 틀을 규정하고 있는 대학설치기준 등의 여러 기준을 수정하고자 하였다. 대학설치기준 등의 여러 기준은 일본 고등교육 발전 초기 단계에 있어서 그 수준을 향상·유지시키는 데에 일정한 역할을 하였지만, 1990년대 이후 구미 선진각국과 함께 새로운 세계를 개척하는 상황에서 그 기준에 대한 변화를 모색해야 하는 단계에 이르렀다. 그래서 문부과학성은 일본의 고등교육기관이 다양한 교육연구의 발전을 추진하기 위해 우선 학교설립의 기본원칙이 되는 기준을 완화시키는 방안을 모색하게 되었다.

그러나 일본 정부가 제도상의 평등원칙과 현실 속의 고등교육의 질 사이의 격차에서 발생하는 딜레머를 해결하려는 움직임이 있기는 하였다. 문부과학성은 1968년과 1971년 두 차례에 걸쳐서 중앙교육심의회의 답신을 수용하여 소위 '종별화'(種別化) 구상을 제시하였다. 이 구상은 고등교육기관을 현실적으로 담당하고 있는 기능(넓은 의미의 '질')

에 따라서 복수의 유형으로 분류하고, 제도상으로 서로 다른 지위를 부여하여 취급하고자 하는 것을 지향하고 있었다. 그러나 이 구상은 대학 측의 완강한 반대로 인해서 실현되지는 못하였다. 그런데 1991년의 '대학설치기준의 대강화'는 이전에 실패했던 '종별화' 구상을 단순하게 부활하는 것은 아니었다. 어떤 측면에서 보면 '대학설치기준의 대강화'는 제도상의 획일성은 그대로 남겨 놓은 채, 설치 기준 특히 교육과정 편성에 관련된 부분을 '자유화'하고 제도를 구성하는 대학 각자에게 선택과 결정의 '자유'를 인정하는 것을 통해서 다양화를 실현하고자 한 것이었다. 결국 '진정한 의미에서의 다양화에 내재하는 불평등'을 각각의 대학이 주체적으로 받아들이는 상황을 획기적으로 창출하려고 했던 것이다.

② 전문 교육기관으로서의 대학원 개혁

제2차 세계대전 패전 이후의 일본의 고등교육 정책에서 중요한 한 가지 변화는 미국식 신제대학원(新制大學院)으로 체제를 개편하였다는 점이다. 그러나 내용적인 측면을 보면, 새로운 방식의 대학원 체제 역시 대학개혁의 기본이념과 달리 패전 이전 군국주의 단계의 엘리트적인 대학원 교육방식을 그대로 계승한 것이었다. 여기에서 제시하고 있는 대학원의 주요한 기능은 '후계자 양성', 즉 대학교수·학자를 양성하는 것이었으며, 새로운 미국식 모델로서의 대학교원, 연구자, 전문적 직업인 등 다양한 인재양성 기능을 가진 것이 아니었다.

이런 문제의식을 바탕으로 해서 문부과학성은 1988년부터 대학원 개혁을 통하여 새로운 대학원 교육의 방향을 정립하고자 하였다. 여전히 일본의 대학원 제도는 사실상 학부제에 기초한 강좌제의 성격이 강했지만, 1988년 대학심의회의 '대학원 제도의 탄력화에 관하여'라는 답변을 바탕으로 해서 탄력적인 대학원 운영 방식을 추진하고 있다. 문부과학성은 대학원에 관한 기준으로 우수한 학생은 3년으로 박사과정을 수료할 수 있도록 하며, 박사과정 재학생의 연구지도·학위논문 심사를

타 대학 혹은 연구소와 연계·제휴하여 실시하고, 사회인을 수용하는 정책을 고려하여 석사과정 수업을 야간제로 실시하는 방안 등을 제시하였다.

이와 같은 답변을 바탕으로 해서 각 대학원별로 새로운 제도를 적극적으로 활용하고, 활발한 교육연구활동을 전개할 수 있게 되었다. 그래서 고도의 교육연구를 실시하는 대학원에 있어서도 학술연구는 원래 국제성을 포함하고 있기 때문에, 국제적으로 통용하고 교류할 수 있는 교육연구활동을 추진하며 세계적 수준의 인재를 양성하고 학술 발전에 기여할 수 있도록 하였다. 1990년대 이후로는 대학원을 충실하게 정비하기 위해 대학원 전체 수준을 향상시키는 것과 함께 각 학문 분야별로 세계적 수준의 교육연구거점(Center of Exellence)을 육성하는 정책을 추진하고 있다.

일본의 대학원은 기초 연구를 중심으로 하는 학술연구를 추진하며, 연구자 및 고급 전문인력을 양성하는 것을 목적으로 하고 있다. 그래서 대학원 조직·체제를 정비하기 위하여 대학원의 교육연구조직을 연구과(研究科) 중심체제로 정비하고, 대학원 학생의 처우개선과 외국인 유학생에 대한 교육체제를 정비하며, 대학원을 양적으로 확대·팽창시키는 정책과 함께 재정적인 지원정책을 도모하는 데 집중하고 있다. 대체로 일본의 대학원 과정은 과정제 대학원(課程制大學院)에 기초하여 박사전·후기과정과 수사과정(修士課程)으로 구분할 수 있다. 박사전·후기과정은 석사과정에 해당하는 전기과정과 박사과정에 해당하는 후기과정을 통합하여 편제한 과정이며, 수사과정은 석사과정만을 설정·편제하는 과정이라고 볼 수 있다. 일본의 유명한 국·공·사립대학들은 박사전·후기 과정으로 대학원을 편제하고 있는 경향이 강하게 보여지고 있다.

현재 일본 문부과학성은 대학의 교육·연구를 활성화하는 방안으로 대학 학부 및 대학원, 그리고 대학부설 연구소 간의 공동연구 및 학술제휴를 장려하고 있으며, 바로 이것이 일본의 고등교육 연구활동의 핵심을 형성한다고 볼 수 있다. 또한 국립대학의 학부 및 대학원 간의 연구를 활성화시키기 위한 방안으로 공동 이용시설 확충정책을 추진하였고, 연구조직을 탄력적으로 운영할 수 있는 연구조직의 유동화·활성화 정책을 구상하고 있다. 이를 위해서 종래의 강좌·연구부문을 2개 이상 통합하여 설치하는 '대강좌(大講座)·대연구부문(大研究部門) 제도'를 설치하고, 객원연구원 제도의 활성화, 교환연구원 제도 및 산학협동연구, 신진연구원 연구비 지원정책 등을 장려하고 있다.

한편 1974년 문부성령으로 제정한 '대학원 설치기준'을 중심으로 대학원 시설과 운영 측면에 있어서도 제도의 탄력화를 도모하고 있다. 현재 일본의 대학원은 ① 학부를 기초로 설치하는 것, ② 연구소 등을 기초로 하는 독립연구과, ③ 학부 없이 대학원만을 설치하는 대학(독립대학원 대학) 등으로 분류할 수 있다. 이 중에서 우리가 주목할 수 있는 대학원 유형은 독립대학원 및 독립연구과 중심의 교육편제라고 할 수 있다. 독립대학원은 법적인 구성 조건으로 볼 때, 대학원 교육 및 연구 활동을 담당하는 것을 본 업무로 하는 교원을 중심으로 운영·편제하는 유형이라고 할 수 있다. 대체로 독립대학원은 '연구종합대학원'과 같이 각 학문분야의 전문연구소 혹은 대학교육을 위한 연구공동이용시설 등을 기초로 해서 편제한 유형이 대표적이라고 할 수 있다.

## (2) 일본 고등교육 변화에 대한 새로운 이해

현재 일본의 고등교육 개혁안은 전체적으로 지난 1945년 미군정 당국의 미국식 개혁 조치로서 완성한 틀에서 거의 벗어나지 못한 상태라고 할 수 있다. 말하자면, 새로운 고등교육 패러다임을 모색함으로써 '글로벌라이제이션 및 정보화, 국제경쟁력' 등으로 상징하고 있는 교육담론을 수용해야 하는 상황임에도 불구하고, 그런 여건에 부합할 수 있는 교육 시스템과 인프라를 제대로 발휘하고 있지 못하다는 것이다.

일본 정부는 이미 1971년 이른바 중앙교육심의회의 '46답신' 속에서 제시하고 있는 개혁 논리를 확대하여 1984년 '임시교육심의회', 1987년 '대학심의회'의 개혁안들의 공통적인 요소를 인지하고 있었다. 그러나 개혁에 대한 내용 및 과정적인 측면, 방법론적인 측면에 대한 인식은 실제 사회 현실을 수용하지 못한 것이었다. 미국 대학과의 경쟁 속에서 일본 대학은 연구·교육을 통한 국가 경쟁력 제고 방안을 제대로 수용하지 못하였다. 오히려 정부가 대학 측에 요구하고 있는 연구력 향상 정책은 산업계 및 민간 연구소에서 더욱 큰 성과를 거두고 있었다. 1980년대 이후 일본의 산업계는 연구력 향상 및 인적 자원 확보정책으로서 생산성이 떨어지는 일본 국내 대학에 대한 투자보다는 미국 등의 경쟁국에 대한 연구 투자로 미래 투자를 쏟아 붓는 현상까지 발생하였다.

그런 상황 속에서 임시교육심의회의 고등교육 경쟁력 향상 방안으로 등장한 것이 소위 '대학원 중점화 사업'이라고 할 수 있다. 1989년 도쿄대학을 시작으로 이후 10년 동안 추진한 '대학원 중점화 사업'은 우리나라의 BK21 사업과 여러 측면에서 비슷한 양상을 보이면서도 대학의 연구 및 교육 경쟁력을 효율화·집중화하는 새로운 원동력이 될 수 있었다. 그러나 2000년 일본의 공식 통계를 통해 보면, 여전히 대학의 연구인력(대학원 연구원 포함) 수는 민간 연구소의 5배에 이르면서도 연구원 1인당 연구비는 민간 연구소의 30%에도 미치지 못하는 열악한 상황에 처해 있다고 볼 수 있다.

현재 일본 정부가 국립대학의 법인화와 관련하여 지적하고 있는 개혁 과제 중의 하나가 바로 이와 같은 연구인력의 비생산성 및 연구조직의 영세성을 탈피하는 것에 두고 있다는 점이다. 이와 함께 정부는 국립대학의 법인화 과정을 통해서 방만한 정부 재정 운영 및 조직 구조에 대한 개편 대책을 제시하고 있다. 이는 국립대학의 법인화를 통하여 대학의 경우도 영리적인 재정 운영을 통하여 자체 생존 및 효율적인 자립 운영의 기반을 확보할 수 있도록 한다는 방침인 것이다. 대학 본연의 기능이라고 할 수 있는 연구, 교육, 사회봉사 등의 기능을 완벽하게 수행할 수 있는 '자치적 운영체로서의 고등교육 메커니즘'을 구축할 수 있다는 비전을 제시하고 있다.

일본 국립대학의 법인화를 포함하는 고등교육 개혁은 결국 일본 정부가 추진하고자 하는 정부 조직 개편 작업을 통해 국가의 경쟁력을 제고한다는 측면에서 큰 의미가 있다. 이와 동시에 항상 문제가 되고 있었던 '국립대학의 관료 중심 체제'를 혁신할 수 있는 기회를 마련했다는 의미도 부여하고 있다. 이는 2003년 말에 중앙교육심의회의 최종 답신 형식으로 완료될 '교육진흥계획'과 '교육기본법' 전면개정 작업으로 2004년까지 대부분의 국립대학 법인화를 완료하였다.

## (3) 개혁이 주는 효과와 후유증 – 새로운 개혁 좌표에 대한 문제제기

그런데 이와 같은 일본의 국립대학 법인화 문제는 발표자가 언급한 바와 같이 상당히 이율배반적인 여러 가지 문제점들을 가지고 있다. 말하자면, 표면적으로는 교육 경쟁력을 강화하기 위한 차원에서 개혁을 추진하는 것이기는 하지만, 여전히 정부의 재정 부담 등의 관료제 위기 현상에 대한 색다른 시장경제 논리를 제시한 것이라고 할 수 있다. 이를 구체적으로 살펴보면 다음과 같은 세 가지 측면으로 분석할 수 있다.

첫째, 국립대학을 재편·통합하여 법인화하는 절차 및 내용과 관련하여 심각한 후유증이 발생하고 있다. 발표자가 언급한 바와 같이 현재까지 진행된 대학 간 통합 과정은 주로 상충되는 영역이 적은 대학 간에 성공비율이 높아지고 있다. 그러나 궁극적으로는 이와 같은 영역이 시간이 지남에 따라 점점 적어질 것이며, 그래서 정부 혹은 제3자가 중재·개입하거나 당사자 간 '헌신적인 통합 의지'에 따른 경우를 제외하고는 통합·조정이 어려울 것이다. 이에 관련하여 '개혁 피로증'이 발생하거나 혹은 개혁에 대한 반발 등으로 인해서 오히려 법인화 자체가 기존 대학 체제만도 못한 상황으로 변할 수도 있다. 그런 측면에서 볼 때 국립대학의 재편·통합방식은 상당히 다양한 방식으로 자연스럽게 모두에게 최상의 이익이 될 수 있는 그런 환경을 조성하는 것에서 출발해야 한다.

둘째, 국립대학 법인화는 민간 경영기법을 전격 도입하는 발상 속에서 구조조정의 기본 축을 조성하고 있다. 이와 같은 상황 속에서 자연스럽게 시한부 조건이기는 하지만 정부 조직의 유연화를 달성할 수 있다는 신념을 실천할 수 있게 될 것이다. 그러나 일본 고등교육 전문가들의 일반적인 견해는 이와 상당히 다른 문제점을 지적하고 있다. 비록 하위직 공무원 및 대학교수들은 국가 공무원 신분에서 벗어나는 등 정부 조직의 유연화에 기여할지는 몰라도 여전히 법인 이사회 등을 통하여 정부 관료들이 이사직으로 기용되는 등 관료체제의 아성은 여전히 무너지지 않을 것이라는 예측을 하고 있다. 이는 이미 실천하고 있는 대학입시센터 등의 독립법인화 과정에서 상당 부분 사실로 들어나고 있다.

셋째, 국립대학 법인화는 연구·교육 기능 등에 대한 제3자 평가 원리 및 인센티브제를 통한 경쟁원리를 도입하고 있다. 이를 통해 대학은 연구·기능이 활성화되고 민간 경영기법의 원리에 따라 대학의 연구 성과가 집약되는 등 상상 이상의 성과를 거둘 수 있다는 논리를 내세우고 있다. 그러나 이는 경쟁 체제 속에서 처지게 되는 대학 및 연구 체제가 극단적인 경우 자연 도태될 수 있는 원칙을 암암리에 보여 주는 것이라고 할 수 있다. 대학의 연구·학문의 자유와 관련하여 더 이상 '자유주의적인 상아탑'을 구가할 수 있는 시대는 종을 친 것이라고 할 수 있다. 오히려 대학의 연구 활성화를 위한 COE 프로그램을 진정한 의미의 '교육·연구 중점화 거점'으로서 각 대학 간 연계·제휴의 보루로 삼는 방향을 모색하는 등 적절한 해소 방안이 마련되어야 할 것이다.

일본의 국립대학 법인화는 이제 착수 단계에 들어서고 있는 상황이다. 그러나 예상 외로 국립법인화의 전 단계로 '대학원 중점화 사업'을 완료한 단계이기 때문에 각 단위 대학별 경영 및 운영체제에 대한 진통은 별로 없으리라고 본다. 그러나 위에서 제기한 세 가지 문제점은 여전히 향후 일본 고등교육개혁의 해결해야 할 큰 골칫거리가 될 것이라고 본다.

우리 고등교육체제도 이와 비슷한 상황에 처해 있는 현실 속에서 일
본의 고등교육 사례는 상당히 민감한 반향을 불러일으킬 것이다. 우리
의 경우 이미 부분적으로 연구체제와 관련된 새로운 인센티브제 운영,
BK 21사업 등 대학원·연구 중심 체제 등에서 유사한 문제점들이 발
생하고 있다. 그런 측면에서 본 토론자가 제시한 문제점 지적 및 반면
교사로서의 일본 역할에 대한 이해가 이에 조금이라도 도움이 되었으
면 하는 바람이다.


# 5. 최근 일본의 학제 개혁 동향


## 1) 교육개혁국민회의와 새로운 학제 개혁

### (1) 교육개혁의 2대 원동력 – 임시교육심의회와 중앙교육심의회


지금까지 일본의 교육개혁은 주로 문부대신에 자문답변 역할을 하는
중앙교육심의회, 혹은 1984년 나카소네 내각이 임시교육심의회를 구성
할 당시 3년간 활동하였던 당시 총리대신의 자문답변 역할을 하는 방
식으로 추진하였다. 이런 방식을 채택함으로써 일본의 교육개혁은 상당
히 장기적인 시각에서 일관성 있는 내용과 형식으로 발전하고 있음을
알 수 있다.

1989년부터 시작한 제14기 중앙교육심의회는 그해 4월 "새로운 시대
에 대응하는 여러 교육제도의 개선에 대해서"라는 자문을 받아서, 주로
후기중등교육(고등학교 교육) 개혁과 이에 관련한 고등교육의 과제, 생

애학습의 기반 정립 등 2대 과제에 대해서 심의를 하였다. 이 심의 결과 중앙교육심의회 명의로 1990년 1월 "생애학습의 정비 기반에 대해서", 1991년 4월 "새로운 시대에 대응하는 여러 교육제도 개혁에 대해서"라는 2개의 답신을 통합·발표하였다(日本文部省, 1998). 그중에서 1991년의 답신은 고등학교 교육의 개혁, 고입·대입 수험경쟁의 완화, 생애학습사회의 실현 등에 대한 제언을 중점으로 하고 있다.

### (2) 교육개혁 국민회의의 발족 배경

일본은 2000년 3월 당시 오부치(小淵) 내각 총리대신 직속으로 새롭게 「교육개혁국민회의」를 발족시켰다. 교육개혁국민회의가 발족한 것은 경제·사회의 국제화가 진전되고 정보통신이 급속하게 발전하는 상황 속에서 교육환경이 급속히 변화하였으며, 학교현장에 '학급붕괴' 현상이 나타나는 등 각종 교육병리현상을 국가적 차원에서 극복하고 새로운 21세기 미래 사회를 구현하는 것에 목적을 둔 것이라고 할 수 있다. 그런데 교육개혁국민회의가 발족한 것은 사회 전반적인 교육개혁 요구를 수용한 것이기는 하지만, 그 외에도 정치·경제적인 개혁 과제로서 탄생한 것이라고 할 수 있다.

2000년부터 2년간 '교육개혁국민회의'는 여러 전문가 및 교원 집단, 학부모 및 국민여론 등을 통해 새로운 개혁 구상의 밑그림을 이미 완성한 상태라고 할 수 있다. 이와 같은 교육개혁국민회의의 제안을 문부과학성이 수용하여 중앙교육심의회 등 전문가 집단의 자문을 통해 정책적으로 개혁안을 추진·시행하고 있다. 이미 2002년 12월에는 대표적인 개혁 골자라고 할 수 있는 '교육기본법 개정과 교육진흥기본계획'에 대한 중간보고가 종료되고 개혁 방안을 실천하고 있는 중이다(日本文部科學省, 2002).

## (3) 문부과학성의 "21세기 신생 플랜"

일본 문부과학성은 '교육개혁 국민회의'의 교육개혁 권고안을 수용하여 2001년 1월 25일 교육개혁을 위한 구체적인 시책과 과제를 "21세기 교육신생플랜"에 담아서 발표하였다. 문부과학성은 신세기가 시작되는 2001년을 '교육 신생 원년'으로 하여, 이 계획에 의한 개혁을 과감히 실행할 것임을 제시하였다. 이 계획은 '레인보우플랜'이라고 부르기도 하며, 다음과 같은 불리기도 하며, 다음과 같은 추진전략과 세부계획으로 구성되어 있다.

〈7대 중점 전략〉

① 이해할 수 있는 수업으로 기초학력의 향상을 도모한다.
② 다양한 봉사, 체험활동으로 심성이 풍부한 일본인을 유성한다.
③ 즐겁고 안심할 수 있는 학습환경을 만든다.
④ 부모 및 지역으로부터 신뢰받는 학교를 만든다.
⑤ 가르치는 프로(전문가)로서의 교사를 육성한다.
⑥ 세계수준의 대학을 만든다.
⑦ 신세기에 걸맞은 교육이념을 확립하고 교육기반을 정비한다.

문부과학성은 이들 과제를 추진하기 위하여 교육개혁 관련 6개 법안을 2001년 정기국회에 상정 통과시켰으며, 일부 사업은 2002년 정부예산안에 반영하여 사업에 착수하였다. '국립대학의 재편·통합', '국립대학의 법인화' 등의 사업은 2004년 시행을 목표로 추진 중에 있으며, 세계 최고 수준의 대학을 만들겠다는 「21세기 COE(Center of Excellence) 프로젝트」는 대학으로부터 사업계획을 공개 모집하여 지난 2002년 10월 3일 심사 결과를 발표하였다. 또한, 교육진흥기본계획의 수립, 교육기본법의 재검토 등 국민적 합의를 위하여 좀 더 연구가 필요한 부분에 대하여는 중앙교육심의회에 맡겨 세부 검토하도록 의뢰하는 등 일본 정부는 현재 이 '21세기 교육신생플랜'에 따라 교육개혁을 추진 중에 있다.

2000년부터 2년간 '교육개혁국민회의'는 여러 전문가 및 교원 집단, 학부모 및 국민여론 등을 통해 새로운 개혁 구상의 밑그림을 마련하였다. 이때 제안된 학제 개편과 관련된 주요 골자 사업을 보면, '유아교육의 의무교육 완성', '의무교육학교와 고등학교 간 연계 사업', '국제경쟁력을 갖춘 대학교육체제로 전환', '미래 다문화 사회를 대비한 평생학습사회 구축' 등으로 요약할 수 있다. 이와 같은 교육개혁국민회의의 제안을 문부과학성이 수용하여 중앙교육심의회 등 전문가 집단의 자문을 통해 정책적으로 개혁안을 추진·시행하고 있다. 이미 2005년 10월에는 대표적인 개혁 골자라고 할 수 있는 '교육기본법 개정 방안'에 대한 중앙교육심의회 최종답신이 제출되고, 2006년 연말에 교육기본법이 국회를 통과하여 법적 적용을 본격적으로 검토하고 있다.

## 2) 의무교육개혁과 중등교육의 변화

### (1) 새로운 구상으로서의 의무교육 개혁

대체로 학제개편을 위한 교육적 배경은 다음과 같은 몇 가지 측면의 개편 추진 전략을 포함하고 있다. 첫째, 학생이 이해할 수 있는 수업을 통해서 기초학력을 향상시킬 수 있는 정책을 마련한다. 둘째, 심성이 풍부한 일본인을 육성하기 위하여 즐겁고 안심할 수 있는 학습 환경을 조성한다. 셋째, 학부모 및 지역사회가 신뢰하는 학교를 구축한다. 넷째, 교수-학습활동의 전문가(프로페셔널)로서 교사를 육성한다. 다섯째, 세계 일류 수준의 대학을 이룩한다. 여섯째, 새로운 21세기에 알맞은 교육이념을 확립하고 교육기반을 정비한다.

이상과 같은 교육개혁 추진 배경 및 전략은 곧바로 일본 정부가 현재 구상하고 있는 학제 개편 방안 속에 그대로 구현되고 있다. 현재 일본 정부는 기본적으로 '유아교육'과 '고등학교' 교육을 의무교육에 연결시키는 개혁 작업을 통해서 미래 사회를 이끌 인재의 기초능력을 육성하는데 집중 투자하고 있다. 이 과정에서 교육의 수월성을 확보할 수 있는 아동·학생에 대한 별도의 학제 및 학교교육을 구상하고 있으며, 미래 지식 기반 사회의 직업생활능력을 적절하게 재편성하는 교육 시스템 구성에 관심을 두고 있다. 이를 보완하는 교육 인프라 구축을 위해 새로운 교원정책, 교육재정 개혁, 그리고 교육정보화 사업 등에 많은 관심을 기울이고 있다.

2006년 1월 18일 일본 정부는 "교육개혁을 위한 중점행동계획"을 통합·발표하였다. 이미 정부는 2005년 10월 26일 중앙교육심의회로부터 「새로운 시대의 의무교육을 창조한다」는 제목의 답신을 받았고, 의무교육 구조를 개혁하는 방향과 관련된 제언을 받아들였다. 또한 2005년 11월 30일에는 일반재정과 지방재정을 통합하는 것과 관련된 '삼위일체'개혁에 대한 정부·여당 합의도 이루어졌다. 중점행동계획은 이와 같은 최근의 교육개혁 흐름과 비슷한 맥락에서 적용하고 있는 시책이라고 할 수 있다. 즉 중점행동계획은 "국제사회에서 활약할 수 있는 심성 풍부하고 자랑스러운 인간 만들기"를 지향하여 "어떤 아동이라도 풍성한 교육"을 받을 수 있도록 하는 것을 기본 이념으로 하고 있다.

중점행동계획은 새로운 시대의 의무교육을 창조하고, 활력 있는 인재를 육성하며, 충실한 교육 조성을 위해 환경을 정비하고, 가정·지역의 교육력을 향상시키기 위해 다음과 같은 4대 추진전략을 구축하고 있다. 첫째, 교육전략은 의무교육의 사명과 제도 운영의 탄력화에 중점을 두고 있다. 즉 학교교육법 개정을 통해 의무교육의 달성 목표를 명확하게 할 필요가 있음을 검토하고 있으며, 그런 측면에서 설립주체별로 소학교와 중학교를 연계·병합·제휴하는 학교경영 방식으로 9년제

의무교육학교까지 제안하고 있다. 특히 유아교육에 대한 무상의무교육 사업을 추진하는 차원에서 2005년부터 유치원과 보육시설을 병합·운영하는 교육·보육 이중 운영체제를 추진하고 있다.

둘째, 교사 전략은 주로 교원양성·자격제도를 개혁하고, 교원평가의 개선을 통해 다양한 인재가 학교 현장에 등용될 수 있도록 한다. 교직과정의 질적 수준을 향상시키는 차원에서 '교직대학원' 제도를 새로 신설하고, '교원자격증갱신제'를 도입하는 등 교원에 대한 채용·현직연수 등을 개선·충실하게 운영할 예정이다. 교원평가를 적극 개선하여 평가 결과를 급여 등 처우에 반영하며, 우수 교원을 표창하고 지도력 부족 교원을 별도 관리하는 대책을 계속 적용한다. 그리고 조건부 채용기간제도를 교원 임용에 적극 활용하여 퇴직자·기업인 등을 교원으로 임용하고, 교장 외에 교감도 민간인 등용을 검토·실천한다.

셋째, 지방·학교전략은 학교 및 교육위원회의 조직운영을 개혁하고, 국가와 지방 간 혹은 광역자치와 기초자치 간 관계·역할을 개혁한다. 학교·교장의 권한을 확대하는 방식으로 교원 공모제, FA제 등 인사·예산에서 자율성을 주고, 학교평가 시스템을 구축하여 의무교육의 질을 향상시킬 수 있도록 한다. 그런 차원에서 학부모·지역주민이 학교 운영에 참여하고, 지방자치정부와 교육위원회 사이의 역할을 재조정할 수 있도록 한다.

넷째, 교육조건 전략은 주로 의무교육비 국고부담제도를 개선하여 지방의 자율재량을 확대하는 것을 원칙으로 한다. 이런 관점에서 교직원 급여제도도 지방정부로 이양하고, 기초자치단체가 부담하는 교직원 임용제도 등도 검토·적용한다.


## (2) 중·고교 연계 등 다양한 고교 개혁의 추진

대체로 일본의 기본 학제는 의무교육 단계의 초·중학교 9년 기간을 통합하거나, 중·고등학교 교육 6년을 일관 교육 방식으로 운영하는 것에 초점이 맞추어지고 있다. 장기적으로 볼 때, 고등학교까지 의무교육을 확대하여 유(1)－의무(6－6)－대학(4) 단계로 재편하는 방향으로 나아갈 것이다. 다만, 학제 개편과 관련된 여러 가지 재정·인력·제도 등에 대한 정비 조건까지 포함하여 이는 향후 10년 이상의 중·장기 과제라고 할 수 있다.

오히려 현실적으로 볼 때, 일본의 학제 개편은 초·중학교 의무교육을 실시하는 9년제 통합학교 혹은 중·고교 6년제 일관교육이 현실화되고 있다. 이미 많은 지역 사회에서 형식상 6－6－4 혹은 6－3－3－4제가 병행·운영되고 있는 것에서 알 수 있듯이, 중학교 및 고등학교를 통합·운영하는 것에 학제 개편의 기본 골자를 두고 있는 것으로 이해할 수 있다.

현재 일본의 중등교육 체제에서 학제 개편과 관련된 개혁성과는 고등학교 교육에 대한 복선형 학제(Dual System)를 구축하는 것이다. 기본적으로 고등학교 교육에 대해 준무상의무화를 실현하면서도 학생의 학력평가 및 진로지도를 통해 적절한 ‘인간력 개발사업’과 연계하고 있다. 즉 기존의 일반계 고등학교 교육을 통해서 대학 진학준비과정을 개설하는 것 이외에 종합학과, 단위제 고등학교 등 직업훈련에도 비중을 두는 학교 특성화 사업이 동시에 진행되고 있다. 이는 학생의 다양한 요구와 관심을 수렴하고, 고등교육의 다양화, 그리고 학교 선택 폭의 확대에 대한 학부모의 기대, 인재 육성에 대한 사회와 산업계의 요청에 부응하기 위해 새로운 타입의 고교를 계속 유치할 예정이다.

새로운 타입의 고등학교는 교육의 수월성과 평등성, 그리고 공공성을 각각의 학교 특성에 맞게 수용하는 형식을 취하고 있다. 특히, 지난 20년 이상 자율적인 학교 경영을 하고 있는 6년제 사립 중·고교 일관학교는 주로 교육 수월성과 공공성에 초점을 두고 있는 체제를 계속 유지할 것으로 예측된다. 이 외에도 국제화 사회에 필요한 인재 육성을 위한 국제중등학교, 슈퍼랭귀지스쿨 등을 설립·운영하며, 학교 부적응 학생 및 홈스쿨링 체제와 관련된 다양한 형식의 대안형 고등학교도 집중 육성하고 있다.

이와 같은 여러 대책 외에도 '공공 정신'이나 '평생학습' 등 새로운 시대의 교육이념을 명확하게 하고, 이를 체계적으로 실현시키기 위한 대책으로서 교육기본법 개정을 통해 9년간의 의무교육 연한을 삭제하는 방안이 확정되었다. 이는 기본적으로 고등학교 교육까지 의무교육으로 추진하는 것을 전제로 하면서도, 미래 지식기반 사회의 인재 육성에 필요한 자율적인 고교 운영 체제를 고려한 정책이라고 할 수 있다. 즉 기본적으로 공립고교를 의무제 학교로 변화시키는 계획을 추진하면서도, 사립고교 및 특성화된 직업훈련 중심의 특색 학교 육성은 별도 운영을 모색하는 학제 운영의 유연화·탄력화를 구상하는 것이라고 볼 수 있다.

## 3) 새로운 학제 개혁의 실천 성과

### (1) 2002년 전국 단위의 주 5일제 수업 제도화

일본은 2002년도 4월부터 전국의 초·중·고등학교를 대상으로 주 5일제 수업을 공식적으로 적용·실시하고 있다. 이는 지난 1980년대 중반 '임시교육심의회'의 개혁안에서 처음 주창된 이래 1990년 연구시범학교를 적용한 이후 12년간 '주5일제 수업'을 실험적으로 실시하는 등 여러 측면의 시행착오를 거친 후에 나타난 성공적인 결과라고 할 수 있다.

현재 일본의 '주5일제 수업 개혁안'은 2000년 총리 직속 '교육개혁국민회의'의 개혁 건의안을 문부과학성에서 검토하여 수용한 대표적인 사례라고 할 수 있다. 결국 초·중등 교육분야의 '주5일제 수업'은 과중한 학업부담 입시부담을 낮추고, 아동·학생들에게 자연을 체험시키고 봉사활동을 경험시킴으로써 인간성이 풍부한 일본인으로 육성하는 것을 목표로 하고 있다. 그러나 이러한 교육개혁 방안이 향후 어떠한 결과를 초래할 지는 현재로써는 예측하기 어렵다. 다만, 장기적인 관점에서 10년 이상의 실험을 신중하게 거친 후에 여러 가지 오류를 최소화한 원칙 속에서 진행되는 방안인 만큼, 우리 교육개혁의 추진 방식과 관련하여 나름대로 커다란 의미가 있다고 할 수 있다.

### (2) 교육기본법의 개정과 교육진흥기본계획 수립

일본 중앙교육심의회는 2002년 11월 14일 기존의 교육기본법을 대폭 수정하고, 새로운 교육기본법에 따라 교육진흥기본계획을 수립하기 위하여 "새로운 시대에 어울리는 교육기본법과 교육진흥기본계획의 방향"이라는 중간보고서를 발표하였다. 이 보고서는 21세기 일본 교육의 현상과 과제를 분석한 후 교육기본법을 수정하는 핵심 요건 및 방향, 향후 수립해야 할 교육진흥기본계획의 기본적인 방향과 원칙을 제시·소개하였다.

일본 중앙교육심의회는 이미 2001년 11월부터 문부과학대신의 요청으로 오늘의 중간보고서 발표를 위한 협의회 및 세미나 등을 통해 전문가들의 견해 및 국민 여론을 수렴하는 등 많은 노력을 기울여왔다. 이는 특히 2000년 일본총리 직속의 교육개혁기구로 설치되었던 '교육개혁국민회의'에서 주장하였던 새로운 시대를 이끌어 가는 일본인을 육성하기 위하여 교육진흥기본계획을 책정해야 한다는 건의안을 확대·발전시킨 것이라고도 할 수 있다.

## 4) 중등교육체제의 새로운 변화

학생의 요구와 관심이 다양해지고 있는 시점에서 기존의 학교의 개성화, 특색화와 함께, 학생의 다양한 요구에의 대응, 고등교육의 다양화, 그리고 학교 선택 폭의 확대에 대한 학부모의 기대, 인재 육성에 대한 사회와 산업계의 요청에 부응하기 위해 새로운 타입의 고교 등의 설치 필요성이 크게 제기되고 있다. 여기서 말하는 새로운 타입의 고교란, 중고일관학교, 국제중등교육학교, 종합학과고교, 단위제 고교, 과학기술고교, 산업고교, 진학형상업고교, 체육·복지고교, 종합예술고교, Challenge 스쿨, 새로운 타입의 주야간 정시제고교 등을 말한다. 각각의 학교에 대해 간단히 소개하면 다음과 같다.

## (1) 중고 일관제 교육

중고일관제는 중학교 3년과 고교 3년을 일관하여 교육을 행하는 것으로, 중등교육학교·병설형 중고일관교육교와 연계형 중고일관교육교의 형태가 있다. 중등교육학교·병설형 중고일관교육교는 6년간의 계속적인 교육 속에서 자기가 놓여진 상황을 인식하고 앞으로의 목표를 생각하며, 목표 실현을 위해 주체적으로 행동할 수 있도록 하는 것을 지향하고 있다. 각 학교별로 교양교육을 중시하면서 과학과 수학교육에 중점을 두는 학교, 국제이해교육에 중점을 두는 학교 등 각각 특색화의 방향으로 나아갈 것으로 전망되고 있다. 한편, 연계형 중고일관교육교는 기존의 도립(都立)고교와 구시정촌(區市町村; 일본의 행정구역단위)립 중학교 간에 교육과정 편성과 교원·학생 간의 교류 등의 연계를 깊게 갖는 형태의 학교로, 지역과 중학교, 고교 간의 요구에 부응하면서 도와 구시정촌의 협의를 거쳐 순차적으로 추진해 나가게 될 것이다.

## (2) 국제중등교육학교

개인으로서의 자기를 확립하고, 주체적으로 생각하고 판단하고 행동할 수 있는 국제인육성을 목적으로 하는 학교이다. 중등교육학교의 교육과정 기준의 특례에 따라 6년간을 통해서 국제 사회에서 자기의 생각과 발견을 표현할 수 있는 논리적인 사고력, 표현력을 육성하는 교육을 중시한다. 현재의 국제고등학교 이외에 제2의 국제고교 설치를 계획하고 있으며, 이는 기존교의 개편에 의해 설치될 예정이다.

### (3) 종합학과고교

종합학과고교는 다양한 과목을 개설하여 보통 교육과 전문교육을 종합적으로 행하는 학교를 말한다. 진로에 대한 자각을 심화할 수 있는 과목 등 폭넓은 선택과목을 개설하여 학생들의 개성을 살린 주체적인 선택, 실천적·체험적인 학습을 중시하며, 다양한 능력·적성 등에 대응한 유연한 교육을 지향한다.

### (4) 단위제 고교

학교별로 일정하게 정해진 시간과 과목에 따라 수업을 받게 되는 기존의 고교와는 달리, 개인이 선택하는 과목의 단위 이수를 통해 졸업이 가능할 수 있도록 한 학교로, 다양한 과목의 개설, 유연하고 탄력적인 이수 형태, 학생의 주체적인 과목 선택에 의한 학습 추진 등을 특색으로 한다. 한 사람 한 사람의 개성과 능력을 신장하고 다양한 진로 희망과 학습 희망에 부응한다는 목적하에 도입된 고교이다. 여기에는 다양한 선택 과목을 개설하고 있는 단위제 고교, 진학을 중시하는 단위제고교, 단위제 공업고교 등의 '전일제과정의 단위제고교'와, 오전부, 오후부, 야간부 등 다부제를 통해 자기의 흥미, 관심, 진학 희망에 따라 자주적으로 과목을 선택하고 자기 페이스에 맞추어 학습할 수 있도록, 교육내용과 방법의 충실, 이수 형태를 다양화, 탄력화한 무학년제학교인 '정시제 과정의 단위제고교'가 있다. 또한 대학진학을 희망하는 학생에게는 희망을 실현할 수 있도록 한다는 '진학중시형 단위제 고교'가 있다.

### (5) 차렌지 스쿨

초·중학교 시대에 등교거부 경험을 가진 학생이나 고교의 중도퇴학자 등을 주로 받아들이는 단위제·종합학과의 주야간 정시제 독립교이다. 강의 운영은 주야간 3부제로 운영하게 되며, 3년 졸업이 가능하다. 소인수 수업을 통해 기초적·기본적인 학력의 정착을 도모하며, 동시에 자원봉사활동 등 체험학습을 중시한다. 현재는 도내에 2개교가 있으나 향후 5개교로 늘릴 예정이다.

# 1. 한일 양국의 학제개혁 쟁점

## 1) 교육기본법 개편과 '부활! 일본' 체제의 미래

　2000년 12월 22일 교육개혁국민회의 최종보고를 통해 시작한 일본의 교육개혁은 주로 '21세기 교육신생플랜'을 통해 학제 개편의 영역을 넓히게 되었다. 특히, 고등교육 분야의 경우, 이미 2000년 이전에 '연구 중심 대학'(COE 프로그램) 및 대학원 중심 교육 체제를 완료한 상태였다. 이에 더하여 세계 수준의 대학 육성방안으로서 2003년부터 '법학대학원'을 비롯한 전문직대학원 체제를 가동하였고, 2004년까지 전국의 모든 국립대학에 대한 법인화 체제를 완료하였다.

　그런데 이와 같은 고등교육 개혁은 대학의 경쟁력을 제고 할 수 있다는 긍정적인 반응과 함께 '신자유주의 교육시장'을 본격 도입할 것이라는 우려도 있었다. 2002년 일본 정부는 교육 전략을 획기적으로 개선한다는 측면에서 우리나라의 교육인적자원 개발프로젝트에 해당하는 '인간력 전략비전'을 주창하였다. 이는 교육개혁과 학제개편 등의 목적이 21세기 지식기반사회를 주도할 최고 수준의 인재를 육성하는 점에 있음을 강조한 것이었다.

이와 같은 교육전략이 극대화된 것이 바로 경제재정자문회의에서 문부과학대신이 선언한 '부활! 일본' 개혁안이었다. 특히 이 개혁안은 그간 '평화헌법' 체제 내에서 준수해 왔던 교육기본법의 내용을 대폭 개정하는 것을 포함하였다. 이는 명분상 21세기 새로운 시대에 어울리는 교육의 기본이 되는 이념을 명확하게 하는 차원에서 교육기본법 수정이 불가피하다고 보았다. 특히, 교육정보화 사회 및 평생학습사회를 맞이하여 이에 적절한 수준으로 기존 학제가 지닌 문제점을 유연하고도 탄력성 있는 방향으로 수정할 계기를 마련하게 되었다. 새로 개정될 교육기본법 내용 중에서 의무교육을 재검토하는 이유도 사실상 고등학교 체제까지의 의무교육을 보장하면서도, 교육 수혜자가 원하는 교육을 자유롭게 받을 수 있도록 한다는 평등과 수월성을 동시에 공존시키는 시장교육체제를 분명하게 선언한 것이라고 할 수 있다.

또한 교육기본법은 '부활! 일본'이 강조하고 있는 교육 현장주의 원칙과 교육진흥기본계획에 대한 구체적인 지침 근거가 되고 있다. 즉 현장주의 원칙은 학교·교육위원회 개혁과 관련하여 지역사회와 학교가 자율적인 창의를 발휘할 수 있는 여건을 조성하는 것이라고 할 수 있다. 이는 학교 단위로 교원 인사 및 예산 등에 대한 권한을 강화하는 것으로서 학교평가 등을 통해 '아래로부터의 교육경쟁'을 자극하는 요소가 되고 있다. 이와 같은 현장주의 원칙을 국가 수준에서 관리·계획하고자 하는 개혁안이 교육진흥기본계획인 것이다. 이와 같은 현장주의·지역주의·국가 계획주의 원칙에 따라서 향후 10년 이상에 걸쳐서 중·장기적인 측면의 학제 개편이 있을 것이라고 본다. 그런 측면에서 볼때 2006년 10월에 출범한 「교육재생회의」가 4차례에 걸친 보고서를 내고, 공교육 재생 총력전을 주장하는 것이 중요한 전환점이 되고 있다.

그런데 이와 같은 교육기본법 개정 방침에 대해 일본 국내는 물론 국제적으로도 여러 가지 논란과 우려를 불러일으키고 있다. 1947년 교육기본법은 제정 당시에 '교육칙어' 체제 속에 있던 '충량', '신민', '국가 위급상황' 등의 군국주의적 색채를 띤 내용을 완전 삭제한 상태에서 출발하였다. 그런데 지금 개정을 논의하고 있는 교육기본법 내용 속에는 다시 '공공(公共)', '전통·문화', '예의' 등 국가적 관점을 부각시키는 용어들이 새롭게 추가 되었다. 이는 21세기적인 관점에서 과거 군국주의(천황제 파시즘) 시대의 '교육칙어' 체제를 이식·수용하고자 하는 개념이라고 볼 수 있다. 원래 일본의 교육기본법 개정은 교육의 글로벌화, 교육경쟁력 제고 등을 이론적 배경으로 하고 있다. 그러면서도 현실적으로는 국가주의적 관점과 신자유주의 교육을 결합시키고 있는 점에서 볼 때, 일본의 현행 학제 개편도 이와 유사한 이론적·실천적 과제와 방향을 가지는 것은 아닌가 하는 우려가 있는 것이다.

지금까지 살펴본 것처럼 일본의 학제는 많은 측면에서 우리 학제와 유사한 점을 지니고 있다. 그러면서도 동일한 산업사회의 발전 과정을 겪으면서 생길 수 있는 학제 개혁과 관련된 교육문제 역시 많은 측면에서 유사한 점을 보여 주고 있다. 그러나 일본 교육이 우리 교육과 다른 점이 있다면, 일본의 교육계에서는 한 번의 시행착오에 대해서 경험 있고 내용이 있는 교육적인 전통을 모색한다는 점, 즉 일본교육의 반성에 대해서 심도 있는 반성을 하고 있다는 점이다.

일본의 교육은 세대 간 혹은 교육의 이상과 현실에서 우리와 마찬가지로 여러 가지 어려움을 겪고 있다. 국가(문부과학성)는 국가공교육의 위기를 느끼면서 새로운 학제개혁을 끊임없이 추구하고 있다. 그러나 교육의 주체로서 현장을 지키고 있는 교사-학생-학부모가 느끼고 있는 교육에 대한 느낌과 국가정책과는 많은 면에서 서로 다른 이해의 길을 걷고 있다. 일본의 최고 엘리트 코스로서 순조롭게 도쿄대학교까지 입학한 한 학생의 다음과 같은 소감문은 이를 잘 보여 주고 있다.

"입시준비의 공부를 비난하는 사람이 있는데 그것은 잘못이다. 이 세상은 어떠한 일이라도 경쟁뿐이니까. 중요한 것은 무리해서 도쿄대학에 입학하려고 생각하지 말고, 지방의 국립대학에 들어가서 거기에 만족하

는 만큼의 여유를 수험생 각자 혹은 사회가 가지는 것이다. 입학시험의
질에 대해서 말하면, 도쿄대학의 시험은 수험기술만큼은 문제해결력을
길러주는 것은 아닌가? 수험공부를 통해서 길러진 사고력이 바로 그것을
말해 준다.”

이는 오늘 일본의 교육을 보여주는 한 사례라고 할 수 있지만, 비슷
한 상황의 교육현실에 있는 우리로서도 새겨들어야 할 구절이 아닌가
생각한다. 일본의 교육도 한국교육과 마찬가지로 교육의 대전환점에 서
있다. 일본의 교육계는 학교가 황량해지고 학교 서열 속의 학력지향 경
쟁체제 속에서 벗어나려는 새로운 반항을 하고 있으며, 그런 측면에서
학교와 교육이 이래도 좋은 것인가라는 문제제기를 통해서 새로운 학제
개혁을 요구하고 있으며, 바로 후기중등교육의 입시열 해소 대책으로서
6년제 중등일관교육을 시도하여 점차 실험적인 성공을 거두고 있다.

본 연구자가 2003년 1월 일본을 방문했을 때 마침 그즈음은 일본의
새로운 대학 신입생을 뽑는 대학입시의 계절이기도 하였다. 학교보다는
학원(진학숙)에서 시험대비 교육을 받는 일본 열도의 젊은이들이 연일
TV 뉴스의 화젯거리가 되고 있었다. 연일 새로운 교육개혁안을 제시하
면서 교육의 위기를 벗어나려는 일본 교육계의 움직임이 마치 얼굴색
까지 똑같은 한국인의 교육열과 겹쳐지는 느낌을 지울 수 없었다. 우
리 교육이 열린교육, 교육의 세계화를 주장하면서 교육자치제를 지향하
는 반면, 점차 교육자치를 축소하고 문부과학성 중심의 국가교육계획을
구상하는 일본의 교육에서 교육의 역사적 아이러니를 볼 수 있었다.

지금까지 살펴본 것처럼 일본의 학제는 많은 측면에서 우리 학제와
유사한 점을 지니고 있다. 그러면서도 동일한 산업사회의 발전 과정을
겪으면서 생길 수 있는 학제 개혁과 관련된 교육문제 역시 많은 측면
에서 유사한 점을 보여 주고 있다. 그런데 2005년 12월 말 비공식적인
발표이기는 하지만, 일본 문부과학성은 고등학교 단계까지의 의무교육
을 포함한 새로운 학제 개편 구상을 피력하고 있다. 이는 주로 현재까

지 관심 밖에 있던 유아교육을 의무공교육으로 변화시키려는 개혁, 그리고 중·고교 통합시스템을 완전 정착시키는 것 등 두 가지 방안을 골자로 하고 있다. 그 외에도 세계화 추세에 따라 10월 신학기제에 대한 논의, 그리고 국립대학 법인화를 중심으로 한 고등교육 재편 논의가 보다 활발해질 것으로 보인다. 이에 대해 아직 구체적인 구상이 나온 것은 아니지만, 장차 교육기본법 개정과 관련하여 커다란 교육개혁의 큰 줄기를 형성할 것으로 예측할 수 있다.

## 2) 미래를 위한 구상 – 한국의 학제개편 방안

우리나라의 학제는 미군정 시대에 제정한 6-3-3-4제를 근간으로 하는 기본 학제가 큰 변화 없이 부분적인 수정·보완을 거치면서 유지해 왔다. 그러나 해방 이후 현행 학제는 교육과 관련한 여러 가지 사회 문제를 개선하는데 그리 효과적이지는 못했다. 또한 교육체제 내외의 여러 가지 요인으로 인해서 학제를 변화시켜야 한다는 요구도 나오고 있다. 더구나 최근 교육의 국제적 동향 역시 초등교육과 중등교육의 보편화, 고등교육의 대중화와 함께 취학전교육과 평생교육도 계속 강화해가는 추세에 있다.

이와 같이 교육의 대내외적인 상황 변화와 국제적인 추세 등을 감안할 때, 현행 학제는 종합적으로 재검토할 필요가 있다. 현행 학제가 가지고 있는 문제점으로 지적하고 있는 사항은 다음과 같다. 우선 유치원 교육이 기본 학제에서 누락되어 있기 때문에 공교육의 일부로서 정당한 대우와 지원을 받고 있지 못한 실정이다. 그리고 학교·학년제가 고정되어 있어서 학생들의 능력별 개인차를 충분히 고려하고 있지 못하며, 학제 안에서 학생들의 횡적인 이동이 제약되어 있다. 한편 고등학교 단계에서 계열이 다양하지 못하며, 특히 고등학교를 졸업한 후

사회로 곧바로 진출하는 학생들을 위한 배려가 미흡하다고 볼 수 있다. 현행 학제는 각급학교 사이의 협력 및 연계성이 부족하며 정규학교와 사회교육기관 사이의 연계성도 미약하다는 지적을 받고 있다. 더구나 산업구조의 변화에 따라 요구되는 고등교육 수준의 다양한 전문기술훈련을 담당할 교육기관 및 과정이 분화되어 있지 않으며, 특히 공교육제도 안에서의 직업기술훈련도 취약한 실정이다. 또한 학교와 산업체 사이의 협력 체제가 충분히 구축되어 있지 않은 실정이라고 볼 수 있다. 이와 함께 연령에 관계없이 수시로 필요로 하는 교육 및 훈련을 받을 수 있도록 하는 평생교육체제가 확립되어 있지 않다는 것도 문제점으로 지적하고 있다(김영철 외, 2006).

이와 같은 문제점을 바탕으로 학제발전을 위한 기본방향을 제시하면 다음과 같다(김영철 외, 2006: 221－222). 첫째, 모든 국민이 각자의 요구와 능력에 따라 평생교육을 받을 수 있는 교육개방체제를 구축하도록 한다. 둘째, 개인이 학교, 가정, 직장, 사회단체, 지역사회 등을 통하여 가질 수 있는 모든 교육적 경험을 유기적으로 상호 연결시킬 수 있도록 학제를 개혁함으로써 교육의 통합성을 실현하도록 한다. 셋째, 지역별, 계층별, 직업별, 성별, 연령별 여러 집단의 교육적인 요구와 포부를 만족시킬 수 있으며, 그들의 능력차에 알맞은 다양한 교육프로그램을 제공할 수 있도록 학제를 개혁함으로써 교육의 다양성을 신장하도록 한다. 넷째, 국민들이 각자의 요구에 따라 비교적 자유롭게 교육받는 시기와 기간, 교육의 영역과 내용을 선택할 수 있도록 한다. 또한 교육활동과 관련하여 전학과 전과가 자유로울 수 있고, 직장과 학교 혹은 가정생활과 학교생활을 원활하게 할 수 있도록 하는 교육의 융통성을 증대하도록 한다. 다섯째, 모든 국민들이 차별받지 않고 능력에 따라 균등하게 교육받을 수 있는 기회를 확대하며, 균등한 교육여건과 교육의 질이 보장될 수 있도록 학제를 개혁함으로써 교육의 평등성을 실현하도록 한다. 여섯째, 학생들이 진학·진로를 합리적으로 결정하고, 진로 선정을 위해 적절한 준비교육의 기회를 가질 수 있는 방향으로 학제를 개혁하도록 한다. 일곱째, 능력이 뛰어난 학생은 그들의 소질을 최대로 계발할 수 있는 교육기회를 제공함으로써 교육의 수월성을 추구하도록 한다.

이상과 같은 학제발전의 기본방향에 따라서 1987년 '교육개혁심의회'는 현행 학제를 유-5-3-4-4제로 전환하고 아동의 능력에 따라 국민학교의 입학 연령을 선별적으로 조기화할 것을 주장하였다. 그와 함께 중학교 무상의무교육을 전국적으로 확대·실시하고, 고등학교 졸업자를 대상으로 하는 직업적응과정을 설치하여 운영하며, 우수학생에 대한 상급학년 월반제, 특수아동에 대한 무상교육을 고등학교 과정까지 확대·실시할 것 등을 모색하였다. 이와 같은 학제개편방안은 1990년대 이후 교육개혁의원회의 '신학제' 추진정책의 기반이 된 것이라고도 할 수 있다.

1995년 5월 31일 '교육개혁위원회'의 신교육체제 수립을 위한 학제개편방안은 기간 학제를 탄력적으로 운영할 수 있는 방안을 모색한 것이라고 할 수 있다. 교육개혁위원회의 '신학제'는 미래 지식·정보화 사회에 대비하여 국민공통기본교육과 생업교육을 상향 조정하고, 국민들의 고등교육에 대한 요구를 대폭 충족시켜줄 수 있는 방안이라고 할 수 있다. 이를 바탕으로 하여 새로운 형태의 신대학 운영을 추진하고 있다. 신대학은 원격교육 및 학점은행제를 통하여 모든 대학 비진학자들에게 4년간 고등교육 수준의 전문교육기회를 제공할 수 있는 특징을 지니고 있다. 동시에 현행 학제를 개선하여 법조인·의사·성직자·교원 양성을 위한 전문대학원 제도를 도입하고, 5세 아동의 유치원 교육을 기간 학제에 포함하여 초등학교 교육과정과의 연계를 강화하고자 하였다. 이들 신학제 개편구상은 1980년대 중반 이후 지속적으로 추진하고 있는 교육개혁의 기반으로 정착하는 것이라고 할 수 있다.

## 2. 새로운 학제의 정착과 발전과제

한국교육은 그동안 다양한 발전을 성취해 왔지만, 전반적으로 교육의 자율성과 질적 수월성을 달성하는 것이 부진했다고 볼 수 있다. 지난 50년간 교육의 질적 수월성을 추구하는 과정에서 교육여건 및 교육시설의 개선, 그리고 교육내용을 선정하고 조직하는 방법 등이 해결해야 할 과제로 남아 있다. 지금까지의 한국교육은 교육의 평등성, 효율성, 자율성의 측면에서도 많은 문제점을 남기고 있는 상태라고 할 수 있다.

한국교육은 여전히 지역 간 교육격차, 계층 간 교육기회의 불균등, 남녀 간 교육기회의 불평등이 존재하고 있는 실정이다. 또한 교육의 효율성 측면에서 볼 때에도 교육제도 및 정책이 경직되어 있고, 교육내용과 교육방법이 획일화되어 있다는 지적을 받고 있다. 교육의 자율성을 추구하는 과정에서도 학교를 운영할 수 있는 자율성이 미흡하며, 교사의 교권·학생의 교과목 선택권 등이 부진한 실정이고, 여전히 교육행정의 완전한 지방분권화가 시급한 과제라고 할 수 있다.

지난 100년간의 학제 평가 등을 통해서 다음과 같은 사실을 이해할 수가 있다. 교육이념은 민족과 민주의 이념을 동시에 포괄하는 '홍익인간'의 이념을 총체적으로 모색하는 과정으로서 이해할 수가 있다. 그러나 교육체제 내에서 그간 교육정책의 일관성이 결여되고, 입시 위주의 교육체제, 중앙집권적인 교육통제 방식, 교육재정투자의 부족 등의 요인으로 인해서 교육이념을 제대로 실현할 수 없었다. 이는 교육외적인 측면에서 학력 위주의 사회 풍토와 학벌 중심 사회의식이 만연한 데에서도 교육이념을 제대로 실현할 수 없었다고 할 수 있다.

1948년 대한민국 정부를 수립한 이래 학제 개혁은 항상 교육 외적인 동기와 목적을 위해 이용되는 수단적인 가치로서 인식되고 있었다. 이른바 '값싸고 질좋은 교육'이라는 교육계의 구호가 지난 50년 동안 우리나라 교육의 기능적인 속성을 대표하는 것이라고 할 수 있다. 즉 교육이 국가안보 및 경제발전에 종속하고 있었기 때문에 교육 본래의 이상을 지닐 수 없었던 것이라고 할 수 있다. 이런 측면에서 볼 때 정부가 추진한 학제개혁은 '경제발전을 위한 학제개혁'이라기보다는 '교육복지국가 건설'을 위한 학제개혁의 성격이 강한 것이라고 할 수 있다.

우리나라 학제개혁의 역사를 살펴보면, 대한민국 정부 수립 이후부터 현재까지 학제개혁과 관련한 변천사는 정권의 교체사와 틀을 같이 하고 있었음을 알 수 있다. 1948년 구성한 제헌국회는 헌법 조항 속에 국민의 교육권, 균등교육, 의무교육, 무상교육, 교육제도 법률주의 등 5개 원칙을 중점 항목으로 제시하고 있었다. 이승만 정부는 1949년 교육법을 제정하여 홍익인간의 교육이념화, 민주교육의 교육목적화, 6-3-34제 단선형 학제 법제화, 지방자치제도 법제화 등을 입법화하였다. 이와 같이 제1공화국 체제의 학제개혁은 한국교육을 현대화하였던 시기라고 할 수 있다. 그러나 당시의 학제개혁이 현대 한국교육의 새로운 방향을 제시한 교육 조치임에도 불구하고, 서구의 학제개혁과 달리 인위적이며 급속한 개혁임으로 인한 문제점을 지닌 사항에 주목해야 할 것이었다(김영철 외, 2006).

1961년 등장한 군부 신세력은 경제 제일주의 정책에 부합하는 학제개혁을 의욕적으로 추진하였다. 따라서 교육도 경제 발전을 뒷받침하는 체제화 과정으로서 각각의 항목을 마련하였다. 과학기술교육과 직업교육 강화, 기능공 중간기술교육과 기술인 양성의 제도화, 새마을 교육의 추진, 해외송출인력을 위한 기술교육과정의 계열화와 세분화, 단기고등교육기관의 다양화와 전문대학으로의 체제 변화, 산업 종사원을 위한 기업체 부설 야간 고교의 제도화, 방송통신고교와 2년제 방송통신대학의 신설, 대학 전공의 세분화, 국비유학제 창설, 실험실습교육의 강화 등의 새로운 교육계획을 추진하였다.

신군부가 중심세력으로 등장한 7·30 교육조치와 교육개혁심의회의 학제개혁방안은 사회적 역기능을 수정하기 위한 조치라고 할 수 있었다. 제5공화국 정부는 학제개혁에 있어서 과열과외 금지, 사학의 학사 행정 부정근절, 대학입시 제도 개선, 대학입학정원제에서 졸업정원제로의 전환, 평생교육 조항의 헌법 조문화, 특수교육진흥법의 제정 등을 강조하였다. 이와 함께 교육법에서 사회교육법의 분리 제정, 방송통신대학의 5년제 확정, 2년제 교육대학의 4년제 확정, 개방대학제도 신설, 초·중등교육을 위한 교육세 신설과 지방교육재정교부금법 개정, 유아교육진흥법 제정, 사도헌장의 제정 및 교직수당의 신설, 대학교육협의회 창설, 교실개혁운동 등의 정책들을 추진하였다. 그러나 이들 학제개혁 방안은 1980년대 후반 정치적·사회적 변화로 인하여 대부분 실제 교육정책에 반영하지 못한 채 일부 사항을 중심으로 김영삼 문민정부의 학제개혁에 영향을 주었다.

1993년 문민정부가 표방한 '신교육체제'를 구축하기 위한 학제개혁은 학습자 중심의 교육, 교육의 다양화, 자율성 위주의 학교 운영, 자유와 평 등을 조화한 교육, 교육 정보화 추진, 질높은 교육 등을 중심 과제로 제시하였다. 이에서 알 수 있듯이 이승만 제1공화국 정부의 학제개혁이 민주적 민족 학제개혁, 제3공화국 정부의 학제개혁이 경제개발 중심 교육개혁, 제5·6공화국 정부의 학제개혁이 사회개혁적 교육개혁인 반면에, 문민정부 및 국민의 정부의 학제개혁은 교육의 세계화를 위한 개방주의적인 교육개혁이라고 할 수 있다.

교육제도와 교육기회의 확대, 학제개혁 등은 시기별로 진행해 온 국가의 교육정책과 학제개혁에 대한 특징적인 해석과 평가를 통해서 재조명할 수 있다고 본다. 지난 100년간 국민들의 높은 교육열을 활용한 경제성장 등의 업적을 총체적으로 재점검할 필요가 있다고 본다. 이와 함께 미래 한국교육의 평등성, 수월성, 효율성, 자율성을 극대화할 수 있는 방안을 모색하는 과정이 준비되어야 할 것이다. 교육정책 100년을 평가하는 과정 역시 해방 이후 교육 50년을 총괄적으로 이해할 수 있는 대표적인 상황을 구체화시키는 것이라고 보아야 한다. 아울러 해방 이후 지나온 교육 50년을 총체적으로 재조명할 수 있는 전망과 21세기를 대비하는 앞으로의 과제를 제시하는 내용으로 전개해야 할 것이다(김영철 외, 2006).

첫째, 1970년대 이후의 교육발전은 교육기회를 확대한다는 측면에 치중해 온 것이 사실이다. 그러나 교육기회를 확충함으로써 그것이 지닌 근본적인 평등원리에도 불구하고, 지역 간의 불균형, 계층 간의 불균형, 영역별 교육 간의 불균형 등의 문제점을 그대로 안고 있다. 본 연구는 이런 불균형을 해소하기 위하여 그간의 실태를 조명함으로써 교육발전의 방향을 제시해 줄 수 있을 것으로 기대한다.

둘째, 남북 간의 사회·경제적인 격차가 심화되는 것은 남북통일의 시기를 앞당기는 징표가 될 것이다. 1950－1980년대의 한국에 상존했던 분단 이데올로기를 극복할 수 있는 교육모형이 요구된다. 이에 본 연구에서는 건국 이후 우리 교육의 역량을 재점검하여 통일 대비 교육의 초석을 마련하기 위한 이론과 실천전략을 제시해야 할 것이다.

셋째, 1990년대 이후 급격히 팽창하고 있는 정치적인 민주화 요구와 교육의 자율화는 교육의 본질적인 문제라고 할 수 있다. 다른 한편, 자율화의 문제는 국가와 지방자치체 간의 역할 분담, 효율성 대 민주성의 조화 등과 같은 교육발전을 위한 주요 과제와도 연결된다. 본 연구의 결과는 이들 문제를 총체적으로 규명하는 이론적인 토대를 제공할 것으로 기대한다.

넷째, 현재 한국교육이 당면하고 있는 목표로서 세계화를 추진할 수 있는 인력양성과 교육체제의 대비를 위한 지침 역할을 할 것이다. 세계화를 통해서 교육의 지구촌화, 국제사회를 이해하고 대비할 수 있는 교육적인 내용과 형식의 개혁 노력이 필요한 과제가 된다. 개항 이후 지난 한국교육 100년을 객관적으로 평가하고 정책적으로 교육체제와 교육과정에 총론적인 성격으로 반영할 수 있는 것이 본 과제의 중요한 역할이라고 본다.

# 3. 학제 개편을 위한 제언

현행 학제가 수립된 이래 지금까지의 교육체제 안팎의 엄청난 변화와 함께 앞으로 예견되는 미래사회의 급속한 변화에 대응하기 위한 차원에서 학제 개편의 불가피성이 제기되어 왔다. 반세기 전에 그것도 농경 중심의 산업사회를 상정하면서 수립한 학제를 통해 엄청난 속도로 변화하는 미래사회에서 요구되는 인재 양성을 기대하기는 곤란하다. 학제가 제정되던 1950년대 초의 우리나라는 경공업도 발달하지 못한 농업중심경제로 1인당 국민소득은 60불 수준의 저개발 상태였다. 현재 우리나라는 IT를 포함한 첨단기술 강국으로 성장하여 세계 10위권의 경제규모로 성장하였다. 토플러(2006)는 사회변화가 빨라지면서 지식이 무용지식(obsoledge)으로 바뀌는 속도도 빨라지고 있다고 한다. 이처럼 무용지식을 걱정해야 하는 지식사회, 즉 창의적 지식사회에서 과거 산업사회의 학제를 더 이상 고수하기는 어렵게 되었다(김영철 외, 2006: 290).

본 연구에서도 교육체제의 내외적 상황 변화를 고려하고 미래사회의 변화에 대비하기 위하여 학제 개편이 불가피하다는 것을 여러 가지 측면에서 확인하였다. 하지만 학제 개편의 불가피성이 인정되면서도, 현행 학제의 문제를 해결하고, 다른 한편으로는 미래사회에 대비하기 위한 학제 개편 대안을 모색한다는 것이 그리 용이한 일은 아니다. 교육체제 내외의 상황을 미래지향적 관점에서 종합적으로 전망하면서 학제 개편을 위한 기본구상이 수립되어야 하고, 학제 개편 기본구상 수립 이후에도 이 기본구상을 실천하기 위한 세부실천계획으로서 학제 개편에 따른 학생수용계획, 교육과정 개정, 교원수급계획, 시설 확충 및 재정 확보계획 등이 수립되어 실천되어야 한다. 이런 측면에서 본다면, 학제 개편 작업이 우리나라 교육체제 전반을 새롭게 설계하는 것이라고 볼 수 있다(김영철 외, 2006: 290).

이런 이유로 학제 개편의 불가피성은 대체로 인정하면서도 정작 학제 개편 대안에 대한 합의를 도출하는 것은 그리 용이하지 않을 것으로 예상된다. 교육제도에서 학제가 차지하는 비중이 막대하고 중요하다는 사실 외에도 학제 개편 영역이 방대하여 학제 개편에 따라 교육은 물론 사회 전반에 미치는 영향이 실로 막대할 것으로 예상되어 학제 개편안에 대한 공감대 형성도 쉽지 않을 것 같다. 이런 이유로 학제 개편에 대한 저항도 예상된다.

이처럼 학제 개편에 따른 파급효과와 부작용 그리고 교육계의 저항까지를 생각한다면, 학제 개편에 더더욱 신중을 기해야 할 것이다. 이런 측면에서, 학제 개편을 정당화 할 수 있는 관련 기초연구가 지속적으로 수행되어야 하고, 학제 개편을 실천하기 위한 실현가능성 높은 세부 실천계획까지 수립되어야 할 것이다. 그리고 학제 개편에 관한 기본계획(안)이 수립되는 시점에서 공론화 과정을 통해 학제 개편에 관한 여론 수렴과 함께 학제 개편을 위한 국민여론을 조성하는 작업이 뒤따라야 할 것이다. 이러한 학제 개편 사업의 향후 추진과 관련하여 다음 몇 가지 사항을 정책건의로 제안하고자 한다(김영철 외, 2006: 290-292).

첫째, 학제 개편이 불가피하다면, 학제 개편의 기회를 중·장기적으로 준비하는 것이 중요하다. 학제 개편 기본계획을 수립하여 학제 개편을 위한 준비 작업을 연차적으로 추진한다고 가정하는 경우, 학제 개편을 착수할 수 있는 시기는 빨라야 2010년대 초가 될 것으로 예상된다. 이 시기는 최근의 저출산 영향으로 각급학교 취학인구가 급감할 것으로 예상되어 학제 개편 과정에서 학생 수용, 교원 양성 및 학교시설 재배치 등의 이행과정에서 나타날 문제점들을 최소화할 수 있는 이점이 있다. 이런 측면에서 2010년대가 학제 개편을 착수하기에 가장 적합한 시기라고 볼 수 있고, 이를 위해서 학제 개편에 관한 연구와 논의를 지금부터 본격화해야 할 것이다.

둘째, 학제 개편에 관한 논의를 통해 학제 개편의 정당성 논리를 보다 완벽하게 개발하고, 실현가능성 높은 학제 개편 대안을 개발하는 것이 중요하다. 학제 자체가 중요하다는 사실 외에도 학제 개편의 불가피성과 함께 학제 개편에 대한 회의적 시각과 부정적 시각 등이 존재한다는 사실 등을 감안하다면, 학제 개편을 위한 준비는 철저히 이루어져야 한다. 이런 측면에서 학제 개편과 관련하여 논쟁이 될 수 있는 사항들에 대해서는 철저한 검토가 필요하다.

셋째, 국가백년대계인 학제 개편 작업을 성공적으로 추진하기 위해서는 법적·제도적 장치가 마련되어야 할 것이다. 사람을 키우는 교육은 백년지대계(百年之大計)라고 하는데, 국가교육제도의 근간을 이루는 학제야말로 국가백년지대계(國家百年之大計)의 성격을 가진다. 백년을 내다보면서 국가대계를 수립하기 위해서는 정권과 정부를 초월한 범국민적이고 초정당적인 차원에서 학제 개혁 사업이 추진되어야 할 것이다. 이런 측면에서 미래사회에 적합한 학제 구상과 이를 지속적이고 일관되게 추진할 수 있도록 보장할 수 있는 학제 개혁을 위한 법적·제도적 장치가 필요하다.

# <참고문헌>

강내희(2000). 신자유주의와 문화. 서울: 문화과학사.

강만길(1985). 동도서기론의 재음미, 「한국민족운동사론」, 서울: 한길사.

강재언(1982). 한국근대사연구. 서울: 한밭출판사.

강재언(1985). 조선의 서학사. 서울: 민음사.

강재언(1985). 한국의 근대사상. 서울: 한길사.

강창동(1993). 한국 학력주의의 사회사적 연구. 고려대학교 박사학위논문.

고승제(1973). 韓國移民史硏究. 서울: 章文閣.

교육개혁심의회(1987). 교육개혁종합구상 최종보고서 Ⅱ.

교육개혁심의회(1987). 학제 발전 연구.

교육개혁위원회(1995-1996). 제1, 2, 3차 대통령 보고서.

교육개혁위원회(1998). 한국교육개혁백서.

교육개혁포럼(편)(2002). 교육개혁의 평가와 향후 과제.

교육부(1998). 교육50년사.

교육부·한국교육개발원(1997-2004). 교육통계연보.

교육비평. 2000년 가을~2003년 겨울호.

권경희(2003), 식민지기 보통학교의 훈육 연구, 박사학위논문, 한국정신문
        화연구원.

권오영(1984). 신기선의 동도서기론 연구.「청계사학」제 1집.

권오영(1990). 동도서기론의 구조와 그 전개.「한국사시민강좌」제7집, 서
        울: 일조각.

김기수(1962). 日東記遊. 부산대 韓日文化研究所.

김기수(1974). 修信史記錄. 서울: 국사편찬위원회.

金春善(1999). '北間島'地域 韓人社會의 形成 研究. 박사학위논문. 국민대

학교.

김경식(2004). 『재중한민족교육전개사(상)』. 서울: 문음사.

김동노(2006). 「일본 제국주의의 조선 지배의 독특성」. 『동방학지』 133. 199−242.

김민남, 손종현(2006), 한국교육론, 경북대학교출판부.

김성구·김세균 외(1998). 자본의 세계화와 신자유주의. 서울: 문화과학사.

김영숙(1959). 0년대 개화파들의 정치활동에 대하여, 「력사과학」 1959년 4호.

김영철 외(1982). 학교제도 발전 연구. 한국교육개발원.

김영철 외(1994). 선진 외국의 교육개혁 동향. 교육개혁위원회.

김영철 외(2004). 정보지식사회에 따른 학제 다양화 방안. 한국교육개발원.

김영철 외(2006). 미래사회에 대비한 학제개편 방안. 한국교육개발원.

김용일(1999). 미군정하의 교육정책 연구. 서울: 고려대학교 민족문화연구원.

김용일(2000). 위험한 실험. 서울: 문음사.

김용일(2002). 교육의 미래. 서울: 문음사.

김윤태(2004). 지식기반사회의 학제 발전 방향. (세미나 발표 자료). 한국교
    육개발원.

김재웅(1996). 1980년대 교육개혁의 정치적 의미와 교육적 의미. 한국의
    교육개혁과 그의 정치학. 한국교육정치학회.

김종철(1979). 한국고등교육연구. 배영사.

김종철(1989). 한국교육정책연구. 교육과학사.

김중생(2001). 北滿洲反日運動根據地 聚源昶. 서울: 명지출판사.

님 웨일즈, 김산(2005). 아리랑: 조선인 혁명가 김산의 불꽃 같은 삶. 서울:
    동녘.

대한교육연합회(1976). 학제에 관한 연구.

嶋田道彌(1982). 滿洲教育史 東京: 青史社.

류광열(1986). 間島小史. 서울: 여강출판사.

류병호(2002). 在滿韓人의 國籍問題 研究(1881∼1911). 박사학위논문. 중앙
    대학교.

류승주(1978). 朝鮮後期 西間島移住民에 대한 一考察−「江北日記)」의 解
    題에 붙여−. 亞細亞研究. 59. 297−306.

류지선(1993). 기간학제 형성과정에서의 대립과 갈등. 석사학위논문, 서울대

학교 대학원.

마부치 사다토시(馬淵貞利)(1983). 근대조선에 있어서 변혁주체·저항주체
　　의 형성과 전개. 요시노 마고도(吉野誠)외 편, 「갑신갑오개혁기의
　　근대변혁과 민족운동」. 서울: 청아출판사.

문재린 김신묵 지음, 문영금, 문영미 엮음(2006). 기린갑이와 고만녜의 꿈:
　　문재린 김신묵 회고록. 서울: 삼인.

미야다 세츠코(1982). 이형랑 역(1997).『조선민중과 황민화정책』. 서울: 일
　　조각.

박　환(2001). 만주지역 항일독립운동 답사기. 서울: 국학자료원.

박경식(1986), 일본제국주의의 조선지배, 서울: 청아출판사.

박경희(2000).『연표와 사진으로 보는 일본사』. 서울: 도서출판 일빛.

朴永錫(1979). 日帝下 在滿韓國流移民村落의 形成에 관한 硏究－蔚珍慶州
　　李氏一家의 移住事例－. 韓國史硏究. 24. 245－289.

朴永錫(1984). 日帝下獨立運動史硏究. 서울: 一潮閣.

박은경(1999), 일제하 조선인관료 연구, 서울: 학민사.

박인덕(1941).「미·영 타도 좌담회: 미국 부인의 전쟁관」. 최원규 편(1988).
　　『일제 말기 파시즘과 한국사회』. 서울: 청아출판사. 335－336.

박재윤(1993). 직업기술교육의 활성화를 위한 학제개편방안: 고등학교 제도
　　개선을 중심으로. 제5차 교육정책 포럼, 한국교육개발원.

박종근(1983). 조선근대에 있어서 민족운동의 전개. 요시노 마고토(吉野誠)
　　외 편,「갑신갑오개혁기의 근대변혁과 민족운동」. 서울: 청아출판사.

朴州信(2000). 間島韓人의 民族敎育運動史 서울: 아세아문화사.

박철희(2002), 식민지기 한국 중등교육 연구－1920~30년대 고등보통학교
　　를 중심으로－, 박사학위논문, 서울대학교.

박　환(2001). 만주지역 항일독립운동 답사기. 서울: 국학자료원.

배종호(1982). 湖洛學派의 人物性同異論. 한국철학회편,「한국철학연구(中)」.
　　서울: 동명사.

백순근(2003), 일제강점기의 교육평가, 서울: 교육과학사.

백종억(2000). 주요국의 교육행정제도와 교육개혁 동향. 교육과학사.

새교육공동체위원회(2000). 21세기 한국교육의 개혁 방향과 과제.

서굉일(1990). 일제하 만주 북간도의 민족교육. 중등우리교육(1990년9월). 128-135.

서울대학교 교육연구소(1997). 한국교육사. 교육과학사.

서중석(2001). 신흥무관학교와 망명자들. 서울: 역사비평사.

손종현(1993), 일제 제3차 조선교육령기하 학교교육의 식민지배 관행, 박사 학위논문, 경북대학교.

신용하(1985). 구한말 지식인의 수구의식과 개화의식. 한국정신문화연구원 편,「한국의 사회와 문화」제5집.

신용하(1985). 19세기 개화파의 자주적 근대화 사상의 구조. 한국정신문화 연구원 편,「한국사학」제6집.

신용하(1985). 오경석의 개화사상과 개화운동.「역사학보」제107집.

신주백(1999). 만주지역 한인의 민족운동사(1920-45)-민족주의운동 및 사 회주의운동 계열의 대립과 연대를 중심으로-. 서울: 아세아문화사.

신주백(2001).「일제의 교육정책과 학생의 근로동원: 1943~1945」.『역사교육』 78. 75-109.

신주백(2005).「우리는 일본으로부터 해방되었는가: 일본에 대한 선망과 경 멸 사이에서」.『황해문화』48. 125-139.

신현석(1996). 현 정부의 교육개혁의 정치학: 5·31 교육개혁안의 형성 과 정을 중심으로. 한국의 교육개혁과 그의 정치학. 한국교육정치학회.

신현석(2000). 한국의 교육개혁 정책. 서울: 학지사.

여영준(1988). 준엄한 시련 속에서: 만주항일유격전사의 이야기. 서울: 도서 출판 天池.

연변대학 교육학 심리학 교연실, 연변민족교육연구소 교육사연구실(1987). 연변조선족교육사. 연길: 연변인민출판사.

오길보(1990). 개화파의 형성과 그의 초기 활동, 사회과학원 역사연구소편, 「김옥균」, 서울: 역사비평사.

오성철(2000).『식민지 초등 교육의 형성』. 서울: 교육과학사.

유영익(1986). 갑오경장 이전의 유길준. 한림대학교,『논문집-인문, 사회과 학편」제 4집.

오성철(2005), 식민지 초등 교육의 형성, 서울: 교육과학사.

유인종(1980). 현행학제에 관한 연구: 진단과 발전방향을 중심으로. 고려대학교 사범대학 사대논집「제5집」.

尹炳奭(1974). 遼左紀行 解說 단국사학회사학지. (8). 161-164.

윤정일 외(1996). 한국 교육정책의 탐구. 교육과학사.

윤종혁(1987). 일제하 항일학생운동 및 민족교육운동 연구. 고려대 석사학위논문.

윤종혁(1994). 근대 한일공교육 사상의 비교 연구. 고려대 박사학위논문.

윤종혁(1999). 19세기 한국과 일본의 교육근대화론 수용에 대한 연구. 한국교육개발원 편『한국교육』제26권 제1호.

윤종혁 외(1997). 동서양 주요 국가들의 교육. 문음사.

윤종혁 외(1998). 동서양 주요 국가들의 대학교육. 문음사.

이경숙(2006), 일제시대 시험의 사회사, 박사학위논문, 경북대학교.

이광수(1962). 「육장기」. 『이광수전집(6)』. 서울: 삼중당.

이구상(1991). 면암 최익현의 실천적 義理理想과 교육. 「한국교육의 성찰」. 청파 이학철 교수 정년퇴직기념논총.

李東彦(1993). 一松 金東三 硏究-國內와 亡命 初期의 活動을 中心으로-한국독립운동사연구. 7. 123-144.

李東英(1988). 林隱許氏의 抗日運動-그 人物의 小傳-. 儒敎文化. 6. 141-187.

이만규(1949). 『조선교육사(하)』. 서울: 을유문화사.

이명화(1988). 1920年代 滿洲 지방에서의 民族敎育運動. 한국독립운동사연구. 2. 295-331.

李相龍(1996). 石洲遺稿: 後集. 서울: 石洲李相龍紀念事業會

李相龍, 高麗大學校 圖書館 編(1973). 石洲遺稿. 서울: 高麗大學校 出版部, 1973.

이야마 다케시(飯山健; 2004). 「오쿠마 시게노부(大隈重信)의 동서문명론 사상과 교육실천」. 고려대학교 일반대학원 박사학위논문.

이영화(2005). 「최남선의 단군론과 민족주의」. 권희영·이영화·오영섭·류준필.『한국 근현대의 상고사 담론과 민족주의』. 성남: 한국학중앙연구원. 41-84.

이원순(1986). 조선서학사 연구. 서울: 일지사.

이원호(1991). 韓國技術敎育史. 서울: 문음사.

李恩淑(1975). 民族運動家 아내의 手記. 서울: 正音社.

이정우(1940). 「일본정신 현현의 도장: 경북고녀 방문기」.『동양지광』2(1). 최원규 편(1988).『일제 말기 파시즘과 한국사회』. 서울: 청아출판 사. 236－240.

이종각(1994). 제5공화국 교육개혁의 실상과 허상. 교육행정학연구, 12(2), 한 국교육행정학회.

이종태(2000). 2000년 한국교육의 개관. 한국교육평론. 한국교육개발원.

이해동(1990). 滿洲生活 七十七年: 一松선생 맏며느리 李海東여사 手記 『亂中錄』. 서울: 明志出版社.

이형찬(1988). 1920－30년대 한국인의 만주 이민 연구. 사회와 역사. 12. 209－283.

이혜영 외(1998). 한국근대 학교교육 100년사 연구(Ⅲ). 한국교육개발원.

이혜영(1998). 학기제 개선 방안 연구. 한국교육개발원.

이혜영, 윤종혁, 류방란(1997), 한국 근대 학교교육 100년사 연구(Ⅱ): 일제 시대의 학교교육, 서울: 한국교육개발원.

이훈구(1932). 滿洲와 朝鮮人. 平壤: 崇實校 經濟硏究室.

이희승 편(1961).『국어대사전』, 서울: 민중서림.

장석영(1974). 遼左紀行. 단국사학회사학지. (8). 139－160.

저자미상(1920년대). 농민독본. 간도: 龍井松屋書店.

정동우(1999). 「은사를 그리며」.『평양사범』2. 111－118.

정선이(1997), 경성제국대학의 성격 연구, 박사학위논문, 연세대학교.

정순우(1989), 한국교육사연구의 성격과 전망, 한국교육사학, 11집, 56－74

정순우(1993). 근대교육 도입기에 있어서의 교육정책. 한국교육학회 교육사 연구회편,「한국 현대교육의 재평가」. 서울: 집문당.

정영수 외(1985). 한국 교육정책의 이념(Ⅰ). 한국교육개발원.

정영수 외(1986). 한국 교육정책의 이념(Ⅱ). 한국교육개발원.

정재걸(1992). 동도서기론 연구(1).「교육사학연구」제 4집.

정태범 외(1979). 학제 평가 준거 모형 개발과 현행 학제의 분석. 한국교육개발원.

조동걸(1978). 安東儒林의 到滿經緯와 獨立運動上의 性向. 大邱史學. 15・16. 407-434.

조동걸(2000). 白下 金大洛의 亡命日記(1911-1913). 安東史學. 5. 143-227.

조병규(1968).『한국교육사』. 서울: 배영사.

주월영(1999).「모교와 함께 한 나의 한평생」.『경북여고칠십년사』. 대구: 경북여자고등학교.

주철안(1994). 제5공화국 교육개혁의 실상과 허상에 대한 논평. 교육행정학연구, 12(2). 한국교육행정학회.

천경화(1994) 한국인 민족교육운동사 연구: 일제하 만주・노령・중국본토・미주지역을 중심으로. 서울: 白山出版社.

천보선・김학한(1998). 신자유주의와 한국교육의 진로. 서울: 한울.

최원규 편(1988).『일제 말기 파시즘과 한국사회』. 서울: 청아출판사.

최유리(1997).『일제 말기 식민지 지배정책 연구』. 서울: 국학자료원.

최재현(1989). 19세기 사회운동의 전략집단. 한국정신문화연구원 편,「조선후기의 체제위기와 사회운동-한국의 사회와 문화」제10집.

崔宗範・金泰興・林碩根. 江北日記. 亞細亞研究. 59. 297-306.

최희선(1991). 특별학제 발전방안. 교육정책자문회의.

하원호(1991). 개화운동의 역사적 변화. 한국근현대사회연구회 편,「한국근대의 개화사상과 개화운동」. 서울: 한길사.

학제발전연구위원회(1982). 세계 각국의 학교제도. 학제발전 연구보고서 Ⅱ.

학제발전연구위원회(1984). 교육제도 발전 연구.

한우근(1968). 개항 당시의 위기의식과 개화사상. 한국사 연구회 편,「한국사 연구」제2집.

한국정신문화연구원 편(1989).『한국민족문화대백과사전(10)』. 성남: 한국정신문화연구원.

한용진 외(2004).『동아시아 근대교육사상가론』. 서울: 문음사.

한용진(1993). "고려대학교와 와세다대학의 건학정신 비교 고찰-仁村 김성수와 大隈重信을 중심으로-",『고려대학교 대학원 학술제 자료집』, 149-168쪽.

한정숙(2007). 「여성과 평화운동」. 『한겨레』 2007년 1월 26일자.

허은 구술, 변창애 기록(1995). 아직도 내 귀엔 서간도 바람소리가: 독립투사
    이상룡 선생의 손부 허은 여사 회고록. 서울: 正宇社.

허종호 외(1970). 조선에 있어서 부르조아 혁명운동, 조선사회과학원 편, 「
    역사과학 논문집」 제1호.

허청선, 강영덕(2000). 중국조선민족교육사료집 1. 延吉: 연변교육출판사.

허청선, 강영덕, 박태수(2002). 중국조선민족교육사료집 2. 延吉: 연변교육
    출판사.

玄圭煥(1967). 韓國流移民史. 서울: 語文閣.

호리오 데루히사, 심성보·윤종혁 역(1997). 일본의 교육. 소화출판사.

洪鍾佖(2000). 間島지방 朝鮮人이민의 교육에 대한 中·日의 압박에 대하여.
    實學思想硏究. 15·16. 353−372.

황현익(1999). 「평양사범학교의 약사」. 『평양사범』 2. 61−96.

Durkheim, Emile(1976). *The Elementary Forms of the Religious Life*. Tr. by
    Joseph W. Swain. London: George Allen & Unwin Ltd. 노치준·민
    혜숙 역(1992). 『종교생활의 원초적 형태』. 서울: 민영사.

Hobsbaum, E. J. & Ranger, T.(eds.)(1993). *The Invention of Tradition*.
    Cambridge: Cambridge University Press. 최석영 역(1995). 『전통의
    날조와 창조』. 서울: 서경문화사.


「고종실록」
『京城藥學專門學校一覽』, 1935.
『京城帝國大學豫科一覽』, 1924, 1933.
『京城帝國大學要覽』, 1941.
『京城帝國大學一覽』, 1933.
『大邱公立高等普通學校校誌』, 1929, 1932, 1935.
『東萊公立中學校校誌』, 1938.
「明治文化全集」第5卷·第18卷, 東京: 日本評論社, 1928.
『承政院日記』
『植民地敎育政策史料集成』 1권−68권 龍溪書舍

『伊藤博文關係文書』, 1980.

「日本近代教育百年史」第一卷. 東京: 教育研究振興會, 1974.

『日本近代教育百年史』(第一卷~第五卷). 東京: 教育研究振興會, 1974-1979.

『日本外交文書』第21卷-第45卷, 日本文部省編, 1949-1956.

「日省錄」第47冊.

『朝鮮總督府官報』, 1910-1943년.

『朝鮮總督府統計年報』, 1932, 1933, 1938, 1943.

教育史編纂會編, 「明治以降教育制度發達史」(第2卷), 龍吟社, 1964.

國民教育獎勵會編, 「教育50年史」, 東京: 民友社, 1918.

國民精神文化研究所編, 「日本教育史資料書」第5集, 東京: 北海出版社, 1934.

國民精神文化研究所編, 「教育勅語渙發關係資料集」第1卷, 1972.

김윤식, 「續陰晴史」.

김윤식, 「雲養集」.

姜德相・梶村秀樹編, 『現代史資料』第26卷, 東京: みすず書房, 1967.

東萊高等普通學校, 『교우회지』, 1931.

釜山府, 『例規集(學事關係)』, 1939, 1945.

申箕善, "待講院文學 東陽申箕善序", 安宗洙編, 「農政新編」, 1881.

市川正明 編, 『日韓外交史料』第8-10卷 , 1980.

李恒老,「華西集」.

日本文部省, 「學制二編」, 文部省布達第13号, 1872年 8月.

日本文部省, 「學制追加」, 1873年 3月.

日本文部省, 「學制二編追加」, 1873年 4月.

林茂・辻清明 編, 『日本內閣史錄Ⅰ』, 東京: 第一法規社, 1981.

朝鮮總督府, 『高等警察要史』, 1920.

朝鮮總督府, 『教科書編輯彙報』第8輯, 1941.

朝鮮總督府, 『教育學教科書』, 1912.

朝鮮總督府, 『始政三十年史』, 1940.

朝鮮總督府, 『始政二十五年史』, 1925.

朝鮮總督府, 『調査月報』.

朝鮮總督府, 『朝鮮教育要覽』, 1915, 1919, 1926, 1928,

朝鮮總督府警務局,『朝鮮に於ける同盟休校の考察』, 1929.

朝鮮總督府學務局,『朝鮮社會敎育要覽』, 1941.

朝鮮總督府學務局,『朝鮮諸學校一覽』, 1919, 1929, 1932, 1933, 1943.

崔益鉉(1977),「勉菴集」, 서울: 민족문화추진회.

澤田敏郎編(1935),『朝鮮總督府報告例』, 京城: 近澤商店印刷部.

幣原坦(1919),『朝鮮敎育論』.

학부,『교육법규초』, 1908.

學部,『韓國敎育の現況』, 1910.

『동아일보』.

『每日新報』.

岡久雄(1940), 조선교육행정, 제국지방행정학회조선본부.


高橋濱吉(1927).『朝鮮敎育史考』, 京城: 帝國地方行政學會 朝鮮本部.

古田光(1968). 日本近代哲學史. 東京: 講談社.

廣瀨八洲夫(1971). 近代日本敎育思想史, 東京: 岩波書店.

久保義三(1994).『昭和敎育史(上)』, 東京: 三一書房.

堀尾輝久(1992).「現代敎育の思想と構造」, 東京: 岩波書店.

堀尾輝久・兼子仁(1977).「敎育と人權」, 東京: 岩波書店.

宮地正仁外編(1993).「日本近代史1−維新變革と近代日本」. 東京: 岩波書店.

宮川透(1986).「近代日本思想の構造」. 東京: 東京大學出版會.

鹿野政直, "大隈重信の敎育思想", 東洋館出版社編集部 編(1965).『近代日
　　　本の敎育を育てた人びと』(上), 東京: 東洋館出版社.

唐澤富太郎(1976).『日本の近代化と敎育』, 東京: 第一法規出版社.

大隈重信 監修(1907). 副島八十六 編.『開國五十年史』(上). 東京: 五十年
　　　史發行所.

大隈重信(1990).『東西文明之調和』, 東京: 早稻田大學出版部緒. (초판은
　　　1922년)

大隈候八十五年史編纂會 編(1970),『大隈候八十五年史』(第三卷) (초판은
　　　1926년)

渡辺幾治郎(1943).『大隈重信』. 東京: 照林堂書店. (大隈重信刊行會, 1952).

稻富榮次郎(1968). 「明治以降・敎育目的の變遷」, 東京: 同文書院.

稻葉繼雄(1997). 『旧韓末「日語學校」の研究』, 九州大學出版會.

嶋田道彌(1982). 滿洲敎育史 東京: 靑史社.

東京都敎育委員會 編(1996). 「東京都の敎育」.

東京都敎育委員會 編(1994) 「進路指導實踐の手引き」.

東京都敎育委員會 編(1996). 「きみの明日に－都立高等學校案內」.

東京都敎育廳指導部 編(1996). 「都立高等學校－生活指導研究協議會資料」.

東京都敎育委員會 編(1996). 『東京都の敎育』.

東京都敎育委員會(2002). 「都立高校高校改革推進計劃－新しい實施計劃」,

東京都敎育委員會(2003). 「都立高校新しい時代の幕開け－都立高校改革ガイ
ドブックー」.

東京都敎育委員會(2003). 「平成16年度東京都立高等學校等入學者選拔の改
善について」.

東京敎育委員會(2003). 「平成16年度東京都立高等學校等入學者選拔實施要
綱・同細目について」(槪要).

藤間生大(1977). 『近代東アジア世界の形成』. 東京: 春秋社.

藤間生大(1987). 「壬午軍亂と近代東アジアの 世界の成立」. 東京: 春秋社.

牧昌見(1994). 「高等學校改革モデルの浸透可能性に關する實證的研究」,

牧野吉五郎(1987). 「日本近代敎育史研究序說」, 靑森: 津輕書房.

木村毅 監修(1988). 『大隈伯昔日譚』, 東京: 早稻田大學出版部.

文部省 編(1972). 『學制百年史(資料編)』. 東京: 文部省.

文部省(1974). 「日本近代敎育百年史」. 東京: 敎育研究振興會.

服部之總(1968). 「服部之總著作集第6卷－明治の思想」. 東京: 理論社.

福澤諭吉(1960). 「福澤諭吉全集」 第4卷,第12卷. 東京: 岩波書店.

福澤諭吉(1960). 「福澤諭吉全集」第十三卷. 東京: 岩波書店.

峰島旭雄 外(1990). 『大隈重信「東西文明之調和」を讀む』, 東京: 北樹出版.

富永健一(1990). 『日本の近代化と社會変動』. 東京: 講談社.

三川輝紀(1987). 「近代天皇制と敎育」. 東京: 講談社.

澁澤靑淵記念財團龍門社 編(1959). 『澁澤榮一傳記資料』第27卷, 澁澤榮一
傳記資料刊行會.

上笙一郎・山崎朋子,『日本の幼稚園』, 東京: 理論社, 1965.

石附實(1972).『近代日本の海外留學史』. 東京: ミネルウァ書房.

石田一郎 編(1982).『日本思想史概論』. 東京: 吉川弘文館.

小宮山博仁(1993).「學歷社會と塾」, 東京: 新評論社.

小川洋(1997).「高校入試制度の動向と歸結」,『高校教育改革の綜合的研究』, 多賀出版.

松本三之介(1972).「近代日本の政治と人間」. 東京: 岩波書店.

柿沼肇(1993).「近代日本の教育史」, 東京: 教育史料出版會.

隅谷三喜男(1970).『教育の経濟學』, 東京: 讀賣新聞社.

原田環(1979).「朴珪壽の對日開國論」, 京都大學 人文研究所 編,「人文學報」第46號.

尹健次(1982.11). "日本資本主義の前進基地としての京城學堂", 朝鮮問題研究會 編,『海峽』第11號, 社會評論社.

日本文部科學省,「文部科學白書」, 2002, 2003, 2004.

日本文部省 編,「我が國の文教施策」, 1989－1991, 1995－1998.

日本文部省 編,「日本教育白書(1993年版)」, 1993.

日本文部省, "教育改革－今, なぜ教育改革か",「文部省あらまし」, 1997.

日本文部省,「我が國の文教施策」, 2000.

日本文部省編, "21世紀を展望した我が國の教育の在り方について－第15期 中央教育審議會第二次答 申",「文部時報」第1449号, 1997.

日本文部省編, "21世紀を展望した我が國の教育の在り方について－第15期 中央教育審議會第一次答 申",「文部時報」第1437号, 1996.

日本NHK사,「NHK國民生活時間調査」, 1990.

日本弘道會編(1928).「泊翁西村茂樹伝(上)」. 弘道會.

猪戶健夫(1994).『保育の森』, 東京: あゆみ出版.

猪戶健夫,『日本の幼兒保育－昭和保育思想史』上・下卷, 東京: 靑木書店, 1988・89.

井上久雄(1973).「學制論考」. 東京: 風間書房.

井上久雄編(1984).「明治維新教育史」. 東京: 吉川弘文館.

糟谷憲一(1979).「甲午改革後の民族運動と崔益鉉」. 旗田巍先生古稀記念會

編, 「朝鮮歷史論集(下)」. 東京: 龍溪書舍.

早稻田大學大學史編集所　編(1989). 『早稻田大學百年史』(第一卷), 東京: 早
　　　稻田大學出版部.

綜合選擇制高等學校硏究會(1993). 「普通科綜合選擇制高等學校の硏究」.

中內敏夫(1973). 「近代日本敎育思想史」. 東京: 國土社.

中內敏夫(1971). 「近代日本敎育思想史」, 東京: 國土社.

中央敎育審議會答申(1997). 「21世紀を展望した我が國の敎育の在り方につ
　　　いて」.

中央敎育審議會答申(1991). 「新しい時代に對応する敎育の諸制度の改革につ
　　　いて」.

天野郁夫(1992). 「學歷の社會史」. 東京: 新潮社.

天野郁夫(1996) 「日本の敎育システム」, 東京: 東京大學出版會,

樋田大二郎(1997). 「敎育の多樣化と高校敎育の可能性」, 『高校敎育改革の
　　　綜合的硏究』, 多賀出版.

浦辺史・猪戸健夫・村山祐一　編(1981). 『保育の歷史』, 東京: 靑木書店,

夏目瀨石(1979).「現代日本の開化」(1901.和歌山講演), 「瀨石全集」第14卷. 東
　　　京: 岩波書店.

夏目瀨石(1979). 「瀨石全集」, 東京: 岩波書店.

下中弘(1995). 『日本史大事典』. 東京: 平凡社.

下村哲夫(2001). 「敎育改革と‘21世紀・日本の敎育’讀本」, 東京: 敎育開發
　　　硏究所.

海後宗臣編(1955). 「元田永孚」. 東京: 文敎書院.

學部(1910). 『韓國敎育ノ現狀』.

海後宗臣　編(1955), 「元田永孚」, 東京: 文敎書院.

海後宗臣　外(1990). 『敎科書でみる近代日本の敎育』. 東京: 東京書籍.

丸山眞男(1992). 「日本におけるナショナリズム」, 「現代政治の思想と行動」.
　　　東京: 未來社.

丸山眞男(1992). 「現代政治の思想と行動」, 東京: 未來社.

廣瀨八洲夫(1971). 『近代敎育思想史』, 東京: 垣內出版社.

柿沼肇(1990). 「近代日本の敎育史」, 東京: 敎育史料出版會.

P.G.アルトバック, 馬越撤譯, ≪比較高等敎育論≫, 東京: 玉川大學出版部, 1994. http://www.mext.go.jp

Aldrich, Richard(1996). *Education for the Nation.* London: Cassell.

Allen, Garth(1997). *Education at risk.* London: Cassell.

Bauman, Paul C.(1996). *Governing education: public sector reform of privatization.* Boston · London · Toronto: Allyn and Bacon.

Center for Educational Research and Innovation Indicators of Education System(1997), *Education at a glance: OECD indicators 1997.* 한국교육개발원(1998). OECD 교육지표(해외정보자료 IEI98－1).

Chapman, Judith D., Boyd William L., Lander Rolf, Reynolds, David eds.(1996). *The reconstruction of education: quality, equality and contorl.* London · New York: Cassell.

Chomsky, Noam, 강주헌 옮김(1999). 그들에게 국민은 없다. 서울: 모색.

Dale, Roger(1989). *The state and educational policy.* Milton Keynes · Philadelphia: Open Univ. Press.

Dale, Roger(1997). The state and the governance of education: an analysis of the restructuring of the state－education relationship. Halsey A. H. et al.(ed.). *Education: culture, economy, society*(Oxford · New York: Oxford Univ. Press), 273－282.

David Bridges, *Education, Autonomy and Democratic Citizenship*, London and NewYork: Routledge, 1997.

Evans, Ian G.(1995). *Marketing for schools.* London · New York: Cassell.

Gore, Al(1993. 10). *Creating a government that works better & costs less*(the report of the national performance review). New York: A Plume Book.

Hansot, Elisabeth and Tyack, David(1982). A usable past: using history in educational policy, in NSSE. *Policy making in education*(Eighty－first Yearbook of the NSSE, Chicago · Illinois: The Univ. of Chicago Press), 1－22.

Lusi, Susan Follett(1997). . New York and London: Teachers College Press.

National Center for Education Statistics(2002). *Comparative Indicators of Education in the United States and Other G−8 Countries.*

OECD(1998). *Reviews of national policies for education*: KOREA.

Ribbins, Peter and Sherratt, Brian(1997). *Radical educational policies an conservative secretaries of state.* London: Cassell.

Tyack, David & Cuban, Larry(1995). *Tinkering toward utopia*: *a century of public school reform.* Cambridge · London: Harvard Univ. Press.

Woods, Peter et. al.(1997). *Restructuring schools, reconstructing teachers.* Buckingham · Philadelphia: Open Univ. Press.

# 색 인

윤종혁<br>
(尹鍾赫)

**•약  력•**
- 고려대학교 교육학과 졸업
- 일본 나고야대학 대학원 교육학연구과 수학(대학원연구생)
- 고려대학교 교육학박사

**•경  력•**
- (전) 고려대학교 연구조교수
- (전) 국무조정실 정부부처평가위원회 전문위원
- (현) 한국교육개발원 선임연구위원, 국제협력연구실장

**•논문 및 저서•**
- 「근대 한일 공교육사상의 비교연구」(1994)
- 『현대비교교육발전론』(공저:교육과학사, 2003)
- 『대학입시와 교육제도의 스펙트럼』(공저:학지사, 2007) 외 다수



본 도서는 한국학술정보(주)와 저작자 간에 전송권 및 출판권 계약이 체결된 도서로서, 당사와의 계약에 의해 이 도서를 구매한 도서관은 대학(동일 캠퍼스) 내에서 정당한 이용권자(재적학생 및 교직원)에게 전송할 수 있는 권리를 보유하게 됩니다. 그러나 다른 지역으로의 전송과 정당한 이용권자 이외의 이용은 금지되어 있습니다.


# 근대 이후 한국과 일본의 학제 변천 과정 비교 연구


- 초판 인쇄　2008년 2월 29일
- 초판 발행　2008년 2월 29일

- 지 은 이　윤종혁
- 펴 낸 이　채종준
- 펴 낸 곳　한국학술정보㈜
　　　　　경기도 파주시 교하읍 문발리 513-5
　　　　　파주출판문화정보산업단지
　　　　　전화　031) 908-3181(대표) · 팩스　031) 908-3189
　　　　　홈페이지　http://www.kstudy.com
　　　　　e-mail(출판사업부)　publish@kstudy.com
- 등　　록　제일산-115호(2000. 6. 19)
- 가　　격　34,000원

ISBN　978-89-534-9759-1 93370 (Paper Book)
　　　　978-89-534-9760-3 98370 (e-Book)